中國政府與政治（第三版）

朱光磊／著　　李炳南博士／主編

國家圖書館出版品預行編目（CIP）資料

中國政府與政治 / 朱光磊著. -- 三版. -- 新北
市：揚智文化, 2016.06
面；　公分. -- (比較政府與政治 ; 7)

ISBN 978-986-298-201-3 (平裝)

1.中國大陸研究 2.中國政治制度

574.1   104018025

比較政府與政治 7

中國政府與政治

作　　者／朱光磊
出 版 者／揚智文化事業股份有限公司
發 行 人／葉忠賢
總 編 輯／閻富萍
企劃編輯／黃義淞
特約執編／詹宜蓁
地　　址／新北市深坑區北深路三段 260 號 8 樓
電　　話／(02)8662-6826
傳　　真／(02)2664-7633
網　　址／http://www.ycrc.com.tw
　E-mail ／ service@ycrc.com.tw
　I S B N ／978-986-298-201-3
初版一刷／2004 年 2 月
二版一刷／2010 年 9 月
三版一刷／2016 年 6 月
定　　價／新台幣 580 元

比較政府與政治叢書序

百年暗路，何燈能照

　　格物而致知，下學而上達。比較政府與政治系列叢書，付梓的終極目的，不僅在於形而下的格物，更在於形而上的致知，致何知？曰：規撫各國憲政體制之精華，以為我國之用；而亦非僅是毫無章法地下學於各國的政府與政治，它主要在上達，即為將各國政治與政府的優劣，加以綜覽與歸納，截長補短、因革損益，以為國家憲政體制的建構，提供參酌的範本。所謂他山之石可以攻錯，豈不然也。

　　孫逸仙先生說，政治乃「管理眾人之事」。但眾人之事如何管理？此非有賴於一個健全的政府，則未能竟其功。傳統政治學將政府列為建構國家的四個要素之一；而近代民主國家立憲原則必須符合：(1)主權在民；(2)規範人民的權利與義務；(3)建構政府體制，此三要素缺一不可。由此觀之，政府體制的良莠，乃成為驗證此一國家是否符合憲政理論與規範最重要、而且是憲政運作最具體的標準之一。

　　近代民主憲政理論與實際的演化過程已有數個世紀之久，其中一些民主國家的憲政典章，頗值得其他國家學習與效法。二次世界大戰後新興的國家，若欲建構一部可大可久的憲政體制，自不能自絕於先進國家的政治經驗之外。撫今追昔，持平而論，現今各國不論西方或第三世界國家，其政治制度與運作，總不脫離三權分立、責任政治、政黨政治等幾項重要原則與原理，此可謂萬法不離其宗也。作為一個新興的民主政體，中華民族當然不能自絕於此一潮流之外。換言之，吾人不餘遺力地鑽研各國的政府與政治，其目的不外如下：

　　一、縮短學習的時間，減少學習時所必須付出的社會成本。對於中華民族而言，各國政府與政治的興衰成敗之理，正如同輿馬、舟楫，吾人若能善假之，則不但可以大大降低學習過程中所必須付出的代價，更可以藉由各國的政治經驗，拓展視野見識，以達事半功倍之效。

中國政府與政治

二、坐收知己知彼之功。借用荀子之言：「不聞各國之政府與政治，不知學問之大也。」身處21世紀，中華民族絕對不能畫地自限於國際社會之外，相反地，必須一步一腳印參酌他國的憲政過程，並與之分享自己的經驗。簡言之，近代任何為人所歆羨的民主國家，其憲政進化的歷程，皆非平空而降、無中生有，更非一蹴可幾的。反之，近代憲政改革過程不甚成功，或為人所詬病，甚至引為負面教材的國家，其挫敗的原因，亦頗多可供後起者引為借鑑。質言之，如荀子所言：「不積跬步，無以至千里；不積小流，無以成江海。騏驥一躍，不能十步；駑馬十駕，功在不舍。鍥而舍之，朽木不折；鍥而不舍，金石可鏤。」實良有以也。屢戰屢敗，復屢敗屢戰，進而「鍥而不舍」的精神，豈不正是中華民族這百餘年來憲政發展史的寫照？

三、良善之憲政制度，非生而有之，必須學困而致之。對中華民族而言，民主政治是外來的產物，非傳統之所有，是故中華民族對於各國的憲政發展經驗有著急迫性的需求，不言而自明。中華民族在這條民主憲政的道路上，已步履蹣跚地走過了百年以上的歲月，誠然，憲政如同有機的生命體一般，不斷地在發展，除非凋零謝世，否則絕無停止演化與成長的一刻；但吾人亦不禁要問，如果中華民族的憲政藍圖有一個終極的關懷，即臻於所謂的至善，則將如何建構此一境界？又為何始終停留在憲政「草創」的階段？中華民族憲政的發展，究竟該如何進入「眾裡尋他千百度，驀然回首，那憲政體制正在燈火闌珊處」？這是思索21世紀中華民族出路必須且無法迴避的嚴肅課題。

四、彼此切磋，以達相互學習之效。舉凡各國立憲之初，無不懷抱遠大夢想，亦無不信誓旦旦，亟建立萬年憲政基業之宏大願景。此一氣吞山河的憲政氣勢，無論是在國際社會中名不見經傳，甚至無足輕重的第三世界國家，或近數百年來在世界上呼風喚雨、縱橫睥睨的強權國家亦然。基於此，中華民族必須與上述國家共同分享憲政發展的點滴，除攝取他國的憲政經驗外，更必須適時回饋給國際社會。中華民族的民主憲政已晚西方數百年之久，在21世紀展開之際，有必要展現自己對於全球村的政治領域的關懷。

跨越千禧，中華民族必須盡力拋棄舊傳統的束縛，與國際社會共同

擁抱嶄新的21世紀。現行國際間存在著兩種矛盾的思維：一方面，國際社會看似欲跨越傳統國與國的藩籬，打破古典政治學派的窠臼，進而強調世界乃是全球村的合作理念（如WTO等組織）；但另一方面，有些歐美國家卻又以積極的態勢，向其他弱勢的國家，推銷其建國與治國的憲政體制，甚或以不同的文明，區隔未來國際社會的互動模式。身處國際社會一分子的中華民族，不可能免於這類思維潮流的衝擊。而吾人以為中華民族的憲政之路，若要具有前瞻性與未來性，必須從以下兩個願景來思考：

一、臺灣願景

臺灣五十年來的憲政之路，一方面承繼1912年以來，由孫中山等開國者所規劃出的建國藍圖，再加上1949年來臺後，因時制宜，甚或便宜行事，所設計出的諸多政治制度，以兩者相互交融、大體搓揉成現階段的臺灣憲政體制與規模。由於民初建國之時的中國，與現在偏處一隅的臺灣，兩者時空環境上的南轅北轍，使早先制憲先賢們嘔心瀝血所創造的憲政體制，顯得處處捉襟見肘，無法真正發揮作為國家根本大法的功能；尤有甚者，不少當代政治人物與學者多所揶揄，質疑1947年制定的憲法在臺灣的適用性與合法性。

正因為部分學者與政治人物對於此部憲法的質疑，從1949年以來，已有過多次大規模的修憲工程。這多次的憲政改革，因實施時間尚短，功過尚難蓋棺論定。唯多數憲政學者皆同意，憲政是有生命的、有機體的，憲法絕對可因時、因地制宜。但吾人卻不可忘卻有機生命的成長必須有其一貫性與持續性，故吾人從不懷疑任何制憲與修憲先輩會冀望創造一部「朝修夕改」的憲法。尤其是改革過程中，如果過度訴求權謀與現實，而不關注憲法的理想性，其結局將如莊子所言，「朝菌不知晦朔，蟪蛄不知春秋」，這是吾人所不樂見的。因此吾人認為，從臺灣層次思考，若要創造一部兼具前瞻性與未來性的憲政大法，參與者必須以秉公無私的心，多以制度的良善為出發點，而少以個人的好惡為判準。

二、中國願景

　　臺灣與其他現代民主政體，在憲政發展過程中最大的差異，除必須自身成長外，尚可懷有一個憲政夢想，即未來如何將臺灣的憲政理論與實務完整地呈現給全中國。換言之，一部宏觀的開創性的臺灣憲政史，所關照的，不必只把焦點放在臺灣；臺灣可以肩負其他民主國家所無須承擔的責任，臺灣不必自絕於未來中國的民主憲政發展之外。簡言之，臺灣的憲政道路可以「預留迴旋的空間」，以涵蓋全中國的未來。這裡所謂的空間，意含著臺灣憲政的氣魄與願景，不畫地自限於海島一隅，而把憲政視野延伸至未來的全中華民族。

　　為完成上述願景，我們應以宏觀的角度，迎接此願景所帶來的挑戰。但所謂的宏觀思維，絕非泛泛之論，它須言必有物，行必有據。中華民族有其聰明才智，為四大古文明的一員，中華民族有能力與其他民主國家較量，假以時日，一定可以走出自己的路。但吾人也不可妄自尊大，以為所有西方文明皆不如中華民族；反之，吾人更應靜心思索為何中華民族的憲政發展不如西方國家，甚至連經濟落後的印度，中華民族仍瞠乎其後？

　　古今中外任何國家，其政府與政治均涵蓋兩個因素：其一為制度，其二為人物。前者是靜態的，後者是動態的。西方民主國家，認為人性本惡，其憲政制度的設計，以避免人性為惡做出發點，防弊重於興利。故西儒在政制的設計上，以制度為首、人物為次，以制度為經、人物為緯。這是優點，也蘊含缺點。而中華民族的思維則相反，孟子言：「徒善不足以為政，徒法不能以自行。」中華民族的政治哲學，歷來即期待一位「內聖外王」的超人，可以跨越現有體制的框架，為中華民族創造一個理想的國度；他們認為一切的制度乃為人所用，不可拘泥於有形的事態上。在此思維下，凡事皆可因人設事、因人設制，典章制度在政治的運轉過程中，就不可能舉足輕重，反而淪為主政者的附屬品。這是缺點，也蘊含優點。

　　唯吾人願再強調，近代憲政體制是西方國家的產物。在改革中華民族的政制與政治之時，我們必須改革傳統的政治思維邏輯，應以「因時制

N

宜，與時俱進」的奮進態度，包容與擷取他國之長。雖然，中華民族的思
維模式已有數千年之久，欲短時間內「變夏於夷」，恐怕難為所有政治人
物所接受，而且也沒有必要。但《論語》亦曾勉勵主政者：「政者，正
也，子帥以正，孰敢不正？」制度與人物是憲政的兩大支柱，缺一不可。
吾人寄望於政治人物，主政者正心修身以治國，人民將風行草偃，若政治
人物以無私的心為人民服務，則任何優越的憲政體制與理念，必然可為中
華民族所用，並發展出中華民族的憲政道路。果其然，中華民族遲早可以
登入先進國家之林，不會仍如百餘年來一般跌跌撞撞地尋找中國憲政之路
的源頭活水。

李炳南

謹述於臺灣大學研究室

主編序

在中國大陸研究領域中，朱光磊教授的這本著作，有以下幾點特色：

一、官僚參與政治過程的內容豐富：在過去學術界的研究中，研究成果比較多地集中在共產黨的角色，對於政府官僚系統的研究相對較少。然而，改革開放後，官僚系統，特別是一府兩院，在政治過程中的角色，越來越重要，已是不爭的事實。這本書在台灣的出版，正好可以補充這方面的不足。

二、非中央層級的政治過程內容豐富：在過去學術界的研究中，研究成果比較多地集中在中央層級的角色，對於非中央層級的研究則少得多。然而，改革開放後，非中央層級的發言權越來越大，各地區政治過程的差別歧異也很明顯。學術界裡有人使用「蜂窩狀社會」這個詞彙來描述這種現象。這本書在台灣地區的出版，正好可以和西方學術界作些對話，以補充這方面的不足。

三、局內人觀點的政治過程內容豐富：在過去學術界的研究中，研究成果比較多地集中在局外人的觀點（perspective from outsiders），局內人觀點的研究成果則少得多。事實上，再仔細看看那些少數的局內人觀點的研究成果，讀者很容易可以發現，也多深受西方學術界所持的黨國體制研究框架的影響，而帶著濃濃的局外人觀點。這本書在台灣的出版，正好可以補充這方面的不足。

四、最後，但也是最為重要的是，政治動態過程內容豐富：在過去學術界的研究中，研究成果比較多地集中在靜態的政治制度的介紹與分析；至於動態的政治過程之研究，則較多地集中在政治精英主體的角色，特別是中共中央政治局及其常委會（politburo）成員的角色或派系鬥爭。至於決策過程或政策執行

過程的研究成果則少得可憐。這本書在台灣的出版，正好可以補充這方面的不足。

是為序

中國文化大學教授

李炳南

於2016年5月4日

三版序

　　2003年，拙作由揚智公司出版。十餘年來，承蒙臺灣等地學術界的厚愛，發行一直比較順利。該書是我1997年出版的《當代中國政府過程》的姊妹篇。兩者一個是簡體字版，一個是繁體字版；一個政府方面的內容更集中一些，一個力求使研究範圍更多地擴展到政府以外的政治生活範圍。現在，它們已經被大陸和臺灣的多所著名大學，一些國家和地區的多所大學用作研究生或本科生的教學參考書，被各國各地區學者的專著和博士碩士學位論文引用也比較多。此外，我2003年獲全國首屆高校百名「教學名師獎」；2005年，我在南開大學主持的「當代中國政府與政治」被評爲國家級精品課程；2008年，由我領銜的「南開大學中國政府與政策教學團隊」被評爲國家級教學團隊；我能夠有幸進入「長江學者」特聘教授的行列，都與這部書連續作爲「常備書」印行有直接關係。拙作由揚智的出版，還使我有機會結識了更多的臺灣朋友，特別是一批優秀的年輕學人。

　　這次改版，我對整個文字重新做了一遍梳理。一是對有些表述做了簡化處理，更換了大部分資料和數據，但爲了不增加總篇幅，對2010年以前的統計資料做了簡化；二是諸如階層變化、政府機構調整、預算改革等課題，本版集中介紹了最新動態；三是諸如政府補貼、鄉鎮企業職工等內容隨著大陸的發展變化，或是其重要性下降，或是在逐步淡出社會生活，或是改變了稱謂，所以在本版中出現的頻次明顯減少，今後倘若再有機會更新版本時或許就不再提到了；四是修訂了一些錯字和規範了某些口語化的表述。

　　改版之際，我們衷心感謝各位前輩、學界的各位朋友對我的寶貴幫助和支持！我不由得又想起了臺灣大學李炳南教授，——衷心感謝這位尊敬的前輩對拙作的有力推薦。感謝葉總經理十餘年來對拙作的持續關注！葉總的業務活動很忙，但是兩次與我在臺北會面，並就修訂問題和其他廣泛的課題深入交換了意見。感謝總編輯閻富萍老師、編輯黃義淞老師，以及編輯出版團隊其他老師周到的溝通工作，卓越的專業水準，都給我留下

了深刻的印象，在此一併致謝。

我還要特別感謝我團隊的夥伴們！在修訂本版的過程中，安園園、蔣源、李晨行、呂同舟、楊智雄五位小夥伴協助我做了許多細節工作。在十幾年的研究工作中，我們這個以「政府過程研究」為基本風格的學術與教學團隊，形成了一些對於中國政府與政治研究有特色的理論共識和思維方式。我們把研究重點放在中國政府與政治的實際運作情況和工作程序上，旨在從動態的角度考察和研究中國政府是如何治理的，並在此基礎上試圖探討其中的規律性。

中國政治研究應當能夠回應「中國問題」。中國推動漸進改革和務實民主建設，在管理經濟活動和有效運作政府等方面，確實形成一套自己的東西和自己的邏輯，需要系統地挖掘，以便不斷提高；面對社會快速轉型和積極融入國際社會的過程中，隨之而來所遇到的新問題、新現象和新矛盾，更要有自己的解釋和指導方案。這些重大變化，很多是人們前所未遇的，是目前在國際學術界居於主流地位的歐美教科書所難以解釋的。我不贊成隨便給中國戴上一頂「不確定性」的帽子，也不贊成「非此即彼」的二分法。

實踐要求中國的學術界提出自己的分析。基於這種學術追求，我們研究團隊對自己的定位是：從中國政治運作的實際來提煉有價值的課題，深入剖析現行制度安排和政治現象背後的主要制約因素，揭示中國政治與政府運行的內在機制，進而逐步形成自己的理論學說。在研究工作和學術交流中，我們盡可能秉持平和的心態和建設性的態度，理性而務實地對重大問題進行具體研究。我們的能力有限，實現這樣的目標或許很難。在我們努力的過程中，尤其需要學界前輩、各種學術支援機構和像揚智這樣富有創意的出版機構的理解與協助。

歡迎讀者提出批評、建議。

朱光磊

2015年8月8日

目　錄

緒　論

- 「政府過程」的研究方法
- 中國政府與政治的基本特點
- 中國政府與政治研究中的幾個技術性問題

　　研究一個國家的政府與政治，首先會涉及到兩個問題：一個是研究工作的基本方法論；一個是這個國家的政府與政治生活的基本特點。這是緒論應當交代的。

　　客觀地講，關於研究方法，在總體上沒有哪一個更好、更先進，哪一個本來就比較落後的問題。政治上的事情總是比較複雜的，需要研究者從不同的視角去剖析和總結。就學術發展而言，即使是對某一個課題，也總是需要有各種各樣的研究工作來相互補充。比如，對政府和政治做「體制」角度的研究，或是做「過程」角度的研究，都是社會所需要的。這也就是所謂的「百花齊放，百家爭鳴」的涵義之一吧！

　　但是，對於研究者個人的某一項研究工作來說，又總是要在方法論上有一個取捨，或者說有一定的偏好。偏好，自然帶有主觀的成分，但這是正常的；而取捨，則主要是爲了更好地適應研究對象的狀況和便於開展研究工作的需要。從1990年以後，我研究中國政府與政治問題，包括對中國政府與政治的基本特點的認識，一般都是選擇從政府過程的角度來進行的。所以，在緒論中，首先分析和介紹一下有關「政府過程」的研究方法。

第一節　「政府過程」的研究方法

　　「政府過程」（governmental process; process of government）是現代政府學的一個重要概念。它是現代政治科學中一種重要的研究方法──功能和行爲研究方法，長期發展的產物，其特徵是對政治活動，特別是政府活動的行爲、運轉、程序，以及各構成要素，特別是各利益群體之間，以及它們與政府之間的交互關係進行實證性的分析、研究和闡述。這一研究對於傳統的體制研究、要素分析和法理說明，是一個極爲重要的補充和豐富。本書希望透過運用與這一概念相聯繫的研究方法，力求比較系統、客觀、具體地研究中國政府與政治，並將這一研究的結果以過程研究的方式，介紹給國內外希望瞭解中國政府與政治實際運轉狀況的人們。

一、「政府過程」學說和方法的歷史沿革❶

　　如果從古希臘柏拉圖的《理想國》和亞理斯多德的《政治學》算起的話，人類研究國家及其組織機構——政府的歷史，已經有兩千多年的時間了。但是，在19世紀中期以前的政治學研究中，關於政府的研究有兩個明顯特點：一是「國家」與「政府」不分，對兩者的研究長期交織在一起，混為一體；二是上述問題基本解決之後，人們對政府問題的研究由於「專業化」而有所深入；但是，作為靜態的制度研究，它主要是集中於政府的定義、政府的起源、政府的體制、政府的分類等問題。到了19世紀中期，隨著現代議會制度的基本完備和政黨政治的完全建立，也與現代經濟學、社會學等的促進、影響有關，在英、美等西方國家的政治學界，對政府的動態研究、實證分析開始時興起來。

　　最早，一些學者開始注意自覺引進社會學、經濟學和某些自然科學的方法研究政府活動過程，不過，他們還沒有提出「過程」的概念。這一階段學術活動的代表性人物是英國政治學家瓦爾特‧白哥合特（Walter Bagehet, 1828-1877，曾譯為白哲特）、美國第二十八屆總統托馬斯‧威爾遜（Thomas Wilson, 1856-1924）、英國法學家詹姆斯‧布賴斯（James Bryce, 1838-1922）。在《英國憲法》（*The English Constitution*）一書中，白哥合特不像一般法學家那樣從法律條文的角度來描述，而是根據自己親眼看到的實際情況來加以描述政治生活。威爾遜在29歲時發表了《國會政府：美國政治研究》（*Congressional Government: A Study in American Politics*）❷一書，重點說明了國會提出、討論、通過議案或擱置議案的過程，描寫了某些代表地區利益的團體——實際是壓力團體在國會內的活動，並把英美兩國立法機關與行政機關的關係做了比較研究。布賴斯在1920年出版的《現代民主政體》（*Modern Democracies*）一書，全面分析了美國、澳洲、紐西蘭、加拿大、瑞士和法國的政治制度和政府的運行情況。他強調「本書不是想發揮『學理』（theories）」，而是「供給讀者以事實」，「把事實解釋清楚」❸。這是典型的政府過程的思路。他們三人的工作為幾十年後政治學中的行為主義研究的形成奠定了基礎。

　　1908年，美國著名政治學家亞瑟‧本特利（Arthur Fisher Bentley, 1870-1957）正式提出了「政府過程」概念和一系列理論。他的《政府的過程：社會壓力研究》（*The Process of Government: A Study of Social Pressures*）一書以其關於政府過程和壓力團體的研究，將威爾遜等人的研究思路向前大大推進了一步。第一，他以「集團」（group）的概念，作爲研究工作和理論表述的基準概念，從而與傳統政治學以「國家」或「政府」概念本身爲核心，來組織政治學說體系的研究思路明顯地區別開來了。第二，他認爲「政府的原始材料」是人的行爲和集團❹；透過政府過程，人及集團的行爲在立法、行政和司法過程中表現出來，從而使「行爲」和「過程」成爲了本特利政府學中僅次於「集團」的兩個重要概念。第三，他提出的基本命題是「任何政治過程都是數量與數量的平衡過程」，是集團之間相互作用的結果。該書被看作是「任何國家曾經撰寫的關於政府的最重要的著作」❺。總之，到本特利時期，政府過程理論已經形成。

　　第二次世界大戰結束後，西方政治學界開始從「過程」的角度研究和表述政治和政府活動的各個方面。不僅行爲主義注重過程研究方法，而且非行爲主義，甚至不贊成行爲主義的學者也都普遍把政治和政府看作過程。這一時期，最有代表性的學者是哥倫比亞大學政府學教授戴維‧杜魯門（David B. Truman, 1913-2003 ，1964-1965年任美國政治學會會長）。他於1951年出版了《政治過程——政治利益與公衆輿論》（*The Governmental Process: Political Interests and Public Opinion*）。該書不僅更爲直接地使用「利益集團」的概念，而且更重要的是，他認爲利益集團除非「接近」政府，否則它們就無法影響決策；所以，「接近」變成了利益集團實現目標的手段，「接近」成功與否是判斷利益集團政治地位的基本標準，那些社會地位較高的利益集團由於其主張容易被社會所接受，所以能順利地「接近」政府❻。顯然，杜魯門以一個「接近」的概念，推動和提升了本特利提出的政府過程學說。

　　政府過程學說在這一階段所獲得的最顯赫的地位，是它在阿爾蒙德（Gabrial Almond, 1911-2002）的比較政治學與「結構—功能主義」分析中得到了成功的應用和發展。在他與小G‧賓厄姆‧鮑威爾（G. Bingham

Powell Jr.）合著的《比較政治學：體系、過程和政策》（*Comparative Politics: System, Process and Policy*）一書中，更是自覺地給予了過程研究以方法論的地位。這是政府過程學說發展史上的一個重要變化。他們把過程看作政治體系執行功能的一個層次，並分析了過程文化、政治過程結構、政治交流的過程結果和過程功能，並重點分析了決策過程和過程產品問題❼。總的來看，這本書試圖運用「結構─功能主義」的體系方法去分析政治體系的實際運動過程，分析政治體系及其存在於其中的社會環境之間的關係，在具體研究方法上注重了與經濟學、社會學以及自然科學方法的滲透。該書擴大了過程研究方法的影響，推動和豐富了政治過程學說的發展。

　　60年代後期，行為主義方法遇到了挑戰，因為它忽視對意識形態、價值等傾向性問題的主動判斷。行為主義一開始就是與多元主義、「價值中立」交織在一起的。這為它的研究帶來了某些方便，使研究迴避了某些「難題」；但重大的政治、政府問題必然要涉及到倫理價值、規範等是非問題，不可能在所有問題上都「中立」，不可能沒有某些隱含著的價值前提。所謂「後行為主義」就是在這種背景下出現的。後行為主義仍然是一種行為主義，只不過是它力圖豐富和補充行為主義而已。這時，行為主義在政府研究中應用的產物──政府過程學說已經成為一種較為成熟的方法論。

二、「政府過程」學說和方法論的基本內容

(一)「政府過程」中的政府是「廣義的政府」

　　不論是作為一種學說，還是作為一種方法，政府過程當然是以政府為對象。但是，政府過程中的政府是「廣義上的政府」，一般來說是指國家機構的總體、總和，或者說等於人們常說的「當局」。中國和許多國家常常在這個涵義下使用政府概念。比如，國家領導人和外交代表──國家主席、國務院總理、人大常委會委員長、外交部長、大使等，在講話或行文中談到「我代表中國政府」時所說的「政府」就顯然不局限於國家行政機關，而是指代表中國國家主權的中國政府總體，或者說代表整個中國國

家機構。有的時候，「廣義上的政府」還可以是指政府等於國家機構的總體與執政黨之和。現代政治，基本上是政黨政治。在政黨政治的涵義上，政府和執政黨是一體的。這是當代大多數國家的現實。像在西方學術界有一定影響的《牛津法律大辭典》（*The Oxford Companion to Law*）也持這種觀點，它認為，首先，（政府是）指統治和領導國家或國家某一部分事務的程序和實際機制；其次，指享有這種統治和領導職能的人所組成的機構；再次，指議會中產生的內閣及其組織這個內閣的那個執政黨，以區別於反對黨❽。

　　「政府過程」作為一種研究方法是以「廣義的政府」為對象的，這使它與行政學明顯地區別開來，從而形成了鮮明的學術特色和學術優勢。很明顯，研究當代中國政府過程，不涉及黨政關係；研究美國政府過程，不涉及美國的國會勢力和州權勢力，都是不可想像的。只有把政府置身於廣闊的社會生活中，全面考察包括行政機關在內的各個政府機構的活動，才能真正說明一個特定國家政治生活的實際情況和該國政府所起的實際作用。選擇「大政府」為研究對象，反映在方法論上就是強調政府與其他政治現象，乃至與這個政府所處的社會環境的相互作用和「能量交換」，重視研究公民的意見表達團體、壓力團體、院外集團、黨魁等處於當局幕後的「看不見的政府」與政府當局的關係。這顯然極大地開闊了現代政府學的研究視野，增強了政府研究的應用功能。

(二)「政府過程」中的政府是「現實的政府」

　　如果說政府過程是以「大政府」為對象的話，那麼換一個角度講，它還是以「現實的政府」為對象的。

　　「現實的政府」是與「理想的政府」相對應的概念。所謂理想政府，是指一國的法律對本國政府的各種規定的總和，包括政府體制、職能以及政府在國家中的地位等。所謂現實政府，是指在一個特定國家中實際發揮作用的那個實存的政府。它是依據法律發揮作用的，但在執法過程中，受法制完備程度和主客觀條件的制約，不可避免地存在著一定程度的「偏離」法律的現象。在「偏離」中，有些是屬於法律限度以內的靈活性，有些是法律的「空檔」，有些是「擦邊」，有些是不合法的，有些是

局部性的，但都是客觀存在的。比如，按照法律，英國下議院在國家權力體系中的地位最高，美國是「三權分立」，但是他們目前無不是行政機關和政府首腦在國家權力體系中居於事實上的核心地位。從政府過程的角度看，這些現象在一定範圍內和一定程度上的存在都是正常的。又如在一個國家的內部，法制雖是統一的，但不同地方政府的工作狀況是不同的，要求沒有「偏離」現象發生，就等於要求一個國家所有地方的執法情況完全相同，這顯然也是不可能的。

　　政府過程不放棄對「理想政府」的追求，在過程研究中，法律依然是準繩。政府過程在方法論上的活動空間，處於「理想的政府」與「現實的政府」之間；政府過程的方法論上的要旨，是揭示政府在運行過程中所產生的種種「偏離」現象及其規律；應用過程方法研究政府問題的目的，是尋求減少政府非法「偏離」行爲的措施，實現政府行爲的「適度」化。以揭示「偏離」規律爲任務，在很大程度上解決了現代政治學特別是政府理論，既要堅持對政府理想化的追求，又要「從實際出發」的方法論難題。

(三)「政府過程」中的「過程」是指政府的實際運作活動

　　如果說「政府過程」中的「政府」是作爲研究客體而出現的話，那麼「過程」更多地是表示著研究工作的方法論特徵。關於政府過程中「過程」的涵義，並沒有統一的說法。西方學者歷來對這種「統一」也不感興趣。根據筆者的歸納，一般來說，「過程」的概念是在以下四種涵義上使用的：(1)政府的活動、運動過程，強調政府權力系統各分支間的關係，政府與政黨、社會與政府之間的相互作用，比如決策過程、執行過程、政務資訊傳輸過程、監督與回饋過程等；(2)政府機構和政府官員的操作性活動，即工作程序。英文process本身就有程序的意思，比如立法程序、預算程序、組閣程序等；(3)政府活動中較爲重大的變化過程，比如行政改革、機構變化的沿革等；(4)如前所述，是一種研究方法。這四種涵義，應當說都是合邏輯的，也是我們能夠接受的。

(四)「政府過程」實際上就是「政治過程」

　　「政治過程」（political process）是一個比「政府過程」使用得更廣泛一些的概念。兩者在字面上的區別是明顯的，一個是「政治」，一個是「政府」；但是兩者同時又有一個顯著的共同點，這就是都是「過程」。恰恰是這個共性，使得這兩個重要概念之間產生了一種密切的聯繫，一種在內容上近乎等值的關係。

　　過程的政治與過程的政府，必然在所反映的客觀對象上是對等的，只是強調的側重點不同而已。在現代，不論是政治過程，還是政府過程，其所涵蓋的對象都是政府、軍隊、政黨和其他正式的或非正式社會團體的活動，以及它們的相互關係，它們的活動、它們的作用都是圍繞著政權進行的，用杜魯門等西方學者的概念就是都力求「接近」（access）政府。因此，所謂政治過程一般是以政府活動為主要的、核心的內容。而所謂政府過程，如前所述，也必然是以整個社會政治生活為基本活動領域；也就是說，政治過程側重強調政府活動的廣泛政治生活背景，政府過程則側重強調政府活動在政治活動中的重要地位和作用。

　　正是由於兩者之間的這種特殊聯繫，學術界歷來多是交叉使用這兩個概念。比如，本特利的 *The Process of Government: A Study of Social Pressures* 和杜魯門的 *The Governmental Process: Political Interests and Public Opinion*，在不少時候就直接被譯為《政治過程》。近年來，在大陸，還是在臺灣、香港，甚至在一些西方國家，大學政治學系的有關課程，越來越多地被定名為「某某政府與政治」、「比較政府與政治」的重要原因。因為，定義為「某某政治」，顯得重點不突出；定義為「某某政府」，又顯得範圍有一點兒狹窄；雖然，合在一起定義為「政府與政治」，有重複之嫌，但畢竟相對好一些——「政府」是教學與研究的重點，「政治」是教學與研究內容的範圍。

第二節　中國政府與政治的基本特點

改革開放以來，中國政府與政治已發生了歷史性的變化。但是，不可避免的是，更早時期的中國政治生活中許多重要因素肯定也會被當代中國政府與政治內在地包含下來了。由中國共產黨領導的，長期以武裝鬥爭奪取政權爲主要內容的革命鬥爭；中國傳統政治結構、政治文化和特定的自然與人文背景；經濟、政治體制改革以及對外開放這三個重要因素，直接或間接地造成了當代中國政府與政治的一系列基本特點。同時，這些因素本身也還在處於不斷地變化之中。應當歷史地、辨證地看待這些正在變化著的因素和變化著的特點。

一、由革命鬥爭所造成的三個特點

當代中國政府，是作爲中國共產黨所領導的、長期的、以武裝鬥爭奪取政權爲主要內容的革命鬥爭的結果，而出現在世界政治舞台上的。因此，受這個基本因素的制約，這一政治實體就不可避免地要帶有與此相關的各種特點。這個因素包含革命武裝鬥爭與根據地建設、黨的領導與民主集中制、巴黎公社和俄國「十月革命」的經驗、統一戰線與對中國階級階層關係的認識等許多具體內容。在這一複雜並且是強有力的因素的影響下，中國政府過程形成了這樣三個重要的特點：

(一)多個系統與一條主線

中國的政治體系，從中央到地方，就其構成來說，已是相當完備了。這不僅比「文化大革命」期間要完備得多❾，而且比「五四憲法」時期也要完整❿。可以說，從現代政治對政府構件要求的角度看，該有的都有了，該分設的也都基本分設，與其他國家的政治和政府活動相比，特點和差別主要是表現在這些構件之間的關係方面。

政治和政府要素在縱向上的聯繫構成一定的系統。中國政府的運行是由多個政治系統推進的，這包括黨的系統、行政系統、政法系統、軍隊

系統、統戰系統、紀檢監察系統、工會系統、共青團系統、婦聯系統等。這就是所謂的「多個系統」。

「一條主線」，是指黨的系統在各個系統中的領導地位。黨的領導地位是很清楚的事情，不必多談。這裡著重指出兩個問題：一是，在系統之間的並行關係上，參與中國政治和政府運行的其他系統從屬於黨的系統；二是，在各個層級上，黨中央透過地方和部門的黨組織，透過各種政治、組織管道，分層次地把地方和部門上的各個系統穩定地掌握起來。把這兩點綜合起來看，就形成了這樣一種政治格局，即黨的系統以外的各個系統，實際上主要是透過作為同級黨委這個「主線」上的紐節，介入和參與政府過程。例如，共青團是政治生活中的一個系統，但地方共青團組織主要是接受同級地方黨委的領導，主要任務是配合地方黨委的工作，而配合地方黨委的工作實際上也就是配合全黨的中心工作，團中央對地方團委的領導則主要是業務性和特色性的；地方團委的人事安排也是由同級地方黨委考察、決定，並向同級團的地方代表大會或地方委員會推薦，上級團委的組織部門只是負責「協管」。除行政系統外的重要人事安排，由於其政治規格與同級黨委平級，而要由上一級黨委考察、決定以外，其他系統也大致如此，而且規則相同。

這種「多個系統」和「一條主線」的結合，就形成了中國的政治領導和政治管理網絡。在這個網絡中，各個系統的中央組織直接接受黨中央的政治領導，地方組織則是透過同級黨委與這「一條主線」發生最具有實質性的政治關係；其他系統之間的上下聯繫，固然有領導關係的一面，但相比較而言，主要是業務性的。這一機制有效地保證了全國、全黨在政治上的統一，也基本保證了各個系統在業務上的相對獨立運轉。在這個角度上，可以又一次看到「黨政關係」在中國政治生活中的特殊重要性和中心地位。

當然，黨系統之外的各個系統其地位和具體情況也是不同的，特別是行政系統，作為政治運行中的骨幹系統，在政治生活中的地位明顯提升，工作的獨立性明顯加大。這與行政系統的實際地位有關，也得益於初步的「黨政分開」和行政首長負責制的普遍實行。國家行政機關是各個政治系統中人數最多、機構完備程度最高的⓫。這一地位是客觀的，黨和政

府在職能上適當分開是必然的，今後政府行政系統在中國政治生活中的實際地位和作用，還會進一步提高。

此外，各級人大及其常委會、各級政協，一般不被理解爲一個系統。它們的地位和作用都極爲重要，但這兩大機關都是會議性的，所需要做的工作是原則性的，許多工作要與全黨的工作一併考慮，同時，它們和任何國家的同類機構一樣，不承擔具體管理事務。這些機構之間的縱向聯繫，主要是工作上的指導關係，而不是領導關係。

(二)某些非政府組織參與政府與政治的運作

非政府組織，參與政府運作的現象在中國是普遍存在的。這裡提到的非政府組織，是指非政府系統的組織。它們不同於一般意義上的NGO，如被稱爲「人民團體」的工會系統、共青團系統和婦聯系統以及「文聯」、「科協」等；作爲自治組織的城市居民委員會和農村的村民委員會；分擔一定政府職責的公有制企業事業「單位」，都是非政府系統的組織，但它們都有一定的行政級別，也都以一定的方式，在一定的程度上直接參與政府運作。這與兩個問題有密切的關係：

第一，與黨在政治生活中居於核心領導地位有關。雖然，這些組織是非政府因素，但它們都與中國共產黨有著特定的政治關係；人民團體本身就是黨的助手，由黨直接領導；自治組織所自我服務的地方和企業事業單位，也都有黨的基層組織。這樣，黨就透過自己的政治地位和政治活動把這些人民團體和基層群眾的自治組織帶到政府過程中去。

第二，由於歷史的原因造成了「小社會，大政府」的模式。中國政府承擔著相當廣泛的政治職能和社會職能，社會仲介組織不發達。在這種情況下，沒有各個人民團體、社會團體、基層群眾自治組織、企業事業單位等的直接參與，單靠政府行政系統本身是無法完成這些職能的。

大量的非政府組織參與政府過程，增強了執政黨和政府的動員能力。多年來，「天災人禍」不少，但由於黨和政府直接掌握著大量政治資源和社會力量，所以，往往有著比較大的抵禦能力。但是，這加大了執政黨和政府的政治負擔和管理負擔，也不必要地加大了一部分社會成員生活中的政治壓力，同時相應減少了社會生活中的「彈性因素」。「千斤重

中國 政府與政治

擔」繫於一身，容不得半點閃失。在這種背景下，不僅治理成本較高，而且一旦出現問題，就會直接波及日常經濟和社會生活，造成社會動盪，「文化大革命」就是一個例子。怎樣權衡上述利弊，在兩者之間選好一個恰當的結合點，是值得認眞、深入研究的一個課題。

(三)緊密型的軍政關係

　　這裡所說的「軍政關係」中的「政」，指的是政府。在中國政治生活中，特別強調中國共產黨對軍隊的絕對領導，強調透過「擁軍優屬」和「擁政愛民」，來密切「軍政關係」。這是由中國共產黨、中國人民政權和中國武裝力量的特殊歷史聯繫決定的。在中國，「黨」處於「軍」與「政」之間，在黨的統一領導下，「軍」與「政」之間的關係是密切的，但他們在國家政治結構上又是分開的。國外有些媒體總喜歡誇大解放軍對政府的影響力，是由於不瞭解情況而導致的思維簡單化。新中國建立初期實行「大行政區制」的時候，確有部分地方是由「軍政委員會」領導，但到1952年11月即全部改爲「行政委員會」。「文化大革命」期間部隊「支左」的錯誤做法，也早已得到了糾正。

　　根據軍隊接受中國共產黨的直接領導，但同時又是國家武裝力量的原則，中央軍委既是黨的中央軍委，也是國家的中央軍委；中國人民解放軍在憲法規定的範圍內參與國家政治生活，選舉並以一個代表團的形式出席全國人民代表大會；國防部是國務院職能部門，但是由現役軍人擔任部長；武裝員警部隊實行國務院和中央軍委雙重領導等。

　　在日常的政府與政治運作中，在中共中央的領導和協調下，國務院和地方各級政府大力支持國防建設，解放軍和武警部隊也積極支持政府的經濟和其他各方面的工作，特別是在維護社會穩定和搶險救災等特殊情況下發揮了重要的作用。

二、由傳統和國情所造成的三個特點

　　中國政府與政治是在其特定的傳統條件和現實條件的基礎上形成和運轉的，或者說中國政治產生和服務於其特殊的社會環境和人文環境。這一基礎性的因素，造成了當代中國政府與政治這樣幾個特點：

(一)單一制、地方自治與「條塊矛盾」並存

中國的國家結構形式為單一制。這是由它的歷史傳統、民族構成和地域特點所決定的，當然也與執政黨對國家結構形式建設問題的理解有一定的關係。為了實現中央的集中統一領導，中央黨政機關加強了透過「條條」對地方進行具體管理的力度，許多人權、財權、物權透過「條條」集中到了中央。特別是在過去計畫經濟的條件下中央集權達到了相當高的程度。在世界各國中，中國政府部門的數量是比較多的，權力是比較大的。

但是，中國作為一個人口眾多、土地遼闊，而經濟和文化發展又不平衡的國家，各個地方應該有一定的自主權；民族自治地方應該有更大的自主權。這樣，就又要以各種形式，在不同的程度上，擴大各類「塊塊」的自主權、自治權。比如特別行政區實行「一國兩制」，他們在某些方面的高度自治已經超過了一般的聯邦制國家。

這樣，「條條」和「塊塊」之間就不可避免地要出現各種形式的矛盾，而且雙方各有各的道理。從地方的角度看，是「條條」分割了「塊塊」，「塊塊」自感沒有實權，影響地方黨政機關職能的完整發揮；從中央的角度看，地方黨政機關經常運用所掌握的組織關係和人事權力，干擾「條條」的正常運作，甚至抱怨「一些地方政府從地區利益出發，常常置國家的利益而不顧，越權干涉一些部門的工作，如強迫銀行、稅務等部門違背中央的有關規章制度發放貸款、減免稅收等。對審計、工商行政管理、統計、海關等具有監督職能的部門工作有時也橫加干涉。」❷雙方的說法都是實情。應當肯定，他們一般都是盡職盡責，問題出在體制上。整個體制需要透過這樣一種機制，達到一種統治結構上的平衡。高難度的課題在於：如何在轉變政府職能和實行社會主義市場經濟的條件下，透過解決縱向間政府的「職責同構」問題，尋找和建立新的「條」「塊」平衡點。

(二)行政主導

這裡所說的「行政主導」是廣義上的，它不僅是指在各國家機關中，行政機關居於突出的位置，而且是指在整個政治權力結構中，「執

行」的那部分，實際擁有相當高的地位。

任何現代控制體系都需要劃分爲「權力機關」和「執行機關」兩部分。前者一般應實行委員會制，以利於民主和科學的決策；後者一般應爲首長負責制，以便於進行及時、有效的管理。前者的任務是決策和制定規則，後者的任務是執行和管理。前者對產生它的公民、成員或代表負責，起仲介作用，賦予後者以合法性，並監督後者；後者對前者負責，但要有一定的相機、應急處理某些管理問題的權力。人民代表大會及其常務委員會、黨的全國代表大會屬於前者，國務院這樣的機構顯然屬於後者。

在中國，爲了優先保證政權機關的工作效率和集中統一的領導，一直實行的是民主集中制原則。這樣，與許多國家相比，中國政治權力結構的運作就產生了一個明顯的特點，即執行機關的實際權限較大。比如，中共中央政治局既是中央委員會的執行機關，又是中央委員會閉會期間代表全黨的中央領導機關，是「議行合一」；國務院和地方各級人民政府是同級人民代表大會及其常委會的執行機關，但代表大會的會期很短，常委會多數組成人員也不是駐會辦公，多數政務是以「政府工作報告」的形式「打包」通過人大的審議約束，對政府預算的約束也相對較軟，這使得國家行政機關獲得了較大的管理國家各方面事務的具體權限。

不難看出，中國的「行政主導」，是一種加強黨的領導與強化行政地位結合起來的控制和管理模式。這種模式運行起來比較便於集中，應當說有一定的效率。從現實上講，多數西方國家現在也是行政機關居於突出的地位——總統制下的總統和內閣制下的內閣都是如此。香港和澳門特別行政區基本法表明，特區在總體上實行的也是一種「行政主導型」的模式，但比內地「弱」了許多。有一點要注意到，與一些西方國家不同，中國由於歷史的原因，法制建設的基礎不夠雄厚，因而在這樣的基礎上所形成的「行政導向」，容易出現通過「過度集權」走向「參與不足」的問題，這已有許多歷史教訓。現在，不可能不實行「行政導向」，但法律和制度建設要加快「補課」進程，使之相互配合，從而達到又有民主，又有集中，又有普遍參與，又有行政效率的境界。

(三)地方政府過程的運行品質較低

「行政主導」要求政府有較高的運行品質，相應地它要求有完善的政府運行規則和高素質的官員作為保證。

經過改革開放以來，在實行幹部「四化」和政府管理法制化方面的持續努力，中央黨政機關和大多數省（自治區、直轄市）、部（委）級黨政機關的官員素質及其機構的民主化、法制化程度和運行品質都有明顯提高，各種不規則現象明顯減少。但是，由於條件的限制，目前中國的地方黨政機關，特別是縣（縣級市、市轄區）、鄉（鎮、街道辦事處）這樣一些由最基層黨政機關參與的地方政府過程，其運行品質還處於較低的狀態。其原因：一是，現有的地方政府運行規則中相當一部分不符合現代政府管理的一般原則，比如常常提到的「政企不分」、「政事不分」和目前還較少提到的政治與行政不分、統治與管理不分等；二是，除去規則不合理、不健全的因素以外，還存在著嚴重有法不依和執法不嚴，以及執行中政策「偏離」過大等問題；三是，存在著相當程度的「尋租」之類的腐敗現象。

提高地方政府的運行品質，首先必須提高地方黨政機關官員的素質，並適當提高他們的待遇，以便吸收更多高素質的人到黨政機關工作，同時也要求公民素質的普遍提高。現在，一部分官員的覺悟和素質還比較低，一些有一定文化水準的官員的知識結構也並不理想。此外，在肯定體制改革和官員素質提高起到改善政府運行品質中關鍵作用的前提下，還應當注意到，現在少量公民的素質也在制約著政府運行品質的提高，他們對國情還缺乏必要的覺悟，還不瞭解中國在政治生活方面已經發生了變化，不善於對黨政機關進行正常的監督；對黨政機關合乎現代民主規範的、比較溫和的行為，他們往往不理會，而黨政機關為了實現一定的目標，一旦採取非規範的、強硬的行為，就又侵害了群眾的合法權益，降低了政府運行的品質，影響了政群關係。

三、由改革開放所造成的三個特點

在經濟體制改革的推動下，中國的政治體制改革和法制建設也陸續

取得了一些進展。但是,由於這一改革是在溫和的、有步驟的,和力圖在較長時間中解決問題的總體思路的指導下進行的,所以,「新舊交替」的過程相對較長,致使當代中國的政治生活出現了不少過渡性的特點。

(一)統治上高度集中,但管理上已趨於分散和靈活

改革前,中國的政治運行是以權力高度集中而聞名。改革以後,權力過度集中的問題已在一定程度上有所克服,並在堅持黨的領導和強化政府權威的前提下,採取了一系列向地方、部門、企業、社團等「放權」的措施,社會生活的自由度明顯擴大。這在很大程度上,調動各方面和人民群眾的積極性和創造性,社會面貌也大為改觀。在這種背景下,同時出現了兩類似乎截然相反的輿論:一種是中國的政治體制改革沒有實質性的進展,仍然是一個高度集權的國家;另一種是,隨著地方和部門權力的擴大,「國家能力」已經明顯下降,海外甚至出現了中國「可能分裂」、「崩潰」的論調。持這兩種看法的人,大多不是從學術上討論問題或是不太瞭解情況。

實際上,準確的概括應當是:從政治統治活動的角度看,中國在政治上確實依然相當集中;但從行政管理的角度看,現在確實已經趨於分散,政府活動有相當靈活的一面。

統治和管理,是政治中兩個不同層次的問題,但在中國長期沒有注意加以必要的區分。在「政治掛帥」,一切政治都等同於「階級鬥爭」,一切政治都等同於統治的情況下,在政治就是一切,「政治壓倒一切」的時代,統治和管理是不可能,也是沒有必要區分開的。但是,進入改革時代以後,這種區分就是必要和可能的了。

像中國共產黨的領導地位、國家立法、國家和政府首腦的任用、政治協商與民主監督、外交事務、司法事務和軍隊的地位等屬於「政治統治」範疇的東西,過去是集中的,現在在社會主義民主和法制的軌道上依然是集中的。過去是靠「人治」來集中,現在逐步轉向依靠民主和法治來集中。在中國這樣一個人口眾多、土地遼闊的開發中國家,在「社會轉型期」不保持一定的政治統治意義上的集中,不符合中國的國家利益。但是,一個國家和社會也不能長期「繃」得過緊,否則,不利於經濟和文化

事業的發展，尤其不利於市場經濟因素的發展，也不利於民主進程。正是在這一背景下，中國黨和政府作爲尋求社會控制最佳模式的探討，也是爲了應急解決一些具體的社會經濟、政治問題，而從20世紀80年代起採取了一系列本書已經一再談到的下放管理權力和增強地方靈活性的措施。

像稅政、財政、民政、市政、社會保障、公共衛生事業管理、人口與土地資源管理、人事管理、工商行政管理、教育行政管理、社區事務管理、行政區劃等等，雖然不能說與政治統治無關，但與黨的領導地位、國家立法等問題相對而言，基本上是屬於「管理」的範疇。用傳統的概念講，這些東西不帶有強烈的「階級性」，相反卻具有比較明顯的「公共性」，是技術層面的問題。現在，這些方面已經在相當大程度上放開了，並且基本上發揮了積極作用。近年來，中國關於「行政管理」學科的教學與研究，迅速向「公共行政」和「公共政策」的方向擴展，而且發展速度明顯快於一般政治學學科，其動力就在於此。

當然，需要警惕的是，即使是管理層面上的東西，也不能無限度地「放」。既然是管理，那麼要害的問題是提高管理水準，究竟是「放」，還是集中，要視管理的需要而定。因爲，管理是內在地要求效率的。行政管理上的高效率，是保持一個國家政治統治秩序的基礎。不能簡單地用增大管理中的彈性、靈活性的辦法，來緩解在政治統治領域保持高度集中所帶來的壓力。

同樣，政治統治層面上的東西，也不是絕對一點也不能「放」。有些政治統治範疇方面的東西，隨著人民物質、文化水準的提高和社會的進步，特別是隨著市場經濟體制建設的進程，今後顯然也會適當地、有序地「放」一些。

(二)法律與政策同時規範社會、國家和政府行爲

在多數國家，強制性地規範政府和公民行爲的只有法律，一般稱之爲「一元法制」。政策是普遍存在的，但它主要是用來約束一定政策制定主體（政府、政黨等）自身的工作行爲，並不能強制規範其他社會主體的行爲。

在這個問題上，中國走過了一條曲折的道路。在建國以後至1957年

這段時間，中國黨和政府還較為重視法律的作用；但由於黨的領導地位和「大政府」、「強政府」的因素，政策也在很多方面規範社會成員的行為，即事實上是一種二元法制在起作用。到了1958年以後，特別是在「文化大革命」期間，法制在中國已不存在，並不穩定的政策成為一元性的社會規範。

「八二憲法」生效以來，中國的法制建設加快了步伐，但已有法律的控制面依然有限，而且不少法律過於原則。這樣，政策就仍然在相當大程度上（包括對一些很重大的問題）起社會規範的作用。比如，高等教育由公費向自費過渡這一重大轉變、計畫單列市的設置等，主要就是透過政策的制定和調整推進的。

現在，在建設社會主義市場經濟、轉變政府職能和進入世界貿易組織的大背景下，經過人大等方面的努力，法律的控制面越來越大，「無法可依」的歷史基本結束，法律控制的強度也在加大，政策的控制面則相對縮小，開始呈現出向「一元法制」過渡的態勢。

(三)政策在諸多方面「雙軌」運行

在中國，調節社會和政府行為的規範不僅是雙重的，而且就政策本身而言也有許多「雙軌」，甚至「多軌」之處。比如，現存或歷史上實行過的匯價、物價（主要是指生產資料）、貸款利率的「雙軌制」；在一部分地區，是省（自治區、直轄市）、市、縣（縣級市）、鄉（鎮）四級行政區劃，在另一部分地區，是省（自治區、直轄市）、縣、鄉（鎮）三級行政區劃；廣東等若干省、其他一般省份、自治區和若干邊遠省份在財政方面的待遇是很不相同的；政府在對特區、經濟技術開發區和其他一般地區的政策上，有或多或少的不同之處等。

導致這種多重政策的主要原因是，中國各地方、各部門的自然、歷史條件具有天然的或後天造成的各種差別，於是中央只能在政策上採取「分類指導」的辦法，以便使可能發展或改變得快一些的地方先行一步。像「市領導縣」體制所造成的行政區劃上的大範圍「雙軌制」，就屬於這種情況。即使是那些準備在全國推廣的改革措施，基本上也是分步推進，而且大多要經過試點階段。比如，由於「全面實行分稅制不是輕而易舉的

事情」，所以在全國鋪開之前，就曾在浙江、新疆、天津、武漢等九個地區「率先實行」❸。

　　像實行分稅制改革這樣轉軌比較快的事情還好辦，一兩年就過去了。問題在於，現在一些多樣化的改革措施，「並軌」的時間拖得過長，容易引發地區、部門之間的利益矛盾，有些還可能導致腐敗現象。當然，從中國的實際情況看，在一般政府管理和某些特殊的改革措施上，有些差別是難免的，有些步驟是必要的。大概這也正是溫和型的經濟和政治體制改革的一個重要特徵吧！

第三節　中國政府與政治研究中的幾個技術性問題

　　作為中國政府與政治的一個研究人員，根據自己較長時間研究和學習的體會，我認為有必要在緒論的常規性闡述之外，再進一步分析和介紹下列幾個多少帶有一些「技術性」的問題，以便加深讀者對於中國政府與政治的特殊性的理解和把握。對於這些問題，初學者和來自中國大陸以外的研究者，尤其需要特別予以注意。

一、現代化和後現代化：中國政府與政治發展的雙重任務

　　中國與西方發達國家所處的發展階段是不同的。目前，中國正處於向比較成熟的市場經濟體制過渡的階段，而發達國家當前的任務是在充分市場化的基礎上進一步解決市場化中存在的問題。中國作為發展中國家，一方面肩負著挑戰傳統、迎接現代化的任務，另一方面又不可避免地會受到發達國家後現代化政府改革浪潮的衝擊。政治發展和政府發展中的「現代化」與「後現代化」兩種衝擊波，同時在影響著處於轉型時期的中國，無疑會給中國的政府改革與發展增添新的挑戰和難度。中國的任務應該是客觀面對，冷靜思考，全面應對多重壓力，從而尋求出一條有中國特色的政府發展之路。

　　西方發達國家在由封建經濟過渡到比較成熟的市場經濟之前，中間一般都經歷了一個所謂「自由放任」的歷史階段。管理現代化的政府和現代政治生態由此逐步形成。有的國家這個歷史階段用了上百年甚至更長的時間。但是中國在從小農經濟、計畫經濟邁向比較成熟的市場經濟的過程中，只是在經歷著一個短暫的「過渡期」，而沒有經歷這樣一個「歷史階段」，其過程預計只有三、四十年的時間。也即中國主要靠政府去推動政府自身的發展，而西方國家主要靠市場去推動政府的發展。中國作為後發展國家，在經濟發展和政府改革的現代化進程中更需要政府的力量，更要求政府發揮主導作用。這是因為後發展國家各個方面的現代化，在發達國家的示範和挑戰下，需要實行追趕型現代化策略，時不待我，既不能重複也沒有餘地重複發達國家那種比較自然、緩慢的現代化道路。

　　由此可見，雖然各國都面臨著政府發展的一般性任務，都要在統一的政治生活客觀規律制約之下，沿著歷史發展的必然趨向展開；但由於各國政府發展所依據的客觀條件具有較大的差異性，所以政府和政治發展在各國又往往按照自身內在的特殊規律性進行。因而，中國政府的發展也不能脫離這一政府發展的普遍規律，同樣應該在由其所面臨的歷史條件和現實條件共同構成的特殊規律性要求下展開。

　　總之，現階段的中國政府和政治發展，面臨著現代化和後現代化的雙重壓力和挑戰；也就是說，它既有解決決策和管理的民主化、法制化和科學化，解決轉變政府職能這樣一些非常基本的政治任務，又不得不面對政府管理的資訊化等一系列非常新的工作，不得不面對經濟全球化對政府管理的巨大影響。

　　中國政府與政治發展所擔負的雙重任務，使得追求自主性發展已經堅定地成為當前中國政府和政治發展的一項基本策略。在充分認識到政府與政治發展的特殊性的基礎上，中國應該力求從自己的實際情況出發，發揚傳統優勢，借鑑國外政治發展和政府改革的成功經驗，在經濟體制的框架內，探索出一條有中國特色的發展道路。

二、傳統的毛病：重權力歸屬，輕權力運作

　　由於歷史的原因，不論是在政治生活領域，還是在企業界，中國都普遍存在著「重視權力的歸屬，忽視權力的運作」的現象。這對我們今後加強民主和法制建設非常不利。

　　我們的民營企業為什麼總是難以做大？為什麼中國的傳統政治生活總是表現為某種週期性和難以克服「人治」的特徵？為什麼我們在理論上和傳統上總是比較忽視法治、制度中的程序方面建設？原因固然很多，但是，這裡面無疑有著深層次的認識和傳統社會心理方面的問題。在東方國家的發展中，在地域因素取代血緣因素的過程中，血緣的因素被否定得不夠徹底──血緣作為國家中的一個因素被保留下來了。進入近代以後，法制因素依然沒有相應得到充分的發展，包括政治科學在內的現代社會科學也沒有得到足夠的重視。

　　「改朝換代」和「用自己的人」，是經常發生的現象，都有必要性，但這並不能解決所有的問題，更不能解決根本性的問題。從根本上說，過程和程序的建設具有更為突出的穩定性。一個傑出政治人物的政治理念和治理思想，如果能夠透過政府過程、程序、公認的慣例、道德習慣等因素得以流傳的話，要比其單純的政治思想流傳更為實際，要比其思想和主張透過代際、人際之間的傳襲更為可靠，其政治效果的正面效應就更為突出一些。現在，我們加強對政府過程方法的研究，是典型的以他人之長補自己之短。

　　因此，我們提出要注意從政府過程的角度研究中國政府與政治，是有著極大的針對性的。我們在研究工作中，要特別注意開拓這方面的思路，蒐集和積累有關資料，加強有關學科的聯合，為說明「重視權力的歸屬，忽視權力的運作」的現象內在機理和尋求解脫的辦法而努力。

三、最基本的政治關係：黨政關係

　　從「技術」的層面看，中國與西方國家在政府與政治方面最大的不同，就在於以美國為代表的西方國家的政治生活中最基本的社會關係，是

「壓力團體」與政府的關係，是「壓力團體」如何「進入」（access）的問題；而中國政府與政治中的核心問題是「黨政關係」的問題。可以這麼說，就像不理解美國的「壓力團體」就不能理解美國政府與政治一樣，不理解「黨政關係」以及與此相關的「單位」、「二元法制」等問題，就不可能真正理解中國的政府與政治。

就目前而言，中國政府與政治中最主要的問題，不可能是「壓力團體」的問題，也不是「接近」的問題，而是如何透過法律規範中國共產黨和中國政府的關係問題。黨的十一屆三中全會以來，特別是80年代中期以來，把「黨政職能分開」當作政治體制改革的重要內容乃至「突破口」的呼聲很高。這不是偶然的。中國是一個共產黨領導的實行社會主義政治制度的國家，1949年以後的大部分時間實行「黨政不分」、「以黨代政」的管理體制，使得國家政治、經濟生活中需要加以處理的諸多關係，都不可避免地匯集到黨政關係這條主線上來。因此，在當代中國，不論調理任何一種比較重要的社會關係，還是進行任何一項重要的政治、經濟體制改革，都會遇到如何處理黨政關係的問題。

「黨」「政」之間截然分開是不可能的，問題的關鍵是，要理順黨與其所領導的政權機關的關係。理順「黨政關係」的工作本身，就屬於當代中國政府過程的內容，而且是中心內容。與此相一致，中國政府過程理論的核心概念，或者說需要加以分析的主要關係和主要問題，是「黨政關係」問題。

四、最具有技術性的特點：「大」和「變」

也許由於我自己是中國人的關係，我對中國政府與政治領域裡面發生的許多事情，包括不甚理想的事情，總是抱著深切理解的態度。而且，隨著我研究有關課題時間的延長，這種傾向就越來越明顯。

綜合人口和領土的兩個因素，中國無疑是世界上最大的國度。「大」就往往導致複雜，就意味著負擔重。由於自然的、歷史的原因，特別是由於幅員遼闊和人口眾多，使得中國政治生活和政府過程都異乎尋常的複雜。

比如「市」，有省級的直轄市、副省級的計畫單列市、（國務院認定的）較大的市、省會市（自治區首府）、一般地級市（省轄）、（憲法中提到的）不設區的市（一般為縣級市）、縣級市、市轄市（二級市、縣級）、特區城市等。

又如「局」，有部級和副部級的國家局、作為部委內設機構的局（司）、作為省府職能部門的局（廳）、有省轄市或地區行署職能部門的局（相當於處）、有作為縣政府職能部門的局（相當於科）、黨中央各工作部門也內設局等。

每一種特定的「市」，每一個特定的「局」，就會產生一種特定的政府關係，就有其特定的政府過程。而且，如果不是非常專業的人士，搞不清楚他們「誰大誰小」。類似諸多的複雜狀況，使關於當代中國政府與政治的理論研究面臨著非常繁雜的任務。所以，打算研究中國政府與政治的朋友，一定要耐下心來，仔細瞭解和研究這些技術性的問題，否則，你對重大問題的研究就很難深入。

複雜難免導致多變。五十餘年來，由於政治生活的波動和為調整種種複雜的社會關係所做的各種嘗試，使中國政府與政治始終處於顯著的變動之中。對憲法的修改比較頻繁；政府機構設置處於週期性的「膨脹—精簡—膨脹」狀態，一直到1998年以後才基本穩定下來；近年來，政府職能又有所調整；行政區域時有變動，新的區域管理體制，如市管縣體制、市管市體制、特區的「小政府」體制、經濟技術開發區和上海浦東新區的管理委員會體制、若干城市的地方立法權問題等等層出不窮。在這樣短的時期內，政府體系不間斷地處於如此大強度的變動之中，必然給關於當代中國政府與政治的理論研究，帶來許多饒有興致但又有相當難度的課題。

所謂「變」有兩種：一種是「沒有必要的變」，即亂變；一種是「必要的變」，也即改革和發展。

1979年以前，中國政治生活中的許多「變」，由於沒有掌握住現代政治發展的規律性，指導思想有偏差，所以走了彎路、錯路，或者是轉了個圈子又回去了，比如政府機構改革中的「擴張—精簡—擴張」循環，就是一個典型的例子。

1979年以後，中國的政府改革和政治發展，雖然不能說沒有問題，

但總體上看，是走在向上的道路上。從大的框架上歸納：1979年，在鄧小平的主導下，中國在原「社會主義國家」中率先進入改革時期，也是在這一年，中國第一次有了「差額選舉」；1982年，宣布徹底放棄了「以階級鬥爭為綱」的指導思想；1987年，具體提出了政治體制改革的任務；1992年，確定中國「經濟體制改革的目標是建立社會主義市場經濟體制」；1997年，強調「依法治國，建設社會主義法治國家，是黨領導人民治理國家的基本方略」；2002年，提出要建設社會主義政治文明；2003年提出建立服務型政府；2008年以後進一步強調要切實轉變政府職能，並在縮小行政審批範圍等方面進行了許多探索。伴隨著這些大的方向性調整，中國政府與政治在制度、體制、運行機制、辦事程序和人們的政治觀念、政治社會心理等諸多方面，都發生了歷史性的改變，而且中國人都相信這些變化是不可逆轉的。

要注意在變化中瞭解中國，瞭解中國的政府與政治。

☜❖註釋

❶ 關於政府過程學說與方法發展過程的具體情況，可以參見拙作《當代中國政府過程》，天津人民出版社，1997年、2002年版的有關章節。

❷ 中文譯本定名為《國會政體》。

❸ 同上，第2頁。

❹ Arthur F. Bentley, *The Process of Government: A Study of Social Pressures*, Beiknap Press of Harvard University, 1967, p.205.

❺ 參見譚融，《美國利益集團政治研究》，中國社會科學出版社，2002年，第34頁。

❻ 轉引自 *The Governmental Process: Political Interests and Public Opinion* 的中文版，第320-322頁。

❼ 參見曹沛霖等翻譯的該書中文本，上海譯文出版社，1987年。

❽ 戴·沃克，《牛津法律大辭典》，北京社會與科技發展研究所組織翻譯，光明日報出版社，1988年。

❾ 「文革」時期政府機構設置的具體情況，可以參見本書第八章的第二節。

❿ 比如，在20世紀50、60年代，地方不設人大常委會。在人民代表大會閉會期間，由同級地方人民政府代行其職權。

⓫ 2002年的時候，中國共有國家公務員528.6萬人（據新華社北京2002年8月8日電），比全國專職的黨派與社會團體幹部的總數還要多，占了全國官員總數的大半。

⓬ 孫方明等主編，《政治體制改革一百問》，吉林人民出版社，1987年，第43-44頁。

⓭〈財政部副部長遲海斌就分稅制答記者問〉，《經濟日報》，1992年6月20日。

第一編
中國的社會政治結構

　　中國的國家政治權力結構和中國政府，都具有權力高度集中統一的明顯特徵。日日夜夜，千千萬萬個來自四面八方的資訊彙集到位於北京數以百計的中央黨政機關，也即「中共中央直屬機關」、「中央國家機關」和若干「主要人民團體」；每時每刻，又有千千萬萬個指令由這些機關發向全國各地。這一整套具有「輸入」和「輸出」等完全政治功能的政治機關和政府機關，就是中國的「政治中樞」。它們之間的關係，即為中國的憲政結構。

　　在這個政治權力結構和這個政治中樞中，中國共產黨居於領導核心的地位。它對這一政治中樞的其他組成部分，包括中國國家行政機關，乃至對整個國家的社會政治生活實行政治領導。因此，從這個政治權力結構的中樞部分開始，一直到地方、基層，到所有公有制的企業事業單位和社會團體，就都有了一個「黨政關係」問題。

　　但是，中國的憲政結構，包括中國共產黨與中國政府的關係，即中國的現行政治格局，是中國社會長期發展的產物；1978年以來，中國的憲政結構的變化，包括中國共產黨與中國政府關係的調整，又是在上述發展的歷史背景下，經濟轉型、社會改革和轉變政府職能，以及由這些轉型、改革、轉變所直接引發的社會階層分化和社會關係變遷的產物。

因此，研究中國的「憲政結構」、「黨政關係」和「社會階層結構」，是系統地、全面地研究中國政府與政治問題，準確把握中國政治發展和政府發展趨勢的基礎。

　　第一編的內容，是基礎性和總括性的。因此，有關分析，特別是對憲政結構的分析，不可避免地帶有體制分析的特徵。但是，注意了這樣三點：一是這一分析是為過程分析做準備的；二是盡可能進行實證分析，讓事實特別是統計數字「說話」，加大資訊量，法規方面的東西以「夠用」和「從略」為原則；三是這一分析的重點，是對憲政結構和社會結構的總體把握。

第1章

憲政結構

- 中共中央領導機關
- 中央國家機關
- 中央軍委
- 中央司法系統
- 地方憲政結構的一般狀況

形象地說，中國的國家憲政結構，是一個以中共中央為核心的「6＋1＋2體系」。「6」是指通常所說的「六大領導班子」，即中共中央委員會（含中央政治局、中央政治局常務委員會和中央書記處）、中共中央紀律檢查委員會、全國人民代表大會及其常務委員會、國務院、中央軍事委員會和中國人民政治協商會議全國委員會；「1」是指國家主席；「2」是指最高人民法院和最高人民檢察院。它們共同構成了中國政治中樞中「黨」、「政」、「軍」、「法」四大方面。中國的國家憲政結構就是這四大方面的開展及其相互關係。

第一節　中共中央領導機關

一、中國共產黨的基本組織狀況

中國共產黨於1949年10月1日成為中國居於領導地位的執政黨，現為世界上最大的政黨。1978年改革開放啟動時，有黨員3500多萬人。此後，以每年100萬名左右發展新黨員的速度遞增：截至2013年底，中國共產黨黨員總數為8669萬名，較上年「淨增」155.9萬名，增幅為1.8%。

一般來說，作為共產黨，在歷史上，往往強調自己是工人階級政黨。「十六大」修改的黨章的有關表述，做了重大調整，即「中國共產黨是中國工人階級的先鋒隊，同時是中國人民和中華民族的先鋒隊」❷。事實上，中國共產黨在這方面一直是比較靈活的，從來沒有在黨員構成上採取所謂「關門主義」，黨員的來源、構成始終是多樣化的。特別是在1978年以後，中國共產黨在社會各階級階層中都發展有一定數量的黨員，只是在黨員的總數中，包括知識分子階層和官員階層在內的工人階級的比重最高。對黨章的這個變化，應當給予高度的重視。

中國共產黨在各級行政區都建立有地方黨委或黨的工作委員會（比如街道辦事處、經濟技術開發區）；此外，城市主要還按行業建立基層組織，坐落在城鎮的公有制企業（含國家控股的股份制企業）事業單位，各人民團體，在街道和社區都建立有黨的領導系統和基層組織。90年代後期

以來,在部分非公有制企業事業單位和外資企業也建立了基層黨組織。比如,2001年12月15日,大陸最大的臺資企業深圳富士康企業集團成立了中共黨委❸。中組部2014年7月公布的資料顯示,我國在非公企業已建立黨組織162.7萬個,占非公企業總數的58.4%❹。在農村,主要按屬地關係建立黨的基層組織系統,可以說,有多少個村莊,幾乎就有多少個農村基層黨支部。全黨的基層組織一般穩定在300多萬個。

在中共中央一級,黨的領導機關現由經黨的全國代表大會選舉產生的兩個委員會構成,即中共中央委員會和中共中央紀律檢查委員會。

在中央和地方的國家機關,如中央各部(委),地方政府及其各廳(局),各人民團體,重要經濟組織、文化組織,以及其他非黨系統的領導機關均設立有「黨組」。黨組,由本機關的黨內負責人組成,主要黨內負責人任黨組書記。黨組的任務是負責實現黨的方針政策,團結非黨幹部,指導機關黨組織(如機關黨委、機關黨總支)的工作。黨組與黨委主要區別有兩個,它係由批准成立它的黨委指定;它沒有下一級由它領導的黨的組織,也即沒有「腿兒」。那部分設立有自己的下級黨組織的國家機關,則組織自己的黨委,如外交部就選舉產生外交部黨委。

新中國成立時,中國共產黨主動取消了「黨產」,與商貿活動脫鉤。和其他八大黨派一樣,黨的工作主要靠國家財政和黨費運行❺。

二、中共中央委員會

中共中央委員會每屆任期五年,全國代表大會如提前或延期舉行,其任期也相應改變。黨的中央委員會在全國代表大會閉會期間執行全國代表大會的決議,領導黨的全部工作,對外代表中國共產黨。按照黨章規定,中央委員會每年至少召開一次,每次往往是集中討論一兩個重大的形勢、政策問題。近五屆中央委員會的實際情況是,大約每半年到九個月舉行一次,會議的間隔總體上趨於縮小和穩定(參見**表1-1**)。但是,儘管如此,黨的大量重要工作,包括對重要問題的決策或決策施行工作的組織,仍然要由中央政治局和它的常務委員會、中央書記處來組織進行。這三個機構和中央委員會總書記都由中央委員會選舉產生。

表1-1　近五屆中共中央全會主題和間隔統計

屆	時間	全會	主要內容	平均間隔
十三屆	1987.11	一	產生新一屆中央領導機構	6.6個月
	1988.03	二	決定國家機構領導人員推薦人選	
	1988.09	三	研究經濟問題	
	1989.06	四	分析政治形勢；調整中央領導機構	
	1989.11	五	研究治理整頓和鄧小平辭職	
	1990.03	六	研究加強黨和人民群眾聯繫的問題	
	1990.12	七	審議十年規劃和八五計畫草案	
	1991.11	八	研究農村問題和確定召開十四大	
	1992.10	九	為十四大做準備	
十四屆	1992.10	一	產生新一屆中央領導機構	8.3個月
	1993.03	二	審議調整「八五」計畫若干指標和機構改革等問題	
	1993.11	三	審議建立社會主義市場經濟體制若干問題的決定	
	1994.09	四	分析形勢和黨的狀況等	
	1995.09	五	審議「九五」計畫和2010年遠景目標的建議	
	1996.10	六	通過關於加強精神文明建設若干重要問題的決議	
	1997.08	七	為十五大做準備	
十五屆	1997.09	一	產生新一屆中央領導機構	8.5個月
	1998.02	二	國務院機構改革問題	
	1998.10	三	通過關於農業和農村工作若干重大問題的決定	
	1999.09	四	通過關於國有企業改革和發展若干問題的決定	
	2000.10	五	審議「十五」計畫的建議	
	2001.09	六	討論加強和改進黨的作風建設等問題	
	2002.11	七	為十六大做準備	
十六屆	2002.11	一	產生新一屆中央領導機構	8.4個月
	2003.02	二	通過關於深化行政管理體制和機構改革的意見	
	2003.10	三	通過完善市場經濟體制若干問題的決定和修改憲法的意見	
	2004.09	四	通過關於加強黨的執政能力建設的決定	
	2005.10	五	審議「十一五」計畫的建議	
	2006.10	六	通過構建社會主義和諧社會若干重大問題的決定	
	2007.10	七	為十七大做準備	
十七屆	2007.10	一	產生新一屆中央領導機構	8.6個月
	2008.02	二	通過關於深化行政管理體制改革的意見和國務院機構改革方案	
	2008.10	三	通過關於推進農村改革發展若干重大問題的決定	

（續）表1-1　近五屆中共中央全會主題和間隔統計

屆	時間	全會	主要內容	平均間隔
十七屆	2009.09	四	通過關於加強和改進新形勢下黨的建設若干重大問題的決定	8.6個月
	2010.10	五	審議「十二五」計畫的建議	
	2011.10	六	通過關於深化文化體制改革、推動社會主義文化大發展大繁榮若干重大問題的決定	
	2012.11	七	為十八大做準備	
十八屆	2012.11	一	產生新一屆中央領導機構	
	2013.2	二	通過國務院機構改革和職能轉變方案	
	2013.11	三	通過關於全面深化改革若干重大問題的決定	
	2014.10	四	通過關於全面推進依法治國若干重大問題的決定	

　　中央委員會委員一般為200名左右，候補委員150名左右（參見**表1-2**）。他們大多是中共中央和中央國家機關的領導人，各省級地方和部（委）級黨政機關的主要負責人，各人民團體全國領導機關的主要負責人，解放軍四總部、各大軍區和軍兵種的部分主官，以及少量有代表性的黨員。

　　中共中央政治局和它的常務委員會在中央全會閉會期間，行使中央委員會的職權。中央政治局與國外許多政黨的「中央執行委員會」是對應機構，但有一些細微的差別，這就是「政治局」較之「執委會」，承擔了更多的決策任務和具有更高的政治地位。從1987年以來，政治局大致每月舉行一次會議。政治局委員一般為20餘人（參見**表1-2**）。政治局常務委員

表1-2　近六屆中共中央領導機構人員構成統計（人）

時間	1987	1992	1997	2002	2007	2012
屆次	13	14	15	16	17	18
中央委員	175	188	193	198	204	205
中央候補委員	110	129	151	158	167	171
政治局委員	17	20	22	24	25	25
政治局候補委員	1	2	2	1	0	0
政治局常委	5-6	7	7	9	9	7
書記處書記	5	5	7	7	6	7

會是政治局中的核心，它的任務與政治局的任務相同，但是其成員——中央政治局常委更爲經常性地集中研討黨和國家的重大問題，爲政治局會議做必要的準備。政治局常委一般爲五至九人組成（參見**表1-2**）。全體中央政治局常委和大部分政治局委員集中在北京辦公，少部分兼任省級地方黨委書記。多年來，直轄市的市委書記一般都是中央政治局委員。

中央書記處在中央政治局和它的常務委員會的領導下，處理中央的日常工作。它是根據1980年2月黨的十一屆五中全會的決議恢復設立的。

從1942到1982年，中共中央的核心領導實行主席制。1982年召開的「十二大」決定不再設主席，改設總書記。總書記負責召集中央政治局會議、中央政治局常委會，負責主持中央書記處的工作。由此可見，黨的核心領導集團，較之1982年以前更帶有集體合議的性質。

此外，從1982到1992年，中共中央還設立過顧問委員會，簡稱「中顧委」。中顧委委員由具有四十年以上黨齡，對黨有過較大貢獻的老幹部組成，具體任務是，對黨的方針、政策的制定和執行提出建議，接受諮詢，協助中央委員會調查處理某些重要問題；在黨內外宣傳黨的重大方針政策；承擔中央委員會委託的其他任務。隨著幹部新老交替工作轉入正軌和老幹部年事已高，中顧委已於1992年完成了它的歷史使命。

三、中共中央紀律檢查委員會

中共中央紀律檢查委員會，簡稱「中紀委」，在黨中央委員會的領導下進行工作。它是根據十一屆三中全會的決定設立和選舉產生的。從十二大以後，由黨的全國代表大會產生，其任期也與黨的全國代表大會相同。中紀委委員爲120人。中紀委的全體會議選舉它的常務委員會和書記一人、副書記若干人，並報中共中央委員會批准。中紀委書記現在一般同時擔任中央政治局常委。

中紀委的主要任務是：維護黨的章程和其他黨內法規，檢查黨的路線、方針、政策和決議的執行情況，協助黨的委員會加強黨風建設和組織協調反腐敗工作。它的具體工作主要有：(1)經常對黨員進行遵守紀律的教育，做出關於維護黨紀的決定；(2)檢查、處理黨的組織和黨員違反黨

章黨紀的情況、重要或複雜的案件，決定或取消對這些案件中的黨員的處分；(3)受理黨員的控告和申訴。對於中央委員會成員的違紀行為，中紀委可以向中央委員會檢舉，中央委員會應即受理。在工作方式上，與中顧委有區別的是，它有自己的「下級」，有權檢查下級紀委的工作，有權批准和改變下級紀委對於案件所做的決定；地方各級紀委在同級黨委和上級紀委的雙重領導下開展工作。

　　中央紀律檢查委員會從設立的時候起就在中國的政治生活中發揮著重要的作用。比如著名的「關於黨內政治生活的若干準則」，就是1979至1980年間由中紀委制定和修改的。在1990年代以來的反腐敗鬥爭、2001年以來較大幅度地改革行政審批制度等重大改革中，中紀委都起到了非常重要的作用。

　　由於中國的政府官員、企業事業單位和人民團體的領導幹部大多數是中共黨員，所以，中紀委對黨員的紀律約束指令的實際控制面是很大的。考慮到這些因素，中紀委與國務院所屬的監察部合署辦公，由中紀委的一位副書記兼任監察部部長。

第二節　中央國家機關

一、全國人民代表大會及其常務委員會

　　全國人民代表大會，是最高國家權力機關暨立法機關。它和西方國家的議會性質不完全相同，但屬於對應機構，並早已加入了國際議會聯盟。全國人民代表大會擁有國家的最高立法權、最高任免權、最高決定權和最高監督權。關於職權，憲法中有一個規定，具有總括性的作用，即「應當由最高國家權力機關行使的其他職權」。這個帶有總括性的規定，典型地表明了全國人民代表大會在法律上的最高地位。

　　全國人民代表大會的代表由各省、直轄市、自治區人民代表大會和人民解放軍採取間接、差額的方式選舉產生。地方人民代表大會在選舉上一級人大代表時，可以從本級代表中選舉，也可以選舉本級代表以外的適

當人選。事實上，為了擴大代表面和分擔工作負擔，各個層次上的人大代表多數並不交叉擔任。所以，全國各級人大代表的總數一般保持在350萬到360萬人之間。按照公民直接選舉縣級（市轄區）人民代表，縣級人民代表大會選舉產生省人大代表（在實行市領導縣體制的地方，在縣和省之間還要經過省轄市這個中間環節），省人民代表大會選舉產生全國人大代表的過程，可以推算出，從一個公民參加普選，到全國人大代表產生，至少要經過三個法定的「級差」，即「三級」間接選舉。

全國人大代表的名額不超過3000人（參見**表1-3**）。全國人大代表名額的分配，由全國人大常委會依據以下因素確定❻：

第一，代表與人口的比例是分配名額的基礎。2010年修改後的選舉法規定，全國人大常委會根據各省、自治區、直轄市的人口數，按照每一代表所代表的城鄉人口數相同的原則，以及保證各地區、各民族、各方面都有適當數量代表的要求進行分配代表名額。此前，城市人口與其產生代表的比例高於農村，一般為4：1，即農村一名代表所代表的人口數四倍於城市一名代表所代表的人口數。

第二，適當照顧少數民族，要保證人口特少的民族，也至少有一位代表。少數民族代表的比率一直要求應占12%左右，近年來實際一般保持在13%至15%之間，明顯高於少數民族人口占全國總人口的比率❼。

第三，女性代表的比率不低於22%。第十一屆全國人大代表名單中，婦女代表637名，占21.33%。

表1-3　近五屆全國人大人員構成情況統計

年份	屆次	代表數	常委會人數	委員長	副委員長人數
1988	七屆一次	2978人	154人	萬　里	20人
1993	八屆一次	2978人	155人	喬　石	19人
1998	九屆一次	2979人	154人	李　鵬	19人
2003	十屆一次	2984人	159人	吳邦國	15人
2008	十一屆一次	2987人	161人	吳邦國	13人
2013	十二屆一次	2987人	161人	張德江	13人

註：常委會人數中包含委員長、副委員長和秘書長。

　　第四，人民解放軍的全國人大代表由「中國人民解放軍選舉委員會」分配給各大單位。第十一屆全國人大時期，解放軍產生全國人大代表為268名，占代表總數的8.97%，其代表與選民的比率高於地方。

　　第五，為歸國華僑分配適當名額。

　　第六，臺灣省全國人大代表，由大陸各省級地方和人民解放軍中的臺灣同胞派代表協商選舉產生❽。

　　在全國人大代表中，中共黨員一般在70%左右。在全國人大中，所有代表都以諸如「某某省代表」的名義工作。

　　全國人大代表作為最高國家權力機關的組成人員，集體行使最高國家權力。在全國人大內部，他們按選舉單位組成三十五個代表團——三十二個省級地方代表團、兩個特別行政區代表團和一個人民解放軍代表團。在京辦公的黨和國家領導人、黨政機關負責人和人民團體負責人中，被省級地方或人民解放軍選舉為全國人大代表的，分別加入選舉產生他們的代表團。作為全國人大開會期間的基本工作單位，代表團在全國人大的運行過程中，起著非常重要的作用。比如，作為權力，一個代表團即可提出屬於大會職權範圍的議案，可以書面提出質詢案；三個以上的代表團可以提出對國家主席、副主席、國務院和中央軍委組成人員、最高人民法院院長和最高人民檢察院檢察長的罷免案等。

　　全國人民代表大會，每五年一屆，每年舉行一次全體會議，由人大常委會召集，時間一般為兩週左右。全國人大沒有法定的開會日期，但從八屆人大後期開始穩定在3月5日。

　　人大會期的不斷提前和趨於穩定具有重要的意義，是國家政治生活不斷正常化的一種重要表現（參見**表1-4**）。人大會議提前舉行，可以使「一府兩院」和人大常委會對上一年的工作總結更加即時，使政府工作報告、國家預算、國民經濟年度計畫，以及其他重要決定得到更適時的執行，使地方上的傳達工作在時間上也有了更大的餘地。在適當的條件下，確定全國人民代表大會年度例行全體會議的法定會期，應當說是必要的。考慮到會期的短暫，許多人大代表認為，從全國人大的工作程序上講，應當透過加強全國人大閉會期間與代表多種形式、多種管道的聯繫來加以彌補❾。

中國 政府與政治

表1-4　全國人大會期變化情況統計分析

(1)會議無規則的時期				(2)會議逐漸提前和穩定的時期			
年度	屆	次	開幕時間	年度	屆	次	開幕時間
1954	一	一	9.15	1983	六	一	6.6
1955		二	7.5	1984		二	5.15
1956		三	6.15	1985		三	3.27
1957		四	6.26	1986~1987		四~五	3.25
1958		五	2.1	1988	七	一	3.25
1959	二	一	4.18	1989		二	3.20
1960		二	3.30	1990		三	3.20
1962		三	3.27	1991		四	3.25
1963		四	11.17	1992		五	3.20
1964	三		12.21	1993	八	一	3.15
1975	四		1.13	1994		二	3.10
1978	五		2.26	1995~1996		三、四	3.5
1979		二	6.18	1997		五	3.1
1980		三	8.30	1998~2007	九、十	一~五	3.5
1981		四	11.30	2008~2012	十一	一~五	3.5
1982		五	11.26	2013~2015	十二	一~三	3.5

　　全國人大會議有四種會議形式：(1)預備會議：任務是選舉大會主席團和秘書長，通過議程及做其他的會議準備；(2)主席團會議：它是全國人民代表大會的領導機構，主持全國人大會議。主席團產生後，即由委員長主持第一次主席團會議，推選主席團常務主席若干人（一般二十人左右），還要確定主席團副秘書長人選、會議日程、表決辦法等。以後的主席團會議由常務主席召集主持，會議就代表大會的進程、重要的專門性問題進行研究、協商；(3)全體會議：它是全國人民代表大會行使權力的基本形式。代表大會期間要召開若干次全體會議。全體會議由主席團推選的執行主席輪流主持。全國人民代表大會的所有重要職權、所有重要決議的制定，都是在其他會議形式做了充分準備的基礎上，由全體會議實現的；選舉、決定各個中央國家機關的組成人員，也是以全體會議的形式進行的；(4)代表團會議：全體會議、主席團會議等提交給代表審議、討論的一切事項，大多是採取代表團會議（包括它的全體會議和小組會議）的形

式進行的。中央國家機關的組成人員可以列席代表團會議聽取意見❿。代表在各種會議上的發言（包括發言記錄、發言摘要）由工作人員整理成簡報印發會議。簡報在會議進行中起著交換資訊的重要作用。

　　全國人民代表大會常務委員會是全國人民代表大會的常設機關。在全國人大閉會期間，行使國家最高權力。全國人民代表大會常務委員會設委員長、副委員長若干人，秘書長一人，他們和常委統稱為「全國人大常務委員會組成人員」，均由全國人民代表大會選舉產生。從八屆人大以後，委員長一直由一位中央政治局常委擔任；副委員長目前為十三位，均為中國共產黨的資深領導人、各民主黨派中央領導人以及科技界等方面的重要代表性人物擔任。

　　從1954到1982年，全國人大常委會的職權範圍是很有限的。進入80年代以後，人們關於全國人大運行機制的不同看法逐漸明朗化了。人們普遍認為，全國人大代表名額太多，不利於充分、有效地議決重要事項；全國人大每年只開一次大會，而人大所應完成的立法、決議、任免、監督等任務卻又相當繁重。但是，中國人口眾多，儘管全國人大代表名額已近3000人，每位代表的人均代表面，卻與美國國會議員基本持平，低於大多數國家，很難再行壓縮；中國又沒有實行多院制的傳統，也很難確立劃分若干院的適當依據；考慮到人大代表不脫離工作崗位等特點，一年召開若干次全體會議也實難做到。在反覆研討的基礎上，經過80年代前半期的調整，中國逐步形成了透過強化人大常委會的權威和地位，把全國人大建成了大會和常委會兩個層次的方式，來解決上述難題的思路，並採取了相應的法律措施⓫。這些措施主要有：增加了它的監督憲法實施權，擴大了它的立法權、重要人事任免權及財政監督權⓬。

　　這種「一院兩層」的立法機構組織模式，在國際上是有特色的。比如在全國人大常委會委員與國家機關之間，實行「不相容原則」，部分常務委員還做到了專職化：增加開會頻率，即每兩個月左右開一次常委會會議。這些重要的調整，特別是它在立法過程上的特點，都在事實上標誌著全國人民代表大會既不是兩院制，也已經不是簡單的、經典的一院制，而是一種新型的代議機關組織形式。從1982年現行憲法生效以來，全國人大常委會已經不僅僅是全國人大閉會期間的常設機關，這樣，常委會委員也

就成爲了全國人大的「常務代表」。全國人大常委會的日常工作,採取由委員長、副委員長和秘書長組成的委員長會議的形式運作,秘書處在委員長的領導下做相應的具體工作。

全國人大常委會法制、涉外活動的具體工作,由全國人大常委會法制工作委員會和辦公廳下設的外事局負責分別安排處理。

1979年以來,全國人民代表大會還設立或重新設立了九個專門委員會。設立或重新設立的年份和專門委員會的名稱是:1979年:民族委員會;1983年:外事委員會;1983年:教育科學文化衛生委員會;1983年:法律委員會;1983年:華僑委員會;1983年:財政經濟委員會;1988年:內務司法委員會;1993年:環境與資源保護委員會;1998年,農業與農村委員會。

這些專門委員會不是權力機關,而是全國人大領導之下擔負某些方面專門任務的機構,它們的主要工作是負責研究、審議和擬訂各自專門方面的議案、法案、質詢案,審查有關執法機關執法情況,聽取他們的彙報;調查研究,反映重大問題,提出改進建議;與外國議會進行對口交流等。專門委員會由主任委員、副主任委員和委員組成,由全國人大主席團在代表中提名,經由大會通過。

在所有的國家機構中,全國人民代表大會居於最高的法律地位。這一地位以及相應的政治作用,主要表現在六個方面:第一,它是唯一的立憲機構、修憲機構和最高的違憲審查機構,不像美國聯邦國會只有修憲權;相應地,中國所有黨派、團體和全體公民都必須在憲法的範圍內活動。第二,它和它的常務委員會是中國最高的立法機構。第三,它產生其他最高國家機構,它的常委會也有權調整這些最高機關的部分工作人員。第四,它有權決定一切全國性的重大問題。第五,它監督一切國家機構、一切國家工作人員和一切公民的執法情況。第六,也是最重要的一點,它是我們這個共和國中最高層次上的、最具代表性的民選機構,它的最高任務是對全國各族人民負責。

二、中華人民共和國主席

中華人民共和國主席，簡稱「國家主席」，是國家對內對外最高的、正式的、合法的代表。在國務活動中，其排名順序列於國務院總理和全國人大常委會委員長之前，與外國國家元首屬於同等規格的職銜。但中國憲法中沒有國家主席是國家元首的條款。從憲法的相關規定看，是由國家主席與全國人大常委會共同行使通常由國家元首行使的職權。國家副主席，現設置1位，協助主席工作。

國家主席最初設置於一屆人大。第一任國家主席為毛澤東（1954-1959）。此前，毛澤東1949年擔任的「主席」，是中央人民政府主席。第二任國家主席為劉少奇（1959-1969）。1969年劉少奇在沒有經過任何法律程序的情況下，被非法囚禁，迫害致死，國家主席職位空缺。1972年2月24日，董必武副主席以「中華人民共和國代理主席」的名義致電科威特國埃米爾，祝賀該國國慶。「七五憲法」和「七八憲法」都沒有國家主席的設置。「八二憲法」恢復了國家主席的設置。這對於國家生活的正常化、國務活動的規範化、國家機構的完善化以及方便國際交往，都是完全必要的。

國家主席、國家副主席由全國人民代表大會選舉年滿45歲以上的中國公民擔任，與全國人大任期相同，連任不超過兩屆。國家主席缺位時，由副主席遞補；副主席缺位時，由全國人大補選；主席、副主席都缺位時，補選；補選前，國家主席由人大常委會委員長代理。

國家主席的職權是，根據全國人大或全國人大常委會的決定，公布法律、任免國務院組成人員、授予國家的勳章和榮譽稱號、發布特赦令、宣布戰爭狀態等。國家主席代表國家，從事國務活動，接待外國國家元首和政府首腦的來訪；接受外國使節；根據人大常委會的決定，派遣和召回駐外全權代表，批准和廢除同國外締結的條約和重要協定。

國家主席的責與權都是與全國人大和人大常委會的工作和地位聯繫在一起的，不直接處理國家行政事務，不單獨決定國家事務。因此，中國的國家主席不是「虛位元首」，而是「集體國家元首」的一種類型。在新

聞媒體所使用的語言中，經常可以見到將國家主席稱之為國家元首的做法；在學術界，也有這樣處理的❸。一般來說，考慮到與外國國家元首在職務規格上的對應性，這樣處理並無不可，但考慮到憲法的規定和在職權上的有限性（比如沒有規定國家主席統帥全國的武裝力量等），還是採用集體國家元首的提法為好。總之，中華人民共和國主席在中國的憲政結構中，主要是發揮代表性、象徵性和形式性的作用。

當然，如果國家主席由中共中央總書記兼任，國家副主席由中共中央政治局的一位常委兼任，他們在國家憲政結構中的顯示度和國務活動中的具體作用就更加突出，但這顯然是另外的話題了。

三、國務院

國務院為中央人民政府，是全國人民代表大會及其常務委員會的執行機關，是最高國家行政機關。儘管多年來，中國政治權力結構的組成和內部關係變化不斷，但國務院的性質、地位一直較為穩定。作為最高國家權力機關的執行機關，它的任務是保證全國人大及其常委會制定的憲法、法律和決議在全國範圍內實施；作為最高國家行政機關，它的任務是統一全國行政系統的工作，管理整個社會生活。

國務院的核心領導是「國務院全體會議」和「國務院常務會議」。

國務院全體會議，由國務院全體組成人員，即總理、副總理、國務委員、各部部長、各委主任、中國人民銀行行長、審計長、秘書長等組成。國務院常務會議，由總理、副總理、國務委員、秘書長等組成（參見表1-5）。

表1-5　近五屆國務院組成人員統計

時間	屆次	總理	副總理	國務委員	常務會議人數	全體會議人數
1988	7	李鵬	4	10	16	57
1993	8	李鵬	4	9	15	56
1998	9	朱鎔基	4	5	11	38
2003	10	溫家寶	4	5	11	35
2008	11	溫家寶	4	5	11	36
2013	12	李克強	4	5	10	33

　　根據國務院組織法的規定，國務院工作中的重大問題，必須經常務會議或全體會議討論決定；但這兩個機構如何分工，尚未有明確的規定。從實際運作情況看，國務院全體會議的內容多是國務院領導布置一個時期的國家重要行政工作、研討重大的形勢和政策問題、討論向全國人大提交的「政府工作報告」的徵求意見稿和「五年計畫綱要」的草案、根據選舉結果任免香港和澳門特別行政區的行政長官；國務院常務會議的內容多是討論一些比較具體的問題，主要有行政立法，通過由有關部委起草、但要以國務院的名義提交全國人大或人大常委會審議的法規等。從近十年的情況看，國務院常務會議平均不到一個月開會一次，其開會的頻率要遠遠高於國務院全體會議，後者一般平均五、六個月召開一次。

　　國務院實行總理負責制。總理領導國務院的全體工作人員，負責召集和主持國務院常務會議和國務院全體會議。這兩個會議不實行委員會制；對於討論的問題，由總理在集體討論、集思廣益的基礎上，做出總結性決定。這一決定即為國務院的決定，由總理對全國人大負責。總理負責制符合行政執法工作的特點和規律性。

　　「八二」憲法具體規定了國務院的十八項職權（參見中華人民共和國憲法第三章第三節第八十九條）。這些紛繁複雜的國務工作，可以分類為以下五大方面：

　　第一，行政執法方面的權力。這包括統一領導各部委的工作和不屬於各部委的全國性工作、統一領導地方各級行政機關的工作等。作為一種總括性的規定，憲法關於國務院職權的最後一項表述是，國務院要履行「全國人民代表大會和全國人民代表大會常務委員會授予的其他職權」。

　　第二，行政立法方面的權力。這包括三項具體工作：(1)制定行政法規（詳細情況，參見本書第七章關於決策過程有專門的介紹）；(2)委任立法，即執行全國人大和全國人大常委會的授權制定某些法律效力高於行政法規的法律文件；(3)向全國人大和全國人大常委會提出議案。

　　第三，經濟管理方面的權力。這主要包括：編制和執行國民經濟和社會發展計畫和國家預算；制定國土開發、技術開發的方針、方案；協調各方面的經濟關係；組織國家重點建設項目；制定經濟法規；制定產業政策；制定國家金融、稅收、保險政策等。

第四，社會事務管理方面的權力。它領導和管理國防建設事業、教育、科學、文化、衛生、體育和計畫生育工作；負責民政、公安、司法行政、監察等工作；掌管民族事務和民族自治地方工作；保護歸僑和僑眷的合法權益等。在社會秩序出現嚴重問題時，國務院有在省、自治區、直轄市的部分地區實行戒嚴的權力。

第五，對外事務方面的權力。國務院對外代表中國政府，管理對外事務。外交談判、與外國政府締結條約和協定，均屬國務院的職權範圍，由國務院領導人或外交部具體負責。

總之，國務院作為國家最高行政機關，是當代中國政治權力結構中的執行部分，它透過全面的執法活動，透過對從中央到地方的方方面面的國家行政活動的領導，保證了國家法令、政令的統一。

四、中國人民政治協商會議全國委員會

中國人民政治協商會議簡稱「人民政協」、「政協」；中國人民政治協商會議全國委員會簡稱「全國政協」。

人民政協，是以中國共產黨為領導的各政黨、各人民團體和社會各方面的代表所組成的愛國統一戰線組織，是國家多黨合作和政治協商的重要機關。之所以把全國政協和全國人大、國家主席、國務院並列為國家政治權力結構的「政」的方面，是從它與中央政府的歷史淵源關係，以及從它的現實政治作用考慮的。

從歷史上看，1949年召開政協第一屆全體會議曾代行了全國人民代表大會的職權，確定了新中國的國家名稱、國體和政體，通過了起臨時憲法作用的「中國人民政治協商會議共同綱領」，還通過了「中華人民共和國中央人民政府組織法」，選舉了以毛澤東為主席的中央人民政府。1954年一屆人大召開和「五四憲法」生效後，政協作為統戰組織繼續存在。政協在歷史上所起過的特殊作用，與它在今天所發揮的現實政治作用是一致的。

從現實情況看，人民政協承擔著政治協商和民主監督兩大職能❶。政治協商是對國家和地方的大政方針以及政治、經濟、文化和社會生活中的重要問題在決策之前進行協商和就決策實施過程中的重要問題進行協商。

民主監督是對國家憲法、法律和法規的實施，重大方針政策的貫徹執行，透過建議和批評進行監督。雖然，這種協商和監督對執法機關沒有法律約束力，但是作為中國政治框架中一個得到中國共產黨的支持、有著廣泛社會影響力的政治組織，在國家政治生活中的作用是不可替代的，而且也納入了法制化的軌道。從1978年政協恢復工作以來，全國政協與全國人大一般同時召開，被新聞界通稱為「兩會」，全國政協委員列席全國人大的重要會議，並討論「政府工作報告」，也可以對國家各方面的事務提出提案、意見、建議和批評❶，中共中央、國務院的主要領導人以及黨政部門的負責人也常常列席全國政協的一部分會議。這都反映了全國政協在國家政治權力結構中的重要地位。

近年來，全國政協在外事活動中，一般與其他國家的上院或參議院相對口。這個動向值得注意。全國政協主席李瑞環1993年訪問印度時就曾對人民政協的地位、特點發表了十六字概括：說官亦官，說民亦民，亦官亦民，非官非民❶。

人民政協實行委員制。委員經過各黨派、各方面的協商產生。從委員中選出常務委員，並設主席一人、副主席若干人、秘書長一人（參見**表1-6**）。與人民代表大會不同，政協委員按黨派界別劃分，即劃分為中國共產黨、八個民主黨派、全國工商聯、無黨派民主人士、全國總工會、共青團、全國婦聯和農林、教育、科技、社會科學、宗教等界別。全國共有各級政協委員35萬多人。目前，在全國政協委員中，民主黨派和無黨派人士占60.5%。全國政協主席由中共黨員擔任，有50%的全國政協副主席為民主黨派和無黨派民主人士。

表1-6　近五屆全國政協組成人員情況簡表

屆次	主　席	副主席	常委數	委員數
七	李先念	28	280	2083
八	李瑞環	25	288	2093
九	李瑞環	31	290	2196
十	賈慶林	24	299	2238
十一	賈慶林	25	298	2237
十二	俞正聲	21	299	2237

推薦更多的民主黨派、無黨派愛國民主人士參加政協的工作，就等於在事實上擴大了進行政治協商的範圍，也就等於把更多有代表性的或有較大影響力的人士吸納到了國家政治中樞中來，擴大了政治中樞的凝聚力和輻射力，增強了人民政協作為當代中國政治權力結構中的一個起著集中各方面的智慧、協調社會關係，和緩衝、調整人民內部矛盾的機構的作用。

第三節　中央軍委

一、中央軍委的性質和組成

作為一種簡稱的「中央軍委」，既是中國共產黨中央軍事委員會，也是中華人民共和國中央軍事委員會，其組成人員也都自然是一身二任。因此，「中央軍委」是中國諸多「一個班子，兩塊牌子」機構中地位最高的一個。中國共產黨早在1920年代就有了黨內的最高軍事指揮機關，以統率自己的武裝力量。中國人民解放軍「是黨獨立締造的武裝力量」❶。建國以後，黨內的最高軍事指揮機關過渡為黨和國家共同的軍事統率機關。

中央軍委由主席、副主席、委員組成。作為黨的軍事指揮機關，其組成人員由中共中央委員會選舉產生。作為國家的軍事指揮機關，軍委主席由全國人大選舉產生；副主席和委員由主席提名，全國人大或人大常委會表決決定。中央軍委的任期與全國人大的每屆任期相同。憲法對軍委組成人員的連任沒有限制性的規定。在黨的全國代表大會召開之後和次年3月的全國人大召開完成國家機關領導人員的換屆工作之前，會有部分卸任黨的中央軍委職務的組成人員在這半年的時間裡保留其在國家的中央軍委職務的現象。

中央軍委實行主席負責制。軍委主席對於軍委職權範圍內的事項有最後決定權，全軍必須服從軍委主席的命令和指示。軍委主席對黨中央和全國人大及其常委會負責。

二、中央軍委的地位

作爲黨的中央軍委，它是中共中央的一個重要工作部門，它和它統率的全國武裝力量都必須服從黨中央的絕對領導，這是對中央軍委地位最基本的規定。

作爲國家的中央軍委，它體現國家意志，其組織系統屬於國家機構的一個重要組成部分。但與許多國家不同的是，它又處於國家行政機關之外。國家主席和國務院、國防部都不統率或指揮全國武裝力量；作爲國務院軍事工作職能部門的國防部的主要職能是：統一管理全國武裝力量的建設工作，如人民武裝力量的徵集、編制、裝備、訓練、軍事科研以及軍人銜級、薪給等。國防部的工作由解放軍總參謀部、總政治部、總後勤部、總裝備部分別辦理。凡涉及對外的軍事交往活動一般以國防部名義進行。

人民解放軍組成代表團出席全國人民代表大會。

國外有的學者認爲，中國政府機構中的國防工作部門實際上帶有國家武裝力量駐國家行政機關的特別代表機構的性質和特點❸。此類說法不一定準確，但對於講清楚中央軍委和國防部的具體地位和作用，還是有一定學術參考意義的。由此就從一個重要側面反映了中國軍隊的獨立領導體制，以及它同政府之間的這種既一體、又相對分開的特殊關係。

三、中央軍委總部機關

中央軍委的總部機關包括總參謀部、總政治部、總後勤部、總裝備部。它們既是中央軍委的工作機關，又是掌管全軍軍事、政治、後勤、裝備工作的領導機關。它們的基本任務是：保障中央軍委關於作戰和建軍的戰略決策和各項方針、政策的實現❹。

總參謀部是負責組織領導全國武裝力量的軍事建設，組織指揮全國武裝力量的軍事行動的軍事領導機關，設有作戰、情報、通信、軍訓、軍務、動員、裝備、機要、測繪、外事、管理以及各兵種業務部門。

總政治部是負責全軍黨的工作，組織進行政治工作的領導機關，設有組織、幹部、宣傳、保衛、紀檢等部門。

　　總後勤部是負責組織領導全軍後勤工作的領導機關，設有財務、軍需、衛生、軍事交通、油料物資、基建營房等部門。

　　總裝備部是負責組織領導全軍裝備工作的領導機關，設有綜合計畫、軍兵種、陸軍裝備科研訂購、通用裝備保障等部門。

第四節　中央司法系統

　　中國的中央司法系統由最高人民法院和最高人民檢察院兩個基本部分組成。從規格的角度看，這兩大機關低於國務院和中央軍委，最高人民法院院長和最高人民檢察院檢察長的級別大體相當於國務院副總理。但也必須注意到，這兩大機關和國務院、中央軍委一樣是由全國人民代表大會選舉產生、並對它負責的獨立國家機關。它們和國務院（它們的地方機關和同級人民政府）一起被稱為「一府兩院」。所以，我們可把這種情況稱作「同等的地位，不同的規格」。

　　從中國的實際情況看，事實上還存在著一個廣義的司法系統。按照慣例和中國共產黨的執政程序，中國共產黨中央和地方的各級黨委都設有「政法委員會」，統一領導和協調眾多具有司法功能的機關的工作。這些機關中除了包括法院和檢察院以外，還包括居於國家行政機關組成部分的公安機關、國家安全機關、司法行政機關、勞動改造和勞動教養機關等。這些機關在中國都被統稱為「司法機關」。

一、最高人民法院

　　最高人民法院是最高國家審判機關，其主要職能有：審理全國性的重大民事和刑事案件；審判法律、法令規定由它管轄和它認為應當由它自己審判的一審案件；二審對高級人民法院、專門人民法院的判決、裁決不服的上訴案和抗訴案；審理由最高人民檢察院提出的抗訴案。最高人民法院第一審和第二審的判決、裁定，都為終審判決、裁定。比如，1981年1月25日最高人民法院特別法庭對江青、張春橋、王洪文等十名「林彪、江青反革命集團」主犯的一審判決即為終審判決。最高人民法院是地方人民

法院和專門人民法院審判工作的最高監督機關，對現行法律、法令在具體應用過程中出現的問題有解釋權。

最高人民法院院長由全國人民代表大會選舉產生，向它負責並報告工作，任期與全國人大相同，連任不能超過兩屆。除院長外，最高人民法院還設有若干位副院長；現在，設有立案、刑一、刑二、民一、民二、民三、民四、行政、審監等九個審判庭；約有八十位審判員。

最高人民法院的核心領導機構，是在上述人員範圍內，由院長提請全國人大常委會任命的審判委員會。這個委員會的任務是，總結審判工作經驗、討論重大的或疑難的案件和其他有關審判工作的問題。它不直接受理案件，但它所做出的決定，合議庭必須執行。這是中國所特有的審判領導形式。從1995年7月1日起，「中華人民共和國法官法」開始生效。根據這個法律，從最高人民法院院長到普通審判員，都分別獲得了從首席大法官到法官相應的職務稱號❷。

人民法院體系由四個審級構成，同縣一級行政區相對應的基層人民法院，全國現共有2700多個；中級人民法院同地級市、地區一級的行政區劃相對應，全國現共有300多個；高級人民法院同省級行政區劃相對應，全國共有30個。此外，在解放軍各大軍區、各兵種和兵團、軍級單位三個層次上共有50多個軍事法院；在廣州、上海、武漢、青島、天津、大連設有6個海事法院；在鐵路管理局和鐵路管理分局設立兩個層次（中級和基層）的鐵路運輸法院70多個❷。法律規定，中國還可以成立森林、石油、農墾等方面的專門人民法院。

在專門人民法院中，軍事法院是特殊性十分突出的一個類型。軍事法院是國家審判體系中的組成部分，適用全國統一的法律和法定訴訟程序。但是，軍事法院又屬於中國司法體系中的特殊組成部分。比如，軍事法院的設置、撤銷和人員編制由中央軍委決定；各級軍事法院按軍內組織系統設置；軍事法院屬於人民解放軍建制，審判員由現役軍官擔任；編制列入同級政治部系列之中；各級軍事法院的管轄範圍受軍隊體制的限制，例如，正師級以上人員的一審案件須由中國人民解放軍軍事法院受理；除中國人民解放軍軍事法院院長由全國人大常委會任命以外，各級軍事法院的其他幹部均由軍隊按幹部任免權限任免；各級軍事法院必須在軍隊政治

機關的領導下開展工作。

二、最高人民檢察院

　　最高人民檢察院是國家的法律監督機關。它的職責主要有：對有關全國性的重大刑事案件，向最高人民法院提起公訴；對各級人民法院的判決和裁定有權提出抗訴。與法院系統不同，檢察院系統實行「雙重領導」，即下一級檢察院受同級人民代表大會及其常委會和上一級檢察院的領導。

　　最高人民檢察院檢察長由全國人民代表大會選舉產生，並設副檢察長、檢察員若干人。與最高人民法院相類似，最高人民檢察院設檢察委員會。檢察委員會的成員，由檢察長在該院的組成人員中提名，並報請全國人大常委會任命。檢察委員會會議由檢察長主持，以民主集中制的方式討論和決定對重大案件的處理以及其他重要問題。

　　由1995年7月1日起，根據「中華人民共和國檢察官法」的規定，從最高人民檢察院檢察長到一般檢察員，在中國歷史上第一次分別獲得了從首席大檢察官到檢察官的職務稱號❷。

　　與人民法院的組織系統相一致，人民檢察院共分為四級，即最高人民檢察院；省、自治區、直轄市的人民檢察院，與高級人民法院相對應；直轄市的人民檢察院分院、省轄市和地區級地方人民檢察院，與中級人民法院相對應；縣級地方的人民檢察院，與基層人民法院相對應。總之，設在同一行政區的人民檢察院與人民法院，轄區和級別都是相同的。與人民法院的組織系統相對應，中國也在軍事、鐵路等某些專門方面設置專門人民檢察院，其組織、職權、活動方式均與同業務類型的專門人民法院相類似。

　　最高人民法院和最高人民檢察院是中國司法體系中的兩個基本要素，兩者在憲法上的地位是平等的，即各自獨立行使審判權和檢察權，分別對全國人民代表大會負責。關於它們在業務工作中的相互關係，強調的是分工負責、相互配合、相互制約的原則。

　　憲法規定，人民法院和人民檢察院依照法律規定獨立行使審判權、

檢察權，「不受行政機關、社會團體和個人的干涉」。它與西方國家的「司法獨立」原則相比，主要區別是：其一，西方國家的司法獨立是指司法權為「民意」所賦予，既獨立於行政機關，也獨立於代議機關；而中國的國家司法權為全國人民代表大會所賦予，不獨立於代議機關，只獨立於行政機關。其二，在西方國家，立法、行政和司法三權平行，而中國是立法權高於司法權。其三，中國的司法獨立是指法院和檢察院作為特定的集體獨立行使審判權、檢察權，而不同於一些西方國家的法官、檢察官是作為特定的公職人員個人獨立行使權力，更不贊成「自由心證」說。其四，中國的法官不享受一些西方國家所普遍適用的法官終身制。其五，中國共產黨透過人民代表大會的法定程序來引導國家司法機關的活動，透過黨的政法委員會協調各司法機關之間的關係，組織重大的司法事務，透過司法機關中的黨組織做司法工作人員的思想政治工作，不搞「超黨派」的法官、檢察官「中立」。

三、廣義司法機關與黨的政法委員會

如前所述，在中國的政治權力結構中，除了人民法院和人民檢察院這兩個基本要素外，還有一些具有「雙棲」地位的機構：

公安部，即國家的治安和偵察機關。它屬於國家行政機關系列，部長是國務院組成人員之一。但是，作為擔負著偵察、預審等司法事務的機關，又可以被認定為國家司法機關的一部分。在1983年6月底之前，公安部和省級的公安廳（局）還兼管反間諜和政治保衛等國家安全工作。

1983年7月1日，安全部在北京舉行了成立大會，凌雲成為首任部長。安全部是由原公安部的一部分政治保衛部門和中共中央的某些擔負保衛工作的機構等組成，負責主管間諜、特務案件中的偵察工作以及其他政治保衛工作。此後，各省、自治區、直轄市也陸續成立了國家安全局。國家安全機關屬行政機關系列，國家安全部部長是國務院組成人員之一，但也同屬於廣義的國家司法機關的一部分。

司法部，是中國司法行政機關，主管國家的司法行政事宜，負責領導律師組織、公證機關、勞動改造機關和勞動教養機關等等。它也是國家

行政機關的一部分，又是廣義的國家司法機關的一部分。

　　總之，在當代中國政治中樞中起司法作用的這「兩院三部」，在不同的角度上直接地（兩院）或間接地（三部透過國務院）對全國人民代表大會及其常務委員會負責，並透過中共中央政法委員會在組織和行動的步驟上加以協調，形成具有整體性的司法功能。各級政法委目前已不再審批案件。1988年初，北京高級人民法院院長利雲峰說，市委對法院工作的領導，轉到了政策制定、調查研究和重要工作的協調，具體案件由公、檢、法依法決定。他透露，北京市委明確提出：「對具體案件的審理和判決，由法院根據法律規定決定，市委不再審批了。」❷❸比如，前中央政法委員會書記彭真在1983年2月26日召開的「政法各部門負責人會議」上的講話中，所強調的是這樣三項工作：憲法體現了人民意志和中國共產黨的正確主張，各級政府部門必須全力以赴地維護憲法的精神；加強城市居民委員會和建立農村村民委員會的工作；改變農村人民公社的「政社合一」體制，做好設立鄉政府的試點和推廣工作❷❹。又如，近年來幾次全國範圍內嚴厲打擊刑事犯罪分子的活動（簡稱「嚴打」），都是根據群眾，特別是各級人大代表和政協委員的建議、呼籲，由中央政法委員會牽頭、組織的。可見，目前，黨對司法工作的領導，主要是對執法方針、路線、政策的領導和監督，以解決工作的協調統一和執法中的整體性問題。在中共中央的統一領導下，「公、檢、法、司」機關在當代的政治權力結構中，較好地共同發揮了預警、監督和校正的作用。

四、國家司法機關改革中的若干特殊問題

(一)國家司法機關的行政規格問題

　　作為一個通用政治術語的「中央六大領導班子」之中，不包括「兩院」這樣的由人大選舉產生、直接對人大負責、具有獨立政治地位的司法機關，是值得商榷的。地方上也是如此。在中國建設法治國家的過程中，「兩院」的行政規格，應當研究是否要提高至其他同樣也是由同級人大產生的國家機關，即「一府」與「兩院」應當平級。

(二)審判委員會和檢察委員會制度的完善問題

今後，在新的社會條件下，如何既保證審判委員會的宏觀把握、必要監督和業務指導，又能夠保證合議庭獨立、公開地開展審判活動，是一個非常有深度的課題。今後，應當重點研究和解決「審判分離」、組成人員行政化等問題，突出會審職能，注意強調迴避和公開原則，逐步調整委員會的人員結構，吸收更多的法學專家參加委員會的工作等❷。

檢察委員會存在的需要研究的問題，與審判委員會相類似。

(三)改革法院組織體系的問題

法院是否也要和檢察院一樣，實行「雙重領導」。特別是對法官和檢察官的管理，要改變以「條條」為主的方式，建立中央和省級司法機關黨組管理為主的兩級管理方式，法官和檢察官都由上一級人大常委會任命；最高人民法院設立巡迴審判庭，或在一定層次上設立巡迴法院。司法機關的經費由中央和省兩級單列。在司法機關的工作方式，司法機關與其他國家機關、企業等的關係問題上，司法幹部的教育與管理等問題上，要充分注意現代司法工作的特殊性。透過這些辦法，確實解決維護法制統一、保證司法公正和制止地方保護主義等問題。

第五節　地方憲政結構的一般狀況

一、中央和地方憲政結構的一體性

在一個統一的憲法之下，中國的中央和地方憲政結構是一體的。

中國各級地方的政治權力結構，實際上是中國政治中樞各個基本要素的放射的結果。從總體上看，機構設置的規律是兩條：一，上下對應，強調機構對口；二，由上到下，機構的數目、規模逐層次遞減。這兩點，並不矛盾。因為，機構數目遞減的規律一般是按職能「合併同類項」；機構規模遞減的一般規律是減少編制，直至用一兩名專職工作人員對應上一級的專職機構。自然，國家主席、中央軍委等機構沒有地方分支。

二、地方憲政結構的構成

考慮到這種機構的整體性，也爲了更直觀地反映地方憲政結構的構成狀況，我們列出**表1-7**供參考。

表1-7　地方憲政結構示意分析表

層次	數位顯示	黨	政	法	自治機構
省	5+2	省委 省紀委	省人大 省政府 省政協	高級法院 檢察院	
直轄市	5+2	市委 市紀委	市人大 市政府 市政協	高級法院 檢察院 中級法院 檢察院分院	
自治區	5+2	自治區黨委 自治區紀委	自治區人大 自治區政府 自治區政協	高級法院 檢察院	
地區	3+2	地委 地區紀委	人大工委# 行署* 政協工委#	中級法院 檢察院	
省轄市	5+2	市委 市紀委	市人大 市政府 市政協	中級法院 檢察院	
縣	5+2	縣委 縣紀委	縣人大 縣政府 縣政協	法院 檢察院	
縣級市	5+2	市委 市紀委	市人大 市政府 市政協	法院 檢察院	
市轄區	5+2	區委 區紀委	區人大 區政府 區政協	法院 檢察院	
鄉	3	鄉黨委	人大主席團 鄉政府 政協參事組#	法庭*	
鎮	3	鎮黨委	人大主席團 鎮政府 政協參事組#	法庭*	

（續）表1-7 地方憲政結構示意分析表

層次	數位顯示	黨	政	法	自治機構
街	3	街黨工委*	街道辦事處* 街人大工委#	法庭*	
村	2	黨支部			村委會
社區	2	黨支部			居委會

註：(1)根據「一國兩制」的原則，香港和澳門特別行政區的機構情況與內地不具有可比性，其具體情況可參見本書相關內容。

(2)機構一般使用的是簡稱；標＊者為派出機構；標#者為協調性機構。

❶〈外媒評析中共影響力擴大祕訣：深入基層有質有量〉，《參考消息》，2014年7月2日。

❷《中國共產黨章程》，人民出版社，2002年，第1頁。

❸該集團有員工3.8萬人，其中有中共正式黨員144人，選舉產生的黨委委員7人，紀委委員5人（2001年12月20日《福建日報》）。

❹〈非公企業黨建與發展相得益彰〉，《人民日報》，2015年4月28日。

❺參見《楊尚昆回憶錄（修訂本）》的有關內容，中央文獻出版社，2007年。

❻有關名額分配的具體規定，詳見1979年7月1日通過的「全國人大和地方各級人大選舉法」和2004年10月27日通過的「全國人大常委會關於修改全國人大和地方人大選舉法的決定」。

❼有關這一分配的具體操作情況，可參見《人民日報》刊載的〈第十二屆全國人民代表大會少數民族代表名額分配方案〉，2012年4月28日。

❽有關這一分配的具體操作情況，可參見《人民日報》刊載的〈臺灣省出席第十二屆全國人民代表大會協商選舉方案〉，2012年4月28日。

❾參見〈應充分履行人大常委會職責〉，《天津日報》，北京1994年3月18日電。

❿參見謝慶奎主編，《當代中國政府》，遼寧人民出版社，1991年4月，第137-140頁。

⓫參見拙作〈「八二」憲法創造了代議組織結構的新形式〉，《學術資訊》（天津），1992年12月，第65期。

⓬參見吳傑等，〈堅持和完善人民代表大會制度〉，《人民日報》，1991年4月8日。

⓭參見浦興祖主編，《當代中國政治制度》，上海人民出版社，1990年2月，第156-167頁。

⓮參見全國政協八屆二次會議通過的全國政協章程修正案，1994年3月。

⓯比如，1995年3月14日「八屆全國政協提案委員會關於政協八屆三次會議提案審查情況的報告」提供的情況顯示，該次會議有1429人，共提案1995件，立案1852件。這些提案，基本做到了「有情況、有分析、有具體的建議」。這些提案分別「送請」中共中央有關部門、國務院有關部委、省級地方黨政等共145個單位承

辦。該報告見《人民日報》，1995年3月15日。

⓰參見《人民政協報》，1993年12月7日。

⓱屈明等，〈黨對軍隊的絕對領導是我軍永遠不變的軍魂〉，《求是》雜誌（中國共產黨中央委員會主辦），2003年，第11期。

⓲如前蘇聯法學博士W. 古多什尼科夫在〈中華人民共和國政治體制形成初期的特點〉（龐松譯，原載1987年第3期（蘇）《遠東研究》）一文中即表述過這一觀點。

⓳有關中央軍委和各總部的工作關係可參見《強國之路》（解放軍出版社，2010年）一書中總參謀長陳炳德的回憶文章。

⓴詳見「中華人民共和國法官法」，參見《人民日報》第3版關於全國人大常委會審議這個法案的報導，1995年2月22日。

㉑比如，據《人民日報》報導，瀋陽鐵路局內就設立有一個中級運輸法院和九個基層運輸法院，1992年5月5日。

㉒詳見「中華人民共和國檢察官法」，參見《人民日報》關於全國人大常委會審議這個法案的報導，1995年2月22日。

㉓參見《法制日報》，1998年2月1日。

㉔參見《人民日報》，1983年2月28日。

㉕參見賈志俠，〈審判委員會制度應予完善〉，《人民法院報》，2000年12月20日。

第2章

黨政關係：
中國的基本政治關係

- 中共在國家生活中的領導地位
- 「黨政關係」：中國的基本政治關係

在這一章中,將在分析中國基本憲政結構的基礎上,進一步分析中國憲政結構各個構成要素之間的組合方式。在中國憲政結構的各個要素中,中國共產黨無疑居於最突出的地位。這種特殊的地位反映在憲政結構各個要素之間的關係上,就必然形成這樣一種格局——中國共產黨與其他各個要素的關係,在這種關係體系中是一種最突出的關係,即突出的地位導致了突出的關係。各種「黨政關係」,是目前中國的基本政治關係。

第一節　中共在國家生活中的領導地位

一、中國共產黨的執政方式

執政,就是執掌政權;執政黨,就是執掌國家的行政權並組織政府的政黨。但這只是最一般的理解。在不同的國家,執政的具體涵義是不相同的。在英國、日本等實行內閣制(或稱議會制)的國家,執政是指一個政黨或政黨聯盟透過選舉並在議會占有半數以上的席位,並在此基礎上組織內閣。在美國等實行總統制的國家,立法機關與行政機關沒有連帶關係,總統與議會分別選舉產生,執政黨即為在總統選舉中獲勝的政黨。總統所在的這個政黨不一定同時是議會的多數黨。但是,這兩種類型的共性也是很明顯的:(1)執政黨地位的合法性基礎是普選;(2)輪流執政,即執政黨與政府的聯繫是暫時的;(3)執政黨的權力是有限的,即只局限於國家行政機關;(4)執政黨對政府的領導是間接的,雙方在職能和載體上是分開的。

中國共產黨是執政黨的說法無疑是正確的,但實際上這樣的表述才更為準確和全面,也即中國共產黨是「居於領導地位的執政黨」。指出了這種領導地位,才能理解中國共產黨與西方國家執政黨在執政方式上的諸多不同。

這種區別主要表現在以下幾個方面:

第一,從政治權力結構的橫向關係看,居於領導地位的執政黨其「執政」是指掌握了立法、行政、司法、軍隊等全部國家權力,並透過強

有力的政治網絡對各類各級公有制企業、事業單位進行較全面的指導和監督。而西方國家的「執政」只是指掌握了國家的行政權，或還有一部分立法權。執政黨對司法活動、軍隊的調動，對相當一部分立法活動的影響是透過政府的管道實現的，而很難透過執政黨本身的管道。

第二，從政治權力結構的縱向關係看，居於領導地位的執政黨其「執政」是指掌握了從國家整體到國家各個部分（在中國指從中央到地方）的全部國家權力。而在西方的典型政治體制下，國家的執政黨只是掌握了中央或聯邦整體的行政權力，組織了中央或聯邦的政府（內閣）；這些國家各個地方的政府究竟由誰執政，取決於各個具體地方的選舉結果，也就是國家的執政者不一定是這個國家每一個地方政府權力的執掌者。

第三，從執掌國家權力的方式看，居於領導地位的執政黨有條件在國家生活的各個方面進行比較直接的領導，包括政治領導，也包括組織領導和思想領導。而在西方國家，執政黨對國家生活各個方面的領導，主要是以各種間接的方式進行的，比如透過議會的多數地位影響立法、透過在政府中工作的黨員等等。

第四，從對執政黨地位合法性的理解及相關政治措施的採取的角度看，社會主義國家居於領導地位的執政黨和西方國家一般意義上的執政黨，都高度重視透過選舉形式使執政黨地位得到公民的認可，但認識基礎不同。中國共產黨的執政黨地位是透過長期艱巨的武裝鬥爭取得的，是中國人民歷史的選擇。中國共產黨認為，維護無產階級政權的地位，是自己的歷史使命。因此，它認為，在整個社會主義歷史時期，黨都要堅持四項基本原則，包括堅持對國家的領導權，不允許資產階級政黨來分享政權。西方國家的各個政治派別，包括保守主義政黨、自由主義政黨和社會民主黨，一般都按照資產階級民主的原則，特別是政黨理論中的「合法反對原則」❶ 來理解這個問題，強調執政黨地位所謂的競爭性，試圖以多黨「競爭」的形式來壟斷政權。

中國共產黨的這種領導地位，具體表現為它對國家各方面事務的政治領導、組織領導和思想領導。「政治領導」，是指黨對國家法制和國家的路線、方針和政策的領導，即以馬克思主義為指導，根據國家的歷史和現實特點，制定正確的路線、方針、政策，以及國家的立法指導思想，

並以此來指導國家的社會主義現代化建設以及各方面的工作。「組織領導」，是指以執政黨在各個歷史時期的基本路線爲依據，領導政權建設和各種政治機關、政治性社會團體的組織建設，以執政黨的名義向政府和政治機關、政治性社會團體推薦重要幹部。「思想領導」，是指重視思想教育工作、宣傳理論工作在國家生活中的作用和精神文明建設，並加強對整個上層建築和意識形態工作的管控。

十一屆三中全會以來，開始強調，在充分發揮黨對國家政權領導作用的過程中，要堅持黨在憲法和法律的範圍內活動。憲法和法律，是由中國共產黨領導的國家權力機關制定的，因此，黨的一切活動都不應同它們相牴觸。維護黨的權威，與維護憲法、法律、國家機關的權威是一致的。

二、黨的領導地位在其與國家政權關係中的體現

在中國，不論是構成政治權力結構基本要素的九大重要政治機關，還是構成鄉村社區自治管理結構的兩三個黨政領導班子，乃至各公有國有企業、事業單位和各人民團體的內部領導組成，都是以堅持和加強執政的中國共產黨這種領導地位爲基本原則，來確立和調整它們之間的政治關係的。本章重點分析黨的組織同人民代表大會及其常務委員會、國家行政機關的關係。舉「二」反三，關於黨的組織與司法機關、人民政協等關係的具體情形，這裡就不一一詳述了，可參見本編和第二編的有關內容。

(一)黨的組織與人大的關係

這一關係用一句話來表達就是，黨對全國人民代表大會的工作實行政治領導，黨又在憲法和法律的範圍內活動，其中關鍵是黨的領導地位與作用。這一關係表現爲：(1)人民代表大會制度和人民代表大會本身，都是在中國共產黨的領導下建立和完善起來的，是一種歷史形成的權威；(2)中國共產黨黨員在全國和地方各級人民代表大會和它的常務委員會中都占大多數，比如，七屆全國人大組成人員中，中共黨員占66.8%。但是這裡講的是基礎，不是簡單的「多」的概念；(3)黨透過在立法程序中的有效活動，把自己的意志和政見轉變爲法律，透過法定程序建立能夠體現黨主張的人大常委會組成人員班子；(4)在各級人大開會期間，大會和各

代表團成立受同級黨委領導的臨時黨委，組織黨員代表在會議中貫徹黨的決定，團結非中共的人民代表完成大會預定的任務；(5)在人大常委會中，建立以黨員委員長（主任）和副委員長（副主任）爲主體的人大常委會黨組，討論、決定人大如何透過適當的法律程序貫徹黨的主張等重大問題。

　　中共中央紀律檢查委員會和原先的中共中央顧問委員會，不與全國人大及其常委會發生直接聯繫，但是它們可以透過黨內的組織管道，將參謀、諮詢意見和工作建議透過中共中央委員會及其政治局的途徑進入人大工作程序。中紀委目前已不再直接處理政紀和法律問題。

(二)黨的組織和國家行政機關的關係

　　中共中央特別是中央政治局與國務院歷來存在著密切的工作關係。長期以來，一直存在著以中央政治局和國務院、中共中央辦公廳和國務院辦公廳的名義，黨政兩家合署重要文件或重要通知的現象。到80年代中期以後，這種工作合作方式才日趨減少，而開始較爲注意兩者在工作程序上的適度分開。

　　黨中央和國務院發生政治聯繫的方式主要有這樣幾種類型：(1)透過全國人民代表大會及其常務委員會這個仲介，將黨的主張轉變爲法律和具有法律約束力的決定，再由國務院具體執行、承辦；(2)在法律所允許的範圍內，中共中央和國務院就某些較爲具體的政治、政策或經濟社會問題共同提出指導性的意見或做出決定。如1986年，中共中央和國務院就發出了「關於長江三峽工程論證有關問題的通知」，要求進一步擴大三峽工程的論證，重新提出可行性研究報告；(3)國務院在起草「政府工作報告」、編制規劃及計畫時，按慣例要徵求中央政治局的意見，在提交人大審議之前，要取得中共中央政治局的原則同意和聽取修正方面的意見；(4)國務院組成人選由中共中央推薦後，由全國人大或它的常委會表決決定產生；國務院在決定副部長級幹部時，按照組織程序，也要經過中共中央組織部審查。

(三)黨委、黨組與國家機關的關係

黨中央和各級地方黨委與同級人大、「一府兩院」、政協等，不是領導和被領導的關係，處理它們之間的關係要依法行事。但是，同級黨委與同級人大常委會的黨組，與「一府兩院」和政協的黨組，則是領導和被領導的關係。

以黨中央、各級地方黨委和同級國家機關中黨組的聯繫作爲紐帶，就把黨的系統與國家權力系統連結爲一個有機體，起到既避免「黨政不分」，又避免「二元結構」的作用❷。

(四)黨的活動與政府財政的關係

中國共產黨在執掌政權之前，是有「黨產」的。對於一個長期從事武裝鬥爭和地下鬥爭的大黨來說，這是可以理解的。當時的「黨產」，包括解放區的企業性組織、在城市中由地下黨組織經營的產業和在香港等地的企業（比如華潤公司）等，也包括「大生產」活動的物質成果。據楊尙昆的回憶，中國共產黨當時曾設想，在取得全國勝利後，共產黨不領國家的錢，自己吃自己的❸。

但是，中國共產黨取得全國勝利以後，考慮到黨的特殊地位，如果與經貿活動結合，必然會形成一批享有特權的單位和部門，滋生腐敗；也考慮到與民主黨派的平衡，因爲民主黨派沒有辦「黨產」的基礎，中共中央決定不再經營「黨產」，全部脫鉤❹。從那時起，中國共產黨和各民主黨派的經費均由政府財政列支，同時黨員按月繳納占工資一定比率的黨費。

第二節　「黨政關係」：中國的基本政治關係

一、「黨政關係」的概念及其在中國諸種政治關係中的特殊地位

「黨政關係」，是80年代中期以來，中國政治生活中的一個重要概念。「黨政關係」中的「黨」，是一個專有概念，即中國共產黨。「黨政

關係」中的「政」則是一個有著多種涵義的、在使用上相當廣泛的概念，包含「政權」、「政府」、「政協」、「行政」、「政法」、擔負一定「政治任務」的人民團體等多種涵義。

「黨」的概念的專有性，決定了「黨政關係」是一種範圍或者說界線都很清楚的政治關係，即是有關方面同中國共產黨的關係；「政」的概念的多重涵義，又決定了「黨政關係」不是一種單一的政治關係，而是一系列或者說是一組政治關係。目前，這一系列關係主要包括：黨和人大的關係；黨和國家行政機關的關係；黨和人民政協的關係；黨和國家司法機關的關係；黨和各主要人民團體的關係；黨和國有（含國家控股的股份制）企業事業單位的關係；軍隊中黨的組織和業務方面的關係等。

毫無疑問，在社會生活中，特別是在政治權力結構中，存在著比上述關係多得多的，甚至也複雜得多的政治關係。但是，不論是從歷史和現實的角度考察，還是按照中國的法理和法律來分析，在諸多社會政治關係中，如何處理上述各種關係始終是其中一個最基本的政治任務，是一條主線。

第一，中國的各種政治關係和較為重要的政治現象，都在一定程度上包含著「黨政關係」的因素。儘管這種包含是直接的或間接的，是明顯的或是隱含的，但都是確實存在的，並且無不在其中起著關鍵性的作用。在中國，一個人在遇到或要處理任何一項較為重要的政治、經濟事務時，都會同時在某種角度上觸及到「黨政關係」的問題。比如，關於國家公務員制度。公務員是「國家」公務員，這是「政」的問題；中國實行「黨管幹部」的制度，國家公務員制度不實行「政治中立」，公務員也不「超黨派」，這又是「黨」的問題。如何兼顧這兩個方面，顯然就是「黨政關係」的問題。這樣的例子是很多的。

第二，「黨政關係」的特殊地位在中國的政治權力結構中得到了最充分的表現。中國共產黨在國家生活中的領導地位和有別於西方國家的執政方式，就是透過這一系列重要的關係得以實現的。行政機關與司法機關的關係、司法機關中法院與檢察院的關係、政府與各人民團體的關係、政府與軍隊及人民武裝部門的關係等，都不是「黨政關係」，但在處理這些關係時，都離不開黨組織的統轄、協調作用。然而，這種統轄、協調一旦

得以實現，「黨政關係」的問題就又提出來了。例如，時任團中央第一書記的李克強在1993年12月5日的一次講話❺中提出，要「完善和擴展團的社會功能，通過接受政府委託，加大共青團在青少年事務中的分量」。這講的是共青團作為社會團體與政府的關係。但他同時強調，這一切都是「在堅持發揮政治功能的前提下」來考慮的，而共青團的「政治功能」主要就是做好黨的助手和黨與青年聯繫的橋樑。這樣，共青團與政府的關係實際上就成為黨政關係中的一個紐節。由此可見，中國政治權力結構的運轉過程，實際上就是處理這種關係和在這種特定關係中處理社會、國家和政府事務的過程。

對於「黨政關係」在政治生活中的這種特殊作用和特殊地位，中國公眾普遍有所體驗和認識，但是從理論上研究得不夠。在一部分官員、群眾中廣泛流傳的「黨委揮手，人大舉手，政協拍手，廠長動手」的政治民謠，正是反映了這一點。中國青少年研究中心等單位在「高文化層次青年」中進行了一個調查，也都明顯說明了這個問題：在回答「我國政治體制改革的關鍵」問題時，主張應是「黨政分開，政企分開」的，分別為47.8%和41.1%，在1988年列第一位，1993年時為第二位❻。

總而言之，著力認識「黨政關係」，實際上是在尋求中國政府過程的要旨，是尋求解析這一過程的突破口。顯然，這是分析和闡述中國政府過程必須首先進行的一項基礎性工作。

二、「黨政不分」：正在改革中的模式

在80年代初之前，中國共產黨對國家生活的領導方式，總的來說，是黨政不分，以黨代政。這種模式的極端化表現形式，是「文化大革命」及其前後一段時間的「一元化領導」格局。80年代以來，中央已在有意識地引導著黨的領導方式向比較規範的方向轉化。十三大報告對這一態勢做了總結和肯定。經濟體制改革極大地推動了這一轉化進程。

「黨政不分」的弊病是很多的：

第一，重複決策，效率低下。由於黨政職能不同，工作的角度不同，但又承擔著同一範圍的領導責任，所以，同級黨政領導班子難免會就

同一問題進行雷同的研究、決策，即「二重決策」。這種決策模式有穩妥的一面，但也有在效率上不適應加快政務工作節奏的一面。權衡利弊，弊大於利。

　　第二，政出多門，容易導致內耗。如前所述，黨政雙方承擔著同一範圍的領導責任。「政」的一方當然要抓「政」，「黨」的一方也要努力使黨的工作聯繫「政」的具體實際。這樣，雙方的職能就很難分清楚。這也就是黨政雙方的負責人越是責任心強、工作能力強，越容易發生人事衝突的原因。

　　第三，管理機構和幹部隊伍龐大。兩套機構必然會產生兩套人馬，特別是黨的機構和工會、共青團、婦聯等人民團體的行政化，更加劇了編制工作的壓力。

　　正是在這一背景下，從80年代中期，特別是十三大之後的一段時間，開始強調實行黨和行政機關及其他國家機關、人民團體的職能分開，即根據它們的不同性質和不同職能，明確各自不同的職責以及履行這些職責所需要的不同領導體制、組織方式和工作手段，使之各司其職。按當時的認識，「黨政分開」主要應當體現在四個方面：一是黨政在職能上分開；二是黨組織不具體管理國家機關或人民團體的業務工作；三是黨的幹部和國家公務員、人民團體的工作人員實行分類管理；四是黨的紀委集中力量管好黨風黨紀，不直接處理法律和政紀問題。很明顯，這一改革設想的取向，是直接針對權力過分集中的傳統弊端，符合現代政治生活的邏輯；但這一改革多少帶有階段性的特徵，即針對舊有體制的弊病比較明確，而在如何確立新的、更加規範的黨政關係模式方面還缺乏充分、深入的探討。

三、目標：「黨政關係規範化」

　　「黨政分開」是針對「黨政不分」提出來的，但它們都是形象化的概念，在邏輯上、文字上並不嚴密，容易引起誤解。「黨政分開」的概念，作為一種改革的基本設想，所包含的思想是合理的，政治指向明確，但有關理論和政策問題需要加以進一步的說明。

在政黨政治的條件下，「黨」「政」不可能截然分開。「黨」「政」一旦分開，政黨也就失去了存在的意義。如前所述，「黨政分開」是指兩者有各自的載體，在職能上依法「分開」，而不是講要在政治上分開，不是說黨管甲乙，政管丙丁，更不是講黨要退出政府過程。提出「黨政分開」，實際上是走向黨政關係規範化的開始，是為規範化、法制化創造條件。

應當注意，在實行初步「黨政分開」的過程中也出現了一些問題。比如，在實施「黨委領導下的行政首長負責制」的條件下，有些地方和單位出現了「黨政分家」、「黨政扯皮」等現象，甚至出現了黨政主要領導人之間不團結的現象。現在各地、各單位，黨政關係很不規範，黨政「扯皮」現象、「哥倆好」現象、黨委的實際權力相對較大、行政首長的權力相對較大等情況都存在。也就是說，主要領導者的資歷狀況，本地區、本單位的歷史沿革情況等，都有可能影響黨政關係的具體情形。更為重要的是，在實行「黨政分開」的條件下，由什麼機構來替代黨委或黨委轉型（比如書記兼董事長）作為單位權力機構的問題，也即如何形成新治理結構的問題，並未得到解決，甚至沒有引起人們的足夠注意。此外，業務或行政負責人，也是常人，如果書記「退出」，而沒有權力機構的制約，也一樣會發生問題。

歷史和現實都證明，在處理黨政關係中出現的不規範現象，以及某些地方和單位黨政雙方領導人的「不團結」問題，都不是「黨政分開」後才出現的。類似的問題早已存在，只是在強調「黨政分開」的條件下才「合法化」和公開化，屬於過渡性的問題。在「一元化」的條件下，自然不會出現這樣的問題。因此，「建黨於政」❼、「一龍治水」❽之類的主張，是不妥當的。所謂「建黨於政」是指：(1)將黨組織建立於政府（首先是國務院）及其所轄的企事業單位及村、街、社團中去，成為這些單位的領導核心，黨政形成類似「同心圓」關係；(2)以黨組織為核心建立起行政委員會，黨組織成員出任行政首長（全部或部分），如無特殊情況，黨政一把手一肩挑；(3)黨組織成員一般不脫產，黨委、支部一般是「有作為，無機構」；(4)行政方面完全以行政首長名義進行；(5)撤銷原各級地方黨委和政府黨組；(6)軍事、行政系統以外的需要建立黨組織的

政治、社會系統，按「建黨於政」的辦法處理。這與歷史上「黨的一元化領導」是一個思路，只不過把「政」包容於「黨」，變成了「黨」包容於「政」。「黨」「政」是兩種性質不同的政治存在形式，有不同的社會功能，它們之間的密切聯繫並不能使它們失去必要的界限。

近年來，一些地方黨委書記兼任同級的人大常委會主任或行政機關的主要負責人❾。這一做法，在法理上講得通，在實踐上多數效果也不錯。1993年八屆全國人大以來，中共中央政治局常委分別兼任過國家主席、中央軍委主席、國務院總理、全國人大常務委員會委員長、全國政協主席、國家副主席、國務院副總理、中央軍委副主席等重要職務；只擔任黨內職務的政治局常委（一般兼為中紀委書記、中央書記處書記、中央政法委書記）往往只有一兩位。這似乎為「黨政合一」或「建黨於政」的觀點提供了現實依據。其實，這完全是誤解。黨的幹部是否兼任國家機關重要領導職務，與「黨」「政」之間是「合一」還是「分開」，並無必然聯繫。「黨政合一」與「黨政分開」的分水嶺，是兩者在職能上是否分開，而不是領導人是否兼職。黨的領袖出任國家元首、政府首腦、議長，在各國是普遍現象。總不能說英國、日本也是「黨政合一」吧？某些幹部黨政「『一肩挑』只是一種任職形式」❿，與黨政領導機關的「一體化」，不是一個概念。

作為國家領導體制改革過渡形式的「黨政分開」，在實踐過程中，確實有一些需要解決的問題。但是，這種模式終究向規範化的「黨政關係」邁出了重要的一步。「分開」是基礎，沒有分開就沒有規範的餘地可言。今後在這方面的基本任務，就是盡一切努力尋求實現「黨政關係」規範化的具體途徑和辦法。

按照目前的認識水準，實現「黨政關係」的規範化，至少應當充分考慮到以下幾個要點：

第一，中國共產黨對政府、人民團體等的領導，主要應是政治領導，即在國家憲政結構、國家法制、政治原則、政治方向和重大決策上的領導，也即黨透過自己在最高國家權力機關的政治地位和有效工作，使黨及其所代表的人民利益、意志上升為法律，使黨所主導的意見綜合成果依法轉變為國家決策，使黨的領導機關透過黨內民主途徑產生的推薦幹部人

選可以透過法定程序擔任國家、政府、軍隊、司法機關等的重要領導職務。通常所說的組織領導和思想領導的大部分內容，實際上可以納入政治領導的管道之中。

第二，黨對國家行政機關、司法機關等的領導，盡可能透過人民代表大會及其常務委員會這個環節。黨對國家生活的領導，只有透過人民代表大會這個環節，才能充分體現和發揮其合法性和有效性。這應當是「依法治國」的直接體現。黨委的現職主要領導幹部兼任同級人大常委會的主任、同級政協的主席，不失為一種較理想的普遍性選擇。這不僅對於扭轉人們把人大和政協視為「二線」的觀念有好處，而且在理順中國各主要政治要素的關係方面，具有重要的意義。

第三，黨對政府、社會團體等領導方式的調整，必然應伴之以其自身工作和活動方式的改變。在正常的條件下，黨更多地是透過發揮黨員的先鋒模範作用，透過在同級政府、管轄範圍內的社會團體中黨組織的向心力和中堅作用來實現領導；也即以間接領導為主，盡可能縮小直接領導的範圍，為國家機構和國家機構工作人員的政務活動留足空間，在公有制企業、事業單位就更應當是如此了。

第四，作為黨政關係規範化的一項重要措施，除少數特殊單位以外，黨最好實行普遍的屬地制的領導體系。這個改變，對已然基本是實行屬地制的地方黨委影響不大，但對多年實行系統縱向領導的政府職能部門，以及公有企業事業單位和重要人民團體的黨組織的影響，會是相當大的。當然，現存的主要問題也恰恰就出在這兩個領域。現存的黨政「兩條線」並行的傳統政治體制，必然導致黨政雙方關心和處理大致同樣的具體事務，從而不利於實現黨政職能的真正分開。特別是在轉變政府職能以後，繼續保持黨政兩條線並行的機制，可能會出現政府「這條線」放棄了對企業等的直接控制，而黨的系統這「另一條線」卻因為原有機制的保存，得以繼續直接控制原「下屬單位」，造成政府職能轉換工作的實際效果下降。如果實行屬地管理，雖然對黨的系統直接參與領導本單位的具體業務工作有一定的影響，在人事管理上可能會有一些麻煩，使黨組織對本單位的人、財、物的實際控制能力下降；但是，這可以促使黨組織，特別是領導幹部思考全局性問題，促使他們的「興奮點」轉移到對行政工作的

保證、監督和加強自身建設上來。權衡利弊，利大於弊。讓「黨」方面處理的問題更宏觀一些，讓「政」方面對具體政務的責任心更強一些，對於雙方各自的發展、減少雙方之間不必要的人事性摩擦，以及在雙方之間建立規範化關係都是有利的。

對於執政黨及其幹部來說，尊重憲法、尊重人大和政協，與「一府兩院」密切合作，是法制觀念強、「講政治」和講究政治文明的重要表現。這應當成為黨和黨的領導幹部的重要政治紀律。現在，個別地方在政府首長提名的政府組成人員人選未能通過人大常委會的任命後，長期不提出新的人選，而是以黨組負責人的名義長時間主持工作⓫。這種規避依法任免的做法是違法的，在政治上是錯誤的。

四、加強「黨內民主」與「黨政關係規範化」的相互作用

十六大以後，關於加強黨內民主的議論多了一些，有些地方也做了一些探討，比如，在上海、臺州、深圳等地進行了黨代表大會常任制的試點⓬；在四川省雅安市進行了黨代表大會直接選舉代表的試點⓭；2003年1月，北京市委全委會第一次以無記名投票方式表決產生了六名區委書記和四名區長推薦⓮人選⓯；2008年上海閔行區進行了全委會綜合改革⓰。

社會各界對這些變化非常關注。之所以在討論「黨政關係」時提及「黨內民主」的問題，是由於兩者之間有其內在聯繫。

加強黨內民主，有助於實現黨政關係的規範化。實現「黨政關係的規範化」或者說「黨政分開」，究其本質，一是依法治國的問題，一是民主的問題。在穩健型改革的框架下，沒有國家生活的民主化，沒有中國共產黨黨內自身的民主強化，也即沒有對公民權和國家機構法律地位的切實尊重和正確認識，沒有對普通黨員民主權利的切實尊重和正確認識，就不會徹底擺脫「單邊主義」，就不可能實現黨政關係在現代政治涵義上的規範化。

相應地，黨政關係規範化以後，也有助於實現黨內民主。因為，黨政在職能上適當分開以後，黨也就有了時間和精力去集中處理自身建設的各種問題和思想政治工作。毋庸諱言，近年來，中國共產黨自身的組織建

設工作中，存在著一定的問題，某些局部的組織紀律性有所下降，這樣的狀態就談不上對「政」的有力政治領導。從政務中拔出一隻腳來，集中精力抓一抓自己的組織、自己的成員，既有利於自身的完善和發展，也有利於從根本上加強對「政」的領導。在這方面，目前最突出的一個任務就是加強「黨內民主」。比如，將黨的委員會發展為制度化的組織、加大黨內選舉中的民主化因素、適當增加紀檢機構的獨立性等⑰，都對「規範黨政關係」是非常有意義的。

總之，在「黨政分開」和「黨內民主」的基礎上，逐步建立起規範化的黨政關係，是為了從根本上加強黨的領導。黨要實現對國家的政治領導，必須掌握必要的國家權力。「黨要管黨」不等於「黨只管黨」，這是毫無疑問的。但是，掌握權力是一回事，如何掌握權力，如何用好權力，即權力的運作，是另外一回事。作為一個居於領導地位的執政黨，必須具有駕馭社會重要矛盾、總攬國家全局的意識和能力，而不能使自己總是陷入具體矛盾的漩渦。提高黨組織的協調能力，是一個應當引起足夠重視的問題。黨的領導地位最深刻的社會政治基礎，存在於人民群眾之中，而不是機構之中；黨的最基本社會政治功能，是全面、自如地運用法制的力量來管理社會和國家，是集中最廣大人民群眾的共同意志，而不是糾纏各種操作環節──這些事情，由「法」去規範，由「政」去做，由「黨」來實施保證和監督。

在學術的角度上，需要注意到，不宜將中國共產黨與西方意義上的政黨做簡單的類比。當然，不能抹殺共性，正是由於有共性和承認這種共性，才有了所謂「黨政關係」問題，才謀求改革。但問題在於，包括中國學者在內，人們對兩者之間的區別還沒有真正意識到。認識清楚了這個問題，黨政關係問題也才可能真正得到解決。在中國，「黨」的特殊性及其與「政」的關係，集中表現在這是一種「黨政結合」政府過程。規範只能在這種結合中規範，監督只能在這種結合中相互監督。

在實踐的角度上，在「黨政職能分開」的基礎上，探索規範中國黨政關係的途徑，肯定會遇到許多新的問題。但是，不論如何，中國社會各方都需要站在戰略的高度上，努力使黨對國家生活的領導和整個政治法律上層建築，適應社會主義初級階段的經濟基礎和建立市場經濟體制的客觀

需要，適應建設民主法治國家的需要。十一屆三中全會探討已經有了一定的基礎。近年來，理論界在這方面出現一點反覆，對於提高探討的深度是有益的。在今後若干年的時間裡，在這個問題上，取得較大的進展是完全可能的。

⬤➤註釋

❶ 參見拙作，《政治學概要》，天津人民出版社，2008年，第348-350頁。

❷ 參見〈李君如談黨的執政方式新探索〉，《黨政幹部學刊》，2001年，第9期。

❸ 參見《楊尚昆回憶錄（修訂本）》，中央文獻出版社，2007年。

❹ 參見〈「黨產」問題的由來〉，《文匯讀書周報》，2001年8月25日。

❺〈共同肩負起跨世紀發展的歷史責任——在共青團十三屆二中全會上的講話〉，《人民日報》，1993年12月6日。

❻ 劉書林，〈青年看社會〉，《中國青年報》，1994年2月22日。

❼ 載於《人民政協報》的署名文章，1994年2月22日。

❽ 參見《當代工人》王志良的署名文章，1992年，第5期。

❾ 2003年春天全國省級國家機構換屆完成之後，31個地方中有23個是黨的書記兼任人大常委會主任（據2003年3月24日新華網）。

❿ 參見《組織人事報》載趙宗鼐的文章，1994年6月16日。

⓫ 利群，〈規避依法任免是違法行為〉，《人大研究》，2001年，第3期。

⓬ 參見《深圳商報》2003年3月26日的報導。

⓭ 參見《新聞週刊》2003年第3期的報導。

⓮ 這裡的「推薦」，是指將區委書記人選推薦給所在區的黨代表大會選舉，將區長人選推薦給所在區的人民代表大會選舉。

⓯ 新華社北京2003年1月27日電。

⓰ 王勇兵，〈黨內民主在中國地方的試點〉，《經濟社會體質比較》，2010年，第1期。

⓱ 參見林尚立，《黨內民主：中國共產黨的理論與實踐》，上海社會科學院出版社，2002年，第290-297頁。

第3章

主要社會階層

- 基本階層
- 復新階層
- 新興階層
- 過渡性階層

　　政治問題說到底是利益關係問題，而利益、利益關係和各種利益觀念的基本載體，則是階級、階層、民族、種族等基本社會利益群體。在任何一個國家，政治過程都開始於利益表達。因此，在對一個特定國家的政治生活和政府過程做研究時，對其社會成員構成進行較充分的瞭解和分析，都是很必要和基礎性的。

　　雖然，民族、種族方面的問題也很重要，但從中國的內部情況看，畢竟少數民族只占人口的很小部分，階級的格局又太大。因此，考慮到本書的研究對象是中國政府與政治，特別是，爲了給分析政府過程中的意見表達、意見綜合、決策等問題做鋪墊，那麼，對利益主體的說明，還是以階層爲主較適合。需要說明的是：

　　第一，在20世紀90年代之前，中國主要是使用「階級」的概念分析社會結構。這是由當時比較簡單的社會結構和僵化的社會意識形態狀況所決定的。在20世紀50年代，中國出現了一次改變正常社會分化進程的生產資料所有制社會主義改造運動。僅從社會分化的角度看，這一運動帶來了兩個直接後果：一是「改造」掉了民族資產階級，手工業者等屬於個體勞動者範疇的階層也由此進入了不斷「改頭換面」的時期，並於60年代基本消失；二是保留下來的社會成員也全部納入「政治社會」，「市民社會」退出了中國的社會舞台。1978年以後，在經濟形式多樣化和產業結構調整的推動下，不僅出現了鄉鎮企業職工、企業家等新的階層，而且重新出現了個體勞動者和私營企業主等曾經被人爲消滅了的階層，工人、農民、知識分子、公務員等基本階層也形成了許多新的特點。隨著社會利益群體的多樣化，學術界開始傾向於更多地使用「階層」的概念來分析中國社會結構。

　　第二，在由本人牽頭完成的《當代中國社會各階層分析》❶一書中，對階級和階層的概念、階級分析與階層分析的關係等問題，以及對社會各階層的詳細情況已經做了較多的論述和介紹；1994、1998和2007三個版本，也可以大體反映出社會成員構成和各個階級階層的變化構成。所以，在此從簡。本章對各個階層的分析和介紹，一般只集中在兩個問題上：一是該階層的基本性質、特點；二是這些階層的最新發展狀況。

 第一節　基本階層

一、工人

「工人階級」，在中國是一個有著多種涵義的概念，實際上其中包含若干階層。在中國，所有體力和腦力勞動者，包括第一產業、第二產業和第三產業工作的職工、公務員和知識分子都被稱為「工人階級」。實際上這是一個廣泛的政治概念，強調的是政權的主體和政治基礎，以及他們同農業人口的身分差別。從傳統上看，這個廣義的工人階級，就是中國統計學意義上的「國家職工」範疇；現在，工人階級還應當再加上農民工。實際上，這幾部分人不可能構成一個階層。社會分化使中國工人階級成為多個階層的集合體；在城市化進程中，工人階級必然會繼續分化。但是，隨著改革和社會分化向著縱深的方向發展，到世紀之交，工人階級的整合進程也已經啟動。從世紀之交開始，工人在整體上是邊分化，邊整合，但已逐步由分化為主轉向了以整合為主，並將形成一個世界上絕無僅有的、龐大的工人集團。可以肯定的是，目前中國工人總數已經達到了3億多人，今後有可能更多一些（參見**表3-1**和**表3-2**）。

本節分析的是工人階級的主體部分，即從事體力勞動的工人，主要包括四個部分：公有制企業（包括國有、大中型集體企業、國家控股的股份制企業等）職工、私營企業員工、外資企業員工和鄉鎮企業職工。在他們內部，又都包括著藍領和白領兩個部分。從近年來的情況看，公有制企業職工呈減少的趨勢，這主要是由於企業改制、產品結構調整和失業等因素造成的。實際上，工人階級的分化最初也是從公有制企業職工開始的。私營企業和外資企業工人則處於明顯的上升狀態；而鄉鎮企業工人的變化不是很明顯（參見**表3-1**和**表3-2**）。

表3-1 中國企業就業人員（職工）總量簡表（1996-2008年）　　　　　單位：萬人

企業類型　＼　年度	1996	2000	2005	2006	2007	2008
國有、集體企業職工	11375	7318	10850	11161	11427	11515
私營企業從業人員	1171	2407	5824	6586	7253	7904
外資港臺資企業從業人員	510	642	1245	1407	1583	1622
鄉鎮企業職工	13508	12820	14272	14680	15090	15451
合計	26564	23187	32191	33834	35353	36492

表3-2 中國企業就業人員（職工）總量簡表（2009-2013年）　　　　　單位：萬人

企業類型　＼　年度	2009	2010	2011	2012	2013
國有、集體單位職工	7038	7113	7307	7428	6931
私營企業從業人員	8607	9418	10354	11296	12521
外資企業從業人員	1699	1823	2149	2215	2963
有限責任公司等就業人員	3586	3829	4638	5218	7923
農民工	22978	24223	25278	26261	26894
應核減人數	-3942.6	-4066.5	-4198	-4382.6	-4559
合計	39965.4	42339.5	45528	48035.4	52673

註：(1)根據《中國統計年鑑（2010年）》第122頁、《中國統計年鑑（2011年）》第114頁、《中國統計年鑑（2012年）》第129頁、《中國統計年鑑（2013年）》第124頁、《中國統計年鑑（2014年）》第90頁和《2013年全國農民工監測調查報告》的相關資料整理。有關統計口徑與本文所分析的問題不完全一致，所以做了一定的調整或折算。

(2)媒體公布的有關資料，單項往往比本表的資料要大。這是由於某些資料的交叉。比如，2002年5月28日《中國資訊報》稱有2300萬人在外企工作，就包括了一部分鄉鎮企業職工。

(3)在國有、集體等企業和鄉鎮企業的職工中，包括操作層、少量的管理層和極少數經營者兩部分。管理人員和經營者，作為「職工」，他們都屬於工人階級的範圍，但不屬於工人階層。

(4)私企、外資和港臺資等企業的從業人員中包括投資者。

(5)**表3-2**的「國有、集體單位職工」大於**表3-1**的「國有、集體企業」。所以，應核減一定的就業人數。**表3-2**核減的是科學研究和技術服務業；教育；衛生和社會工作；文化、體育和娛樂業；公共管理、社會保障和社會組織五項就業人數的總和（按2013至2014年《中國統計年鑑》的口徑）。因為，這五個部門工人所占的比率很低。

(6)由於以上因素，儘管做了區分和沖抵，但工人階層的實際數量還是要比本表格中的「合計」數少；也即由於資料口徑交叉的局限，所以，本書沒有辦法得出確切的工人總數。但是，這個表格所表現出的數量關係格局，還是可以幫助我們得知中國工人的基本數量肯定已經達到了三億多人的規模。僅供參考。

(7)之所以一個專案分為兩個表格，是由於統計口徑2009年以後發生了變化。

鄧小平「南方談話」發表以後,私營企業一直保持著強勁的發展勢頭。1993年擁有註冊資金680.32億元,從業人數372.6萬人❷。到2008年,擁有註冊資金11.74萬億元,就業人數達到7904.0萬人。2002到2008年的工人數增長率分別為19.7%、32.3%、16.7%、16.1%、13.1%、10.1%、9.0% ❸。截至2013年底,我國私營企業註冊資金39.3萬億元,就業人數達到1.25億人,較上年同期增長10.85%❹。這一強勢地位正改變著就業取向,不僅待業人員、農民工,許多專業技術人員、大學生也已經開始選擇私營企業作為其發展的開端。他們還吸納了大量公有制企業的失業工人。現在,在浙江、江蘇等省份,大部分企業從業人員是在非公有制企業就業。

外資企業一直處於平穩發展狀態。在外資企業中,勞動密集型產業需要的是相對廉價的勞動力,而一些大的跨國企業對其員工素質的要求則比較高,雇傭的也都是學歷層次較高、有專業技術能力的工人,且需求量並不大。隨著產業結構的調整以及加入WTO帶來的一系列衝擊,外資企業在中國的發展肯定會加快,外資企業工人這一階層也會壯大。特別是外資企業相對較高的工資水準,肯定會刺激更多有學歷、有能力者加入這一階層。今後,外企工人的數量有一個較大的增長是完全可能的。

鄉鎮企業工人是中國城市化特殊途徑的產物。中國創造性的以「離土不離鄉」的形式在農村發展非農產業,使大批剩餘勞動力就近進入非農領域。他們的身分仍然是農民,實際上並不從事或很少從事農業生產。在許多地方,如江浙等地區,鄉鎮企業工人占總勞動人口的比率都在40%左右。從**表3-1**可知,近年來鄉鎮企業工人在數量上變化不大,基本穩定在一億三千萬人左右的規模上。西部開發可能會促進那裡鄉鎮企業的發展,從而增加了就業人數,但東部的鄉鎮企業趨於向技術或資本密集型轉變,其吸納剩餘勞動力的能力有所減弱。特別是,隨著企業「轉制」等因素的作用,鄉鎮企業及鄉鎮企業職工的概念已經逐步淡出,鄉鎮企業職工會相應地劃入集體企業、外資企業、私營企業職工的範圍,或是以「在地農民工」的概念,與「外出農民工」一起作為農民工的兩大組成部分之一。

在改革初期,由於收入和管理模式不同,導致了不同企業類型的工人在收入水準、自我意識、社會認同等方面的差異。但是,「工人」本來就是一個整體,不管其內部怎樣分化、產生多少群體、存在怎樣差異,只

要其屬性是工人，他們之間就有許多抹不掉的同質性。正是這種共性，使工人階級在經過多年分化之後，又逐步走向整合。作爲市場主體，各類型企業除了所有制不同外，都必須遵循市場經濟規律，建立規範的現代企業制度，承擔相同的市場義務和社會責任。這種趨同性必然會使工人在技術能力、責任目標、報酬、紀律以及權利等方面的趨同。作爲個體，工人在擁有組織資源、經濟資源和文化資源等方面都不占優勢，要在政治、經濟生活中發揮作用，就要依靠自己所擁有的社會力量，即在規模和數量上的優勢，團結和整體的優勢。所以工人階級將在客觀條件和主觀要求下逐步減少內部差異，最終整合爲一個整體。

在今後較長一段時間，工人階級各主要階層之間的「整合」，將逐步成爲這場歷史性變革的「主旋律」，這也是城市化進程中工人分化的主要特徵。這種整合主要體現在這樣幾個方面：

(一)各階層的邊界呈模糊性和開放性，封閉狀態已經開始變動

現代社會結構的一個重要特徵就是其流動性。工人各階層間的這種流動性已經開始，每個成員都不會因爲選擇了某一個階層就失去了流入其他階層的機會。國有企業職工在改革前是一種身分的象徵，進入這一階層需要經過嚴格的程序。現在，他們不再享有特殊的權利，隨時都可以從中分離出來，進入私營、外資或鄉鎮企業；同樣，其他人也可以透過招聘等方式進入國有企業。私企和外企工人的流動性更大，方式更靈活；同樣，農民工也可以透過流動進入其他階層。不同階層工人之間的流動還基於在現代企業制度下，不同性質的企業對其工人的技能水準要求基本一致，這種一致性消除了不同階層之間的分隔，工人之間的差別逐步消失。階層界限的開放和流動性增強是階層整合的基礎性條件，也是階層整合的表現之一。

(二)各階層的利益趨於一致

在階層分化的初期，工人中各階層突出強調的是各自的特殊利益，國有企業職工要保住計畫時代的特殊權利，私營企業和外資企業工人只追求高工資，鄉鎮企業工人則要「亦工亦農」。隨著改革的深入，市場經濟

80

型態趨於成熟，雖然所在的企業性質不同，但作爲工人，他們所追求的目標都是合理的工資水準和社會保障。不管不同性質企業的工資水準有多大差異，所有工人都會要求獲得比較滿意的工資，同時要求企業提供相應的社會保障，包括醫療、養老，也都需要處理勞資關係問題。這種要求的一致性會促使不同階層的工人聯合起來，形成一種合力，最大限度的實現自己的要求。

(三)不同階層的社會權利趨於一致

過去的國有企業職工享有特殊權利，包括住房、醫療、生活補貼等等，使國企職工成爲一種身分，之後發展起來的私營企業、外資企業以及鄉鎮企業工人則不可能享有這些權利。現在，國有企業職工與非公有制企業工人一樣，不再享有身分權利，都是以契約爲基礎，享有法律規定的社會保障、民主參與等方面的基本權利。經濟民主是工人權利的重要體現，任何企業的工人都享有加入工會、參與企業民主管理的權利。在社會保障方面，不同企業的工人都將享有同等的醫療、退休和失業保險等方面的補助，享有同等的政治參與權利。

總之，「分化」是初步改革的結果，「分化」給世紀之交的中國工人階級帶來了活力；「整合」是改革深化的產物，「整合」將增強21世紀初期中國工人的經濟和政治力量。從社會經濟發展的角度看，今後一段時間內，中國各種經濟成分都將轉向穩定發展階段，各工人階層也因此同樣處於穩定發展中，各階層之間的交流與互動增強，彼此融合，追求共同利益成爲共識。工人階級力量的壯大、素質的提升及其各個階層之間的整合最終有利於社會的穩定，有利於建立合理的現代社會成員構成。

在強調「科學技術是第一生產力」的條件下，有人對工人，特別是藍領階層在社會發展中的地位和政治生活中的作用持懷疑態度。這是不符合實際情況的，也不符合社會發展的邏輯。主要是：

第一，工人階級正向知識化轉變。白領員工的增多自不必說，就是藍領工人階層，文化水準的普遍提高也是很明顯的。這從各種職業培訓、夜大、函授班的常盛不衰就可見一斑。根據世界銀行蒐集的資料，中國的成人識字人口在2009年就已經達到了94%的水準❺。這說明，即使是農民

工，也幾乎都是初中以上文化程度。隨著教育的進一步提高，工人在整體上實現知識化是必然趨勢。

第二，在第二、三產業工作的藍領勞動者，在很長時期內都將是社會最基本的力量，他們在總量上超過農業勞動者已成定局，但是白領階層占總人口的比率，在可預見的未來，難以達到發達國家的水準。在發達國家，藍領的比重小，是因爲有發展中國家的勞動者爲其「打工」。在相當長的時間內，中國主要是依靠國內不同地帶之間產業依次升級的途徑來實現勞動力的結構調整。工人的數量不會減少，他們在政治上的地位不會因爲內部分化與重組而削弱。這一變化，使得中國的政治發展，特別是民主和法治建設，都將由此具有了更加堅實的社會基礎。

在中國的工人階級還有兩個特殊的部分，這就是退休職工和失業（下崗）者。

全國有城鎮離退休人員8041萬人❻。由於中國的退休年齡比較低，所以造成了兩種情況：一是退而不休，以「補差」的形式重新就業；二是沒有條件「補差」的，在經濟發展速度比較快的大背景下，長期處於相對較低的收入水準。從2005年開始，連續每年調整企業退休人員基本養老金水準。與2005年調整前月人均700元的水準相比，2014年調整後全國企業退休人員月人均養老金達到2000元左右。養老金「十連增」，是爲了保障退休人員的基本生活，而提高主要因素：一是應對物價水準的上漲；二是讓長者分享改革發展的成果。

失業和下崗群體確切數量的統計或估算，是個比較複雜的問題。失業和下崗的問題，都是指城市人口，目前還不包括農村。一般來說，工會系統對失業和下崗的統計主要是透過企業的工會管道，有多少人離開了企業，就報告多少人，數量也就往往比較大。實際上有些人可能已經以各種方式實現了再就業。由於歷史的原因，在一部分人看來只有在公有制單位工作才算就業，做個體戶、開計程車，都不是就業。政府統計機構是抽樣調查，統計出的失業和下崗人數往往少一些。但是，估計可能沒有包括一部分不完全就業。誤差就是這麼產生的。比如，2002年政府統計機構公布的國有企業下崗未實現再就業職工人數爲410萬人，比上年末減少105萬人；年末城鎮登記失業率爲4%，比上年末增加0.4個百分點；領取失業保

險金人數爲440萬人，比上年增加127萬人❼。實際上，比較準確的數字可能是在兩者之間，估計在700至800萬之間❽。2014年末全國城鎮就業人員39310萬人，其中新增就業1322萬人，年末城鎮登記失業率爲4.09%❾。

二、知識分子

目前，廣義上的知識分子是指所有受過大專以上教育的人；狹義的知識分子，是指具有大專以上文化水準，且主要從事專業技術工作的腦力勞動者。由於教育的普及，與20世紀的最後二十年相比，知識分子的文化水準，已經由「中專」提高到了「大專」。他們與企業中的管理和技術層（即狹義的白領）和公務員三部分人，又共同構成了廣義上的白領階層。

據1990年7月1日全國人口普查資料表明，在當時全國十一點四億人口中，具有中專以上學歷的3380萬人，占全國人口的2.96%；到2000年，大陸接受過大專以上教育的有4571萬人❿，扣除當年在校高校學生556萬，廣義知識分子應爲4000萬人左右；2008年，全國國有企業事業單位有專業技術人員約2310萬，2011年達到約2357萬⓫，這基本上就是目前狹義知識分子的範圍⓬。2013年底，接受過大專以上教育的有14346萬人，扣除當年在校高校學生3944萬，廣義知識分子應爲一億人左右⓭。

知識分子是一個人數不算太多，但活動能量相當大的群體。目前，他們的主要特點是：價值意識增強，開放意識強烈，思想活躍，觀念新，學習快；熱心社會和政治事務，對民主參與的要求比較超前和迫切；崇尚競爭，要求平等。中國知識分子歷來有憂國憂民的傳統，知識面廣，瞭解外界多；他們具有推動社會變革的自覺意識，有強烈的社會責任感。這些因素的疊加，造成了他們在政治生活上積極主動的顯著特點。過去，由於種種原因，他們中的多數人，收入上長期「腦體倒掛」，且屢受政治衝擊。自我發展的高期望值與現實經濟、政治地位不高的矛盾，使一部分人情緒波動比較大；分散個體的勞動方式，使他們難以很快形成具有整體性的政治力量。

在經濟市場化的推動下，從1990年代中後期開始，「腦體倒掛」現象基本消除。目前，在相當一部分的優秀研究人員的收入和工作經費已相

當可觀。特別是在工程技術和應用科學領域，各種縱向基金和國內外企業、社會組織等提供的橫向資金，已經成爲其經費來源的重要組成部分。總之，知識分子的「社會地位非一貫化」❶的態勢得到了改善。現在，他們選擇工作的自由度也加大了。隨著國內外情勢、工作方式和收入水準等方面的變化，使知識分子正由傳統意義上的「文人」轉變爲現代意義上的職業腦力勞動者，也使他們考慮社會政治問題的視角有了重大的調整。在西方國家，一般也是把較高的文化層次和較高而穩定的經濟收入，作爲「白領」的基本標誌。目前，這部分人在沿海較發達的城市中已經形成。從其他國家的情況看，總體上說這是政治生活中一支主動而又較爲理智的力量，傾向於改革是他們的基本政治態度；他們中的年輕者，處於有限度的激進狀態。

三、公務員

要注意「官員」、「幹部」、「黨政幹部」、「公務員」幾個概念之間的聯繫和區別。「幹部」是中國、日本習慣使用的辭彙。多年來，「幹部」在中國基本上是個身分概念，多年來指所有由政府人事部門管理的腦力勞動者，包括「黨、政、軍、企、事、群」六大部分，而其中的黨派專職幹部、政府公務員和群眾團體（或稱作人民團體）專職幹部，又習慣被統稱爲「黨政幹部」；軍官單列；1994年以後，企業中的管理人員，已經不被看作幹部；事業單位中的幹部，實際上大多數是屬於教師、研究員等「專業技術幹部」，在本書的階層分析中他們是屬於知識分子的範疇。

1978年中國的「黨政幹部」是467萬人，約占全國總人口的0.49%；1990年是1079萬人，約占總人口的0.81%；2000年是1104萬人，約占全國總人口的0.87%；到2008年底，共1291.9萬人，約占全國總人口的0.97%，具體爲：國家機構是1193.3萬人，中國共產黨機關是56.4萬人，人民政協機關和各民主黨派機關是9.3萬人，群團組織、社會團體和宗教組織專職人員是23.0萬人；2013年是1567萬人，約占全國總人口的1.15%❶。根據2006年新的公務員法，公務員與在各黨派、各主要人民團體工作的專職幹

部並軌，也即「黨政幹部」都進入了公務員系列❶。

　　也就是說，中國的公務員並不像有些人強調得那樣多。同國外相比，公務員占總人口的比率並不算太大。相對較大的公務員絕對規模與其巨大的人口總量，相對較小的公務員占總人口的比率與其龐大的農業人口、較低的經濟發展水準和財政實力，都是基本適應的。實際上，儘管多次進行機構裁減，但實際總量總是比名義總量要大。90年代以來，特別是經過1998到2002的精簡，全國黨政機關編制減少到624萬，同時在這五年時間裡，全國黨政群機關行政編制共精簡115萬人，市縣鄉共清退超編人員43萬人❶。因為，減掉的人往往又以「借調」、「返聘」等形式留在機關。這是由黨政機關的實際運作需要所決定的❶。可是，現在社會上的許多相關議論，卻是把黨政幹部與不承擔公共管理職能的教師、科研人員等事業單位的政府雇員混為一談。這是不準確的。

　　與其他社會利益群體不同，公務員階層既是意見的表達者，也參與決策與執行。他們在聽取其他群體的意見時，也產生和表達自己的意見，他們在決策、執行中不可避免的傾向性本身實際上也是一種意見表達，是意見整合中的表達。

　　這個群體有一個明顯的特點，就是「黨、政、群」三大系列一體化，統一管理，依級劃線。國家公務員制度並不會馬上改變這種格局。他們內部在政治、經濟、福利上的待遇差別，主要體現在級別上，而較少體現在專業類別上。因此，官員群體在表達意見中所表現的差別性，有不少並不是由於專業角度的不同、由於統治活動與管理工作之間的差異造成的，而是由「官階」的不同造成的。不同於西方國家，中國不存在「政」「官」兩界觀點相左的現象。

　　公務員隊伍的整體文化素質較高，在瞭解國情方面也優於其他群體。改革以來，在選人用人方面堅持「革命化」原則的前提下，「年輕化、知識化、專業化」的分量顯著增加。這一政策導向的重大調整，優化了公務員隊伍的內部結構。到1993年，全國45歲以下的幹部（含公務員）已經占了70%以上，成為新時期公務員隊伍的主體。他們中具有大專以上文化程度的，在1991年時就已經達到了71%以上。從1994年開始，幹部的年輕化和知識化方面明顯邁出了更大步伐，選拔重要幹部的範圍，已從大

專層次轉向本科和研究生層次。這些變化初步解決了公務員知識更新和代際更替的問題。行為科學、電腦、領導科學、行政管理和某些自然科學方面的新知識，提高了他們的理論素養，更新了他們的思想觀念。

進入21世紀以來，隨著國家教育水準的進一步提高，特別是政府機構改革的深化，公務員制度的完善，公務員階層的「四化」過程正在加速實現。經過十六大、十七大的人事調整，全國省委書記的平均年齡已經在60歲以下。2002年8月中央對地方幹部的年輕化做出硬性規定，以人大為例，要求在省級人大常委會組成人員中，55歲左右的應占五分之一以上，其中副主任應有55歲左右的人選。從1993年開始並持續至今的國家公務員招考正走向正軌。「國家公務員招考條例」明文規定，年齡在35歲以下具有大專以上文化程度的公民才可以報考省級以上政府工作部門。這就從政府運行的主體上，保證了政府效率和行政能力的底線。

社會結構紛繁複雜，社會轉型時期利益格局將發生重大變化，公民的權利意識等越來越強。要滿足這些新的要求，就需要高素質的公務員。作為社會中直接掌握政治資源的社會群體，他們基本上具備了接受現代政治和法律理念的主觀條件。雖然不能將他們簡單地等同於權力階層，但作為國家權力系統中的操作層，其能力狀況、廉政狀況和觀念更新都將直接影響著中國的現代化進程。

四、農民

長期以來，中國農民是一個相對穩定、落後、結構單一的階級。改革開放以來，農民開始向各個領域轉移，由此出現了農村社會的階層分化，並對國家的經濟、政治、文化的繁榮和發展起到了不可低估的作用。

農業人口在中國的社會成員構成中具有絕對優勢，是最大的社會利益群體。2013年鄉村總人口，也即作為「廣義的農民」的農村戶籍人數為6.2961億，占全國總人口的46.27%[19]。但是，由於不少人已從事非農產業，真正從事種植養殖業等第一產業勞動取得全部或大部分經濟收入的為2.4171億人，也即「狹義的農民」占經濟活動人口的31.4%[20]。這個比率，1997年時，第一次低於50%，即49.9%[21]。也即這個關鍵性的比率，

由50%下降到40%以內，用了十一年的時間，速度是相當快的。這是中國從傳統農業國向現代工業化國家邁進的重要標誌。

根據目前比較通行的階層劃分標準，可以把現階段中國的農民劃分為以下幾個階層：

(一)農業勞動者階層，即「狹義的農民」

這是一個以承包集體耕地，主要從事農業種植業、林業、畜牧業和漁業生產，全部或大部分依靠農業取得收入作為生活來源的社會群體。他們是農村社會的主體，即占農村勞動力的40%左右。這是農村中最不穩定的一個階層。由於比較利益低，其內部不斷有人分化出去從事非農產業，他們是農村階層分化的母體。

留在鄉下的農業勞動者其生產和生活方式在總體上也有了實質性的變化。傳統的小農經濟退出歷史舞台，新因素的加入，催生了新的農業經濟。據江蘇省農業部門初步調查統計，2002年江蘇省「三資」投入農業的企業為18160個，投資總額累計162億元，其中民間資本、工商資本、外商資本分別占67%、20%和13%，產品涉及糧、棉、油、果、茶、肉、禽、蛋、奶、漁等幾乎所有農業領域❷。農業的產業化正推動著農業勞動者從另一個角度分化為新的「第一產業工人」——當然，這是一個長期的過程。

需要注意的是，中國農業勞動者的總體收入水準還相當低，2007年，人均年收入785元以下的人口為1479萬人，人均年收入785至1067元之間的低收入人口為2841萬人。2008年，按1196元的扶貧標準測算，貧困人口為4007萬人❷。到2013年底，按人均年收入2300元的新扶貧標準測算，貧困人口為8249萬人，貧困發生率為8.5%❷。

(二)農村知識分子階層

在農村從事教育、科技、醫藥、文化、藝術等智力型職業的知識分子群體主要有兩類：一類是非農業戶口，屬於國家全民所有制職工或集體所有制職工；另一類是農業戶口，其身分是農民，如民辦教師、鄉村醫生、農民技術人員和鄉文化藝術工作者等。他們主要靠腦力勞動來獲得經

濟收入，但這並非收入的全部。他們在種養殖業方面也往往有一定的收入。他們易於接受新事物，是新鮮思想、科學技術的傳播者，是農村精神文明建設的主力軍。一般來說，他們占農村人口的2.5%左右。

(三)農村社會管理者階層

他們包括鄉鎮常年聘用的持農村戶口的幹部，村黨支部、村委會組成人員及村民小組長。他們是集體財產的代表者（在有些地方也是集體財產的經營者），是國家方針政策的基層執行者，是農村社會經濟生活的組織管理者，同時，也是民情上達和上情下達的仲介。他們是農民與政府之間的紐帶，其作用發揮程度直接影響農村的經濟發展和社會穩定。這個階層的人數較少，根據農村固定觀察點辦公室的調查，全部被調查的農村幹部占其勞動力的0.60%。

此外，鄉鎮企業職工、農民工、鄉村個體勞動者、鄉村私營企業主、鄉村雇工等，也都是廣義農民的重要組成部分，與狹義的農民有著千絲萬縷的聯繫。對他們，將在本章的其他部分予以介紹。

雖然，農民分化的速度相當快，但是由於土地制度等因素的限制，從事非農產業乃至已進城的人仍然被看作「農民」。身分不變，觀念和社會心理就很難發生實質性的變化。從事各類產業的廣大農村人口還保留著共同的觀念和意見。但是，改革已經使他們由單純的土地勞動者變成土地的經營者，開始邁入了市場。他們的鄉土觀念、血親觀念等已開始淡化，生活方式也有明顯的變化。現在，在規模經營效益較高的推動下，一批種植業養殖業大戶已經開始出現。隨著經濟地位的變化和文化素質的提高，他們越來越關心政治了。農村勞動的地域性特點，促使農民要比一般城市居民更加關心基層政權和群眾自治組織的建設。現在，在某些發達地區，農民民主意識提高速度之快令人難以置信。他們中的一部分人，不僅能比較清楚地瞭解選舉的程序和步驟，而且積極參選和監督選舉，充分行使自己的民主權利。據民政部的不完全統計，2005至2007年，全國31個省份應參選村委會626655個，占村委會總數的98.4%，其中623690個村完成選舉，全國平均選舉完成率達99.53%。2005至2007年，全國平均參選率為90.7%[25]。2008年全國村委會換屆選舉參選率為83.1%（參與選舉的村民

登記人數為32354.8萬人，參與投票人數為 26882.4萬人）❷❻。2009全國村委會換屆選舉參選率為79.8%（參與選舉的村民登記人數為 8172.4萬人，參與投票人數為 6521.5萬人）❷❼。

 ## 第二節　復新階層

　　個體勞動者與私營企業主是兩個相毗鄰的社會利益群體。儘管兩者的經濟屬性是不同的，一個主要靠自己勞動，一個獲取一定程度的剩餘價值，但是，在當代中國的條件下，他們在經濟上具有密切的關係，實際「邊界」不清，在政治生活中基本上屬於同一範疇，其意見表達的利益驅動機制、行為方式和關注的重點也大體相同。他們都屬於在改革開放的條件下重新出現的「復新階層」。

一、個體勞動者

　　1978年，中國僅有城鄉個體勞動者15萬人。比如，新華社在一則電訊中評介到：「1978年，北京僅有個體戶259個，對市民生活幾乎無影響可言。」❷❽經過三十五年的恢復和發展，到2013年底，全國個體戶已達4436.3萬戶，9335.7萬人，其中城鎮個體戶6142.3萬人❷❾。考慮到有相當多從事個體勞動的人並未註冊，所以，當時的實際數字還要大一些。到20世紀90年代末，個體勞動者規模已經穩定在3000多萬戶，6000萬人左右的水準上。

　　個體勞動者主要由農村剩餘勞動力、城鎮待業人員、社會閒散人員和離休、退休人員組成，主要從事工業、運輸業、維修業、商業、餐飲服務業及其他適合個體經營的行業，年齡結構偏高（40歲以上者至少占50%以上），文化結構偏低（小學文化和文盲占60%左右）。經營的主要方式有：自己經營，自己勞動；合作經營；雇工經營。在20世紀80年代末以前，他們的經濟收入較高，財產積累速度也比較快，但是到90年代以後，他們在總體上已經不屬於高收入者的範圍。

　　特別需要注意的是，進入21世紀以後，在一些大中城市，由於社會

競爭加劇、由於因城市建設與環境整治的需要不得不「退路進廳」而加大了經營成本、由於超級市場和連鎖店快速發展的「擠壓」等因素，個體工商戶的數量及其收入水準，一度有所下降❸。比如，2000年全國個體勞動者為2571.36萬戶，比上年下降了18.63%❸；2001年又進一步下降到2423萬戶❸。這低於此前，也低於此後。這種現象的出現，固然有社會進步的因素，但就業問題，特別是「4050人員」的就業問題，地方政府也不能不予以充分考慮。

二、私營企業主

私營企業主是個體經濟發展到一定規模後的產物，出現於1985年以後。現階段私營企業是個體或合股占有生產資料，以雇傭勞動為主，勞動產品歸私人占有的一種經濟形式。在20世紀80年代，私營企業主的主要來源是農民、閒散人員和失業人員、離退休人員和港澳臺胞僑胞親屬，到90年代中期已轉變為主要來源於工人（26%）、幹部（22%）、科技人員（12%）❸。當然不少人經過個體戶或承包者這樣的中間環節，大多具有從事多種職業和社會活動的經歷，總體文化程度明顯高於個體戶，是一批「能人」。他們主要從事工交、建築、商務、服務等實業，其中有些早已開始涉足高科技領域。

到2013年底，私營企業已達1253.9萬戶，投資者人數為2485.7萬人❸，減去小額投資者，實際的私營企業主目前應當在1500萬左右的水準上。如果再加上「戴小帽子」和「戴紅帽子」❸的私營企業主，這個數目還要更多一點兒。在民營經濟快速發展和那些「戴紅帽子」的私營企業不得不「改制」的背景下，私營企業主階層的增長速度是非常快的。現在，已有一部分私營企業頗具實力，像深圳華為技術有限公司資產已達2300多億元，其產品和解決方案已經應用於全球170多個國家和地區，服務全球運營商50強中的45家及全球三分之一的人口❸。

在國內，現在有人提出，應當稱呼他們為「資產階級」，也即給他們戴所謂的「白帽子」。這是不妥的。中國的私營企業主階層有著很大的特殊性，他們的基本特徵和發展走向，都還需要進一步觀察和研究。理

由是：第一，他們是世界上唯一一個在共產黨和政府「富民」政策支持下成爲私人資本所有者和發達其事業的。2002年的私營企業中，25.8%是由國有或集體企業「轉制」而來；到2005年，在私營企業主中，33.9%是中國共產黨黨員，其中在2001年江澤民「七一」講話之後入黨的占9.4%❸。第二，他們存在的時間還非常短。他們從1985年開始出現，1993年以後加快擴張。以如此短的時間，還不足以對許多重要問題做觀察和下判斷。第三，他們中的不少人，實際上是「兩棲人」（參見本章的其他內容）。他們以「留職停薪」、「一家兩制」等靈活方式「腳踩兩隻船」，從而保持著與原有的階級階層千絲萬縷的社會聯繫。

　　私營企業主階層，是改革開放的受益者，希望政策穩定，擔心政策多變和社會動盪，以利發展自己。總體上看，他們比較講求實惠，對一般政治問題不關心，但問題如果涉及到其具體利益，就又十分敏感，透過個人之間的聯繫也能採取比較一致的行動。他們中的某些人，已顯露了明顯的參與願望，如資助地方社會活動、參與慈善事業、積極介入自治機構和基層政權的選舉工作。〈2005年中國私營企業調查報告〉顯示，在其調查對象中，私營企業主中有33.6%是各級政協委員，有66.1%的私營企業主加入當地的工商業者聯合會。在農村，私營企業主和個體大戶與本地農民有著這樣那樣的矛盾，但在意見表達活動中又往往具有農村利益代表者和個體私營利益代表者的雙重身分。

第三節　新興階層

　　農民工、鄉鎮企業職工、企業經營者等，也都是在改革開放的條件下出現的，但他們是屬於完全新興的社會利益群體。鄉鎮企業職工已經作爲工人的一部分做了介紹，這裡從略。

一、農民工

　　一方面是城鄉第二、三產業的發展需要勞動力，而農村剩餘勞動力需要尋求出路；另一方面，戶籍制度又限制「農轉非」，加之承包土地又

具有一定的吸引力，於是就產生了職業、工作與戶口、身分相分離的農民工。因此，農民工階層可以被認為是「工人階級的後備軍」。這一階層可分為兩部分：一類是「離土不離鄉」的在地農民工，也即講了三十多年的鄉鎮企業職工；另一類是離開農村到城市打工的企業員工，現在也稱之為「外出農民工」。自20世紀80年代全國開始出現「民工潮」；進入90年代，民工潮一浪高過一浪。根據2000年第五次全國人口普查，當時有8800萬流動人口（實際人數可能更多），其中大部分是農民工；2002年又進一步上升到9400萬人❸；2009年度全國農民工總量為22978萬人，比上年增加1.9%，其中外出從業六個月以上的外出農民工為14533萬人，在本鄉鎮以內從業六個月以上的本地農民工為8445萬人；他們外出務工目的地仍以東部地區為主，但在中西部地區的比重提高，——2009年在東部地區務工的外出農民工為9076萬人，比上年下降8.9%，在中部地區務工的為2477萬人，增長33.2%；在西部地區務工的為2940萬人，增長35.8%；外出農民工月平均收入為1417元，比上年增長5.7%，其中800至1200元的占31.5%，1200至1600元的占33.9%❸。2013年全國流動人口約有2.45億人❹，根據六次全國人口普查，目前中國有2.21億流動人口（實際人數可能更多），其中大部分依然是農民工。到2013年底，農民工的人數大約為2.7億人❶。

到80年代末，中國產業勞動者的「大頭」就已經轉移到了農村，是一個令人難以置信而又確定無疑的事實。過去，人們總認為鄉鎮企業職工和農民工的素質低，但統計表明，在他們之中，初中以上文化的職工已占到80.1%，而這個比率並不低於城市工人。面對充裕的勞動力資源，赴鄉下招工的城市企業、鄉鎮企業、包工頭們的選擇餘地非常大，在總體上文化素質較低的鄉村形成了相對文化素質較高的群體。

農民工服務於城市，但也顯著地有利於農村。2013年，全國外出農民工共16610萬人，全年收入約52003億元，平均年消費17779億元，其餘約34000億元中的大部分寄、帶回家❷。最有代表性的是四川省，他們一年輸出的農民工在1000萬人以上，省外匯入勞務收入200億元以上，幾乎相當於全省一年的政府財政收入。此外，一個人還可以騰出大約一畝耕地，所以，就有了「外出三萬人，富了六萬人」的說法❸。

　　不過，現在存在著嚴重拖欠農民工工資、遭受部分市民歧視和社會保障體系的「接軌」等問題。比如，在2002年勞動和社會保障部的檢查中就發現，在23個外來務工人員較多的省（市、區），就查出拖欠工資案件13000餘件，涉及62.6萬人、3.5億元❹。欠資的主要原因是工程的層層轉包。

　　現在，農民工的數量已經趨於穩定。農民工脫胎於農民，是農民中的新生者，是工人的後備軍，迅速提高民主意識的潛力很大。從20世紀80年代中期開始，那些有威信、有成就的鄉鎮企業家事實上已成爲農村社區利益的代言人。「二代農民工」已經大膽發出了「我現在也是工人階級」的呼聲❺。美國《時代》週刊在2009年12月16日把四位在深圳工作的女性農民工作爲「中國工人」的代表列爲年度「風雲人物」不是偶然的。中國的農民工實際上已經占中國工人的三分之二左右，他們正以嶄新的思想觀念和生活方式服務、影響著城市社會，也深深感染著他們周圍的廣大農民。

二、企業經營者

　　企業經營者，即企業家，今後可能是對中國政治產生較大影響最主要的社會群體之一。

　　1949年以前的中國，實現所有權和經營權相分離的企業不多，民族資產階級大多是業主型的，企業經營者作爲一個階級或階層沒有形成。1956年以後，更是不存在這樣的社會群體。現在，隨著國有企業制度的改革、經營體制和政府職能的轉換，獲得經營自主權的廠長、經理們，將從原先的「幹部」群體中游離出來，將和鄉鎮企業和私營企業的經營者、外資企業的中方功績雇員等一起，構成一個新興的企業家階層。由於現有統計方式的限制，他們的數量規模目前還不清楚，有待進一步分析研究。

　　目前大多數企業對經營者實行以年薪制爲主的報酬制度，部分上市企業實行了經營管理層持股的輔助激勵方案。據「中國企業家調查系統」1998年對中國企業經理成長與發展的專題報告顯示，國有企業經營者的工資水準明顯偏低。爲了緩解這一問題，開始嘗試實行年薪制。但問題的複

雜性在於，到了十年之後的2008年，社會輿論又普遍認爲企業經營者的收入過高了。其中，爭論的核心集中於國有企業，特別是大型國有企業經營者的收入問題：一是，社會輿論對私有企業的分配問題並不是非常關心，似乎那是個人的事情；二是，在國有企業，一方面是工資收入確實比較低，另一方面是工資外收入問題社會比較關注；三是，人們普遍認爲國有企業的經營者屬於國家公務人員，而且可以因工作原因與公務員崗位互換位置。

據「中國企業家調查系統」1998年就企業經理對經濟地位滿意程度的調查報告顯示，國有企業經理的滿意程度最低，只有22.9%，有44.4%的經理表示不滿意。比如，重慶當時規定國有重點企業「領導人員」年薪最高爲27.2萬元[46]。2012年國資委監管的中央企業一把手的平均年薪是80萬元。此外，據上市公司年報披露，在董事會層面，董事長的平均年薪爲66.7萬元；在經營層面，總經理（總裁）的平均年薪爲67.1萬元[47]。同時，由於企業的職務消費不規範，有人的工資外收入比年薪要高出一至兩倍[48]。

這個階層最明顯的一個特點就是，他們有權在一定的範圍內支配一部分社會財富，視野較寬，社會聯繫廣泛，並將由此形成一定的「發言權」優勢。他們作爲一種「市民社會」的力量，在當代中國政府過程發揮什麼作用，還有待進一步觀察。

第四節　過渡性階層

所謂「過渡性階層」是指那些流轉性的社會利益群體等，最典型的是軍人、大學生和失業者。他們來自於各個階層，大多數終究要經過再次社會選擇而進入新的階層。

一、軍人

中國人民解放軍是一個特殊的、具有較高政治組織程度的社會集團，它們當然也會有自己的特殊利益需求，以及自己的政治見解。因此，

把軍人看作一個社會利益群體並無不可。只是和其他群體相比，有兩個顯著特點：一是邊緣性和過渡性，二是整體性。他們來自各個階層，大多數若干年後又要重新獲得原先的階層歸屬或是轉入另外的社會群體。因此，他們會帶來和產生各種各樣的想法與意見，但在部隊這個「大熔爐」裡和特定的政治空間中，他們的意見表達等政治參與行為以及其他政治性活動，都會具有鮮明的集團化特點。

1984年初，全軍共有員額430萬。經過幾次大規模裁減軍隊員額，目前全軍總員額為230萬左右。按絕對員額數量，這是世界第一，但按總兵力占全國總人口的比率，則為世界中的低水準。他們作為一個整體，介入中國政府過程。一個由267名人大代表組成的人民解放軍代表團參加全國人民代表大會的工作就是一個明顯的說明。服從中國共產黨的絕對領導，是解放軍進行政治參與和進行意見表達的基本原則。

二、大學生

2013年普通高校本專科的招生數和在校生數分別是699.8萬人和2468.1萬人❹，增長得非常快。到21世紀初，這已經是世界上最大的高等教育規模了。

「擴招」的基礎，是從中央到地方，對於教育的財政收入逐年增加。民辦私立大學更是從無到有不斷發展，社會、企業捐資辦學的力度也不斷加大。普通高校的規模在上個世紀最後十年搭上快速發展的列車，學校的專任教師、招生規模和畢業生人數全方位、大幅度增長（參見**表3-3**），而且由於教育所特有的週期性，使得中國的普通高等教育規模很快就可以達到1000萬。

無論哪個國家，大學生都是社會生活的「晴雨表」；無論哪個時代，大學生都是在各種複雜社會關係中最超脫和最敏感的一群。從某種程度上說，大學生是青年中的優秀群體，其思想觀念往往是同齡人思想觀念的集中體現；他們又最能反映時代的特點，其心理是社會心理的濃縮和放大；同時，他們畢竟還不成熟，容易受輿論、家庭和教師的影響。從歷史

表3-3 普通高等學校規模發展一覽表

年份	專任教師（萬人）	招生數（萬人）	畢業數（萬人）
1985	34.1	61.9	31.6
1995	40.1	92.6	80.5
2000	46.3	220.6	95.0
2005	96.6	504.5	306.8
2010	134.3	661.8	575.4
2013	149.7	699.8	638.7

資料來源：根據《中國統計年鑑（2014）》第654-656頁相關資料整理。

的視角綜觀大學生，可以發現，改革以來在社會發展的每一步進程中，大學生的思想變化都是與時代相吻合的。在歷史的大浪潮中，他們有時為社會的進步而喜悅，有時又因歷史進程中的挫折而苦悶。

　　需要注意的是，隨著大學對學生收取學費和雜費，也與社會收入分配差距拉大導致學生家庭背景的差異加大有關，大學生作為一個過渡階層也在多元化，出現了一部分經濟困難學生。今後，隨著越來越多的學生不住集體宿舍，其相互聯繫和社會聯繫方式也會發生變化。

　　作為知識分子階層人員儲備基數的大學生成倍增長，對經濟發展和政治發展都具有重要意義。每年，至少500萬教師、工程師、醫生、經營者進入社會，將給社會發展添加源源不斷的動力。進入新世紀，大學生為時代和祖國的發展所鼓舞，精神振奮，在政治上和心志上也更加成熟了。他們善於思考，但不盲從；樂於納新，但不迷信；關注社會，但保持一定距離；價值觀重在建設，而少於破壞等。與在「文革」期間成長起來的前輩相比，他們大多生活在比較優裕的環境之中，很陽光，聰敏機智，但比較單純，在吃苦耐勞方面略遜於前輩，意見表達和政治參與方式也要比改革初期的學長稍微穩健一些。

三、「兩棲人」現象

　　社會群體之間總是相互滲透、彼此交叉的，絕對的界線從不存在，像大學生、軍人這些邊緣群體都帶有群體之間滲透、流轉的特徵。值得注意的是，除此之外，由於中國改革的穩健特徵，或是由於政策不果斷等因

素，也導致了非正常的模糊界線的現象，「兩棲人」大量出現就是其中最有代表性的一個問題。

「兩棲人」，是指那些同時具有雙重階層屬性和利益群體背景的社會成員。在歷史上，他們主要包括留職停薪人員；兼任經濟實體實職的黨政幹部；請長假外出謀職的公務員；在政府「掛職」的企業家、某些基層出現的「老闆村長」；等等，有的表現爲「一身二任」，有的表現爲「一家兩制」。在社會轉軌過程中，出現不規範的群體重疊現象是難免的。對原有的飯碗棄而不砸，對原有的人身歸屬關係割而不捨的心情、動機是可以理解的，這對減少社會動盪、有限度地緩解隱性失業的壓力也是有益的；出於個人利益最大化考慮，商人尋求官員的庇護也是其理性行爲。但是，「兩棲人」現象已經帶來和可能帶來的嚴重弊端更應當加以注意。

人的意願歸根到柢是由利益決定的。具有多種社會角色的人受多種具體利益的支配，往往對一個改革措施在不同的場合下表達出不同的甚至是自相矛盾的意見與要求。在社會中存在著較多「兩棲人」的情況下，政府決策會受到較多的重複性干擾和牽制，並且很難對自己的決策受歡迎的程度做出精確的判斷。

現在，「兩棲人」現象已經趨於減少。要繼續深化幹部人事制度和公務員制度改革，深入開展反腐敗鬥爭，不斷完善相關法治建設，規範政府和工作人員行爲：黨政機關中需要在轉變職能的過程中流向經濟實體的部門和人員，應盡可能縮短過渡期；處級以上負責幹部和公安、工商、稅務等執法部門的人員不能搞「第二職業」；一般工作人員不准從事職權範圍內的第二職業，不許經商辦企業；願意下海者一律辭職，兩清兩便；加大對公務員離職或退休後「下海」的監督，給允許公務員從事「第二職業」潑點冷水。對於那些已經產生嚴重社會影響（腐敗、國有資產流失等）的兩棲化生存方式，如「官媒」、「官員參股」等，直接用法律和行政手段懲處。此外，對私營企業主的政治參與必須有一定的限度，可以做「兩會」的代表委員，但是不應兼職到「一府兩院」做官和擔任人大常委會組成人員。完善基層民主建設和法制建設，發揮「能人治村」的積極作用，限制「富人治村」的消極作用。透過這些工作，淨化社會意見表達環境，避免非正常的經濟、政治因素干擾正常的意見表達和政府的正常運

作，保證政治公平。隨著廉政建設的深入、制度改革步伐的加快和市場機制的規範化，「兩棲人」的生存空間將逐漸被壓縮，「兩棲人」干擾正常政治參與的現象可望減少。

◆註釋

❶ 天津人民出版社，2007年；該書的首版題爲1994年由同一家出版社出版的《大分化　新組合：當代中國社會各階層分析》。

❷〈1993年全國私營企業發展情況〉，《工商行政管理》，1994年，第11期。

❸《人民日報》，2009年11月6日。

❹ 鄭博，〈全國登記註冊私營企業已超1200萬〉，中國經濟網，2014年2月28日。

❺〈金磚5國過去30年(1980-2009)成人識字率〉，微博新浪財經，2012年8月10日。

❻《中國統計年鑑（2014）》，第786頁。

❼ 國家統計局，〈2002年國民經濟和社會發展統計公報〉。

❽ 參見國家統計局副局長邱曉華的談話，《中國改革報》，2002年10月27日。

❾ 國家統計局，〈2014年國民經濟和社會發展統計公報〉。

❿〈第五次全國人口普查公報（第1號）〉，2001年5月15日。

⓫《中國統計年鑑（2012）》，第807頁。

⓬《中國統計年鑑（2009）》，第845頁。

⓭ 根據《中國統計年鑑（2014）》，第39、40頁數據計算得出。

⓮ 朱光磊等，《當代中國社會各階層分析》，天津人民出版社，1997年，第34-35頁。

⓯《中國統計年鑑（2014）》，第92頁。

⓰〈權威解讀：中國目前行政編制總數640萬人 官民比1：203〉，人民網，2005年6月8日。

⓱ 新華社2002年10月25日電；劉智鋒，《中國政治》，江西人民出版社，第192頁。

⓲ 諫良，〈澄清「公務員加薪」的片面認識〉，《理論前沿》，2002年，第18期。

⓳《中國統計年鑑（2014）》，第25頁。

⓴《中國統計年鑑（2014）》，第89頁。

㉑《中國統計年鑑（2002）》，第117頁。

㉒〈「三資」大量湧入江蘇農業〉，《中國經濟時報》，2002年2月21日。

㉓《金融時報》，2009年8月19日。

㉔《中國統計年鑑（2014）》，表6-19農村貧困狀況，第70頁。

㉕《人民日報》，2008年1月9日。

㉖民政部，〈2008年民政事業發展統計報告〉。

㉗民政部，〈2009年民政事業發展統計報告〉。

㉘劉元秀等，〈北京人生活離不開個體戶〉，《新華每日電訊》，1994年3月15日。

㉙《中國統計年鑑（2014）》，第99頁。

㉚新華社2001年10月22日廣州電，〈廣州個體戶收入增長趨緩〉，載2001年10月23日《天津日報》。

㉛百合，〈個體戶數量爲啥下降〉，《人民日報》，2001年8月27日。

㉜馬立誠，〈中國私營經濟24年〉，《新民週刊》，2002年12月8日。

㉝參見「私營企業主組成成分調查表」，《北方市場導報》，1994年4月12日。

㉞《中國統計年鑑（2014）》，第98頁。

㉟參見朱光磊，《中國的貧富差距與政府控制》，上海三聯書店，2001年，第172-174頁。

㊱〈2014中國企業500強〉，《網易財經》，2014年9月2日。

㊲〈2005年中國私營企業調查報告〉，《中國工商時報》，2005年2月3日，第1版。

㊳《中國改革報》關於農業部調查結果的報導，2003年1月17日。

㊴〈國家統計局農村司的監測調查報告〉，新華網北京2010年3月23日電。

㊵《中國統計年鑑（2014）》，第26頁。

㊶參見國家統計局，〈2013年全國農民工監測調查報告〉。

㊷根據國家統計局，〈2013年全國農民工監測調查報告〉的相關資料計算而來。

㊸參見詹國樞等，〈說「川軍」〉，《經濟時報》，2002年5月9日；陸彩榮，〈900萬民工出西南〉，《光明日報》，2003年2月6日。

㊹程國慧等，〈關愛這支生力軍〉，《人民日報》，2003年3月17日。

㊺毛浩，〈我也是工人階級〉，《中國青年報》，1994年2月10日。

㊻《北京現代商報》，2002年2月11日。

㊼〈中國約有4000萬企業高管 央企一把手平均年薪80萬〉，《法制晚報》，2014年9月19日。

㊽《組織人事報》，2002年6月24日。

㊾《中國統計年鑑（2014）》，第655頁。

第4章

社會階層關係變化及其
對政治發展的影響

- 階層關係的現狀
- 調整社會階層關係的思路和方法
- 社會階層關係變化對政治發展的影響

　　80年代中期以來的社會階層分化，與中國社會的全面進步互為因果。它在給社會發展帶來活力的同時，也伴隨產生了貧富差距擴大化和顯性化的問題。雖然，貧富差距目前仍主要表現為收入差距，但已在一定範圍內出現了財富差距；有些是出現在地區之間、行業之間，但更多的是出現在各階層之間。這就不可能不影響到社會各階層之間的關係和社會政治生活。

 第一節　階層關係的現狀

一、正確處理階層關係是中國政治生活的重要課題

　　從1949年到「文化大革命」結束，中國政治的主題是所謂的「階級鬥爭」，甚至強調「以階級鬥爭為綱」。從「十一屆三中全會」到90年代中期，中國沒有突出地強調社會政治主題的問題，一方面是由於這一時期強調的是「現代化建設就是最大的政治」，是「中心任務」，人們的精力集中於經濟問題，較少去思考專門的政治問題；另一方面是由於長期實行計畫經濟體制所遺留的政治痕跡在起作用。因為，在計畫經濟的條件下，只有上級和下級的關係、領導和被領導的關係、計畫和被計畫的關係才有實際意義，橫向關係的意義不大。當時，全國就像是一個按計畫運轉的巨型「工廠」，地方、部門和單位都是工廠體系下大小不等的一個個「車間」，大家都是一個個「工人」。

　　80年代中期以後，情況發生了變化。

　　中國社會階層分化及其所體現出來的社會利益結構的轉型，即從整體性社會利益結構過渡向多樣性社會利益結構，以及在這個過程中出現的社會成員利益意識的日益成熟和理性化，為民主和法制建設提供了前所未有的動力和機遇；但是，另一方面，由於社會矛盾日趨多樣，利益差距日趨拉大❶，階級、階層，甚至一些規模比階層還要小一些的社會利益群體之間的摩擦也更加明顯了，從而對國家整體利益的鞏固和維護構成了新的現實衝擊與挑戰。隨著現代化建設成為國家的中心工作，「階級鬥爭」早

已不是政治生活的主要話題；隨著市場經濟體制的建立和政府職能轉變，
「上項目」、「扛指標」、「爭速度」等也將不再是政府工作的突出課題
和公務員的「基本功」；以「群眾運動」爲代表的政治運作方式，也越來
越爲各種具有現代民主政治特徵的運作方式所取代。在這種情況下，如何
正確地處理社會各個階層之間的關係，就成爲社會政治生活的重要課題，
甚至是主題。

　　利益，是經濟生活和政治生活的主要連結點。從利益的角度看，中
國階層分化的實質，就是在社會利益趨向於多樣化和複雜化的變化過程
中，既有新生利益的出現和對新生利益的分享，又有對既有利益格局的調
整和重新分配；既有利益競爭的擴大，又有多年積累下來的社會利益摩擦
和利益矛盾的顯形化。貧富差距就是這樣一個問題，其中既有歷史上積累
下來的「三大差別」、地區差別、幹群差別等因素，又有在改革條件下出
現的行業差別和個體勞動者、私營企業主等階層擴大等「新」的因素，這
些都不可能不影響到社會各階層之間的關係，乃至整個社會政治生活。

　　這樣，在社會利益大分化和新組合的背景下，中國政治生活的主要
問題，就必然是如何適應新形勢下經濟生活的變化，改革現有的政治整合
機制，在新的水準上實現國家政治生活的一體化和發展有中國特色的社會
主義民主政治。現在，社會利益的多樣化和社會成員構成的分化，是中華
民族的發展、進步所必需的，是改革開放的直接成果之一，也已爲現行法
律所肯定。國家的政治生活必須反映，也必然會反映經濟生活的這種多樣
化，並在此基礎上尋求在社會主義條件下實現政治整合的途徑。正是在這
個涵義上，進入90年代後期以來，正確處理社會階層分化基礎上多樣化的
利益結構與建構新的政治整合模式之間的關係，正成爲中國政治發展最主
要的任務。

二、現存的主要階層矛盾(一)：顯性的社會矛盾

　　相對和諧的階級（階層）關係，是一國政局穩定的重要表現。中國
正面臨著現代化建設的艱鉅任務，能否形成和諧的社會結構十分關鍵。但
是，已經成爲既成事實和在短時間內難以逆轉的貧富差距拉大現象，使階

層之間的利益摩擦增加，恰恰增大了政府調整階層關係的難度。具體地說，就是中國現在已經在經濟利益差別的基礎上形成了多種形式的社會矛盾。其中，四對顯性的社會矛盾是：

(一)高收入階層與低收入階層之間的矛盾

承認一定程度貧富差距的合理性，並不等於可以忽視貧富差距持續拉大，特別是可能出現的兩極分化的消極性。進入90年代中期以來，隨著經濟的高速增長和社會在多方面的迅速進步，許多人對中國的發展前景預期良好，但也不無擔憂。關於擔憂的理由，除了中國在環境和資源關係方面的脆弱性以外，最突出的一點就是貧富差距的拉大以及由此引發的尖銳社會結構性衝突❷，這就需要引起足夠的重視。

中國目前的社會保障水準還難以使低收入者衣食無憂；即使是在社會保障水準較高的國家，低收入者的壓抑感和反抗心理也不可避免。比如，人們經常提到的「暴發戶」行為、「炫耀性消費」行為，特別是擁有資產一方在運用其掌握的經濟手段限制不擁有資產一方公民的基本人權的壓迫行為，自然會引起低收入者的反感。這將使得富有階層與低收入階層在政治上、思想上，對於與其利益有損益的事物，會有明顯不同甚至截然相反的態度。目前，越來越多的「勞資衝突」就是重要表現。90年代以來，在外商投資企業、鄉鎮企業，乃至個別公有制企業中，侵犯員工人身自由、阻礙組織工會、拒絕簽訂勞動合同等現象屢見不鮮，勞資爭議增多。2001年全國各級勞動仲裁委員會共受理勞動爭議案件15.5萬件，比上年增加14.4%，涉及勞動者46.7萬人；在勞動爭議案件中，集體勞動爭議案件9847件❸。為應對日益複雜的勞動爭議，到2005年全國地級以上城市普遍建立了協調勞動關係三方機制，有協調組織6600多個❹。2013年全國各級勞動仲裁委員會共受理勞動爭議案件66.6萬件，比上年增加3.8%，涉及勞動者88.8萬人，結案率為94.6%；在勞動爭議案件中，集體勞動爭議案件6783件❺。

現在，農村出現了一批「老闆村長」、「老闆書記」。一項對江蘇等省的調查顯示，企業主（既有個體大戶和私營企業主，也有集體企業的負責人）在農村基層社會生活中的地位明顯抬升。這種變化，不僅體現在

黨員構成的變化上，而且影響到幹部結構。調查發現，某鎮61名新黨員中，「老闆」就占了57%。在浙江義烏大陳鎮13個行政村的25名黨支部書記、村委會主任中，經商開工廠的就有16人，占64%❻。近幾年來，基層政權和國有事業單位也開始出現了類似現象。這樣的情況長此以往，難免會使低收入階層產生反感，形成政治性矛盾。

(二)高收入階層與執政黨和政府之間的矛盾

在今後一個歷史時期，中國將持續面臨的首要社會任務是發展經濟，因此高收入階層的擴大和發展，與執政黨和政府所制定的長期經濟規劃和社會政策是一致的，他們發展經濟的努力會一直得到有力的支持和鼓勵。但是，在社會主義制度下，屬於高收入階層範疇的私營企業主等群體的某些價值觀念，與執政黨在社會發展若干重要方面的基本看法上，客觀地存在著某些衝突，政府也不可能無限度地滿足他們在稅收優惠等方面的要求。特別是隨著他們經濟實力的增強，一部分人會直接間接地提出超乎現行政治架構的參政要求，從而與執政黨、政府形成新的矛盾，並形成對政治發展的另一種挑戰。

在中國社會政治制度的大框架內，目前還不存在透過政治捐款等手段影響立法和決策的機制，但是在較小的範圍內和某些特定的問題上，透過提供贊助實現一些「公共關係」目標、取得一定程度上的優勢，或是在領導各代表職務的任用上得到某些「照顧」的可能性是存在的。

(三)低收入階層中部分群眾與執政黨和政府之間的矛盾

執政黨和政府應當代表人民群眾利益，堅持為人民服務。在人民群眾的長遠利益和根本利益問題上，共產黨和政府同群眾是一致的。包括低收入階層群眾在內的各階層群眾，大多數對執政黨的綱領和路線有信心，也清楚其為人民服務的宗旨。但是，在一定條件下，低收入階層有可能把對高收入階層的某些不滿和自己的困頓處境，與現行政策聯繫起來。特別是在社會轉型期，隨著企業改制、收入分配政策調整，也會使低收入階層在實際生活中出現一些客觀問題；少數人的非法暴富、某些官員的「灰色收入」、農業勞動者負擔加重、房價的過快上升等問題，也容易使群眾產

生這樣那樣的想法。人們一般能夠理解這些問題和變化的過渡性質，或是在概率上的難以完全避免，但這與他們多年所受到的政治教育差距很大，在感情上往往感到難以接受，從理性上做到正確認識的難度就更大了。從中國的實際情況看，低收入階層一般是向黨政機關及其信訪部門、新聞媒體或所在單位傾訴不滿，因為除了勞資衝突外，低收入者不可能直接與私營企業主和其他高收入階層發生政策性衝突，而只能面向執政黨和政府。

(四)某些低收入階層之間的矛盾

這種矛盾中最典型的就是城市各工薪階層與以農民工為代表的進城務工人員之間的矛盾。「三大差別」由來已久，但在計畫經濟和「二元社會結構」的條件下，這一矛盾的表現並不明顯。現在，產業結構不斷調整，勞動力市場已經形成，農村人口大量進城，從而使城市人口的就業競爭壓力加大，城市從事簡單勞動的職工職業競爭力和工資、福利水準下降。相當多的城市工薪階層對此不習慣，他們理解和適應這一變化還需要一個過程。於是，一方面使一部分城市群眾對農業人口進城「打工」有牴觸心理，認為是「搶了飯碗」，乃至某些地方政府也運用行政手段阻止農村民工進入部分勞動力市場；另一方面是一些農業勞動者，特別是青年農民，已經發出了「城市是全中國人民的城市」的呼聲。這樣，他們之間的矛盾就在一定程度上顯現出來了。

三、現存的主要階層矛盾(二)：隱性的社會矛盾

(一)社會經濟利益差別與政治一體化之間的矛盾

由貧富差距所引起的利益衝突，還會進一步影響社會的政治一體化進程。在社會進入階層分化與重組階段之前，由於社會利益分化的程度不高，政府過程中的意見整合較為容易。在資本主義制度框架下，在利益多元化的基礎上完成意見整合和政治一體化已有一整套較為成熟的社會機制。但是，在社會主義社會，如何在各階層意見表達更充分的條件下，處理好社會經濟利益差別和政治一體化的矛盾，則是屬於新情況和新問題。

(二)中國共產黨的領導與群眾對現行體制和政策滿意程度之間的矛盾

黨的領導的根本基礎是代表廣大人民群眾的利益和贏得廣大人民群眾的支持。高層領導對限制貧富差距等問題有著長期的考慮❼。但是貧富差距拉大對日常生活的現實影響和兩極分化的潛在威脅，會在一定程度上，至少是在一定的時期，降低作為社會主義基本依靠力量的農村階層和各工薪階層中的低收入者，以及退休職工、下崗職工、失業者、個體戶中的小商小販和青年學生等社會利益群體，對現行政治體制、政策制定和社會意識形態的滿意程度。

(三)精神文明建設與貧富差距造成的觀念、情感「壁壘」之間的矛盾

歷史經驗告訴我們，由於生活條件和生計處境的不同，階級、階層之間在文化欣賞、生活方式等方面會形成差別，從而導致他們之間出現一定的觀念、情感、文化差距和一定的政治取向、意識形態上的差距，也即形成某種「壁壘」。新中國成立以後，為克服舊有的精神壁壘曾付出了巨大努力，但新近出現的階層差別又給新時期的政治文明建設提出了新的挑戰，對此，應當予以超前考慮。

在這種生活利益出現明顯差別的條件下，能否繼續堅持「以經濟建設為中心」、堅持社會主義基本原則和保持社會穩定的前提下，堅持對錯誤思想和行為做必要的鬥爭，能否根據情況的變化，適時調整社會生活秩序和管理的思路和方式，妥善協調好各階級（階層）之間的關係，維持全社會的凝聚力和政治穩定，這是對政府政治能力的嚴峻考驗，也是中國共產黨執政以來所遇到的最大、最尖銳的政治挑戰。

第二節　調整社會階層關係的思路和方法

一、調整社會階層關係的基本思路

面對階層關係複雜化的挑戰，中國政府必須想方設法建立起社會各階層之間廣泛而鞏固的政治聯盟。當年，中國共產黨在極其艱難困苦的條

件下，之所以能夠用二十幾年的時間取得政權，很重要的一個原因，就是團結一切可以團結的力量，建立廣泛的統一戰線。同樣，在爭取實現現代化的過程中，也必須形成這樣一支強大的力量。

利益的分化和利益差距的拉大，導致了階級（階層）關係協調難度的加大；而協調階級（階層）關係的根據和出路，也只能到利益的因素中去尋找。在當代中國，社會成員之間的普遍利益和特殊利益的實現，都包含在社會主義現代化建設的過程之中。為尋求現代化從不同側面所付出的努力，使人們之間出現了利益和情感上的疏離，但恰恰也是現代化建設本身，又把各階級（階層）人民緊緊地連結在一起。

現在，人們對一些重大的問題存在著某些分歧，但在堅持改革開放、堅定地走向民主和法治，實現民族偉大復興這個根本點上，各階層是一致的。分歧在於實現目標具體路徑的選擇和各階層某些具體利益的分配。只要總目標一致，問題就比較好辦。在現代化的旗幟之下，人們應該能夠團結起來。道理很簡單，只有在現代化的道路上，各階層才能在保持適當差別的條件下，普遍提高生活水準，實現「共同富裕」。正如鄧小平在1989年指出的一個事實：「這次什麼口號都出來了，但是沒有打倒改革的口號。」❽改革開放以來，全民的主要精力集中於經濟和文化建設，在當代中國、現代中國，乃至近代中國，從沒有過一段如此長時間的社會平靜。之所以能做到這一點，靠的就是現代化目標的凝聚力和改革開放的吸引力。

在各階層之間，形成面向21世紀和全面現代化建設比較鞏固的社會政治聯盟，應當成為建構新時期階層關係的總思路。在這一社會背景下，政法和意識形態工作領域，在涉及收入分配格局和社會矛盾問題時，要堅決和更加自覺地擺脫「對抗型思維」的制約，轉向主動引導各階層朝著相互協調、相互接納和互為夥伴的方向調整關係。當然，在充分注意各階層的共性時，要把思考問題和經濟、政治決策的重心放在勞動群眾的根本利益上。他們占人口的大多數，他們的利益和想法，在一定程度上講也就是普遍性問題。因此，在維護勞動群眾利益的問題上不能含糊，在朝著相互協調、相互接納的方向調整社會關係這一點上不能動搖。

道理很明顯，與革命和戰爭時期不同，在目前這個以「改革」和

「現代化建設」為旗幟的歷史時期，不宜簡單沿用以往的分析思路和處理方法，講什麼「誰是改革的朋友」、「誰是改革的敵人」。各個階層，既都是改革的動力，又都會成為某些特定改革工作的對象，從而不存在「誰改革誰」的問題。貧富差距包含著階級差別的因素，但不等於階級差別，差別也不等於一定要通過「鬥爭」來消除。中國的貧富差距，主要是由城鄉差距和地域差別等因素造成的，不能掉以輕心，但也不宜過度解讀，關鍵是拿出具體有效的解決辦法來。

　　有鑑於此，即使是在貧富差距拉大、腐敗現象嚴重的情況下，也仍然要以在政策上積極解決矛盾和在輿論上淡化矛盾相結合的系統措施，作為處理新時期社會結構矛盾的出發點。在改革開放的關鍵時期，在經濟處於快速增長，而收入分配狀況並沒有完全失控，社會結構矛盾並沒有陷入不可調和境地的條件下，把社會結構矛盾擴大化和顯性化，不符合國家和人民的根本利益。

二、調整社會階層關係的主要方法

　　既然已看到了存在於各階層之中可貴的基本共同點，既然已注意到了社會業已發生的諸多變化，既然已認同了中國發展的方向和保持社會穩定的重要性，就應更加積極和富有創造性地尋求解決社會矛盾的新思路和新方法。

　　把中國的社會矛盾，區分為四對顯性矛盾和三對隱性矛盾，是對現存社會結構性矛盾的橫向劃分。為了深入論證這個問題，也為了能更多地與貧富差距問題相聯繫，還可以在肯定解決新矛盾要使用新方法的前提下，把社會矛盾及解決這些矛盾的思路，從縱向區分為以下三種類型：

(一)對於歷史上遺留下來的社會矛盾，要採用帶有過渡性特點的方法

　　比如，官員階層的某些非工資性收入、城市居民和農村居民明顯的收入差距就主要是由歷史上的幹部供給制、「城鄉二元體制」等造成的，退休職工階層和在職職工之間過大的收入差距，老退休職工和新退休職工之間較大的收入差距，很大程度上是由50、60年代失去建立社會保障體系的最佳時機造成的。在新的條件下，解決這些問題，固然要尋求新的解決

方法，但要照顧到歷史遺留問題的特殊性，不排除採用「新人新辦法，老人老辦法」，不排除透過非市場的手段對處於弱勢的一方給予必要的照顧或扶持。比如，2005年以來，國務院連續每年春節前集中給企業退休職工增加退休金，效果就比較好。

(二)對於改革以來產生的新型社會矛盾，要堅決採用新方法

　　比如，私營企業和外資企業中的勞資矛盾、私營企業主階層和某些低收入階層的矛盾、企業中白領階層與藍領階層之間的矛盾、私營企業主的某些行為與社會主義民主建設之間的矛盾，以及對巨額私人資產的處理問題等，就是在社會主義初級階段的歷史條件下出現的。解決這些矛盾，無疑必須依靠現在的領導集團和理論界對新的實踐的理性總結，並且需要吸收國外的某些經驗。面對新的社會關係問題，老方法、老經驗雖然有一定的參考價值，但總體上說，一般是難有所作為了。比如，對於勞資矛盾，就不宜簡單從「階級鬥爭」的角度和單一運用行政手段來理解和處理，而是應當透過勞動立法、勞動政策來規範和調整勞動關係，逐步建立勞動者和工會、企業、政府勞動管理部門三方之間的協調機制❾；對於那些嚴重侵犯勞動者的利益和人身尊嚴的企業所有者和管理人員，則要運用法制手段加以處理。

(三)對於今後深化改革過程中將出現的社會矛盾，要超前探討解決矛盾的思路和對策

　　應當說，目前圍繞著貧富差距和階層關係，有些深層次的社會矛盾還沒有完全暴露出來。比如，本書一再強調的貧富差距和資本積聚到一定程度後，其對一般社會關係和民主法制的影響；有關中等收入階層擴大和工人階級結構發生重大變化後，對諸方面社會關係和執政黨建設的影響；再微觀一點講，高收入者增多後對社會治安的影響和食利者階層的可能形成等，都還遠遠沒有表現出來，為了避免屆時面臨被動，要打破忌諱，超前研究有關問題，以做到有備無患。

　　總之，在處理社會結構性矛盾這個問題上，要在堅持社會正義和社會團結的條件下，引導和推動各個階層，面對著現代化建設這個中華民族

發展進步的大局，朝著相互理解的方向，來建設和調整他們之間的關係，並在此基礎上統一人民的意志，以建立有效的意見整合機制和政治一體化機制。

第三節　社會階層關係變化對政治發展的影響

改革開放以來，大範圍、高強度的階層分化與重組一直持續著。大量跡象表明，在21世紀初，這一進程還將以相當的強度持續下去。這個歷史過程的社會作用之一，就是它將透過對社會成員構成的全方位調整，為在這個最大的發展中國家，透過漸進的全面社會改革，逐步推進民主化和法制化的進程，全面推動政治發展，贏得了賴以支撐的堅實社會基礎和得以運作的巨大空間。當然，社會階層分化對政治發展也有其消極作用的一面。比如，隨著貧富差距的階層化和顯性化，貧富差距在城市內部和農村內部迅速擴大，階級階層關係日趨複雜。特別值得注意的是，除了人們能夠輕易感受到的顯性社會矛盾以外，現在還存在著一些隱性的社會矛盾。這些因素的存在，增加了政府意見整合的難度，增加了財富因素對於權力運作的可能影響。但是，從總體上看，社會階層分化對於當代中國社會政治發展的推動作用是主要的。

一、農民階級的分化壓縮了非民主、非法制因素的社會基礎

在改革的推動下，傳統意義上的農民已經進入全面分化期，農村社會結構正處於變動不居、此消彼長的狀態。農民階級大分化，是20世紀末中國所發生的一個最偉大的歷史事件，因為這意味著人類歷史上一個最大的也是比較保守的社會集團終於瓦解了。這一變化所可能產生的政治後果是難以估量的。

從1979到2014年，中國第一產業從業人員占全社會從業人員總數的比重下降了約30多個百分點❿，中國正在經歷著有史以來規模最大的從農業到工業、服務業的勞動力大轉移。現在，原有農民已經分化成不同的社會階層，農業勞動者、鄉村知識分子、村組幹部、農民工、個體勞動者、

私營企業主等階層成爲農村社會結構中的主力部分。農民階級的分化，與傳統體制的受益者（工人和幹部）的分化相比，顯然是屬於「體制外」分化。生存和發展的巨大壓力，加之外在制度的約束相對較少，決定了農民分化的自我動力超過自我阻力，他們的自由選擇性增加，爲新興階層的形成和不斷發展壯大創造了條件。這其中要首推農民工這樣一支亦工亦農的勞動大軍。伴隨著現代化進程，這個新興階層正與其母體拉大距離。經濟發達地區鄉鎭企業的一部分職工，已經在以很快的速度躋身工人階級的行列。這些轉戰南北、跨領域、跨行業勞動作業的新興工人在返鄉和進城之間徘徊，不斷將工業文明和城市文明帶回家鄉，又不斷將更年輕的親友帶入城市⓫。自我素質的提高，爲他們進一步的橫向流動奠定了新的基礎。打工時積累的財富和經驗成爲新的發展資本，當下活躍在農村地區的農村管理者、鄉鎭企業家以及農村知識分子有相當一部分人有過農民工的經歷。由於農民階級的多層次分化長期處於國家制度調整之外，沒有既得利益的農民在選擇自己的生存空間時自由度與風險指數同時增加，反而更有利於個體農民與原有階級的決裂。

農民階級的整體分化和農村社會結構的多樣化發展，從根本上壓縮了千百年來所形成的社會中非民主、非法制因素的生存空間和社會基礎。小農經濟無疑是一種不利於民主和法制因素生長、壯大的土壤。與此相聯繫的一些愚昧落後的封建宗法觀念、「與世無爭」的觀念，更是與現代法律和道德相去甚遠，成爲鄉村社會乃至我們國家實現全面現代化的「絆腳石」。隨著農民生產方式的集約化和市場化，特別是市場經濟的引入，促使現代民主和法制觀念深入人心。實踐證明，農村地區經濟越發達，農民階層的分化就越徹底，基層民主建設就搞得越完善，農民的精神狀態就越健康。與此同時，廣大農民的民主意識和參政能力較前大大提高。如果村民自治可以被稱爲中國民主和法制建設新的「生長點」和「突破口」的話，那麼農民階級的整體分化對中國政治發展就更具有了基礎性的價值和深遠的歷史意義。

二、工人階級的擴大形成了民主和法制社會的根本基本社會基礎

　　隨著工業化進程的不斷推進和市場化程度的逐步提高，到21世紀之初，中國工人階級進入了一個以整合為主的時期。現在，一個三億人以上的工人群體，也即人類歷史上最宏大的一個工人階級隊伍已經在中國出現。擁有世界上人數最多的工人階級，將成為中國加快政治民主化進程重要的社會保障。

　　傳統工人階級（即「國家職工」）的分化與中國20世紀80、90年代的經濟體制改革步步相隨。由於勞動制度、收入分配制度和引進外資等因素所帶來的階層分化和階層差別，成為20世紀末期工人階級內部階層變化的主要特徵。從階層分化的角度來看，工人階級（這裡不包括知識分子和官員兩個特殊性很強的階層）內部主要包括五個階層：公有制企業（含國家控股的股份制企業等）職工、私營企業工人、外資企業工人、鄉鎮企業職工和農民工。其中，農民工也可以被看作是工人階級的後備軍。

　　現在，他們之間的階層差別，正隨著中國經濟的發展、市場配置資源占主導地位，和現代企業制度的確立而走向淡化。不同所有制企業工人之間的趨同化發展，成為不容忽視的促進工人階級高度整合的潛在力量。

　　隨著企業改革的深入和工業化程度的提高，在傳統勢力與新興力量的碰撞中，工人階級進入了邊分化邊整合，但是以整合為主，在整合中不斷發展壯大的歷史時期。其具體表現有：(1)國有和集體企業職工人數一度逐年減少，但近年來隨著國有企業在轉制後的發展，又出現了穩定和一定程度擴大的趨勢；(2)私營企業工人的數量明顯處於上升狀態，在鄉鎮企業轉制之後，有可能成為工人隊伍中最大的組成部分之一；(3)外企工人一直持續平穩發展；(4)農民工仍是城市化的中堅力量，隊伍將不斷擴大。可以預見，作為「世界工廠」的載體，中國很有可能會出現規模超過四億人的「超大的」工人隊伍。

　　工人隊伍的發展壯大，奠定了政治民主發展的主要物質基礎。

　　首先，他們的科學技術水準和文化素質有了明顯的提高。工人受教

育的平均時間大大延長，白領工人的數量同步增長，知識化、技術化的趨勢日益明顯。生產的標準化、自動化提高了勞動生產率，工人的生活水準逐年提高，他們有了更多的時間和精力去學習參與管理所必須具備的知識，去直接參與對國家和社會的管理。

其次，現代企業制度成爲工人提高民主意識、實踐民主管理的一個重要課堂。經濟民主、社會民主和政治民主是民主的三大主要內容，三者之間密切相連，相互促進。現代企業決策的科學化、資訊化管理的公開化，和在董事會範圍內的民主化，使得平等、公平等觀念深入人心；勞資關係環境的鍛鍊，使「契約」工人較之以前更加明確自己的權利和義務，並逐步學會運用法律的武器來維護自己的合法權益。這一變化，不僅大大提高了工人參與政治民主和社會民主的能力，同時也對中國民主建設提出了更高的要求。

最後，規模宏大的工人階級的出現，意味著中國共產黨的階級基礎和群眾基礎都擴大了。從社會經濟發展的角度看，今後一段時間內，中國各種經濟成分都將轉向穩定發展階段，工人階級各階層也因此同樣處於穩定發展中，特別是它的大規模整合，將形成社會中一個最大的並且相對穩定的社會集團。他們彼此融合，追求共同的利益。在生活水準不斷提高的情況下，他們對於政權的認同程度會有所提高。他們對民主的追求，將是最實際、最有力的追求。

三、知識階層的擴大和公務員階層的變化削弱了舊體制生存的主觀條件

隨著知識經濟浪潮席捲中華大地，人們越來越清楚地認識到「科學技術是第一生產力」。未來的社會將是圍繞著知識組織起來的社會，而且知識的生產和創造將成爲生產力發展的不竭源泉。到90年代中後期，「腦體倒掛」現象基本消除，知識分子的「社會地位非一貫化」⓬的態勢得到了改善，知識分子⓭隊伍空前壯大。特別是隨著以資訊業爲龍頭的高科技產業的迅猛發展，以及教育、文化和醫藥衛生事業的發展，知識分子階層的獨立性逐漸增強。

　　知識分子階層的持續發展是國家政策調控和市場經濟發展共同合力作用的結果。其一，中央政府重點發展高等教育，各級政府對於教育的財政收入逐年增加，知識分子階層的人員儲備基數成倍增長；其二，隨著市場經濟的逐步完善，知識水準與經濟收入之間的正相關關係越來越顯著，知識分子階層的中產化趨勢成爲該階層擴大化發展的利益驅動。隨著高新技術產業的發展和其他產業中科技含量的提高，技術專家的數量迅速增加。此外，還有相當一批腦力勞動者選擇成爲自由職業者，他們充分利用市場提供的資源和機會謀生，成爲「當代都市中的邊緣知識人」。

　　隨著國家教育水準的提高，特別是政府機構改革的深化，國家公務員制度的逐步完善，公務員階層的「四化」過程正加速實現。地方官員年輕化的步伐邁得更大。目前在國家機關、政黨機關和社會團體工作人員中就聚集了社會中五分之一強的大專以上文化程度的知識分子❶。這就從政府運行的主體上，保證了政府效率和行政能力的底線。

　　社會結構紛繁複雜，社會轉型時期利益格局將發生重大變化，公民的權利意識、主體意識、法律意識等越來越強。廣大群眾一方面對公共服務的要求內容多樣、層次上升，一方面要求在公共事務管理上，有更多的知情權、參與權、選擇權和監督權。要滿足這些新的要求和願望，就需要高素質的公務員。作爲社會中直接掌握政治資源的社會群體，官員階層是一個高文化層次、高智慧的社會群體，也是一個組織化程度較高的群體。目前，他們基本上具備了接受現代政治和法律理念的主觀條件。

四、中等收入者群體的擴大加大了承受社會動盪的空間

　　隨著居民總體收入水準的提高和社會生活中市場因素作用的持續加大，中國的中等收入者群體正迅速地擴大，這也標誌著市場和知識因素等在社會分化中的影響正迅速攀升。由於中國區域差距很大，所以很難提出可以涵蓋全國的標準來定義中等收入群體（或「中產階層」），而分別研究所使用的概念也不盡一致。浙江省社科院調研中心發布的〈關於浙江中等收入群體的調查與思考〉一文，是以浙江城鎮居民年人均可支配收入線爲參照基準，該平均線以上到平均線的二點五倍的人群定義爲浙江

「中等收入者」。2008年浙江省城鎮居民人均可支配收入為22727元，那麼中等收入者應該是年收入為2.2至5.7萬元，也即三口之家應是年收入在6.6至17.1萬元之間；它們占全省人口的30%左右❶。北京工業大學發表的《2010年北京社會建設分析報告》認為，2007年北京市的中產階層人口應為540萬人，占總人口的40%；他們的平均年收入為74898.77元，——由於有人低報了收入，所以實際要高於這個水準❶。

總體上看，全國目前具有較強消費能力和較高生活水準的中等收入者群體的規模應當在三億人以上。私營企業主、中高級企業管理人員、中高級公務員、教師醫生等專業人士、承包商、經營狀況良好的個體勞動者、農村中的專業戶等，構成了中等收入者群體的主體成分。他們一般受過良好的教育，具有較高勞動技能，並且善於利用自己的能力和知識贏得相應的社會地位和收入待遇。

中等收入群體的壯大是現代化進程的伴生物。他們是改革開放的主要受益者之一，也是社會穩定的中流砥柱。各國的政治發展經驗表明，只有這個部分足夠大，社會才能穩定。他們多數受過良好的教育，比較善於抓住機遇，視野比較開闊，持多元心態，也積累了一定的財富；他們認同競爭原則，追求個人價值實現，傾向於民主和法治的價值觀，但政治態度較為溫和，對各種事變具有較強的承受能力，是社會發展的重要平衡力量。同時，體現時代精神和創造精神的現代化文化的發展，也主要依靠中等收入群體。

目前，儘管社會各方面對採取何種具體措施控制收入差距拉大現象的看法不一，但是從總體上縮小社會的貧富差距、提高低收入者收入水準、限制暴富、擴大中等收入者比重、實現共同富裕和社會公正，已經成為全社會在新時代的普遍共識。「擴大中等收入者比重」的提法已經被正式寫進了黨的文件，這肯定會在一定程度上導致中等收入者比重的擴大。一般來說，在分配政策保持基本公正的前提下，特別是在中國目前的制度環境中，只要經濟保持持續增長，社會成員在透過流動彼此交換其位置的過程中，「得大於失」的人應當是多於「失大於得」的人。雖然，人們對改革的看法不完全是由其收入狀況所決定的，但日益擴大的中等收入者群體，對於採取漸進式的經濟和政治體制改革，對於政府在面臨種種難以預

料的經濟、政治動盪時穩健地安排社會生活，無疑是有益的。

五、「市民社會」增大了政治生活的彈性空間

隨著經濟體制改革的深入和民主法制建設的逐步完善，國家和社會已經不再是重合關係，「單位」的社會控制功能大大下降，社會成員的自主性也相對加強。在政府對於社會資源控制權的主動讓渡中，新的社會力量、角色群體開始產生並日漸活躍。與此同時，與「市民社會」相聯繫的階層不斷出現。「市民社會」的一個基本要義是處於國家直接政治權力控制之外的那一部分社會領域，包括相應的社會成員、社會力量以及經濟制度和其他制度規定。不論是「復新階層」的出現，還是新興階層的發展壯大，他們都已經擺脫了傳統農業文明和早期工業文明中敵對階級間的「二元對立」和平面化的社會生活方式，進入了一個建立在經濟形式多樣化基礎上的、階級關係和階層關係相交叉、社會關係趨向於複合型及多線性的過程，社會充滿著生機和活力。

中國初步意義上的「市民社會」正在迅速壯大，相關階層占總人口的比率正不斷升高。近十年來，僅在個體及私營企業的就業人數就翻了一番，從1998年的7824萬人猛增到2013年的2.1857億人❶。現在，私營企業主階層的實際總規模已經非常可觀了。此外，外資企業的中方員工、個體文化從業人員、承包商等，實際上也已經基本處於政府的直接控制之外。即使是在公有制單位就業的人員，單位的社會控制功能也有不同程度的削弱。現在，實際上只有黨政機關、主要人民團體、全民所有制學校、部隊等，原有的「單位」功能還被基本保留著。

個體私營階層的復出和若干「新階層」的出現，增大了中國社會生活的「彈性」空間。「單位」功能的弱化，雖然給政府在維持社會穩定和進行政治社會化方面帶來了一些問題，但是由於它與市場機制相吻合，所以實際上無法避免。應當看到，一方面，個人自主尋求自身生存與發展的選擇增多，加大了社會成員流動、分化的餘地。個人市場行為的增多，特別是「契約觀念」的深入人心，割斷了「全能政府」下的「戀母情結」，不僅減輕了政府管理的財政壓力和就業壓力，提高了社會抵禦經濟、政治

動盪的能力；另一方面，當個人受組織、身分的限制日益減弱時，他們對於自身利益表達的要求增加，政治參與的熱情高漲，對於民主和法制建設提出了更多的新需求。

不可忽視的是，市民社會所具有的相對自主性，是政府有意識放鬆對社會資源的壟斷、控制，從而提供了自由流動資源與自由流動空間的結果。這些階層在現有的制度框架下，不會也不可能完全脫離政府的控制或者有對抗政府的明顯行為，相反，他們會積極代表政府的政治意向，力圖在經濟、法律和意識形態等領域實施國家政策，維護社會的秩序。因此，這些階層在總體上會充分利用這一機會，學習透過合法的方式調整利益矛盾，從而緩和社會矛盾，促進社會穩定。

六、「兩棲人」是減緩社會衝突的必要代價

從社會階級階層關係的角度講，「兩棲人」就是指那些已經在事實上進入了新的階級階層，但又沒有完全割斷與原有階級階層聯繫的人。「兩棲人」現象是作為改革開放的伴生物出現的，同時隨著改革開放的深化而在逐步消退。隨著國家法制建設的發展，市場經濟下各種社會管理制度逐步完善，這種公開地身跨體制內和體制外的群體生存狀態正被瓦解。但是，事物往往都有兩面性。在中國特定社會發展條件下，「兩棲人」群體一度獲得了它的時代規定性。這一群體的存在曾經在一定程度上起到了調動人們參與改革的積極性，緩解初期改革所帶來的社會關係急遽變化給人們所帶來的巨大壓力等作用。

21世紀後，「兩棲人」群體開始呈隱性化發展。這與中國處於社會轉型期，特別是處於多重現代化轉型同時進行的時期有相當大的關係。目前，「兩棲人」現象的存在和發展，主要體現在以下幾個方面：

(一)「一家兩制」，緩衝了社會保障不充分的壓力

比如，在婚戀關係中，一個人如果在基本收入較高、但是社會福利不好的非國有經濟部門工作，那麼他在擇偶時，往往會較現實地選擇貨幣收入一般、但社會福利較好的事業單位工作者。不同的經濟所有制在家庭中的匯合，本不是偶然形成的一種結構，而是人們面對社會生活巨大變化

而做出的現實選擇。通常情況下,「一家兩制」的家庭不僅經濟條件較好,而且有比較穩定的社會保障條件。這樣,家庭成員在面對競爭激烈的市場經濟條件時,就能夠較為穩妥地處理各種生活問題,進退自如。將市場競爭帶來的就業壓力和經濟轉型所帶來的社會保障壓力,以「兩棲人」及其衍生形式——「一家兩制」或「一家多制」的方式,緩解在社會個體和社會結構的初級單位「家庭」,對於維護社會穩定、緩解某些一時難以解決的矛盾,有一定的實際意義。

(二)農民兼業現象普遍

這是目前中國農村社會穩定的基石之一。如前所述,農民作為一個整體早已分化,但是多元化的農村社會結構的穩定,主要原因在於農民手中有土地。農村土地二輪承包時,許多長年在外打工甚至已遠在海外的農民,都紛紛回鄉與團體簽訂二輪承包合同,足見土地對農民的重要性。在現有社會保障體系不完備的情況下,土地當然仍是農民最可靠的社會保障。一些農民暫時離開土地,並不意味著他們不要土地。外出打工的農民大多處於不穩定狀態,在家鄉有一塊地,仍是他們生活保障最後的一道防線。在某種意義上講,儘管土地承包責任制解放了農民,但它同樣是農民難以突破傳統的最後藩籬。在目前情況下,一方面允許農民有地可種,另一方面對於農民的兼業行為不做任何限制,對於增加農民收入、緩解城鄉矛盾,有一定的積極意義。

(三)退休人員低齡化帶來「兩棲」行為

近年來,在國有企業改制和政府機構改革中,有大量未到規定退休年齡的中年職工被迫進入退休工人階層,而且這其中有相當一部分人是屬於70年代上山下鄉的一代,回城晚,結婚晚,家庭負擔還很重,一旦退休,家庭生活水準將隨之下降。而在現實的企業事業發展中,又有大量的崗位需要一些經驗豐富、比較穩健的「老人」把關。同時,返聘人員的所需成本較低,只有低廉的工資而不需要任何福利保障的成本,而且也不被計算在單位編制之內。大量的退休工人返聘成為新的「兩棲人」。

「兩棲人」現象是不理想的,所帶來的社會問題很多,但是應當注

意到兩點：一是，它在中國正成為歷史，許多情況包括其弊端已經歷史地發生了，作為過去的事情，現在已經無可挽回；二是，在事實上，由於歷史原因造成的許多社會問題，透過「兩棲人」的形式，已經在悄無聲息中得到了部分解決或緩解，有一定的代價，但是它為建立社會保障制度等需要較長週期的改革工作的漸次展開，贏得了得以長期醞釀的空間。

總之，社會階層分化對政治發展的推動作用，所體現的基本思路是循序漸進。這一點要長期堅持。龐大的人口負擔、比較低的經濟與文化條件、相當大的東西和南北差異、特殊的外在壓力的存在，使透過社會結構的調整，穩健地推動社會政治發展成為必要；「摸著石頭過河」的改革思路與漸進式的社會經濟政治體制改革，使之透過社會結構的調整推動社會政治發展成為可能。

在這一過程中，控制貧富差距持續擴大的趨勢、擴大中等收入者的比重、擴大城市人口的比重、降低低收入者的比重、降低農村人口的比重、全面提高人口素質，具有重要的意義。在今後大約二十年的時間中，中國能否在各種危機中保持發展這條主線，使人民的生活水準不斷提高，使社會發展保持較好的局面，能否進一步改善社會成員構成和正確處理社會關係是關鍵。做到了這些，政治發展就具有了更加廣泛和堅實的社會基礎。

註釋

❶ 有關中國目前貧富差距的具體情況，可參見拙作《當代中國社會各階層分析》，天津人民出版社，1999年，第591-605頁。對這個問題，世界銀行《1997年世界發展報告》中的「世界發展指標」也有相關資料，中國財政經濟出版社，1997年，第222-223頁。

❷ 國際上有關這個問題的幾個典型觀點，可參見美國《外交政策》（*Foreign Policy*）就「中國前途」所發表的兩篇系列文章，作者分別為Jack A. Goldstone和黃亞生，1995年夏季號。

❸〈去年勞動爭議案件增長14.4%〉，新華社北京2002年6月11日電。

❹ 勞動與社會保障部、國家統計局，〈2005年度勞動和社會保障事業發展統計公報〉。

❺《中國統計年鑑（2014）》，第783頁。

❻ 易組，〈農村「富者為官」弊端不可忽視〉，《領導工作研究》，1998年，第6期。

❼ 參見《鄧小平文選》，第3卷，人民出版社，1993年10月，第374頁。

❽《鄧小平文選》，第3卷，人民出版社，1993年10月，第297頁。

❾ 參見〈勞動關係三方協調機制將建立〉，新華社北京1996年7月14日電。

❿ 國家統計局，〈2005年全國1%人口抽樣調查主要資料公報〉。

⓫ 這裡有一個典型的例子，一位四川南充的民工，在廣東東莞隻身打工，但是他三年中「帶出去」了100多人。參見陸彩榮，〈900萬民工出西南〉，《光明日報》，2003年2月6日。

⓬ 朱光磊等，《當代中國社會各階層分析》，天津人民出版社，1997年，第34-35頁。

⓭ 這裡所論及的「知識分子階層」，即狹義的知識分子，是指那些適應現代生產方式的，接受過高等教育，以知識的生產、儲存、組織、傳播與運用作為自身特有功能的社會群體。廣義的知識分子，則是泛指所有受過高等教育，以腦力勞動為主的社會成員。

⓮《中國統計年鑑（2002）》，表5-29按受教育程度分的城鎮就業人員行業構成（2001），第160頁。

❶❺楊建華等,〈關於浙江中等收入群體的調查與思考〉。轉引自《錢江晚報》,
2010年8月5日。

❶❻胡建國,〈北京中產階層規模與特徵〉。載陸學藝等主編,《2010年北京社會建
設分析報告》,社會科學文獻出版社,2010年,第289-298頁。

❶❼《中國統計年鑑(2014)》,第98頁。

第二編
中國政府過程

　　「當某個集團或個人提出一項政治要求時，政治過程就開始了。」❶
中國政府過程也是從分屬於不同階級階層的群眾，以及代表他們的黨派
團體、議員等表達一定的政治要求開始的。各國在這一政府運作起始環
節上的差別之處，主要在於這種表達的強度和表達方式的不同。這個提
出不同政治要求的過程，在政府理論中，被稱之為「意見表達」或「利
益表達」等。

　　在「意見表達」的基礎上，特定的組織，如主要黨派等，還要以一定
的方式進行「意見綜合」，以便使各種政治要求轉換成為一致或較為一致
的政策選擇，以備國家權力機關的決策。這是政府過程的又一個基本環
節，西方有些學者將這個過程稱之為「意見整合」、「利益綜合」等。

　　在一定的政府過程中，「意見表達」和「意見綜合」這兩個環節
是前後銜接、緊密聯繫的；在中國政府過程中，這兩個環節的聯繫則更
為緊密。中國共產黨的領導地位，對社會各界「意見表達」和「意見綜
合」這兩個重要環節的有力引導，使它們幾乎交織在一起；中國各種意
見表達主體也具有與西方國家壓力團體不同的特點，它們既代表一部分
群眾向中國共產黨和各級政府表達意見，又常常反過來協助執政黨和政
府做自己所代表的那部分群眾的工作，而不是簡單地施加「壓力」。正
因為如此，本書把中國政府過程中的「意見表達」和「意見綜合」兩個
環節，以及這種表達和綜合的社會成員構成基礎——各主要社會利益群

體——作為一個整體性的問題加以闡釋。

　　從政治學和公共管理的角度看，在經過意見表達和意見綜合而制定出若干政策選擇的基礎上，就進入了決策過程，即一定的政治統治或公共管理主體為實現其目的，決定採取某種選擇方案的過程。在中國，政府過程中的決策，是指在經過以中國共產黨為核心的意見綜合體系，而整合起來的人民群眾的意願、意見、要求等的基礎上，所進行的國家立法、確定政府施政綱領、決定國家生活中的重大事項等政治、政府行為。

　　決策以後，即進入了「一府兩院」等國家機關實施、執行有關決策的階段。由於「執行」的概念比較籠統，本書採用了「決策的施行」提法，以便更好地與「決策」的概念相銜接。在這一階段，政府活動中管理的成分要更多一些。

　　用西方一些政府問題專家的說法就是，決策前的意見表達，以及由意見表達轉化為意見綜合，是社會向政府中「輸入」的過程。那麼，從決策和決策的施行開始，便是政府向社會「輸出」的過程。顯然，這兩個相輔相成、密不可分、相互交錯的政府行為系列，是整個政府過程中最重要的環節。

　　意見表達、意見綜合、決策、決策的施行，是一系列依次遞進的環節。儘管它們之間的界限是相對的，但前後銜接的邏輯關係是明顯的；而政務資訊傳輸和監督的特點在於，作為政府過程的支撐和保障系統，它們是與如上四個重要環節相平行、伴隨，而不是相對獨立的政府過程。只是為了研究和闡述的方便，才把它們從與之平行交織在一起的各種政府行為中剝離出來，加以專門分析和闡述。

　　一個特定的政府過程其正常運轉和推進，不僅要求在充分的意見表達和意見綜合的基礎上，有一個高水準的決策機制和一個有效率的決策施行機制，而且要求有一個與政府決策和執行密切協同的資訊傳輸機構、一個相對獨立而有效的由多個主體所構成的社會監督網絡，以及相應的與高水準的決策過程和有效率的決策施行過程相匹配的資訊傳輸過程和監督過程。

---

❶（美）阿爾蒙德等，《比較政治學：體系、過程和政策》，曹沛霖等譯，上海
　譯文出版社，1987年，第199頁。

第5章

意見表達過程

- 意見表達個體
- 意見表達團體

社會利益群體由於有自己的具體利益，因而要表達自己的意見。但是，社會利益群體並不等於意見表達的主體。對此，一個很簡單的說明就是，一個社會利益群體可以有若干個意見表達主體；一個意見表達主體在不同的條件下，也可以去表達若干個社會利益群體的意見。一個群體的意見可能由它本身表達，也可能由這個群體中的某個個人或群體外能代表這個群體的個人來表達；但更多的、更有實效的是由這個群體內部發育、產生出來的一定的團體來表達。在中國政府過程中，由於特殊的社會歷史條件的制約，不論是個體的意見表達，還是團體的意見表達，都顯著地帶有組織化的特徵，而較少有西方國家那種特定涵義上的「壓力集團」的特徵。

意見表達主體包括兩大類型：一是作為意見表達主體的個體；二是作為意見表達主體的團體。前者又可以分類為兩種形式：(1)普遍性意見表達個體，即公民個人（及其勞動和生活的最基層社會共同體）；(2)專業性意見表達個體，即各級中國共產黨黨代會代表、各級人大代表和各級政協委員等。後者亦可分類為三種形式：(1)制度性意見表達團體；(2)結構性意見表達主體；(3)功能性意見表達主體。

第一節　意見表達個體

一、意見表達個體的總體特點

在西方國家，「必須注意個人作為自身利益表達者具有的持續的重要性」，「因為在這些社會裡，政府部門規模龐大，個人具有很高的能力和教育水準，這些都可能導致頻繁的個人接觸活動」，導致「個人也可能在範圍較廣的問題上試圖表達自己的意見」❶。大量的事實也表明，在這些國家，個人充當意見表達的主體，是意見表達過程中的普遍現象。當然，這種個人表達的局限性最終還是會導致這種表達要同壓力團體的活動緊密結合在一起。

在中國，個體充當意見表達主體的普遍性和現實可能性都要小一

些，但發展前景比較可觀。憲法規定：「人民依照法律規定，通過各種途徑和形式，管理國家事務，管理經濟和文化事業，管理社會事務。」（第二條第二項）「中華人民共和國公民有言論、出版、集會、結社、遊行、示威的自由。」（第三十五條）這是公民表達意見的法律依據。這種表達在政策上、理論上也得到鼓勵。

可是，由於實行社會主義民主制度的時間很短，而封建社會的歷史卻相當長，經濟社會發展很不平衡，加之民主與法治建設中客觀存在著的表達管道暫時還比較少的問題，導致公民個人參與的意識還不強。由於文化素質的制約和某些心態的影響，有一部分公民對應當享有的政治權利還缺乏充分的自我意識。比如，有的人平時牢騷滿腹，但在需要或有機會表達意見時，卻常常表現得漫不經心，甚至啞口無言。

此外，公民在充當意見表達主體時，不是像西方國家那樣總是同一定的壓力團體相結合，而更多的是被納入他們所從事勞動或生活的那個共同體之中。如每遇重大政治事件，公有制企業的車間，學校的系、教研室、學生班級，居民委員會等都要組織其成員進行討論，並把大家表達的意見加以彙總，然後按系統或屬地關係上報。這種個體意見表達與集體意見表達的聯繫十分緊密，難以區分開。

由於這些因素的關係，無法直接套用西方一些學者分析意見表達團體問題的方法。從中國政府過程的實際情況看，本書將現存的各種意見表達個體，根據其主體和表達方式的不同，劃分為「普遍性的意見表達個體」和「專業性的意見表達個體」兩大類。

二、普遍性意見表達個體

(一)普遍性意見表達個體的涵義和主要特點

所謂普遍性意見表達個體，是指作為公民的個人。從目前的情況看，嚴格意義上充當意見表達個體的公民，估計只是全體公民中的一部分。究竟比率多大，現在很難考證。但可以肯定的是，城市的比率高於農村；文化層次高的高於文化層次低的；較多接觸政治的人高於較少接觸政治的人；而且，有意願表達意見的公民越來越多。比如，社會上流傳著這

樣一個俏皮說法：「北京人什麼話都敢說，廣州人什麼錢都敢掙，……」這就十分明顯地表達了這樣一個公認的事實，首都市民表達意見的積極性和參與表達的人數比率都高於其他城鄉地方。這顯然與北京是中國政治生活的中心，北京市民的文化素質、政治素質較高有著直接的關係。又如，在當時國家計委等機構組織為「十五」計畫舉辦的「獻計獻策徵文」活動中，90％以上的來稿是知識分子寫來的❷。

　　中國公民的意見表達活動具有顯著的組織化特點，也即他們往往是在一定的組織環境中，特別是在他們勞動和生活共同體之中有組織、有秩序地表達自己的意見。過去，幾乎每一個企業、機關、學校、人民團體等都有固定的「政治學習」時間，一般每星期一個半天。在這個時間裡，有時是研討黨和政府發布的文件，有時是就重大的政治、經濟、社會問題交換看法。改革開放以來，工人和普通職員的「政治學習」早已取消，但黨政機關的學習制度還是以各種不同的方式基本保留著，部分公有制事業單位則有所變通。社會上，也出現過一些非組織化的意見表達行為，幾次較大的政治風波都反映了這種情況。但這終究是局部的和暫時的，公民個體表達意見的方式，總體上是相當含蓄的。

(二)信訪：一種有特色的意見表達形式

　　信訪，是公民組織化意見表達的另一種重要方式。這種方式之所以被看作是組織化的，是因為信訪行為是基於對一定組織的信任，並依賴組織機構來實現自己的意見。信訪，就是公民透過書信、電報、電話或訪問等形式，向黨政機關及其負責人，以及人民團體、新聞媒介反映情況，提出批評、建議、意見、要求、申訴，和對黨政機關工作人員的違法、失職行為提出控告、檢舉。透過信訪，公民可以影響政府決策，或者幫助本單位以及個人解決某些特殊問題。從近年來的情況看，縣級以上黨政機關信訪量穩中有降，集體上訪比率下降❸。網上信訪逐漸成為信訪工作的主要管道。2014年，國家信訪局通過網路管道受理的信訪量占全部受理量的39.1％，分別超過群眾來信、來訪量❹。

　　目前，一般來說，信訪工作強調三條原則：一是切實保障人民群眾的民主權利和合法權益，支持群眾的信訪活動，為信訪群眾提供必要的方

便；二是維護信訪活動的正常秩序，比如，有的地方規定，多人反映共同要求時，要推選代表上訪❺；三是促進黨政機關和有關機構改進工作。又如，各地方對於辦理群眾信訪事宜，都規定一定的時限要求，有些機關還公布了辦事程序。

中國共產黨和中國政府相當重視信訪工作，並在一些部門中設有專門機構，像中共中央、國務院、全國人大常委會等，都在辦公廳設有信訪局或人民來訪接待室。1990年12月還召開了首次全國人大信訪工作會議。到1995年，國務院以及內蒙古、北京、天津等十幾個省、自治區、直轄市，已經頒布了信訪條例❻。國務院新修訂的信訪條例於2005年5月起實施。較高級別的地方黨報，大多設有群眾工作部（簡稱「群工部」），專門處理信訪事宜。這些機構的任務就是蒐集和反映民情民意。

廣大群眾確實把信訪看作是自己表達意見的重要方式和管道。例如，在七屆全國人大期間，全國人大常委會信訪局共受理來信39萬多件，來訪6萬多人次❼。比如，1991年該局將81619件次的來信來訪中所反映的一些重要意見、建議或問題，編發為信訪簡報289期❽，即幾乎每個工作日編發一期。同年，《人民日報》收到來信3萬餘件❾。上訪成為轉型社會中公民尋求自身利益的重要參與形式。2001年國家信訪局受理來信214508件，2002年370219件，2003年394334件，2004年488974件。

儘管信訪中夾雜著大量個人申訴問題，但從總體上看，信訪在意見表達過程中的價值很大。現在，有些地方當局為了不使群眾的信訪影響「政績」，總是以「反對越級上訪」的名義，試圖限制當地群眾的信訪活動，甚至提出「越級上訪嚴懲」的口號❿。這是不正確的。在信訪的接待處理工作中，也還存在著不少欺上瞞下、敷衍了事的行為⓫。信訪，是以對黨政機關的信任為前提的，是合法的公民意見表達管道，因此，信訪絕對不等於「鬧事」，不等於「不穩定因素」。看來應當給公民信訪意見表達行為一個更加明確的法律地位。2015年6月24日，國家信訪局引發〈關於進一步加強和規範聯合接訪工作的意見〉，為整合資源力量，方便群眾反映訴求，及時解決信訪問題，就進一步加強和規範聯合接訪工作提出意見。

政府與政治

(三)公民意見表達的新變化

進入20世紀90年代以來，隨著各級政府民主意識和政府公共關係意識的增強，也開始為公民提供了一些表達意見的管道。比如，天津市政府的市民服務電話專線網絡⑫、《工人日報》從2001年4月6日起開設「公民提案」專欄等。2001年春天，中央在制定「十五」計畫的過程中，就公開透過包括網路在內的媒體徵集社會各界的意見和建議，得到了前所未有的積極反映。在南開大學法政學院發起的「國策徵文」活動中，就有近千名學生積極參與，在初選的基礎上組織了三十七個課題組，並由該校的全國人大代表和全國政協委員以「南開學子國策論壇建議報告」的形式，將其中的優秀調研報告帶上了「兩會」⑬。從全國範圍看，在國家計委等組織的徵文活動開始一個月以後，就收到來稿兩百多篇、電子郵件八十多封，而且「內容都超出了個人的範圍」，是「站在國家與民族發展的高度思考問題」⑭。2011年8月30日，中國人大網全文公布了「中華人民共和國刑事訴訟法修正案（草案）」，向社會公開徵集意見，到9月30日，共收到函電80953件⑮。

開始注意以召開聽證會的方式蒐集社會各界的意見和建議，也是一個新的動態。在電信資費和火車春節期間價格調整等問題上，國家計委等政府部門都召開了聽證會。2000年9月，青島市在全國率先就出租汽車運價調整問題召開了電視聽證會，向全市現場直播⑯。但是，目前的聽證會也存在著一些值得注意的問題，聽證會代表的代表性有待加強，如北京公共交通價格調整聽證會，二十五位聽證代表全部同意調價；水價聽證會一人反對；每月垃圾費聽證會上兩人反對；電價調整聽證會只有一人反對……到底是「逢漲必聽」還是「逢聽必漲」的爭論成為價格聽證領域普遍的爭論。

(四)流動人口的意見表達問題

21世紀之後，在國內離開原居住地到外地就業的人口在1億人以上，還有一部分外出經商者。由於實行嚴格的戶籍制度、殘存的單位體制的作用和在居住地一次登記長期有效的選民登記制度等原因，除非他們在選舉

日返回原籍，否則就無法參加人大代表選舉；加之，他們多數文化程度不高，收入較低，也就很難參與各種基於現行體制的意見表達活動。可以說，在各階層中，他們的實際困難最多，可參與意見表達的機會最少。

這種狀況有欠公平。比如，廣東的一個城市，本地城鎮勞動力56萬，本地農村勞動力119萬，外來勞動力114萬，本地失業人員5萬多人❶。但是，100多萬外來勞動力在該市沒有選舉權。有的來自江浙地區的投資者，在一個城市生活，完稅了十幾年，但也沒有投票權。包括大名鼎鼎的深圳，實際上也存在著這一問題。這些人固然可透過種種管道表達自己的意見，但有關權利和機會畢竟是不完整的。

進入21世紀，這個問題局部有所改觀。2001年，7位外地務工人員當選爲浙江省義烏市大陳鎮的人大代表，這是第一例❶。此後全國各地也出現了類似的情況。有學者認爲，流動人口的權利需要「代言人」；只要規定在一地居住兩年以上，獲得居留證，即可參加當地選舉❶。儘管上述事例尚屬一些局部性的變化，但從擴大意見表達的角度看，其所顯示的政治內涵是值得重視的。2008年，3位農民工代表當選爲第十一屆全國人大代表；2013年，第十二屆全國人大代表中有農民工代表31位，「農民工全國人大代表人數較大幅度增加，既有宣示性也有實際意義」❷。

三、專業性意見表達個體

中國共產黨各級黨代會代表、360多萬各級人民代表大會代表、60多萬各級政協委員，以及更多的各級民主黨派代表會議代表、團代會代表、職代會代表、婦代會代表等，他們受黨員和特定方面群眾的委託，專門行使表達民情民意的權力。他們是有合法身分和特定法定地位的表達主體。

從全國到有黨員100名以上的基層單位，以及黨員人數略少於100名的縣級地方或單位，都要定期召開相應級別的黨代會。出席代表大會的代表按程序選舉產生。代表受黨員的委託，在黨的代表大會上表達意見，其基本方式是討論和通過同級黨的委員會提交給大會的報告。討論和通過中共中央委員會提交給黨的全國代表大會的報告，是中共中央政府過程一個重要表達意見的環節。每遇這一過程，都要引起黨內外、國內外的高度關

注，因爲，在全國選出的黨員代表充分表達意見的基礎上，將要完成政府過程中的意見綜合——決策過程。

　　人大代表是純政府學意義上的意見表達主體。全國人大代表表達意見的主要方式有：審議「一府兩院」和人大常委會提交給人大的工作報告，提出議案、建議和意見；審查和批准國民經濟和社會發展計畫以及國家預決算，提出對國務院及國務院各部委，以及其他國家機關的質詢案等。在閉會期間，各級人大代表在視察、檢查工作的過程中也有表達意見的機會，並可以和常委會保持經常性聯繫。

　　隨著民主進程的加快，各級人大代表表達意見的積極程度有了顯著提高。比如，1983年六屆人大一次會議期間，大會秘書處共收到代表的建議、批評和意見1433件，而到1990年七屆人大三次會議期間，這一數字便達到了3795件（含議案轉爲建議304件），平均一位代表提了一件以上的建議、批評和意見。

　　從90年代初開始，人民代表的意見表達又具有一個新的、更加令人欣慰的變化，這就是意見表達的「專業化」特點更爲明顯，對決策影響更大的議案的數目增多，而一般性的建議、批評和意見相對減少。1992年在七屆人大五次會議期間，大會收到的建議、批評和意見驟然減少到746件，僅爲前幾年的「零頭」；而議案的數量上升到472件，僅雲南代表青長庚一人就提出了六項議案（和十五條建議）。到1993、1994、1995年的八屆人大一次、二次、三次會議上，這一數字又進一步分別上升到611、723和732件。據稱，這些議案的品質比較高，與經濟問題有關的立法案占三分之一以上；許多議案是在調查研究、廣泛徵求群眾意見、掌握詳細材料的基礎上提出來的；要求上項目、爭投資的議案逐步減少。這些議案，經議案委員會審議，交由有關專門委員會處理（表明這些議案已進入實質性審議階段；其餘均轉爲建議、批評和意見）的平均達到了100件左右，十分可觀。到2003年的十屆一次會議，議案總數達到了1194件，創造了議案制度建立以來的最高紀錄，而且「基本上都是出自基層代表之手」❷ 。這些變化，充分表現出全國人大代表政治品位和意見表達能力的顯著提高。

　　從人大代表表達意見的內容看，其一是利益群體的背景比較明顯地占相當一部分，有的是爲一定的階層講話，有的是爲本行業講話，也有的

132

是為本地區（或本民族地區）講話。在七屆人大五次會議上，兩位四川省代表的發言這一特點就很明顯。何郝炬代表尖銳地指出：「現行的一些政策也應該向西部傾斜……在重大項目的戰略布局上，國家應該充分考慮其合理性，凡從客觀上看布局在西部更為合理的項目，就應下決心放在西部。」這位代表還直言不諱地批評了「拼盤」投資的制度，指出「西部拿不出足夠的資金參與『拼盤』，國家的投資因此就一味地滾滾東流」，言辭比較激烈。澤茸代表要求盡快解決森林工業企業的困難，只靠省裡不行，國家應當統籌解決，否則長此下去發不出工資，會成為不安定因素❷。也有很多代表是就全國性問題闡述意見。這兩種情況都是合理的，而且更多的情況是這樣：一位代表在這些問題上可能是針對全局性問題表達意見，在另一些問題上則可能反映了某一方面的利益和要求。由於各級人民代表均是以行政區劃組織的代表團為「院內」基本活動單位，而不是以黨派、團體、職業等因素形成「階層集團」；所以，他們所表達的意見，不會沒有群體色彩，但也還不會以「集團式」的形式表現出來。

　　政協委員在發表意見時，具有較明顯社會利益群體背景的情況要多於人大代表。這主要是由於政協委員可以所屬黨派界別成員的身分參加政協工作，按界別分成若干小組，如「中共組」、「工會組」等，界別特點突出。例如，一位農村委員指出：「農民富不了，中國永遠不能算富強國家。」中國礦業大學教授吳震春認為：「相當一部分學校搞創收有困難……主要經費還是要靠國家投入。」都有相當突出的利益群體背景❸。

　　他們表達意見的方式，主要是審議全國政協常委會工作報告，提出提案和做大會發言等，並列席全國人大全體會議旁聽和討論「政府工作報告」。其中，大會發言是全國人大尚未啟用的一個表達途徑，委員和黨政高層、輿論界都很重視。每次會議期間，會有數十位委員做大會發言，數百位委員做書面發言。兩者相加，約占出席該次會議委員的十分之一左右。全國政協十二屆三次會議上，共有64位委員做大會發言。

　　前所未有的是，2001年召開的九屆全國政協常委會第十四次會議的主要議題，就是「如何加強和深化政協自身反映社情民意的工作」，全國政協主席李瑞環希望委員「多向中央反映一些情況」❹。在整個十一屆政協的五年期間，政協委員共提案28930件，居歷屆之首。經審查，立案

26699件。其中，委員提案25114件，八個民主黨派中央和全國工商聯提案1347件，人民團體提案26件，界別、小組提案190件，政協專門委員會提案22件❷❺。

　　改革開放以來，代表委員對「一府兩院」批評日漸增多。一個典型的例子是，從九屆人大開始，「兩會」對法院和檢察院工作報告的審議和討論都成爲表達有關意見的重要機會，雖然報告的通過常常是「有驚無險」，但對「兩院」所構成的壓力非常大。作爲代表委員個體，也有那麼一批善於「較勁」、「說話大膽」的人物，比如九屆全國人大常委、浙江大學教授毛昭晰，在利息稅、燃油稅等問題上，都明確提出了質疑，甚至表達了明顯不同的意見，在足球界的「掃黑打假」等問題上也非常敢於「講話」，直接促成了最高人民檢察院對「黑哨問題」做出司法解釋❷❻。

第二節　意見表達團體

一、意見表達團體的總體特點

　　在西方國家，意見表達團體的基本形式是壓力團體。壓力團體是爲適應多黨政府運行的需要而產生的，以實現一定的政治主張爲目的而組成的特殊社會集團。它們的主要任務是：作爲特定的社會利益團體的代表，向意見綜合主體和決策機構系統地表達意見和要求，並透過施加合法的政治壓力來「接近」政府，從而實現自己和自己所代表的社會利益群體的政治主張。比如，代表日本企業界利益的「經團聯」（全稱爲「經濟團體聯合會」）等，就屬於比較典型的「壓力團體」。在美國，各種壓力團體、院外活動集團就更多了。

　　中國實行中國共產黨領導的多黨合作制度，同時，也由於社會結構分化程度較低這一客觀原因，導致在基本不存在、也不允許存在各種壓力性的社會團體。在各社會利益群體基礎上形成的各種基本意見表達團體，不是壓力團體，而是以各民主黨派和人民團體爲主要構成部分，反映它們所代表的某一部分人民群眾的要求和意見的各種社會團體。對於意見整合

和決策者來說，他們所表達的意見固然也可以說是一種「壓力」，但他們
本身不以施加壓力為主要目的，或者如前所述，這些團體既參與表達，也
參與整合，即在表達的基礎上參與整合，在整合的過程中不斷地去表達。
作為意見表達主體的各社會團體，與擔當著綜合意見使命的中國共產黨中
央，與國家機關的基本關係，是合作與共事的關係，當然也有相互制約的
關係這一方面。

二、制度性意見表達團體

　　所謂制度性意見表達團體，是指各民主黨派、工會、共青團、婦
聯、軍隊等屬於當代中國政治制度基本組成部分的那些社會團體、政治機
構。這些團體、機構都不是專門的意見表達主體，它們都擔負著廣泛的社
會職能；但就它們也具有表達意見的功能這一方面而言，也應把他們看作
意見表達主體的一種重要類型。像作家協會、科學技術協會也都屬於中國
人民團體的系列，也參與表達意見；但由於這些人民團體不屬於國家政治
制度的基本組成部分，所以不在此列。

(一)民主黨派

　　目前，中國共有八個民主黨派，成員約84萬人（參見**表5-1**）。
　　各民主黨派在民國時期曾有過參政的歷史，但它們不擁有軍隊，不直
接聯繫財界，聯繫工農也較少。在籌建共和國的時候，各民主黨派參與了
中央政府的組建工作。在1949至1954年期間，中央政府的三位副主席中，
有兩位非中共人士，最高人民法院院長、兩名政務院副總理、九名部委首
席負責人亦由非中共人士擔任。1954至1957年期間，民主黨派還被保留了
一些部長職務，並有八人任人大常委會副委員長。1958年以後，撤銷了一
批民主黨派人士在政府中所擔任的領導職務。1975年四屆全國人大組織的
政府中，已經沒有非中共人士擔任部長，只有少量的副委員長。從80年代
開始，情況有所變化，陸續有一些民主黨派、全國工商聯的成員和無黨派
人士參加了國家機關的領導工作。這段時間，除榮毅仁擔任過國家副主席
以外，在2000年，全國人大代表中的26%和全國政協委員中的60%是民主
黨派、全國工商聯的成員和無黨派人士；有兩位擔任了最高人民法院的副

表5-1 民主黨派情況簡表

重要聯繫對象	黨派名稱	簡稱	機關報刊	成立時間	人數（2008年）
國民黨民主派等	中國國民黨革命委員會	民革	《團結報》	1948.1	8.1萬
文教界知識分子等	中國民主同盟	民盟	《群言雜誌》	1941.3	18.1萬
民族工商界及其聯繫的知識分子等	中國民主建國會	民建		1945.12	10.8萬
教育、文化、出版、科學界等	中國民主促進會	民進	《民主雜誌》	1945.12	10.3萬
衛生、科技、文教界等	農工民主黨	農工黨	《前進雜誌》	1930.8	9.9萬
文教、科技、衛生界等	九三學社	九三	《民主與科學》	1946.5	10.5萬
歸僑僑眷等	中國致公黨	致公黨	《中國發展》	1925.10	2.8萬
居住在大陸的臺灣省人士	臺灣民主自治同盟	臺盟		1947.11	2100多

資料來源：中央政府門戶網站，http://www.gov.cn/test/2008-04/03/content_935826.htm。

院長，他們是致公黨的羅豪才和民革的萬鄂湘；有程津培等多位民主黨派、全國工商聯的成員和無黨派人士，擔任了科技、監察、農業等部（局）的副部長（副局長）和副審計長。後來，黨外人士萬鋼、陳竺分別擔任了科技部長和衛生部部長；省級政府全部配備了黨外領導幹部。

1989年12月，中共中央提出的「關於堅持和完善中國共產黨領導的多黨合作和政治協商制度的意見」，第一次正式明確了民主黨派與國家政權的關係，即它們是「參政黨」。參政的概念，與1949至1954年時期的「各革命階級的聯合專政」的概念是不同的。這個「參政」顯然側重是指參與政治意見的表達和參與對各種意見的綜合。他們參政議政的基本組織形式和途徑是各級政協。

各民主黨派對參政議政的態度是積極、主動的。全國政協委員、北京大學教授金開誠認為，「政協的實事主要是政治協商，由於各專門委員會的調查研究越來越深入，協商中也越來越有真知灼見」，「委員們富有責任心和奉獻精神」❷。

民主黨派作為全國性政治黨派，他們在政治生活中關注的重點固然

是全國性的事務，但他們的知識分子社會利益群體背景這一特殊性，決定了他們必然會把相當一部分精力集中到知識分子問題上來，或是對全國性事務的討論和建議具有明顯的知識分子特點；也即往往是從專家的角度考慮問題，使他們的意見表達常常帶有業務諮詢的特點。比如，各民主黨派中央在1991年間向中共中央和國務院提出的十二項重大建議都是典型的專業性意見❷。例如，民革中央「關於積極開發煤炭資源緩解能源危機的意見」、民盟中央「關於建立黃河上游多民族經濟開發區的建議」、民建中央「關於當前商品流通領域若干問題的建議」、民進中央「關於切實貫徹『義務教育法』加強基礎教育的幾點建議」、農工民主黨中央「關於加強對畢節地區開發扶貧、生態建設試驗區領導和重點扶持的建議」、致公黨中央「關於全面落實中華人民共和國歸僑僑眷權益保護法的建議」、九三學社中央「關於建立長江上游生態保護和資源開發區的建議」等。

這些建議都是在調查研究的基礎上，經過反覆論證後提出的，因此中共中央和國務院很重視，有的已被採納，有的被批轉有關方面研究參考。

(二)中華全國工商業聯合會

簡稱「全國工商聯」，於1953年11月成立。當時，它被稱作「全國各類工商業者聯合組成的人民團體」。到20世紀80年代，隨著個體經濟、私營經濟的恢復和其他各種新的經濟形式的出現，特別是隨著商品經濟的發展和國家經濟政策的重大調整，工商聯的職能發生了重大變化。1988年召開的全國工商聯第六屆全國代表大會通過的「中國工商業聯合會章程」指出，全國工商聯是工商業界組織的人民團體和民間商會，具有統戰性、民間性、經濟性相結合的特點。工商聯的主要職能是參政議政，為發展商品經濟、促進經濟建設盡力；維護會員權益，發揮橋樑作用；加強與臺港澳和世界工商界社團以及工商業界人士的聯繫。

截至2014年底，全國工商聯共有會員396萬個，共有地方組織3394個，基層組織36981個；2010年底有行業組織12467個❷，形成覆蓋全國的組織網絡。

中國工商聯實際是「非公有經濟」方面的工商聯，它們主要是代表

個體工商業勞動者和私營企業主這兩個社會利益群體進行意見表達，並吸納和反映「三資」企業方面的某些意見和要求。從近年來的情況看，全國工商聯作爲全國政協的參加單位，在開展意見表達工作的方式和內容方面，與各民主黨派是相類似的。

(三)全國總工會

中國工會是中國職工自願結合的工人階級的群衆組織和社會政治團體。在中國中央政府過程中起意見表達主體作用的是中國工會的最高領導機關——中華全國總工會。

中國工會根據產業和地方相結合的原則在全國各地建立了各級工會組織。目前各省、自治區、直轄市、自治州和縣建立地方總工會，共有十七個全國性產業工會。從1979到2013年，全國工會基層組織由32.9萬個增加到276.7萬個，現有會員29946.2萬人❸。公有制企業事業單位的職工基本上都加入了工會。從1991年開始，外資企業組建工會的工作已在抓緊進行；在私營企業和鄉鎮企業組建工會的工作也普遍建立了工會組織。

根據中國工會章程規定，這個團體的「維護、建設、參與和教育」四大基本職能中，就有兩項屬於意見表達的範圍：一是代表職工參與國家政治、經濟、文化、社會生活的管理和決策，加強對幹部的民主監督，代表職工同行政領導對話；二是代表和維護職工群衆的具體利益，爲群衆說話。這個地位和作用得到了中國共產黨和中國政府的肯定。比如，1985年11月5日中共中央辦公廳和國務院辦公廳轉發全國總工會黨組「關於工會參加黨和政府有關會議和工作機構的請示」，同意全國總工會提出的下列請求：「一、中央、國務院及有關部委在研究、制定有關國家的經濟和發展計畫及重大方針政策時，凡涉及到職工切身問題時，通知全國總工會參加必要的會議；二、吸收工會參加涉及職工利益的各項重大改革的領導機構；三、各產業部門和地方應參照上述原則，吸收產業工會和地方工會參與這方面的工作和活動。」這表明，中國的黨和政府比較充分意識到了工會等人民團體作爲一類意見表達主體的社會意義。

針對工會以往在這個問題上存在的不足，全總十屆五次執委會曾專門進行了討論。會議提出，「工會要代表和組織職工同政府和行政方面對

話，逐步做到經常化、制度化」，「應建立起協商對話的管道和制度，做到下情上達，上情下達，溝通思想，緩解矛盾，使政府瞭解職工的意見和要求」❸。這確實是一個趨勢。

(四)共青團、全國青聯與全國學聯

根據中國共產黨章程和中國共產主義青年團章程的規定，中國共產主義青年團是先進青年的群眾組織，是中國共產黨的助手和後備軍。

中國共產主義青年團中央委員會，是中國共青團的最高領導機關，簡稱「共青團中央」；團中央受黨中央的領導。共青團中央的基本使命是執行黨中央的決定，圍繞黨的中心工作開展適合青年特點的活動；但是除此之外，它還有一項重要任務，就是透過較爲嚴密的組織管道，並透過它重點聯繫的另外兩個青年群眾團體──中華全國青年聯合會和中華全國學生聯合會，反映和表達全國各界各族青年對國家各方面工作和政府決策的各種意見、建議，反映廣大青年的呼聲。

共青團有著強烈的政治色彩和在代表青年方面的普遍性。截至2013年底，全國共有共青團團員8949.9萬名，有29.7萬個基層團委❸。除此之外，它還影響著一系列青年組織。共青團中央書記處第一書記一般爲中共中央委員或候補委員，兼任全國青聯主席的團中央書記處書記（多爲常務書記）一般都被選爲全國人大常委會委員，還有一位團中央書記處書記擔任全國政協常委。這都反映了團中央在反映和表達全國青年意見方面的權威地位。

全國青聯，是以共青團爲核心的中國各青年團體的聯合體，是中國青年中的統戰組織，由各界青年中的代表性人物和各組成社團的代表所組成。全國青聯現有團體會員52個，省級青聯36個，委員18938人，地市級青聯338個，委員75208人。委員中，大多數是中青年範圍的高級專家、領導幹部、企業家、藝術家、運動健將、年輕的民主愛國人士或老一輩民主愛國人士的子女，以及歸僑、僑眷中的青年等。青聯委員的年齡上限實際上已達50歲左右。由於這樣一些特點，政界中人通常稱之爲「中青年政協」或「小政協」。

地方各級青聯的主席，一般由地方同級團委的書記或常務副書記擔

任，同級團委的統戰部部長一般任青聯的秘書長。儘管這個組織有一定的聯誼色彩，但是由於委員的社會品位較高，代表性廣泛，因此，作為共青團範圍內的一個意見表達主體還是比較受重視的。1990年8月20日，當時的團中央書記處書記、全國青聯主席劉延東在全國青聯七屆一次會議上所做的工作報告中就指出，青聯要「利用自己在代表、協調、聯絡方面的優勢，努力表達和維護青年的正當權益，發揮青年在國家政治經濟生活中的民主參與作用」❸。

全國學聯，是大、中院校學生會、研究生會的聯合組織，是全國大學生、研究生、中專生、中學生的群眾組織。這個組織，特別是其中所包括的大學學生會、研究生會在政治上相當活躍，經常表達各種意見，是各級黨政領導重要的對話者。共青團還透過學聯影響了一大批高等院校的學生社團。大學是中國社團最密集的地方。比如，目前北大、南開和復旦都有學生社團100個以上，覆蓋了政治、經濟、文化、環保、慈善、健身等各個方面，每年9月新生入學他們都要開展爭取新成員的各種活動，號稱「百團大戰」。共青團組織對學聯（學生會）的組建和日常工作擁有很大的發言權，負有指導的責任，多數由同級團委委派的幹部任秘書長。

(五)全國婦聯

「全國婦聯」是中華全國婦女聯合會的簡稱，是婦聯的全國領導機構。婦聯按國家行政區劃建立地方各級組織。婦聯是中國共產黨聯繫廣大婦女的紐帶，也是一個重要的意見表達主體。它的一項基本職能就是：維護婦女兒童的合法權益，向社會各界宣傳、反映婦女的意見、建議和要求，代表婦女參加社會協商對話，參與民主管理、民主監督，參與制定有關婦女兒童保障的法律、法規、條例。婦聯另一個重要任務是：調查研究各界婦女幹部的成長情況，做好婦女人才的發現和推薦工作。這實際上是一種間接的意見表達。

(六)關於組建農民群眾組織問題的討論

中國目前還沒有農民自己專門性、全國性的群眾組織。中國共產黨是以農村為基礎發展、壯大起來的，在組織農民方面有著豐富的經驗。早

在1921年中國就有了可考的第一個農民協會，並成爲中國共產黨領導農民運動的主要組織形式❸。

　　新中國成立以後，特別是作爲「政社合一」組織的人民公社成爲農村的基本社區組成單位以後，農民群體和農民個人都沒有必要和可能直接與政府打交道。因此，農民群眾組織在政治、經濟生活中的地位便自然下降了，即使農民協會在「文化大革命」中的變態形式——「貧下中農協會」（簡稱「貧協」）也沒能搞出多大的名堂。

　　在農村體制改革，特別是建立社會主義市場經濟體制的條件下，中國農民是否應當再擁有自己的群眾組織——農民協會的問題，又一次被提了出來。比如，學者于建嶸認爲，要建立農民協會，讓農民自己說話，使各級政府和農民都從無休止的上訪中解脫出來❸。從農民的角度看，改革使他們成了獨立的土地經營者，要求有一個社會的中間層次，來進行行業管理和綜合協調；從政府的角度看，自身轉變職能以後，過去長期包下來的許多事情，需要有新的仲介性載體來提供服務。

　　今後，中國農民的群眾性組織可能是全國性的，也可能是地區性的，抑或是行業性的；但不論如何，確實需要。20世紀80年代以來專業性農民協會（社團）的迅速發展，就很明顯表明了這一客觀需要。爲了解決承包制以後土地、勞力、資金等生產要素分散化與生產發展社會化要求之間的矛盾，也爲了盡可能地維護農民利益，就開始在作業、購銷、技術等領域出現了一批合作性的經濟組織。據對26個省、自治區、直轄市的統計，早在1993年，全國就有各類農民專業協會146萬個❸。比如，到2006年，蔬菜業高度發達的壽光市（縣級市）農村專業合作經濟組織就發展到120多個，有會員約7萬餘名，輻射到40%的村，約10萬農戶❸。世界銀行在一份名爲《中國農民技術專業協會：回顧與政策建議》（農業出版社，2006年）的報告中，對具有經濟職能、用通過提高農業生產和產品行銷效益以增加會員收入爲目標的農民社團組織給予了高度關注，認爲十分合理。

　　此外，也不排除這樣的思路，即在農業勞動者產業化的過程中，直接邁向組織產業工會的階段。現在，事實上，已經有人這麼做了。據報導，到2003年2月，河南省信陽市已有30萬農民工自願加入了工會❸。歷

史既然中斷了，就很難再按原有的軌跡運行。在相對發達的東部地區，農業勞動者跨過組建農會的階段，直接組建工會，再輔之以日趨活躍的各類專業協會、專業社團、合作社，可能實際效果會更好一些。中國農民兼業化的特點非常明顯，而發展方向是產業化和規模經營，同時城市化加速在即，——在這種情況下，直接建立工會，對政治發展上的引導性效果可能會更好一些。而且，從道理上講，在農業產業化的條件下，農業勞動者直接加入工會本來也順理成章。此外，在現階段，如果一會兒是村民自治，一會兒是建立農會，也顯得比較忙亂。但是，不論如何，即使僅從意見表達的角度說，農業勞動者作為最大的社會利益群體應當受到充分尊重。

(七)地方黨委和政府

中國在四個層次上，有43000多個地方政府。地方黨委和地方政府是地方的意見綜合機關和決策機關。同時，它們又不可避免地是中央政府過程中重要的意見表達者。中央在制定政策時，不可能不充分聽取地方當局的意見；同樣，在中央領導人與地方當局負責人的工作接觸中，在黨的全國代表大會、全國人民代表大會和全國政協會議上，地方代表（其中，相當比率是地方黨政官員）的部分「發言」會有一定的地方色彩。

在中國，地方政府作為意見表達的一個重要團體，不是附加性的，可為可不為、可多為可少為的。中國是一個單一制的國家，地方當局的基本職責之一就是幫助中央當局做決定，地方決策範圍顯著地少於聯邦制國家的組成單位。在這種條件下，地方當局一個不言而喻的任務就是調查研究，反映當地人民群眾的呼聲，並將當地人民群眾對中央政府決策的意見回饋給中央。這用一個辭彙來概括，就叫作「上傳下達」。

地方當局與地方群眾、地方性代表人物意見表達性質和形式都是不同的。由於長期實行單一的計畫經濟，由政府充當國有資產的代理者和建設項目的投資者，地方政府和中央政府一樣，也都在事實上是一定的經濟實體。80年代實行財政包乾、「分灶吃飯」以後，地方的經濟利益問題就更加突出了。地方當局表達意見的願望是強烈的，而且各地方領導人作為「當家人」，他們的意見比起來自普通中共黨員和普通群眾及其代表人物的，往往更加具體、更有針對性。相反，非官員身分代表的意見表達，雖

然利益取向明顯，但因對政情的瞭解畢竟較官員有限，因此，在不少情況下，不是稍嫌空泛，就是非常具體。「只談他那個村裡的橋應該修一修，或他那車間的生產如何」的現象❸是存在的。

　　從表達意見的方式上看，地方當局的領導人既可以黨代表、人民代表的身分發言，更可以透過各種「黨委書記會議」、「政府辦公會議」等途徑表達，至於以「彙報」的名義向上一級直到中央領導人表達意見就更普遍、更經常了。此外，由於上下級之間特有的制約關係，地方當局的領導人在表達意見的內容、方式上，一般都比較慎重，注意留有餘地，注意方式方法，同時注意可操作性，注意本地的設想與全國性的工作安排的協調。

三、結構性意見表達主體

　　結構性意見表達主體是指一般性的人民團體或社會團體。這些人民團體雖然不是中國政治制度的基本部分，但是卻代表著中國社會中某一方面、某一部分的群眾，在意見表達中反映著一定的社會利益群體的具體利益和要求。

　　研究這部分社會團體，對於中國政府過程的研究有著特殊的意義。如上提及的那些「制度性意見表達主體」，比如工會、共青團和婦聯這三大人民團體，雖說在廣義上也是社會團體，但實質上它們早已成為國家政治體系的組成部分。這種政治結構，在1949年之前就已形成。與此不同的是，一般性的社會團體（通常被簡稱為「社團」），則是在80年代才普遍出現並真正獲得發展的。據有關部門統計，到2012年，「全國社團總數已達到27.1多萬個」❹；從地區的角度看，僅天津市的哲學社會科學界，就有全市性社團130個，有會員10萬多人❹。它們「智力密集，人才薈萃，資訊靈通」，已成為黨和政府聯繫各階層群眾的又一個重要的樞紐❹。所以，我們把這類社會團體作為中國政府過程所特有的一種社會成分來加以分析。在這裡，重點分析一下中國目前比較有代表性的幾大社團聯合體。

(一)中國文學藝術界聯合會

　　中國文學藝術界聯合會（簡稱中國文聯），是由中國作家協會等12

個全國性文學藝術家協會,各省、自治區、直轄市文學藝術界聯合會和中國煤炭文聯等七個全國性產業文學藝術工作者聯合會組成的人民團體。它成立於新中國誕生前夕的1949年7月,是中國人民政治協商會議發起單位之一。它的主要任務包括:加強文學藝術家的團結;溝通黨和政府以及社會各界同文學藝術家之間進行民主協商和對話的管道;維護文學藝術家的合法權益等。

他們除了像其他社會利益群體的代表那樣,以建議、意見、批評等方式進行意見表達以外,還以他們所掌握的文學藝術形式,透過輿論化的手段來表達他們所代表的群眾意見和呼聲,而「文聯」是進行這種意見表達的組織依託。中國的文學藝術家歷來有為人民「鼓」與「呼」的光榮傳統。70年代末的「傷痕文學」;與改革相適應的「改革文學」;在人們試圖探討中國社會發展滯後的深層原因時,又出現了透過各種文學藝術形式表現出來的「文化熱」等等,在2015年8月29日召開的文藝工作者帶頭踐行社會主義核心價值觀座談會上,該社團發布《文藝工作者踐行社會主義核心價值觀倡議書》明確提出:「終堅持文藝為人民服務的宗旨和以人民為中心的創作導向,樹立公眾人物的良好社會形象,為社會注入正能量,為各界群眾踐行社會主義核心價值觀做出表率。」都說明了中國文學藝術界和「文聯」在中國政治生活中的特殊作用。

(二)中國科學技術協會

簡稱「中國科協」,是全國性的科學技術社會團體,由各單項科學技術協會、學會、團體和各省、自治區、直轄市科協所組成。中國科協現已發展成為擁有按自然科學、技術科學、工程技術及其相關科學的學科組建,或以促進科學技術發展和普及為宗旨的167個全國性學會,31個省級科協及廣泛的地方、基層組織,430多萬會員的科技團體。科協具有跨行業、聯繫廣泛的優勢,各專業人才薈萃。1981年成為「世界工程組織聯合會」會員組織,1982年恢復了在國際科學聯合會理事會的合法席位,在國內外具有重要影響。

中國科協不僅有著科學學術上的權威性,而且在政治生活中也頗具影響力。這個團體是廣大科技工作者聯繫社會的紐帶,也是中國共產黨聯

繫科技工作者的橋樑。在1989年3月正式提出的「中國科技改革的基本設想」中，該團體明確提出，要以黨「在社會主義初級階段的基本路線為指標」，「促進科技與經濟的密切結合，充分發揮群眾團體的作用」，「在社會主義民主政治建設中起著重要作用」❹。在「中國科協2009年工作要點」中，他們進一步強調，要「為推動經濟平穩發展提供智力支援，對事關國民經濟全局、與科技密切相關的苗頭性重大問題，及早組織專家深入調研，形成可操作的決策諮詢報告，提交決策部門」，在2015年「中國科技協會所屬學會有序承接政府轉移職能擴大試點工作實施方案」中，他們在籌備協調階段向中央報送擴大試點工作方案並研究承接政府轉移職能工作的相關規範，意見表達的色彩非常突出。

(三)社會科學界

目前，中國尚未成立全國性的社會科學學術團體。全國性的社會科學學術活動通常由中共中央宣傳部、中國社會科學院等機構加以協調。由於中國社會科學工作者在高等院校和黨校系統相當集中，而且力量雄厚，所以，在全國性的社會科學學術活動中，教育部和中央黨校等也常常參與發揮帶頭作用。各重要的社會科學專業學科普遍建立了全國性的學會、協會、研究會。

從1979年開始，省級行政區開始成立哲學社會科學聯合會（簡稱「社聯」或「社科聯」），領導和協調本地區哲學社會科學各學科的工作。省級社聯的主要任務是：貫徹黨在社會科學學術研究工作方面的路線、方針、政策，開展學術交流，普及社會科學知識，維護社會科學工作者的正當權益，搞好與自然科學技術界的綜合、協調工作。各專業哲學社會科學學會、協會、研究會等，是省級社聯的團體會員。省（自治區、直轄市）委宣傳部指導本省社聯的工作，多由省委主管意識形態工作的副書記或常委擔任省社聯的主席。

哲學社會科學家的專業特點和工作性質，決定了他們對國家政治意見綜合以及決策工作必然是高度關注、積極參與的。1978年以來，幾次重大的理論爭鳴，如關於「實踐是檢驗真理的唯一標準」問題討論、關於「生產的目的」問題的爭鳴、關於「政治體制改革突破口」的大範圍討

論、關於「商品經濟屬性」問題的討論等，都是以哲學社會科學工作者為主體進行的。他們所表達的意見，大多是有一定理論深度和有社會調查基礎的意見。大多數社會科學工作者對意見表達採取高度負責的態度。因此，他們的意見，特別是那些在國內外享有較高聲譽的高級專家的意見，對政府的意見綜合和決策活動、對社會輿論有相當大的影響力。像在北大、人大、復旦、南開、北師大、武大等文科實力雄厚的名校，每年的學術講座都能達到數千個，且大多是因應聽眾對於「熱點」問題的關注而由各種社團安排的。在中央和省一級的黨政機關，都有專門機構蒐集社會科學學術動態，每遇重大形勢、政策問題，有關領導機關往往要召開公開的或內部的研討會、座談會等，來聽取相關學科專家、學者的意見。

1982年以來，各省、自治區、直轄市普遍提出了建立全國社會科學聯合會的動議。為了推動這一態勢，跨省性的社聯協作活動已經出現。在80年代，「三北」（華北、東北、西北）地區的省級社科聯已經召開了五次「協作會議」。1991年9月在承德市舉行的「三北」地區社科聯第五次協作會議，還邀請了「三南」（東南、華南、西南）地區社聯的代表，到會的各省、自治區、直轄市共達28個。據這次會議的紀要稱：「大家深深感到，當前成立全國社科聯不僅非常必要，而且十分緊迫」，「條件已經成熟」，「已是水到渠成」，與會的各省「社聯負責同志再次籲請，由中宣部牽頭，……力爭盡早成立全國社科聯」❹。

此外，在這方面，還有中華全國歸國華僑聯合會（簡稱「僑聯」）、中華全國臺灣同胞聯誼會（簡稱「臺聯」）、中國殘疾人聯合會（簡稱「殘聯」）等社會團體。

四、功能性意見表達主體

所謂「功能性意見表達主體」，是指那些發揮某些表達意見的功能，有一定的社會影響力，但又不是國家政治制度的組成部分，也不固定反映某一方面群眾或某一兩個社會利益群體的意見和建議的社會團體。凡屬此類社會團體，它們的意見表達往往是以「社會輿論」的形式出現的，傳播的深度、廣度、輻射度相當可觀，但又不可能像人民代表這樣的意見

表達個體、工青婦組織和地方當局這樣的意見表達團體，對政府的意見整合和決策有較強的影響力。

　　由於中國社會分化的程度還比較低，以及社會意識形態工作的高度統一性，目前這樣的團體尚不多，比較典型和相對成熟的是新聞出版界。

　　新聞出版界自然是相當敏感的。除了新聞出版工作者作為知識界的一部分，必然積極地反映知識分子群體的意見之外，他們關注和表達的焦點會隨著國內國際局勢的變化而變化。總的來看，新聞出版界作為意見表達的一個主體反映的內容即社會問題、社會需求一般是相當廣泛的。這一特點帶有國際性。例如，著名的英國《泰晤士報》就被稱作「讀者議會」的發源地，早在1785年創刊時就刊登了「來自人民的聲音」，甚至維多利亞女王也於1846年投信該報，駁斥有人對她的一些指責❹。

　　新聞出版界目前表達意見的方式主要有：有選擇地摘發讀者來信，選登在讀者來信版和讀者來信「內部版」上，前者訴諸輿論，後者提供給有關領導機關做內部參考；按系統將來信轉給有關部門研究、處理；在一定的輿論導向之下，透過自己的選題導向、言論、報導來反映和表達意見；一些中共機關報刊採寫「內參」，向高層領導機關反映記者所觀察到的重要問題及相應的分析、意見或建議。

　　此外，宗教界、企業家群體的意見表達也屬於這種類型。

　　總之，透過上述分析、介紹，已經不難看出，在中國政府過程中，制度性意見表達主體不僅數量多，而且地位高，結構性意見表達主體、功能性意見表達主體的數量則比較少，個體表達的主觀動機和客觀條件都尚不充分。但是，這一切正在發生變化，整個社會的民主參與和意見表達管道正在拓展之中。

註釋

❶（美）阿爾蒙德等，《比較政治學：體系、過程和政策》，曹沛霖等譯，上海譯文出版社，1987年，第200頁。

❷陸彩榮，〈各界人士積極為「十五」計畫獻計獻策〉，《光明日報》，2000年11月28日。

❸〈2014年網上信訪量 超群眾來信訪量〉，人民網，2015年1月31日。

❹〈國家信訪局：全國信訪形勢總體平穩 信訪量穩中有降〉，新華網，2013年11月28日。

❺比如福建省人大公布的「人民群眾來電、來信、來訪辦法」規定，信訪要有秩序，集體上訪反映同一問題的，推選五位以下代表到指定接待地點反映；不得在會場等地靜坐、示威、拉橫幅、擺地攤、滯留等，《福建經濟快報》，2002年1月6日。

❻參見許躍芝等，〈依法信訪好〉，《經濟日報》，1995年1月29日。

❼參見彭沖1993年向八屆人大一次會議所做的「全國人民代表大會常務委員會工作報告」。

❽陳文偉，〈密切權力機關同人民群眾的聯繫〉，《法制日報》，1992年3月19日，第3版。

❾李鳳鳴等，〈應該重視對重點來信的查處〉，《人民日報》，1992年1月4日，第5版。

❿劉武俊，〈善待公民的上訪權〉，《中國青年報》，2001年11月16日。

⓫〈市長信訪電話辦欺上瞞下〉，《光明日報》，2003年6月3日。

⓬詳見《光明日報》「熱點分析」專欄陳健強的文章，1994年12月23日。

⓭陳建強，〈南開學子的禮物〉，《光明日報》，2001年3月3日。

⓮同❷。

⓯民主與法制網站，〈刑訴法修正案二審彰顯「人文關懷」〉，新華網北京2011年12月26日電。

⓰《中國青年報》，2000年9月21日。

⓱張守增，〈外來工：你在他鄉還好嗎？〉，《人民法院報・正義週刊》，2003年4月30日。

⑱〈「外來人口」如何參政議政〉,《今晚報》,2003年3月15日。

⑲同上。

⑳〈從3到31:中國農民工全國代表人數大幅提升〉,新華網北京2013年3月4日電。

㉑韓振軍等,〈從基層民聲到國家意志——回溯去年出臺的15件法律的形成過程〉,新華網北京2003年3月12日電。

㉒參見〈七屆全國人大五次會議小組發言摘要〉,《人民日報》,1992年3月25日。

㉓參見〈全國政協七屆五次會議分組討論發言摘要〉,《人民日報》,1992年3月23日。

㉔參見《瞭望》雜誌,2001年,第28期。

㉕倪迅,〈從五年提案看參政議政〉,《光明日報》,2003年3月1日。

㉖趙義,〈慶獻諍言的人大常委——浙江大學毛昭晰教授記事〉,《光明日報》,2003年2月21日。

㉗〈全國政協七屆五次會議分組討論發言摘要〉,《人民日報》,1992年3月23日。

㉘參見新華社北京1992年3月17日電。

㉙參見中華全國工商業聯合會網站,http://www.acfic.org.cn/web/c_0000000100010001/。

㉚《中國統計年鑑(2014)》,表24-28工會組織情況。

㉛〈積極穩妥地推進工會改革〉,《中國工運》,1988年,第2期。

㉜參見中國共青團網站(http://www.ccyl.org.cn/)提供的資料,2015年6月26日。

㉝該報告載於《人民日報》,1990年8月26日。

㉞轉引自王穎等,《社會的中間層——改革與中國的社團組織》,中國發展出版社,1993年2月,第30頁。

㉟參見于建嶸,〈人民建議徵集制度好〉,《決策諮詢》,2003年,第4期。

㊱孔祥智,〈專業農協:農民保護自己權益的組織〉,《光明日報》,1995年3月11日。

㊲劉曉辰等,〈山東壽光與陝西涇陽「聯姻」記〉,《經濟日報》,2006年10月17日。

㊳參見《工人日報》2003年2月27日的報導。

㊴馬識途,〈民主建設在前進〉,《中國青年報》,1991年3月19日,第2版。

㊵《中國民政統計年鑑(2013)》,第73頁。

㊶「李毅在天津市社會科學界聯合會第六次代表大會上的工作報告」,天津市社會科學界聯合會,2014年1月24日。

❷歐陽武利等，〈試論我國社團發展的必然性及其趨勢〉，《天津社團研究》，1993年，第2期。

❸國家科學技術委員會編，《中國科學技術政策指南（科學技術白皮書，第4號）》，科學技術文獻出版社，1989年。

❹《天津社聯通訊》，1991年11月25日，總第70期，第15頁。

❺參見匡奕文，〈愛寫讀者來信的英國人〉。轉引自《讀者文摘》，1992年，第4期。

第6章

意見綜合過程

- 關於「意見綜合」的幾個理論問題
- 意見綜合主體
- 中共中央領導下的意見綜合過程

　　「意見綜合」無疑是在「意見表達」的基礎上進行的。當各個意見表達主體所表達的意見，透過一定的機制和管道轉變為重大的政策選擇時，政府過程就進入了「意見綜合」的階段。因此，「意見綜合」就是把各個方面所表達的政治意見彙集起來，在各種相關政治力量的交互作用下，形成一定的政策選擇的過程。

第一節　關於「意見綜合」的幾個理論問題

　　在政府過程中，「意見綜合」與「決策」是前後銜接的兩個階段；在理論上和實際政府活動中，「綜合」與「決策」都是兩個不同的概念，不能相互混淆。關於「意見綜合」過程，有這樣幾個理論要點需要加以注意：

一、「意見綜合」與「決策」的區別

　　「綜合」並不是決定，而是提供決定者用於決策的一系列政策選擇。雖然，在某些條件下，綜合的結果形成了唯一的選擇，但選擇畢竟是選擇。因為，它是方案而不是決定。

　　第一，「政策選擇」往往是指導性、方針性、原則性的，不是具體的，不刻意解決操作中的具體規定。操作問題會留待決策環節解決。比如，十一屆三中全會以來，中共中央就農業、經濟體制改革、精神文明建設、社會主義市場經濟體制建設、法治國家建設等都做出過一系列「決定」。這些黨內的決策工作相對政府過程來說是方針性的、指導性的，具體操作性的東西則由全國人大和行政機關「政府的決策」活動來完成。例如，中共中央和全國人大，都要研究諸如「九五規劃」、「十五規劃」的問題，但是，中共中央的有關決定只是稱作「某某規劃的意見（或建議）」，在全國人大的會議上表決通過以後，才成為具有法律效力的「某某規劃」本身。這兩者之間無疑是有差別的。

　　第二，綜合是一種以社會為背景的、協商型的、多少帶有「討價還價」特徵的過程；而決策是一個局限於國家範圍內的、嚴密的法律過程；

或者說決策是按照法定的程序做出的，而意見綜合是一個社會運動。

　　第三，綜合的主體和決策的主體也不同。政府過程中的決策主體只能是國家機構；意見綜合的主體則比較廣泛，但主要是若干個重要政黨。

　　總之，決策與意見綜合的區別是清楚的，然而又是相對的。比如各種意見綜合主體在確定其綜合性意見的基調和具體內容時，必然會有自己的決策（決定）環節，這種決策（決定）對社會的影響甚至可能相當大，但相對國家機構的決策工作來說，它仍然屬於意見綜合的範疇。

二、「意見表達主體」與「意見綜合主體」相同一的可能性

　　意見表達的主體都可能成爲意見綜合的主體❶，其中，政黨，特別是主要政黨，是主要的意見綜合主體。

　　這個說法不僅符合中國的實際，而且恰恰在中國表現得更爲典型。很明顯，像中國的工會、共青團、婦聯這樣的團體，既從一定的角度表達意見，又作爲中國共產黨領導的組織機構，去集中各方面的意見，從而在黨領導下的意見綜合中發揮著重要的作用。民主黨派在此方面的作用也大致如此。

　　當然，不同的意見綜合主體所承擔的綜合作用是不同的。各種團體對意見的綜合往往是初步的和局部性的，或者說是對某一個或某幾個利益群體的意見綜合，這種綜合可能全部或部分由政黨帶入決策階段，也可能被捨棄。政黨，特別是社會主義國家居於領導地位的執政黨，西方各國的執政黨和主要在野黨（如居於反對地位的政黨）對意見的綜合，則往往是在局部和初步的意見綜合的基礎上進行和完成的。這種較高層次上的綜合無疑得到了較多政治資源的支持，所以具有很強的權威性，使主要政黨的意見綜合均能夠作爲政策選擇，被提供進入決策階段。在一黨制國家，作爲唯一合法政黨的執政黨的意見綜合就是決策本身；在中國這樣共產黨領導的多黨合作制度的國家，執政黨提供的政策選擇經過法律程序基本上能成爲決策；在日本這樣「一黨多元」類型的多黨制國家，執政黨的決策大部分能成爲內閣決策；在美國這樣的兩黨制國家，主要政黨的意見整合有相當部分能成爲決策；在多黨勢均力敵，主要政黨「難主沉浮」的多黨制

國家，統一的政策制定實施則十分困難，政府更迭和聯合執政的組合關係變化十分頻繁。

三、意見綜合對於決策過程的意義

　　如果把意見綜合看作一個過程，那麼它是「接近」；如果把意見綜合看作一個具體的事物，那麼它是「通路」。一個社會利益群體透過其表達主體所表達的意見倘若進入綜合階段，那麼，這種意見表達活動就基本算是成功的，因為它已「接近」於決策，或者說它已邁入了通向國家決策圈的「通路」、「橋樑」。如果一個不願意坐書齋的社會科學家想要介入政治實踐過程的話，也只有他的意見被這一決策圈所關注，他的介入才具有了實際意義，也就是說，他才「接近」了政府。一個成功的決策，應當是能夠讓許許多多的人產生接近感，也即達到政治認同。具體地說，在遵守正常民主與法制程序的條件下，意見綜合往往能在很大程度上確定決策的基調，並影響著政策的實質性內容，甚至決策的結果。在意見綜合中，得到了多數意見綜合主體的決定性支持的政策選擇，肯定可以在決策過程中獲得通過。

第二節　意見綜合主體

　　中國共產黨全國代表大會及其所產生的中央委員會、中央政治局、政治局常務委員會和前面所提到的三類意見表達主體，共同構成了不同層次上中國政府過程中的意見綜合主體。

一、意見綜合的層次性

　　中國共產黨的全國代表機構和最高領導機構，是中國最基本的居於主導、統率地位的意見綜合主體。中國共產黨把握有調節其他意見綜合主體的意見綜合活動的政治權力。這種情況反映到政治結構上，就形成了中國各個意見綜合主體中，中國共產黨相對於其他意見綜合主體的高層次性。

　　各民主黨派和全國工商聯，工會、共青團和婦聯分工負責它們各自所代表的那部分社會成員的意見綜合工作，各省級地方黨政當局分工負責所轄區域內的那部分社會成員的意見綜合工作。這兩個大的方面都是中國共產黨這個「基本意見綜合主體」領導之下的「次級意見綜合主體」，其中工會、共青團、婦聯在意見綜合中的作用與中國共產黨總體上的意見綜合活動是一體的。

　　像科學技術協會、社會科學界、新聞界、企業界等組織化程度高低不等的社會團體或社會群體，都是在社會主義法制的框架內，透過自己的專業性工作，承擔一定的意見綜合工作，並將這種綜合透過黨（如透過團體中設置的黨組）、政（如團體掛靠的政府部門）等管道彙集到基本意見綜合主體的宏觀意見綜合工作中去。中國共產黨的政治見解，影響著它們進行意見表達和意見綜合的程度和方式。假如它們的參與活動超出這種影響的範圍，其政治角色就不能實現。它們是「輔助性的意見綜合主體」，其在意見綜合中發揮的作用小於意見表達中的作用。

　　如上各主體的具體情況，我們在上一章已有介紹，故不贅述。

二、意見綜合主體體系

　　上述三個層次上的意見綜合主體構成了以中共中央為核心的完整意見綜合主體體系。中共中央在意見綜合過程中的這一地位，主要是由這樣兩個因素造成的：一是，從政治上看，現行憲法肯定了中國共產黨在國家政治生活中的領導地位，肯定它是全國各族人民共同意志的最高代表；二是，中國共產黨在上述各個意見表達—綜合主體中，特別是在工會、共青團和婦聯中，均有嚴密的組織系統，並透過有效的組織聯繫在其中發揮重要的作用。

　　中國共產黨透過這些組織有秩序的意見表達和意見綜合，來為自己的最後決策做準備，並避免決策中的片面性。比如，在起草十六大報告的過程中，從意見綜合的角度看，一個非常典型的工作是，在2002年8月30日至9月17日間，政務顯然十分繁忙的總書記江澤民用了八個整天的時間，親自主持召開了座談會，直接聽取各省區市黨政主要負責同志、軍隊

各大單位主官對十六大報告稿的意見和建議，聽取各民主黨派中央負責人、全國工商聯負責人和無黨派人士的意見；起草組織了14個課題組，分成8個調研組，到16個省區市，先後在地方上舉行有914人參加的80場座談會，動員了20多個中央黨政部門對有關方案進行「比較選擇」，瞭解各方面的意見❷。有關做法目前已經常態化（參見**表6-1**）。為什麼做這樣的安排？顯然，就是為了比較好地進行意見綜合。

其實，這種情況在現代政治中有一定的普遍性。比如，在日本的「五五體制」下，不論有多少「經團聯」之類的壓力集團，進行多少次、多麼複雜的活動，終究要把不同的意見彙集到自民黨內，經過以「黨內有派」為特徵的運行機制的「加工」，即六、七個重要派系的「合縱連橫」與政治交易，形成所謂「舉黨一致」的局面；至此，意見綜合告一段落，政府過程進入了下一個階段——決策——國會立法和內閣政策的確定。所不同的是，中國的各民主黨派和人民團體，不是以「陛下忠誠的反對黨」的面目，不是以壓力團體的面目，更不是以異己力量的面目出現，而是以「友黨」等具體形式，以居於領導地位的執政黨與各階層之間的「橋樑」和「紐帶」的形象出現的。

這種政治地位和組織系統的存在，基本保證了全國各個方面的意見表達，以及對這種意見表達的初步加工——次級意見綜合主體和輔助性意見綜合主體綜合工作的產物，能夠源源不斷地彙集到中國共產黨各種重要的會議上來。中國的政府過程從而進入它的意見綜合階段。

對於中國共產黨統籌的中國政府過程中的意見綜合，不宜做簡單化的評價。相對於決策過程來說，這個過程確實簡單一些，距高標準的黨內民主要求也還有一定的距離，有許多工作要做，需要進一步改革，否則，下一步的中國社會發展和黨自身作用的發揮會受到限制。但是，也要看到，它是特定歷史條件下的產物，而且形成了自己的特色和經驗。一位韓國記者在一本書中說，在中國共產黨內部，存在著有節制的牽制和均衡，而如果一旦達成統一意見，所有政治力量就會把手握到一起；簡單地說中國政治後進，是不應該的❸。這個分析是否全面，固然有待進一步研究，但是，他提出問題的思路，是有一定道理的。

第三節　中共中央領導下的意見綜合過程

　　中國共產黨領導下的意見綜合過程與中國政府決策各種聯繫密切。把中國共產黨黨內決定過程，作爲中國政府決策中一個最重要的環節來解釋和研究，並無不可。但是從發展上看，把黨內做決策的過程與政府做決策的過程適當地分開處理，似更合理一些。從十一屆三中全會以來的變化看，實際情況是黨政兩個方面的決策工作一時難以完全分開，但又在力求透過改革逐步分開。所以將兩者分開處理，也符合實際。

　　在此，主要以十四大報告的起草和修改過程作爲基本模型，並參考十六大、十七大和十八大報告的起草和修改，以及中共中央做出其他重要決定的過程，概略地分析一下在民主集中制的形式下，中共中央領導下的意見綜合過程（參見**表6-1**）。

表6-1　近五屆全國黨代會報告起草和修改程序主要環節

報告起草和修改程序	十四大報告	十五大報告	十六大報告	十七大報告	十八大報告
參加討論人數	3000多	約4000	3100多	5560	4500多
參加討論各大單位數量	119個	135個	178個		116個
討論過程中修改	450多處	800多處	600多處	950處	500多處
中央全會修改	170多處		70多處	50多處	40多處
修改稿次	10稿	9稿			
起草所用時間	7個月	10個月	13個月	10個多月	10個月
研究機制			14個課題組	20多個重大課題分解為62個具體課題	101個調研組
中央政治局討論	2次		2次	2次	2次
中央政治局常委會討論	4次	3次	4次	6次	4次
總書記與起草小組談話	3次	2次	2次		8次

資料來源：李尚志等，〈偉大的實踐　光輝的篇章——黨的十四大報告誕生記〉，《人民日報》，1992年10月24日；李尚志等，〈邁向新世紀的宣言和綱領——黨的十五大報告誕生記〉，新華社北京1997年9月25日電；夏林等，〈馬克思主義的綱領性文件——黨的十六大報告誕生記〉，新華社北京2002年11月20日電；夏林等，〈發展中國特色社會主義的政治宣言和行動綱領——黨的十七大報告誕生記〉，新華社北京2007年10月27日電；新華社十八大報導組編，《十八大報告誕生記》，新華社北京2012年11月20日電。

一、黨內民主

中共中央領導的意見整合過程是以中共的民主生活為基礎的。對重大的政策選擇問題，實行充分的黨內民主，是中共的重要政治紀律。十一屆五中全會通過的「關於黨內政治生活的若干準則」，對此有多處明確的規定：「集體領導是黨的領導的最高原則之一」；「凡是涉及黨的路線、方針、政策的大事，重大工作任務的部署，幹部的重要任免、調動和處理，群眾利益方面的重要問題……應該……集體討論決定，而不得由個人專斷」；「在黨委會內，決定問題要嚴格遵守少數服從多數的原則」；「發揚黨內民主，首先要允許黨員發表不同的意見」。

黨內民主的原則反映到意見綜合的角度上來，就形成了這樣三個重要的要求：一是，個人服從組織，少數服從多數，下級服從上級，全黨服從中央；二是，有決定權的領導機關必須是由選舉產生的；三是，重大問題由委員會集體討論決定。

從意見綜合的操作過程看，黨內民主包括兩種基本形式：其一，在中共的各種會議特別是在黨的中央會議上，按照一定的組織程序，認真、嚴肅地討論、研究，盡可能充分地交換意見，直至進行表決；其二，在中央的指導下，在全黨範圍內，包括在接受中共的政治領導的各個系統、團體中，廣大黨員對重大問題進行討論、研究。十四大報告歷時七個月的起草過程比較明顯地體現了這一點。在這期間，中央政治局常委討論四次，中央政治局討論了兩次，江澤民總書記同報告起草小組座談了三次。報告的第六稿印發到分布在全國的中央三個委員會的全體成員和十四大代表，以及119個地方、黨政軍各部門和單位，以便廣泛徵求意見，總計3000多人參加了報告稿的討論，每個參加討論的單位都改出了一個稿子。此間，起草小組還徵求一些老同志和有關專家、學者的意見❹。報告的基本精神，特別是關於建立社會主義市場經濟體制的設想，也透過新聞媒介向各界群眾進行了宣傳和滲透。就中共黨內民主方面而言，應當說是比較充分的。

但是，由於中國共產黨實行的是民主集中制，因此中共黨中央交付

黨的全國代表大會，政治局交付中央委員會，中央領導機構提交給下級黨委，乃至全黨研討的意見都是集中化了的意見，即一般被認為是有一定決策基礎的意見。其實這與執政黨意見綜合的功能也是一致的。

二、權威影響

在發揚民主的過程中，由於歷史和現實諸多因素的影響，也與實行民主集中制有著密切的關係，黨中央的領袖集團，特別是最傑出的領袖人物，總是能夠在意見綜合的過程中，發揮著集中黨和人民智慧的關鍵性作用。這種作用往往是歷史地形成的，很難用簡單化的標準來做簡單化的評價。

在1949至1976年時期，凸顯出這種意見綜合過程中權威作用的是毛澤東。這種作用在1981年6月通過的「中共中央關於建國以來黨的若干歷史問題的決議」中得到基本肯定。在1978至1992年時期，起這種作用的是鄧小平。在此間幾次重大的政策選擇過程中，鄧小平的總結性意見都起了非常關鍵性的作用。比如，在如何正確地對待毛澤東和毛澤東思想歷史地位的問題上，鄧小平就起了關鍵性的作用。在主持起草「關於建國以來黨的若干歷史問題的決議」的過程中，為了統一全黨的思想，他先後進行了九次談話——七次同起草小組談話、一次在中央政治局擴大會議上的談話、一次在十一屆六中全會上的談話。他的意見——徹底否定「文化大革命」，糾正毛澤東晚年錯誤的同時，毛澤東的旗幟丟不得❺——被大多數人所接受，並被後來的歷史事實證明是正確的。

1992年初，鄧小平著名的「南方談話」又一次起到了統一全黨思想、綜合正確意見的作用。第三代領導集團的核心總書記江澤民在回答記者問題時坦率地指出，他「是我國改革開放的總設計師……不論是否在位，鄧小平同志的建設有中國特色社會主義理論和許多高瞻遠矚的決策思想，對我國的改革和發展始終具有現實的和長遠的指導作用。他不久前視察我國南方時的重要談話，對我們的工作給予了肯定和支持，並提出了十分重要的意見。我們中央政治局進行了認真討論，完全贊同，正在組織全黨同志……認真貫徹落實」❻。十四大報告的第四稿在提交中央政治局審

議的同時，也報請鄧小平審閱。他「對報告稿做了肯定的評價，……對進一步修改好報告發表了十分重要的意見」；他自己則強調，「報告中講到他的功績，一定要放在集體領導的範圍內」❼。

在集體領導的範圍內，黨內充分民主與黨中央領導核心集團，特別是傑出領袖人物重要決定性意見的結合，構成了中共中央進行意見綜合工作的一個基本特點。這一特點與民主集中制的原則是一致的，與過去的個人崇拜是不同的。

三、政治協商

政治協商，是指在中國共產黨的領導下，各政黨、各人民團體、少數民族人士和社會各界的代表，以政治協商會議為組織依託，就重大的政治性問題民主地、平等地、坦誠地進行討論、協商。由於各人民團體透過它們各自的黨組或書記處也可以與中央在黨內系統進行討論，所以政治協商經常是在中共與各民主黨派和其他無黨派愛國民主人士之間進行的。有的學者認為：「協商的結果將對黨和政府的工作提供幫助和諮詢，並在不同程度上對黨和政府的決策產生影響。」❽這種分析是符合實際的。

政治協商的主要內容包括：國家在社會主義物質文明建設、社會主義精神文明建設、社會主義民主法制建設和改革開放中的重要方針政策及重要部署，政府工作報告，國家財政預算，經濟與社會發展規劃，國家政治生活方面的重大事項，國家的重要法律草案，中共中央提出的國家領導人人選，國家省級行政區劃的變動，外交方面的重要方針政策，關於統一祖國的重要方針政策，群眾生活的重大問題，各黨派之間的共同性事務，政協內部的重要事務以及有關愛國統一戰線的其他重要問題❾。

政治協商的主要形式有：政協全國委員會的全體會議、常務委員會議、主席會議、常務委員專題座談會、各專門委員會會議，根據需要召開的各黨派、無黨派愛國人士、人民團體、少數民族人士和各界愛國人士的代表參加的協商座談會等，以及應邀列席全國人大及其常委會的有關會議。「政治協商一般應在決策之前進行。」❿很明顯，「決策之前」，即是指意見綜合階段。政治協商雖與意見表達不能完全分開，但與意見表達

有明顯區別，這主要在於各民主黨派、人民團體在意見表達時，中共中央往往還沒有就問題形成總體意見；而在政治協商階段，中共中央一般則已提出了對某一問題的系統建議草案。

僅從1989年6月中共十三屆四中全會到1991年底的兩年時間裡，中共中央和國務院就多次舉行了有各民主黨派中央、全國工商聯負責人和無黨派人士參加的民主協商會、談心會、座談會，就「中共中央關於進一步搞好大中型企業的決定」、「中共中央關於進一步加強農業和農村工作的決定」等重大問題交換意見。與會人士坦誠地提出了許多意見和建議，受到中共中央和國務院的高度重視，有的已被採納❶，這都對十四大的準備工作有重要的意義。在十四大召開之前，中共中央委託中央統戰部召開歷時三個多小時的座談會，徵求上述人士對十四大報告稿這個尚未公開的黨內文件的意見，江澤民總書記等出席座談會聽取意見，並表示了感謝。

從政治協商的實際情況看，中共中央的整體設想一般都能得到參加協商的其他各方面的肯定和支持。同時，各方面也會提出許多建設性的意見。這種協商，進一步將中國政府過程推向了決策階段。

四、會議完成

不論政策性選擇方案是以什麼方式提出的，中共中央領導下的意見綜合過程，都要以一次黨的重要正式會議來最終完成。十一屆三中全會以來，由於強調了黨內民主的意見，這一程序更是必不可少。

黨的「正式會議」，是指黨章和其他黨的法規規定了權限、範圍和參加成員的法定會議❷。這些會議對重大問題的決定，要經過表決。過去普遍存在的以書記或主持者的總結代替表決的現象，從80年代開始已經改變。

強調透過正式會議做出正式的決定，是中國共產黨在十一屆三中全會以後，在工作制度方面的重大變化之一。在從七大到八大期間，八大到九大期間，分別有十餘年和二十餘年沒有召開過黨的全國代表大會。此間，涉及全黨的一切重大決定，都是透過中央政治局、中央政治局常委會等中央領導機構，甚至是透過各工作會議的形式討論和決定的。現在，中

共中央已經明確指出，不能用碰頭會、工作會、一攬子會和會下的個別協商等代替正式會議；不能用常委會代替全委會，用全委會代替代表大會。

重視會議前的醞釀，是中國共產黨會議決定重大問題的一個明顯特點。中國的重要會議（包括黨的會議，也包括各種國務會議），時間一般較短，從對會議結果的報導看，會議進程也一般較爲平穩，爭議往往不是很大。但實際情況並非如此簡單。在會議前，對將要討論和決定的問題通報給與會者，並進行協商、醞釀，是普遍的做法，其目的是使與會者有足夠的思想準備和技術準備，並逐步形成討論的氣氛。

現以十四大報告的起草和審議爲例，經過會議前黨內外多次徵求意見，報告做了450多處修改，先後共形成了八稿。1992年9月，中央政治局常委會和中央政治局全體會議通過了修改後的報告稿。10月5日，黨的十三屆九中全會討論了第九稿，並又修改了170多處❸。同月召開的十四大，審議並正式通過了這個十易其稿的重要報告。經過如上工作，將於1993年春季召開八屆全國人大一次會議——這一政府過程涵義上的決策性會議最重要的準備工作，至此應當說已經基本完成了。十五大、十六大、十七大和十八大的報告，也都經歷了類似的過程，可見已成爲定式（參見**表6-1**）。

五、政治動員

政治動員，是中共基本完成意見綜合之後立即進行的。不論是十四大和十五大❹，還是十六大、十七大❺和十八大❻，閉幕之後，理論界、新聞界等立即全方位地宣傳會議所通過的建立社會主義市場經濟體制等基本思想，宣傳黨的基本路線，以爭取全國各階層人民對會議決定的理解和支持。與此同時，將於次年3月召開的全國人大換屆會議的準備工作全面展開，會議的基調實際上已經確定。

政治動員，實質上是中國共產黨領導下意見綜合過程的一部分。因爲，它的直接目的是進一步獲取各種政治資源的廣泛支持，同時，讓更多的人，特別是讓那些對制定政策選擇方案瞭解較少的普通群眾，增強其對特定意見綜合方案的理解和認同，爲即將到來的決策過程和決策的施行過

程全面做好政治上、思想上、組織上、輿論上的準備。

　　值得注意的是，十七大閉幕以後，中央還向一些代表性的國家和重要的國際組織，派出參與報告起草工作的副部長級人員前去介紹大會及其通過的主要文件和重要決定的情況，受到普遍歡迎。雖然，這不屬於政治動員的範圍，但顯然是與內政相呼應的，反映了中國共產黨國際視野的擴展和國際影響力的擴大。

❶ 這一觀點來自阿爾蒙德。他指出：「所有從事利益表達的集團和組織都可能從事利益綜合。」見《比較政治學：體系、過程和政策》，曹沛霖等譯，上海譯文出版社，1987年，第236頁。

❷ 夏林等，〈馬克思主義的綱領性文件──黨的十六大報告誕生記〉，新華社北京2002年11月20日電。

❸〈以新中國的速度前進〉，轉引自《黨史資訊報》，2002年9月18日。

❹ 李尚志等，〈偉大的實踐　光輝的篇章──黨的十四大報告誕生記〉，《人民日報》，1992年10月24日。

❺ 參見熊復，《疾風中的吶喊（論文集）》，黑龍江人民出版社，1990年11月，第273-274頁。

❻ 新華社北京1992年4月2日電。

❼ 同❹。

❽ 浦興祖主編，《當代中國政治制度》，上海人民出版社，1990年2月，第495頁。

❾ 參見「政協全國委員會關於政治協商、民主監督的暫行規定（1989.1.27）」，第三條。

❿ 同上，第七條第三項。

⓫ 參見1992年3月17日《人民日報》第一版刊載的新華社北京3月16日電。

⓬ 參見王貴秀，〈關於實行民主集中制的程序〉，《人民日報》，1994年11月18日。

⓭ 同❹。

⓮ 李尚志等，〈邁向新世紀的宣言和綱領──黨的十五大報告誕生記〉，新華社北京1997年9月25日電。

⓯ 夏林等，〈發展中國特色社會主義的政治宣言和行動綱領──黨的十七大報告誕生記〉，新華社北京2007年10月27日電。

⓰ 新華社十八大報導組編，《十八大報告誕生記》，新華社北京2012年11月20日電。

第7章

決策過程

現代政府決策活動都是多系統、多層次的。中國政府也是如此。在中國，廣義的政府決策過程，包括國家的立法程序、「政府工作報告」的制定程序、國家重大事項的決策程序、政府預算的編制和審批程序、國家機關領導人的任免程序等方面。前面已經提到，中共中央的決策程序當然也可以放入此列，但由於中共的黨內決策過程同時也是意見綜合過程，因而不再重複介紹。

第一節　立法過程

立法當然屬於國家的重大決策。中華人民共和國的國家立法權由全國人民代表大會及其常務委員會行使。其中，修改憲法的權力，制定和修改基本法律，如刑法、民法、婚姻法、國籍法等的權力屬於全國人民代表大會；制定和修改應由全國人大制定的法律以外的法律，如統計法、海關法等的權力，屬於全國人民代表大會常務委員會。在全國人大閉會期間，對全國人大制定的法律進行部分補充和修改（但須與該法律的基本原則相一致）的權力，也屬於全國人大常委會。

根據全國人大及其常委會的立法實踐和有關法規的規定，本書從以下三個順序發生的政治行為，分析和評述一下全國人大及其常委會立法程序的主要內容。

一、法律案的提案主體和起草、提案過程

根據憲法和全國人民代表大會組織法的規定，特定的國家機關或個人有權向全國人大及其全國人大常委會提出法律案（參見**表7-1**）。

法律案的提案主體是一種正面、綜合的概括，其實在立法過程中，並不是法律案的提案主體可以任意提出法律案。法律案的提案各個主體所提出的法律案必須與它們的法律地位和政治地位相適應。一般的規律是，全國人大常委會、大會主席團、委員長會議、全國人大各代表團、30位以上全國人大代表聯名、10位以上全國人大常委會組成人員聯名，有權就任何問題提出法律案；全國人大各專門委員會有權提出與本委員會有關的法

表7-1　法律案提案主體示意

有權向全國人大 提出憲法修改	有權向全國人大 提出法律案	有權向全國人大常委會 提出法律案
全國人大常委會	全國人大常委會	
	大會主席團	委員長會議
	國務院	國務院
	中央軍委	中央軍委
	最高人民法院	最高人民法院
	最高人民檢察院	最高人民檢察院
	全國人大各專門委員會	全國人大各專門委員會
	全國人大各代表團	
1/5以上全國人大代表	30位以上全國人大代表	10位以上全國人大 常委會組成人員

律案；國務院有權提出行政法、經濟法、社會法、非訴訟程序法方面的法律案，但是不能提出民法、刑法、訴訟程序方面的法律案和有關國務院自身組織方面的法律案；中央軍委有權提出國防和軍隊內部問題等方面的法律案，可以與國務院聯合提出涉及軍隊外部的有關法律案；最高人民法院、最高人民檢察院有權提出與自己職權有關的法律案或單項的訴訟程序方面的法律案，但是不能提出有關自身組織方面的法律案❶。

　　另外，從近年來實際的立法過程看，提出法律案的多是全國人大常委會、全國人大各專門委員會和國務院等國家機關。各代表團、全國人大代表和人大常委會的組成人員很少提出法律案，即使提出了法律案，也須由主席團（或委員長會議）決定是否列入會議議程，或者先提交有關的專門委員會審議，再決定列入會議議程；受各種條件的制約，他們即使提出有關法律草案性的東西，也大多屬於立法建議的層次。國旗法的立法建議就是人大代表提出，然後正式進入立法過程的。其他公民和國家機關、社會團體，也可以提出立法建議乃至自擬法案；但由於它們不具有提出法律草案的權力，故不能直接進入立法過程，而只能供立法機關參考。

　　事實上，有關機關和人員在向全國人大或全國人大常委會正式提出法律案以前，還必然要有一個起草法案的過程。只不過這項工作是在該法案進入全國人大或人大常委會的立法過程之前進行的，故不單列而已。

憲法的修改草案，一般由專門成立的憲法修改委員會負責起草，並向全國人大提出。「七八憲法」和「八二憲法」的修改草案，就是由當時的中共中央政治局全體委員、候補委員組成的「憲法修改委員會」起草，並經中共中央全體會議討論通過後，以中共中央的名義提請全國人大審議的❷。僅涉及憲法個別條款的憲法修正案，則由全國人大常委會組織起草並向全國人大提出。

其他法律的起草，一般由提出法律案動議的人員或機關主持，但也可以吸收其他人員和機關，特別是法律專家參加，也可以由全國人大或全國人大常委會設置專門性的臨時起草工作機構。前者如「工會法」，即是由全國總工會和全國人大常委會的法制工作委員會共同起草的❸；後者，如香港、澳門兩個特別行政區基本法是由專門設置的起草委員會完成有關工作的。

法律案完成後，在正式提交全國人大和全國人大常委會審議之前或審議之中，都要以各種方式在一定範圍內徵求意見。由於涉及問題的複雜程度不同和各種因素的制約，有的法律草案的審議時間很短，有的則很長。「遊行示威法」是在1989年下半年幾個月的時間裡正式起草，在全國範圍內徵求意見並通過的；而「工會法」的起草工作從1978年就開始了，先後三次將修改草案印發各省、自治區、直轄市和中央有關部門徵求意見，反覆修改，才於1992年3月七屆人大五次會議審議通過，歷時十四年。

二、全國人大常委會對法律案的審議

從八二憲法頒布以來的立法實踐看，即使是向全國人民代表大會提出的基本法律草案，大多也是先提請全國人大常委會審議通過後，再由全國人大常委會提請全國人大審議。比如，「人民代表大會代表法」和「工會法」都屬於基本法律，但都是先經過1992年12月召開的全國人大常委會審議、修改後，才於1993年3月提交全國人大全體會議審議通過。這個實際做法，各方面普遍都認為是正確和必要的。2000年3月15日第九屆全國人民代表大會第三次會議通過的「立法法」正式從法律上肯定了這個程

序，即第十四條「向全國人民代表大會提出的法律案，在全國人民代表大
會閉會期間，可以先向常務委員會提出，經常務委員會會議依照本法第二
章第三節規定的有關程序審議後，決定提請全國人民代表大會審議」。因
此，全國人大常委會審議法律案的工作，實際上包括兩個組成部分：一是
審議並通過自己有權制定的法律案；二是初步審議基本法律的草案，爲全
國人大全體會議的立法工作做準備。但是，這兩項工作的操作過程基本一
樣。應當說，這多少是參考了兩院制的某些技術性做法。

現以八屆人大常委會審議通過法官法和檢察官法的進程及其「前因
後果」，概略地闡釋全國人大常委會審議、通過它有權制定的法律草案的
過程。

(一)人大常委會對法律案的前期審議工作

1994年春召開的常委會第七次會議，開始審議法官法草案和檢察官
法草案。在這次會議召開的全體會議上，聽取了最高人民法院院長任建新
和最高人民檢察院檢察長張思卿作爲提出法律草案的國家機關負責人，分
別所做的關於這兩個法律草案的說明。常委會，包括小組會、全體會議和
法律委員會等，進行了初步的審議。這次會議沒有對法案交付表決，但提
出了某些修改意見。根據人大常委會的審議意見，法案的提出機關又分別
提交了兩個法案的修改稿。11月底，法律委員會和內務司法委員會聯合對
這兩個法案進行了審議。兩個委員會認爲，法案基本可行，做了一些修
改，建議人大常委會審議通過。

1994年年底召開的常委會第十一次會議，對這兩個草案的修改稿再
次進行了審議。常委們對法官檢察官考評委員會和職務等級等問題「提出
了許多不同意見」。考慮到對這些問題還需要進一步研究修改，這次常委
會又一次沒有將這兩個法案交付表決。

(二)人大常委會的審議通過程序

第一，全體會議聽取了專門委員會或法律委員會負責人關於法律案
修改情況的報告。1995年2月21日，常委會召開全體會議聽取了法律委員
會主任委員薛駒關於法官法和檢察官法修改意見的報告。該委員會認爲這

兩個法案基本可行，建議再做些修改。

第二，分組討論法律案。在八屆以前是分爲四個小組，從九屆開始是分爲六個小組，以便委員的發言更加充分❹。2月21日以後的幾天，人大常委會分組討論了這兩個法律的草案。

第三，全體會議再次討論。2月27日，薛駒向全體會議彙報了小組討論的情況。委員們認爲，上述法案已經比較成熟，贊成本次會議通過，同時也提出了一些修改意見。

第四，法律委員會根據這些意見，再次對法案做了修改。

第五，表決。2月28日，常委會召開全體會議，128位到會的常務委員會組成人員，以兩個116票通過了中國歷史上的第一部法官法和檢察官法。

同日，國家主席江澤民簽署公布了這兩個法律，並宣布將於當年7月1日起施行。

人大常委會審議應由全國人民代表大會制定的法律案，其過程與如上介紹基本一致。所不同的是，最後的表決不是通過，而是將法律草案提請全國人大全體會議決定。在經過了十多年的積極探索，經歷了從議事規則角度的規定之後，2000年通過的「立法法」第二十七條也對此做了明確的法律規定，即「列入常務委員會會議議程的法律案，一般應當經三次常務委員會會議審議後再交付表決」。這無疑具有非常重要的意義。

三、全國人民代表大會對法津案的審議

現在以「教育法」爲典型，闡釋全國人民代表大會對法律草案的審議通過過程。

(一)人大全體會議之前人大常委會的審議程序

教育法從1985年開始起草。經過長期的醞釀和修改，1994年12月5日國務院常務會議討論通過了向人大常委會送交的法律草案。12月21日，國家教委主任朱開軒向八屆人大常委會第十一次會議做了關於教育法草案的說明。常委會進行了審議，委員們提出了一些修改意見。12月28日，人大常委會通過將教育法草案提請全國八屆人大三次會議決定。此後，國家教

委組織力量，對教育法草案進行了修改。

(二)人大全體會議對法律案的審議和決定程序

1995年3月11日，朱開軒做了關於教育法草案的說明。全國人大各代表團對教育法草案進行了審議。法律委員會等進行了專門的審議。法律委員會根據各代表團的審議意見做了修改，建議主席團審議後提請大會審議通過。3月16日主席團會議通過了法律委員會關於教育法草案審議結果的報告。決定會後將報告印發全體代表；將法律草案印發各代表團審議，提請大會表決。3月18日，八屆全國人大三次會議表決通過了教育法草案。

同日，江澤民主席簽署公布了教育法，並宣布將於當年9月1日起施行。

四、立法過程的主要特點

多年來，國外和國內的部分群眾對中國的立法過程並不瞭解，有不少誤解。比如，認為人大通過法律都是「例行公事」、「舉手了事」。其實，情況並非簡單如此。以上對中國立法過程的闡釋，已經多少能夠說明這一點。中國的立法過程的主要特點是：

第一，在立法過程中，客觀地存在著不同的意見，但沒有為此而產生不同的政治派別。不同的社會利益群體的存在，決定了不同意見的存在。但是，不論是民主黨派，還是人民團體，都不是反對派，都在中國共產黨領導的意見綜合過程和決策過程中發揮作用。1982年以來的實際情況是，既不像四屆人大時期那樣，是完全的「一邊倒」，只有一種聲音，也不像多黨構造條件下的代議機關那樣，存在著截然對立的派別性不同意見。按照目前可以查到的資料，在全國人大第一次突破「一致通過」的情況，是1982年12月4日表決新修訂的憲法案時，有了三張棄權票❺。後來，反對票甚至否決法律案都陸續是正常的了。比如，1999年4月29日，在九屆人大第四次常委會上，擬通過的公路法修正案，就因法定票數不足而未獲通過❻。

第二，立法過程總體上是謹慎的。立法過程中事實上存在著的「雙層結構」，使得所有基本的、重要的法律，都要經過全國人大常委會和全

171

體會議兩個層次的審議才能得以通過；即使是人大常委會有權制定的法律，並且能夠比較順利地在組成人員中達成共識的，也都至少要經過常委會的三審，有分歧、爭議較大的，甚至需要四次、五次審議才得以通過。在一次會議的過程中和若干次會議審議之間，人大常委會的法律委員會、相關業務領域的專門委員會和提出法律草案的機關都要組織若干次修改。

第三，立法態度傾向於專業性。立法工作的慎重，也與立法態度傾向於專業化有著直接的關係。立法工作普遍有專家參與，而且逐步形成了「立法調研」這個中國人大領域的專用詞彙；特別是在一些專業性比較強或比較生僻的領域，更為注重發揮專家的作用。例如，在文物法的制定和修改過程中，就沒有採取透過媒體廣泛聽取群眾意見的辦法，而是透過召開專家聽證會等方法做比較充分的論證。

第四，立法過程已經具有一定的開放性。過去那種不切實際的「保密」觀念，已經不復存在，理由是：(1)在制定和修改法律草案的過程中，都要徵求專家和有關黨政機關、人民團體的意見，徵求民主黨派和其他黨外人士的意見，有的法律草案還在新聞媒介上發表以徵求群眾的意見；(2)各國家機關、人民團體積極參與立法活動，主動提出相關方面的法律草案，甚至有的群眾也能提出一些立法建議，供人大參考。早在1994和1995年，《經濟日報》就曾對是否需要為鄉鎮企業專門立法的問題展開公開討論；在九屆人大期間，也曾將合同法、村委會組織法、土地管理法、婚姻法等「與人民群眾關係密切的法律草案」付諸媒體，以廣泛徵求意見。進入21世紀以後對法律草案廣泛徵求意見已經普遍化。

第五，立法進程正在加快。為了適應建立社會主義市場經濟體制和加強民主與法制建設的需要，20世紀80年代中期以來，特別是八屆人大以來，中國的立法步伐明顯加快了。比如，1997年3月到2007年9月期間，全國人大及其常委會就制定了188個法律❼。這標誌著中國在建立現代法律體系框架方面邁出了重要的一步。

五、立法過程中存在的主要問題

比較具體的問題主要有：大量的法律由政府部門提出，容易強化部

門利益，損害法律的公正性，容易對公民的憲法權利和一般民事權利形成不當的限制；不同位階的法律之間有「打架」的現象❽；中國的現行法律往往比較「粗略」，頒布後再由執法部門搞個「細則」之類的東西等等。

除了這些比較具體的問題，還有一個較深層次的問題需要加以研究。這就是在看到獨特的「一院兩層」模式發揮著比較好的實際效果的同時，也須注意全國人民代表大會和全國人民代表大會常務委員會之間的立法分工有不夠明確的地方。比如，「基本法律」和「非基本法律」之間區別的標誌是什麼？現在是否在客觀上存在著立法權限（包括制定新的法律和修改已有法律）向人大常委會傾斜的現象？現在有些原先由全國人民代表大會制定的法律，在被全國人大常委會多次修改後，新的篇幅已經超過了原先的內容。如何在理論上分析和解釋人大常委會面對繁重的立法任務「不得已而為之」的現象，如何進一步規範立法過程，顯然已經是一個非常重要的事情了。

2015年3月15日，「立法法」修正案頒布，對盡可能避免上述問題有重要的意義。但是，許多問題的克服和對許多深層次課題的研究突破，還需較長時間的努力，需要更大範圍的政治體制改革與之相配套。

第二節 「施政綱領」——政府工作報告的制定過程

每年一度的全國人民代表大會全體會議的第一項議程，是由國務院總理做政府工作報告。報告經代表審議之後，要經過正式的表決手續決定是否予以批准。一旦經過批准，報告即成為法律性文件，對本屆政府五年內的重要工作或本年度重要工作具有法律約束力。在共和國的歷史上，還沒有發生過全國人民代表大會不予通過政府工作報告的情況；但按法理和邏輯推論，倘若政府工作報告未能獲得批准，即標誌著該屆政府失去了組織它的最高國家權力機關的信任，從而喪失了存在下去的法律依據❾。正因為如此，中共中央、全國人大和國務院各方，乃至社會輿論，都十分重

視工作報告的起草和審議工作；同樣因為如此，政府工作報告實質上是中華人民共和國政府提交給代議機關的「施政綱領」，是中國政府的基本決策性工作之一。

根據自1978年第五屆全國人民代表大會第一次會議以來發布的大量會議文件、有關會議的特寫、綜述等材料所披露的情況看❿，政府工作報告的起草、撰寫工作已經形成了相對穩定的程序。這個程序主要包括確定報告的主題、文字起草、中共中央原則審議、廣泛徵求意見、修改文稿、人大會議審議等重要環節。從確定主題到提交人大會議，一般需用三個月左右的時間。

一、確定報告的主題和基調，完成報告初稿

根據憲法第九十二條的規定，國務院對全國人民代表大會負責並報告工作；在全國人大閉會期間，對全國人大常委會負責並報告工作。國務院向每年一度的全國人民代表大會報告工作的基本形式，是做政府工作報告。「政府工作報告」，是國務院向人大會議報告工作的正式文字材料的總標題，也是這份政府文件的法律性質。

國務院總理提交每屆全國人民代表大會第一次會議的政府工作報告其基本程序是：總結過去五年（即上一屆）的工作情況，提出今後五年（即下一屆）的工作任務。同樣，每屆全國人大的第二至五次全體會議政府工作報告的基本程序，是總結上年度的工作情況和提出本年度的工作任務。其中，提出工作任務所占用的文件篇幅，要大於總結工作的部分。這種程序，是政府工作報告的職能決定的。

但是，在「政府工作報告」這個總標題之下，在如上提到的報告基本程序之內，隨著政情的變化，每一份報告都有它特定的主題。也正因為如此，有時在報告的特定主題比較突出時，政府工作報告還常常再加註一個具體標題，以表明該報告的特色。比如，在1978年召開的五屆人大一次會議上，總理華國鋒所做的政府工作報告的題目是「團結起來，為建設社會主義現代化強國而奮鬥」；在1989年召開的七屆人大二次會議上，總理李鵬所做的政府工作報告的題目則是「堅決貫徹治理整頓和深化改革的方

針」。不論是「政府工作報告」這個一般性的標題，還是再命名一個特定的具體題目，確定報告的主題和基調，都是起草工作的第一項任務。

報告的起草大約要用一百五十天。也就是說，一般在每年的12月間，起草交付次年全國人大會議審議的政府工作報告的工作就開始了。總理作為報告人，要親自召集、會見參與起草報告的工作人員。在九屆政府期間，起草小組一般為三十多人；換屆報告的起草前期準備工作，開始還得要再早一點，有關具體工作主要由國務院研究室來做❶。

總理在總結、反思本屆工作或年度工作，思考、整理關於今後政府工作的設想的基礎上，要以明確的語言，向工作人員提出報告的思路，也即報告的主題。比如，在起草七屆人大五次會議政府工作報告時，李鵬就向起草人員明確提出了他對報告主題和基調的設計：「這次政府工作報告，無論是總結過去，還是談今後工作，都要緊緊圍繞著治理經濟環境、整頓經濟秩序、全面深化改革的指導方針。」❷

主題和基調確定以後，報告起草小組的工作正式開始運作。起草初稿所用時間一般為一個月。通常要經過若干稿，如兩至三稿，才能形成較為正式的「報告草稿」。

作為起草工作的重要內容和起草階段的小結，總理要和起草小組成員一起通稿，即逐字逐句地推敲、修改報告草稿。根據總理提出的指導性意見，起草小組對報告再做修改，形成「報告的討論稿」。

二、國務院常務會議初步審議與中共中央政治局討論

政府工作報告的討論稿形成之後，先由國務院常務會議進行初步的審議和討論，由與會人員提出修改意見，並須取得「原則同意」。但是，考慮到國務院實行的是總理負責制，總理是國務院常務會議的召集人和主持人，而總理又是政府工作報告的報告人，且親自組織報告的起草工作這些因素，就可以推斷，國務院常務會議對政府工作報告的審議仍屬於內部修改和完善的範疇，只不過參與提出建議、意見的範圍有所擴大而已。這一審議的重要意義在於，這是將報告討論稿送中共中央領導機構審議之前，所必備的一個法定手續。

政府工作報告的討論稿在取得國務院常務會議「原則同意」之後，隨即送中共中央政治局全體會議審議。國務院在將政府工作報告交付全國人大審議之前，先送審於中共中央領導機構，體現了中國共產黨對政府工作的政治領導地位，也具體地表現出中國的政府決策，要以中國共產黨所領導的意見綜合過程爲基礎。即使是在1975年，也即毛澤東在中國的社會生活中起決定性核心作用時的四屆人大一次會議上，周恩來總理所做的「政府工作報告」依然是這樣來開篇的：「根據中共中央的決定，我代表國務院，向第四屆全國人民代表大會做政府工作報告。」❸1978年，特別是八二憲法頒布以來，中共中央對國務院工作，包括對政府報告的審議工作與黨內民主決策開始有機結合起來：一是，這種審議是以一種「集體領導」的方式──中共中央政治局全體會議的方式進行的，而不再是以少數領導人「圈閱」的方式進行；二是，這種審議作爲一個固定的程序確定下來，既不超越國務院去直接組織起草，更不包辦今後人大會議的正式審議，而是著眼於使這個報告更好地體現黨在一個時期的基本路線和中心工作，著眼於文件本身的完善和準確。1989年2月26日，新華社一則簡短的電訊清楚表明了這一程序的上述兩個基本特點：「中共中央政治局2月25日在北京召開第十六次全體會議，討論了李鵬同志代表國務院將向第七屆全國人民代表大會第二次全體會議做的『政府工作報告』（討論稿）。會議經過認眞討論，原則同意『政府工作報告』（討論稿），建議在進一步徵求意見和經過修改以後，提請七屆全國人大二次會議審議。」❹

根據國務院常務會議，特別是中共中央政治局全體會議提出的意見和建議，起草小組要在國務院總理的親自主持下，再次有針對性地對報告進行修改，形成報告的「徵求意見稿」。例如，根據如上提到的中共中央政治局第十六次會議和國務院該次常務會議上提出的「要在治理整頓中確保科技教育發展」的重要意見，李鵬總理最後正式提交給七屆人大二次會議的報告中，就專門爲科技教育問題單列了一章，增加了份量。

三、大範圍和多方面徵求意見

這項工作一般在全國人大全體會議召開之前的一個月時間內進行。

首先，國務院總理主持召開國務院全體會議，專門布置討論修改徵求意見稿。會議要求國務院各部委負責人在一定的時間期限，如一週內對報告提出修改、補充意見。國務院還將報告的徵求意見稿發給各省、自治區、直轄市人民政府和其他各有關方面負責人徵求意見。

隨後中共中央統戰部受託，邀請各民主黨派中央、有關人民團體負責人和部分民族宗教界人士、無黨派人士座談，聽取大家對報告徵求意見稿的修改意見。座談的規模一般為100人左右。政府工作報告還要提交給政協全國委員會常務委員會議徵求意見。

大約與此同時，總理親自召開若干次各方面人士的座談會，以便直接聽取基層對報告徵求意見稿的意見和建議。比如，2009年十一屆全國人大二次會議前，溫家寶總理召開了各民主黨派中央、全國工商聯負責人和無黨派人士，經濟、社會領域專家學者，科技、教育、衛生、文化、體育界代表，企業界代表和工人、農民等基層群眾代表參加的座談會。2月28日，溫家寶總理與網友進行線上交流並接受中國政府網和新華網聯合專訪，首次通過互聯網空間與億萬線民進行沒有阻隔的對話，問政於民❶。這些來自基層的代表，大多都能對他們熟悉的問題充分表達意見。

在規定的期限之前，從全國各地、各有關方面徵集的對報告的修改意見，彙集到中南海國務院所在地。起草小組對這些意見逐條進行了認真研究，盡可能地吸收、採納其中好的意見，充實有關內容，並對報告再次修改。

四、總理定稿

根據各方面的意見和建議，基於報告起草小組對徵求意見稿的再次修改，總理要親自對報告做最後的、仔細的修改和訂正。這個階段工作內容比較單一，但是極其重要。因為，這個最後的總理定稿工作，標誌著政府工作報告由「徵求意見稿」轉化為提交給全國人大會議的「正式文本」。

從十屆人大一次會議透露的情況看，政府工作報告從最初起草，到形成提交給全國人大審議的正式文本，前後歷經了八稿❶。

五、全國人大全體會議審議和通過

在一年一度的全國人民代表大會第一次全體會議上，國務院總理向全體代表做「政府工作報告」，請全國人大代表審議，同時也請按慣例列席會議的全國政協委員提出意見。

會議結束後，代表開始對政府工作報告進行審議。審議的一般程序包括：(1)各代表團全體會議、代表團小組會議以討論的方式進行審議；(2)大會秘書處蒐集、整理各代表團提出的意見，並上報大會主席團；(3)大會秘書處將集中後的各代表團提出的意見轉達至國務院，以備修改報告；(4)大會秘書處根據代表的意見和大會主席團的要求，起草「關於『政府工作報告』的決議」草案；(5)將上述決議草案印發至各代表團徵求意見；(6)大會秘書處根據代表的意見和主席團的要求修改上述決議草案；(7)大會主席團審議決議草案，並正式提交大會表決；(8)大會全體會議對「關於『政府工作報告』的決議」進行表決。

在全國人大審議「政府工作報告」的同時，國務院要在總理的領導下，組織人員參照人大代表、政協委員的意見和大會主席團的要求，在全體會議對「關於『政府工作報告』的決議」進行表決以前，對報告進行認真的修改。例如，七屆人大五次會議最後通過的報告就吸收了許多人大代表和政協委員的意見，大小總計修改和調整了150多處，舉數例說明之：

審議通過的報告在一開始講到中共的基本路線時，做了「以經濟建設為中心，堅持四項基本原則，堅持改革開放」的完整表述。在講到今後貫徹中共的基本路線時，增加了要「一百年不動搖」、要「更加堅定、準確、全面」的內容。在講到教育問題時，增加了強調發展教育事業的重要意義，以及要在全社會形成尊師重教的良好風尚，增加投入改善辦學條件，深化教育改革等內容。在談到進一步深化改革擴大開放時，增加了「加快改革開放的關鍵在於各級幹部進一步提高貫徹並執行中共的基本路線的自覺性，要警惕『右』，但主要是防止『左』」。在講到股份制時，增加了股份制「有利於促進企業機制的轉變」。在講到計畫和市場問題時，增加了計畫和市場「不是區別社會主義和資本主義的標誌」。在講到

引導其他經濟成分健康發展時，增加了「繼續發揮個體經濟、私營經濟繁榮經濟有益的補充作用」**⑰**。

從此時起，標誌著國務院關於一個時期（五年或一年）的決策設想就正式成爲了經最高國家權力機關批准的政府基本決策。

六、總理布置國務院內部分工執行

在「關於『政府工作報告』的決議」宣告批准政府工作報告之後，新華社即全文播發修改、通過後的政府工作報告正式文本的全文，國內各主要報紙均予刊載。大體同時，總理主持召開國務院常務會議，確定「政府工作報告」重點工作部門分工，把當年政府工作的主要任務逐項分解落實到各個部門，明確責任，並要求採取措施，確保完成任務；各部門、各單位都要制定落實重點工作的實施方案，每項任務都要有明確的時間進度和工作品質要求。

第三節　國家生活中重大事項的決策過程

國家生活中的重大事項，一般包括國民經濟和社會發展規劃和計畫、國家重大工程建設專案、省級行政區劃事宜、戰爭與和平、重要的授權事宜等。根據憲法的原則，國家生活中重大事項的決定權，應屬於全國人民代表大會。但是，從政府過程的角度看，對國家生活中重大事項的決策過程是複雜的，最高國家權力機關的最後審議、決定程序只是這個複雜決策過程中一個最爲關鍵的環節，是基本完成這個決策過程所必須履行的法律手續。這一決策往往又是全域性的。在最高國家權力行使「決定—決策權」之前，中共中央、國務院、全國政協及國家政治中樞中其他與某一特定問題相關的組成部分，要協同進行大量決策前的準備工作或系統內的初步決策工作；在最高國家權力機關依法做出正式的全域性決策之後，負責組織實施重大決策的國家機關也仍然有組織、指揮工作要做，這其中也包括一系列局部的、具體的決策工作。因此，中國對重大問題的決策過程實際是由兩個前後銜接的階段所構成。

一、國家政治中樞組織進行的決策醞釀過程

在中國政治的總格局之下，國家重大事項決策醞釀工作的一般特點是：其一，這個過程是由中共中央領導，與黨在一個時期的基本路線及其方針、政策相一致，並以中共中央對各方面意見的綜合為基礎。其二，決策醞釀工作大多是由國務院具體組織實施的，但吸收各方面專家、官員參加；國務院提供決策工作所需的費用，並對全國人大負責。其三，中共中央顧問委員會（1992年以前）、全國政協以及有關社會團體等，也配合中共中央和國務院做必要的決策諮詢、參謀和協調服務。

同時要注意到，這個醞釀決策的過程一般很長，環節很多；在不同問題的決策過程中，國家政治中樞的各個組成部分所起的具體作用也不完全一樣，因此，對這一過程中的許多具體事項很難一概而論。為此，本書以引起國內外高度關注的三峽工程決策工作為典型，來概略地剖析一下中國政府的決策醞釀過程。

綜觀三峽工程的論證、決策過程，可以發現其主要包括這樣三個主要階段❸：

(一)中共中央和國務院做出決策動議（1950-1986）

新中國成立以後，水利部的長江水利委員會即開始了一系列三峽工程的勘測、科研、設計和試驗工作。1958年，中共中央通過了「關於三峽水利樞紐和長江流域規劃的意見」。此後，關於三峽工程的研究工作始終沒有中斷。1979年選定了壩址——三斗坪。1983年，長江流域規劃辦公室提出了內容為正常蓄水位150公尺、壩頂高程165公尺的第一份三峽工程可行性研究報告。1984年9月，重慶市政府向國務院報告，建議將正常蓄水位提高到180公尺，以使萬噸級船隊能直達重慶港。國家計委、國家科委受國務院委託對三峽工程的水位進一步組織論證，取得了一批成果。

在此期間，國內有關部門和關心三峽工程的人士對三峽工程「建與不建」、「早建或晚建」以及建設方案等問題，提出了各種不同意見。中央對此非常重視。1986年，中共中央、國務院發出「關於長江三峽工程論證有關問題的通知」，決定進一步擴大三峽工程論證，以堅決實現決策的

科學化、民主化，對各族人民及子孫後代負責的精神，重新提出可行性研究報告。

(二)政府部門牽頭組織專家論證（1986-1989）

根據上述「通知」的精神，這一階段的任務是：廣泛組織各方面的專家，圍繞各界提出的一些問題和新的建議，從技術上、經濟上進一步深入研究論證，得出有科學根據的結論意見，重新提出可行性研究報告，為國家提供決策依據。這一階段的工作由原水利電力部負責，並成立三峽工程論證領導小組。這個領導小組組織了十四個專家組，聘請了由中科院院士、教授、副教授、研究員、副研究員、高級工程師等共四十個專業的412位專家，還特邀了21位顧問，進行研究論證。專家的構成，無疑具有相當的權威性和廣泛性。

為了支援各專家組的工作，根據工作需要，在全國範圍內選擇有關高等院校、科研、勘測、設計等單位，承擔試驗、勘測、調查、計算和研究的任務，實際參加工作的達3200多人。此外，國家科委還組織了有關科技領域的攸關項目。

這一論證的內容，主要集中在三峽工程在技術上的可行性、經濟上的合理性和興建時機三個方面。論證工作始於1986年11月。各專家組經過反覆調查研究，充分討論，分別提出了專題論證報告，並鄭重簽字以示負責。

1988年11月，論證工作全部結束。十四個專家組提出了各自的論證報告，其中九個論證報告被一致通過；但生態與環境、防洪、電力系統、綜合規劃與水位、綜合經濟評價等五個專題論證報告，分別有一至三位專家未予簽字。在重新論證的基礎上，長江水利委員會於1989年重新編制了三峽工程的可行性研究報告，即「第二份報告」。

重新提出的「三峽工程可行性研究報告」的結論是：三峽工程對四化建設是必要的，技術上是可行的，經濟是合理的，建比不建好，早建比晚建有利。

對三峽工程建設方案，推薦採用「一級開發，一次建成，分期蓄水，連續移民」的方案。大壩壩頂高程為185公尺，一次建成，初期運行

水位爲156公尺，最終正常蓄水位爲175公尺，移民二十年移完。大壩壩址位於湖北省宜昌的三斗坪鎮。施工總工期十八年，第十二年第一批機組發電。工程靜態總投資按1986年價格計算共361.1億元。

此間，全國人大、全國政協和各民主黨派、人民團體的有關負責人、代表性人物多次對三峽工程進行了實地考察，並提出了許多有益的意見和建議。比如，全國人大常委會曾組織財政經濟委員會的部分委員於1991年第四季度進行了三峽工程調查。

(三)國務院審批可行性研究報告（1990-1992）

第二份可行性研究報告完稿之後，三峽工程的決策醞釀過程進入了一個新階段，即由國務院三峽工程審查委員會負責審查可行性研究報告，提請中共中央和國務院批准。

1990年7月，國務院聽取了長江三峽工程論證情況的彙報，並再次聽取了各方面的意見，決定成立「國務院三峽工程審查委員會」。該委員會聘請了163位專家（其中62%是第一次投入論證工作），組成十個專題預審組，對可行性報告進行全面預審。國務院副總理鄒家華，國務委員宋健、陳俊生，以及各預審組還先後進行了實地考察，以便更好地提出預審意見。1991年7至8月，審委會對可行性研究報告工作做最後審查。1991年8月3日召開的審委會最後一次全體會議，透過了上報國務院的「三峽工程可行性研究報告」審查意見，即該工程是「必要的，技術上是可行的，經濟上是合理的。建議國務院及早決策」。次日，在中南海國務院第三會議室內，包括鄒家華副總理在內的全體審委會成員，鄭重在意見書上簽了字。

1992年1月17日，國務院常務會議審議了關於三峽工程可行性研究報告的審查意見，決定將對該問題的決策過程推入它的最後一個階段──提交第七屆全國人民代表大會第五次會議審議。

二、全國人民代表大會的決定程序

還以三峽工程爲典型，整個審議、決定過程，包括以下主要程序：
(1)鄒家華副總理受國務院的委託，於1992年3月21日在七屆全國人大五次

會議上做了「關於提請審議興建長江三峽工程的議案的說明」，會議的審議過程開始；(2)大會主席團決定，將議案交各代表團和財政經濟委員會審議。各代表團對各方面的問題進行了認眞的討論，提出了各種意見。大約與此同時，財政經濟委員會經過專門性的審議，由陳慕華主任委員向大會主席團正式提出了審查報告；(3)大會主席團在萬里委員長的主持下審議決定將該議案提交全體會議進行表決，並通過了決議草案；(4)4月3日下午三點二十分，大會對議案進行了表決，以1767人贊成、177人反對、664人棄權（另有25人未按表決器）的表決結果通過了決議。一位代表在表決結束後做了一個總體性的評價：「久議不決的三峽工程終於決策了。」

兩天之後，國務院宣布批准宜昌地區與宜昌市合併爲宜昌市，實行市領導縣體制，以利於三峽工程建設。這既標誌著全國人大這項重大決策開始進入執行階段，也說明國務院在人大決策範圍內還將有一系列具體的決策過程要進行下去。

關於全國人民代表大會審議、決定國家生活中重大事項問題的具體程序，還有以下三點需要加以說明：

第一，由國務院等國家機關提出的議案，直接進入議事程序，由全國人大主席團交各代表團和相關的專門委員會審議，然後由大會主席團決定是否將議案交大會的全體會議表決。由代表團和代表（30人以上附議）提出的議案，是否進入議事程序，即是否列入本次大會議程，由大會主席團決定。列入議程後的審議程序同前。有些未能列入本次大會議程的議案可以轉爲建議、批評或意見，由大會秘書處依法處理。

第二，已列入大會議程，但有重大疑難問題需要進一步研究才能做出決定的，經大會主席團提出，大會全體會議決定。可以採用下述兩種方法之一處理：提請下一次全體會議再做審議；授權全國人大常委會審議決定，但須報下一次全體會議備案。

第三，從執行程序的角度上看，全國人大對重大事項所做出的決定，不論是由哪一個國家機關（大多數時候是國務院）負責組織實施，都對所有國家機關和國家機關工作人員具有約束力。國務院對自己的行政決策所組織的實施，則沒有這種普遍的約束力。爲了提高效率，有些該由全

國人大決定的重大事項，可以由國務院決定組織試行，但要得到全國人大的授權和批准❶。這也正是廣義的政府決策和狹義的政府決策的重要區別之一。

三、簡短的分析

「國家的重大事項」顯然是一個很原則的提法，涉及的問題非常多。除了本書如上已經提出的問題以外，還有這樣幾個重要的問題已經或需要加以注意：

首先，應當澄清這樣一個模糊看法，就是認為中國對重大問題的決策沒有彈性，只要是上面已經確定了的東西就不再更改。事實不是這樣。還是與三峽工程建設有關的一個例子。為了與三峽工程建設相配套，高層曾經在1984年2月考慮成立一個「三峽特區」，包括所有有移民的地區，後來又轉而傾向於成立「三峽省」。「三峽省籌備組」曾經於1985年4月15日在宜昌市掛牌，還召開過黨組會議，成立了十二個辦事機構。但是後來經過反覆研究，中共中央和國務院於1986年5月8日決定，將這個籌備組改建為三峽地區經濟開發辦公室。再後來，正如人們所熟知的，重慶升格為直轄市，是這個「重大事項」隨著中國社會經濟發展而演進、達成的另一個角度的選擇❷。這些變化和調整，對於正確決策都是必要的，這樣的反覆過程也是正常的，只是由於我們的輿論工作多年習慣於宣傳和通告決策的最後「結果」，因此導致整個決策過程一般不為人們所瞭解罷了。今後的課題是如何把這樣正常的決策過程及時公開化，以增強人們對政府決策過程和有關決策的意義的理解。

其次，應當明確一個重要的定義，這就是所謂「國家的重大事項」是否要有一個明確的定義；也就是說，究竟哪些事項應當拿到全國人大來決定，要有一個明確的說法。比如，多大規模的建設項目要經過全國人大的討論和認可？三峽工程經全國人大討論之後才上馬是正確的，既可以集思廣益，又可以集體負責。興建京九（北京─九龍）鐵路也是一項經濟、政治意義都很大的工程，耗資也不少，牽扯範圍似乎更廣，黨中央、全國人大及其常委會、全國政協和國務院、一些老同志和一些軟科學研究機構

都參與了這一決策；從1987到1993年，「共提出幾百件人大建議案、政協提案」❷；但是這項工程最後畢竟是國務院「拍板」動工，而沒有進入全國人大關於國家重大事項的審議決定程序。由國務院決策並無不可，問題是，如何在程序上明確應由全國人大來決定的「國家重大事項」的具體界限。這個界限在法律上應是清晰的和規範化的（包括一定的量化指標）。否則，不僅在程序上有缺陷，而且面對棘手的議案，還容易引起代表的反感。2002年九屆五次會議上，已經有30位代表提出議案，建議將制定「全國人大常委會決定重大事項規定」列入立法規劃，廣東、安徽等地方人大也在進行有關的探討，甚至制定了地方性法規❷。

　　第三，應當明確一個重要的關係，這就是在「審議國家重大事項」與「代表議案審議制度」之間是否存在著一定的聯繫？是否應當建立某種聯繫？比如，多年來，雖然代表議案品質有所提高，「一些法律議案還附有法律草案文本和說明」❷，但仍然只有很少的代表議案❷被列入了大會的正式議程。這其中包括兩個重要的原因，即「品質不足」和「不易將議案與建議分清」❷。憲法規定，全國人大代表有權提出屬於全國人大職權範圍的議案；「全國人大議事規則」第二十九條規定，全國人大代表有向全國人大提出各方面的工作建議、批評和意見的權力。「全國人大職權範圍」和「各方面的工作」層次和程度有所不同，但橫向的界限，即涉及的範圍並不十分清楚。實際上，全國人大代表提出議案的基本物件，恰恰應當是國家的重大事項。如上所述，如果我們將「國家的重大事項」加以規範化和明確起來，並與全國人大代表的提案權「掛鈎」，對於解決這兩個方面現存的問題或許都將是有益的。

第四節　國家預算的編制和審議程序

　　任何政府都必須直接掌握一定數量的集中性財政資金，而這種資金的建立一般是透過國家預算的方式來實現。

　　國家預算就是國家的基本財政計畫。中國的國家預算是國家政治決策和經濟決策的資料式反映。國家預算透過對財政收入規模、收入來源和

支出結構的計畫和調整，既反映國民經濟的發展，也促進和調節國民經濟的發展，並爲政府本身的運轉提供物質保證。因此，國家預算的編制程序，不僅本身就是國家的一項重要決策，而且也是實現其他方面國家決策的物質經濟基礎。

國家預算的編制，實際上也屬於「第三節」提到的國家「重大事項」，但考慮到這一國家事務的特殊性，本書將其專列一節。

一、國家預算的基本制度

(一)預算管理體系和預算管理的基本原則

中國實行一級政府一級預算，共分五級：中央；省、自治區、直轄市；設區的市、自治州；縣、自治縣、不設區的市、市轄區；鄉、民族鄉、鎮。各級預算相對獨立，自求平衡。

中央政府預算由中央各部門和直屬單位的預算組成；地方預算由各省、自治區、直轄市的總預算組成；單位預算是指列入部門預算的國家機關、社會團體和其他單位的收支預算。中央預算包括地方上解數額和中央對地方返還與補助的數額。各級預算由本級政府組織執行，具體工作由本級政府財政部門負責。

根據「中華人民共和國預算法」的規定，中國政府預算的最基本原則是：各級預算應當做到收支平衡；在明確市場經濟下政府職能邊界的前提下劃分事權範圍，並在此基礎上劃分各級預算的支出職責（財權）範圍；收入劃分實行中央和地方分稅制；經本級人民代表大會批准的預算，非經法定程序，不得改變等。

從支出責任的角度看，中央主要負責國防、外交、外貿、中央國家機關運轉、金融和貨幣政策、管制地區間貿易等；中央和地方共同負責個人福利補貼、失業保險、全國性交通等；地方和中央共同負責環境保護、工農科研支持、教育等；地方負責地區性交通、衛生、供水、下水道、垃圾處理、員警、消防、公園、娛樂設施等。

(二)國家預算管理體制的變遷過程

中國的國家預算體制，作為其基本政治、經濟制度的組成部分之一，基本管理原則也是民主集中制，具體表現為「統一領導，分級管理」的精神。

從新中國成立到「文化大革命」結束的三十多年中，預算管理體制一直處於不穩定的狀態，有時收得較多，如新中國成立以後初期的「統收統支」；有的時候又適當放一點兒，如有時允許地方多收可以多支。但總的來看，這段歷史時期預算管理體制的主要特點，一是突出中央的集中，二是因經濟形勢不穩定和稅制的某些不當等原因，國家財政常常處於「維持」的境地。

十一屆三中全會以後，國家對財政體制實行了一系列重大的改革措施。從1980年開始，除國家對三大直轄市繼續實行「總額分成，一年一定」的體制外，對其他省、自治區實行了「劃分收支，分級包乾，一定五年不變」的體制。其主要特點是：(1)由全國「一灶吃飯」，變為「分灶吃飯」；(2)收支範圍的劃分，分成比率和補助數額，一定五年，相對穩定❷⑥；(3)使地方的責、權、利統一起來，調動了地方增收節支的積極性。

在上述方案五年到期後的1985年，又開始實行了「劃分稅種，核定收支，分級包乾」。這個方案的主要內容是：

第一，「利改稅」。企業由原來向國家上繳利潤，改為以交稅的形式上報國家預算。

第二，將中央和地方兩級財政收入加以劃分：一類是中央預算固定收入，一類是地方預算固定收入，一類為共用收入；支出方面仍按隸屬關係支出，專項支出仍由中央專案撥款；在上述範圍劃定之後，地方財政固定收入大於支出的部分，定額上解中央，其餘歸己；地方固定收入小於支出的，從共用收入中確定分成比率留給地方以補助；地方全部固定收入和共用收入全留給地方仍入不敷出時，中央定額補助。這一點總的原則是，少收少支，多收多支，自求收支平衡。

第三，廣東、福建兩省實行「財政大包乾」，定額上解或補助。

第四，對五個自治區和當時視同民族自治地方待遇的省（如雲、貴、青等八至十個省），給予照顧性補助，其數額為每年遞增10%。

為了加快中心城市的發展，國務院先後批准一系列計畫單列試點城市和副省級市，如武漢、瀋陽、大連、廣州等。實行計畫單列的城市，在財政上同省一樣單獨核算收支比率。

這種以地方「財政包乾」為主要內容、以「放權讓利」為主要特徵的財政管理體制，對於在財政不寬裕的情況下，打破計畫體制，增強地方政府過程的活力，把20世紀80年代的事情辦好，起了很重要的作用，其歷史功績不能抹殺，其問題應當著手解決。

從政府過程的角度看，這種「中央—地方財政包乾制度」最明顯的缺點，就在於它是一種「非標準化的制度」，並已「成為地方與中央討價還價的藉口」；這種以「包」字為核心的各種財政制度，它的主要弊端是助長了地方保護主義和重複建設，影響統一市場的形成；包乾的具體辦法過多，過於複雜，各地爭基數、爭專案、爭補助、爭投資，總是在「談判」；中央政府只能從經濟發展所帶來的財政增量中得到不相稱的很小一部分，弱化了中央政府進行宏觀調控的能力。

正是在這一背景下，「分稅制」經過從1992年開始的試點，於1994年正式實施。

二、分稅制

前面我們已經提到，上世紀80年代到開始實行分稅制，中國財稅體制的改革始終是以「包」字為核心，做的始終是「量」上的文章，而沒有能夠從機制上解決問題。顯然，這種以「放權讓利」為特徵的收支數量上的分割辦法，既調動了地方增加財富的積極性，也調動了他們與中央「討價還價」的積極性。這種辦法是不能長期搞下去的。

為了克服上述弊端，盡快適應建立社會主義市場經濟體制，以便更快地發展經濟的需要；也為了規範分級財政關係，既保證中央財政有足夠的調控能力，又能夠使地方有相對獨立的財政，中國也選擇了國際上通行的分稅制。

(一)分稅制的內容

分稅制主要是按照中央和地方的事權分工和調動「兩個積極性」的原則，重新劃分中央財政固定收入、地方財政固定收入和中央地方的共用稅種共用支出，核定支出基數，合理確定上解和補助數額。

凡涉及國家權益和宏觀調控所必需的稅種，均作爲「中央固定收入」，主要有關稅、海關代徵的消費稅和增值稅、中央國有企業所得稅、消費稅、非銀行金融企業所得稅、中央企業的上繳利潤，以及鐵路、各銀行總行、保險總公司等集中繳納的收入（包括營業稅、所得稅、利潤和城市維護建設稅）等。

凡與地方經濟和社會發展關係密切，並適宜於地方徵管的稅種，劃爲「地方的固定收入」，主要有營業稅（不包括鐵路、各銀行總行、保險總公司等集中繳納的營業稅）、農牧業稅、車船牌照稅、印花稅、房產稅、契稅、屠宰稅、耕地占用稅、農業特產稅等多種傳統的小稅，及地方企業所得稅（不包括上述地方銀行、外資銀行和非銀行金融企業所得稅）、地方企業的上繳利潤、個人所得稅、城鎮土地使用稅、固定資產投資方向調節稅、城市維護建設稅（不包括鐵路、各銀行總行、保險總公司等集中繳納的部分）、國有土地有償使用收入的大部分等。

同經濟發展直接相關的主要稅種一般作爲「共用收入」，如增值稅、資源稅（海洋石油資源稅歸中央，其他資源稅歸地方）、證券交易（印花）稅等。國有土地有償使用收入中新轉爲非農業建設用地的部分收入上繳中央財政。

1994年，在開始實行分稅制的同時，也相應調整了政府間財政轉移支付數量和形式。比如，中央繼續保留了對少數民族地方給予的補助；在採取各種措施時，也在一定時期內認可財政包乾時期形成的基數的存在，重點做增量的文章。從1995年起，開始實行「過渡期轉移支付辦法」，採用相對規範的做法，把地方財力不能滿足合理支出需要的所謂「財力缺口」，作爲計算轉移支付的依據。

(二)分稅制的效果和意義

從政府過程的角度看，實行分稅制的效果和意義主要是：

第一，變劃分收入爲劃分稅源，即變「分糧食」爲「分土地」，穩定了中央和地方的收入管道，政府間財政關係趨於穩定，促進了各級政府增收理財的積極性，從根本上解決了調動「兩個積極性」的問題，保證了全國財政收入的穩定和較快增長。

第二，增強了中央政府進行宏觀調控，包括調節地方之間的財力差距的能力。

第三，在統一稅制的基礎上，改變了政府對企業劃分系統的弊端，著手突破按行政隸屬關係和所有制劃分企業的舊習慣，對轉變政府職能和引導企業公平競爭都有很大的益處。

第四，調動了地方組織收入的積極性，有利於引導地方優化產業結構和優化資源的配置，小菸廠、小酒廠等盲目發展的態勢得到了控制，而農業和服務業得到了加強。

(三)分稅制存在的問題

分稅制有些問題顯然仍然存在：(1)中央與地方之間的事權劃分還不夠科學，並且缺乏法律性的規範，比如事權的交叉較多，也不盡合理；(2)地方稅收體系不穩，特別是縣鄉兩級的財政收入相當困難。基層拖欠教師和公務員工資的問題，都與此有關；(3)政府間財政轉移支付制度還不夠健全。各種返還和補助，實際上是一種財政轉移支付，但由於這是舊有關係和原有基數的延續，即是對新舊體制銜接過程中既得利益的補償❷，同時中央政府也不規定其具體用途，所以，對差距的調節作用不明顯。隨著情況的不斷變化，分稅制還要繼續完善，比如，現在企業之間的相互持股等現象越來越多，依地域或行政隸屬關係劃分所得稅，操作起來比較困難。今後，重點要解決的課題是進一步確認和明確地方各級政府的具體職責和各級預算主體的支出責任。

三、政府預算體系

　　上世紀90年代以來，中國可是越來越多地使用了「政府預算體系」的概念，並努力不斷完善這一體系。這主要表現爲：在一般公共預算的基礎上，又先後建立了政府性基金預算、國有資本經營預算和社會保險基金預算，初步形成了由一般公共預算、政府性基金預算、國有資本經營預算和社會保險基金預算組成的政府預算體系。

　　政府預算體系的建立健全，提高了政府預算編制的完整性，對加強政府預算管理、提高財政資金效益、加大對公共服務體系建設的投入，增強財政預算透明度等，都起到了一定的積極作用。但是，這與建立現代財政制度的要求相比，上述政府預算體系還存在定位不夠清晰、分工不夠明確，沒有形成制度性的統籌協調機制等問題。爲解決上述問題，2014年修訂，2015年1月1日開始施行的《預算法》第五條第二項規定：「一般公共預算、政府性基金預算、國有資本經營預算、社會保險基金預算應當保持完整、獨立。政府性基金預算、國有資本經營預算、社會保險基金預算應當與一般公共預算相銜接。」「國務院關於深化預算管理體制改革的決定」進一步做出規定：完善政府預算體系，要「明確一般公共預算、政府性基金預算、國有資本經營預算、社會保險基金預算的收支範圍，建立定位清晰、分工明確的政府預算體系，政府的收入和支出全部納入預算管理。加大政府性基金預算、國有資本經營預算與一般公共預算的統籌力度，建立將政府性基金預算中應統籌使用的資金列入一般公共預算的機制，加大國有資本經營預算資金調入一般公共預算的力度。」全國各地區、各部門對完善政府預算體系的必要性和緊迫性的認識還是比較一致的。

　　現存政府預算體系的幾個主要概念，實際上就成爲了預算的主要口徑。以2014年爲例，全國：(1)一般公共預算收入140349.74億元，加上從中央預算穩定調節基金調入1000億元，使用的收入總量爲141349.74億元。全國一般公共預算支出151661.54億元，加上補充中央和地方預算穩定調節基金及地方財政結轉下年支出2195.2億元、地方政府債券還本支出

993億元，支出總量為154849.74億元；收支總量相抵，赤字13500億元；
(2)全國政府性基金收入54093.38億元，全國政府性基金支出51387.75億
元；(3)全國國有資本經營預算收入2023.44億元，全國國有資本經營預算
支出1999.95億元；(4)2014年全國社會保險基金收入39186.46億元，為預
算的104%。其中，保險費收入29104.1億元，財政補貼收入8446.35億元。
全國社會保險基金支出33669.12億元，完成預算的103.3%。當年收支結餘
5517.34億元，年末滾存結餘50408.76億元❷。

四、國家預算的編制形式和收支範圍

(一)預算編制形式

　　新中國成立以來，一直採用「單式預算制」，即把財政收支彙編在
一個統一的預算表中。這種編制形式，結構簡單，方法簡便，能明確地反
映預算的全貌；但缺點是不能明確地反映各項收支的差別和財政赤字的成
因。隨著國民收入格局的變化和政府職能、政府管理方式的轉換，單式預
算已不能適應變化了的情況和經濟體制進一步改革的需要。

　　複式預算是將財政收支按性質區分為「經常性預算」和「建設性預
算」❷。從收入的角度看，「經常性收入」是政府以社會管理者的身分取
得的，「建設性收入」是政府以國有資產所有者（或代理者）的身分取得
的國家資產的贏利，以及經常性預算的盈餘等；從支出的角度看，「經常
性支出」是指用於社會發展，維持國家機關的活動和保障國家安全等方面
的開支，「建設性支出」是指用於經濟建設方面的開支。政府在自身消費
小於稅收的情況下，就具有了利用經常性預算的結餘進行投資的能力，從
而反映了政府良好的財政狀況。這是實行複式預算在國家職能上的客觀依
據。實行這種預算編制方法，有利於加強預算資金管理，提高資金使用效
率，真實反映預算的平衡狀況，準確分析赤字產生的原因，從而採用有效
的措施。同時，這種方法增加了財政工作的透明度，便於人大代表審查、
監督預算的編制和執行。

　　1994年3月22日通過的第一部預算法明確規定，中央和地方各級政府
的預算按照複式預算編制。

(二)經常性預算

中國的預算收入和其他國家一樣,主要來源於各種稅收❸。除此之外,還有少量的專項收入、罰沒收入、行政事業性收費和其他收入。經常性預算支出的專案有:非生產性基本建設支出、事業發展和社會保障支出(其中包括農林水事業費、文教科學衛生事業費和社會救濟支出等)、國家政權建設支出(其中包括行政管理費、國防費等)、價格補貼支出、其他支出(關於國家預算的詳細數額和比例方面的財政學問題,本書從略;其中涉及政府過程的問題,請參見本書第八章關於政府的「提取」和「分配」問題等方面的內容。下同)。按照常規,經常性預算收入和支出相抵的結餘,轉入建設性預算。

(三)建設性預算

建設性預算收入包括:經常性預算收入結餘轉入、專項建設性收入(能源交通重點建設資金收入和城市維護建設稅等)、企業收入、調入資金、沖減收入的生產性企業虧損補貼等。

建設性預算支出包括:生產性基本建設支出、企業挖潛改造資金和新產品試製費、為企業增撥流轉資金、地質勘探費、支持農業生產支出、城市維護建設支出、支援經濟不發達地區發展資金、國內外債務還本付息等。

(四)政府赤字和政府性債務管理

由於建設性預算的首項收入就是經常性預算的結餘,而其基本用途是投資於建設。所以建設性預算體現著比經常性預算更複雜一些的關係,這就是政府效率、政府消費、政府投資和政府借債之間的關係。由於中國政府行為的調整和國家預算編制方法的前述變化,這種重要的關係開始體現得越加明顯了。

1993年及之前,中國政府是把債務收入計算在總收入之內,把歸還債務的本息支出計算在總支出之內,收支相抵後的差額作為財政硬赤字,並透過向人民銀行借款彌補。為了更好地反映政府收支的平衡狀況和債務規模,從1994年起,改為將經常性預算的結餘轉入建設性預算,建設性

預算收入相抵的差額全部反映在中央財政上。比如，1993年這一差額爲898.84億元，舉借內債384.84億元，向國外借款彌補了309億元；其餘205億元透過向人民銀行借款彌補❸。從1994年起這一差額全部透過債務來彌補，到期也將全部透過借債來歸還。

近年來，政府性債務管理制度進一步健全。推動投融資機制創新，在諸如垃圾處理、供水供氣等公益性專案方面，開始推廣運用政府和社會資本合作（PPP）模式，政府按照事先約定，承擔特許經營給予、財政補貼、合理定價等責任，但不承擔償債責任；政府頒布合作模式指南，開展專案示範。對難以吸引社會資本參與的公益性專案，由政府發行債券融資。經國務院批註，2014年上海、浙江、廣東、深圳、江蘇、山東、北京、江西、寧夏，青島等市省市試點地方政府債務自發自還，發行了4000億元。

五、國家預算的編制程序

(一)國家預算編制的準備工作❸

編制國家預算是一項既細緻又複雜的工作。爲了保證預算編制工作的品質，必須做好一系列準備工作。這一工作由財政部在有關部委的協同下負責。

■對本年度預算執行情況的預計和分析

對本年度預算執行情況的預計和分析，是編制下年度預算的基礎。這一工作的基本功能，是客觀確定下年度各項收入的基數，否則預算無從談起。這一工作，一般是當年下半年開始著手進行，並要預計若干次，越是接近年終也就越接近實際，其基本方法是根據歷年的收支規律，結合經濟發展趨勢進行對比分析。透過分析，找出預算執行情況或好或壞的原因，提出本年度剩餘時間中的「增收節支」的具體要求，盡可能爲明年的收支安排打好物質基礎和資料基礎。

■擬訂下年度預算收支指標

在財政部正式編制預算之前，該部還要擬訂國家預算收支指標，作為各地區、各部門編制預算的依據。所謂「預算收支指標」，是指收支規模和發展速度、各部門的投資比率、中央和地方的資金分配、各地區之間的綜合平衡等重要的經濟參數。在實際政府過程中，財政部確定預算收支指標的工作，與國家計畫委員會確定經濟指標的工作大致同時進行。在它們各自提出初步測算方案後，要經過協商，提出調整兩大指標的方案，使兩大指標相銜接。預算指標擬訂以後，要透過全國計畫會議充分徵求地方的意見，反覆進行協商，最後下達正式的預算指標，作為地方和部門編制預算的依據。總的來看，財政部的預算編制工作，要與國家計畫委員會（現已改組為國家發展和改革委員會，下同）負責的國民經濟計畫編制工作密切配合，並在很大程度上服從這一計畫。道理很明顯，財政上的收支必然要以整個國民經濟的運行和發展狀況為基礎。

■預算收支的匡算和預算收支具體的測算

預算收支的匡算，一般是在預計和分析全年預算執行情況的基礎上，參照歷年收支規律，結合年內經濟發展狀況進行的。匡算就是「算大帳」。為了及早測定下年度收支總的規模，只好把有關的預計和分析工作盡可能往前推。因此，財政部門難以精確地計算，而只能進行概略的匡算。

預算收支的具體測算，是在匡算的基礎上進行的，是匡算的繼續和發展。這一工作，是根據國民經濟計畫有關指標和預算定額所進行的對各項收支指標的切實測算。

(二)國家預算的編制程序

首先，各省級地方和中央各部門提出自己的計畫年度收支建議數報送財政部，然後財政部根據國民經濟計畫指標，參照上報來的建議數，擬訂預算收支控制指標，經國務院批准後下達。這是第一個「一上一下」。時間一般在當年的7至11月。

第二個「一上一下」，是各省級地方和中央各部門根據國務院的要

求，布置所轄地區和所屬單位編制預算方案，並逐級彙編，經省級地方政府或中央主管部門審查、匯總後報財政部。然後財政部對上報來的預算草案進行審核，並最終彙編成報國務院審查的國家預算草案。時間一般在當年的11月到次年的2至3月。

從政府實踐看，這種在人大／政府、財政部（廳、局）、主管部門、預算單位四個層次上的「兩上兩下」逐級彙編的方法，效果是比較好的，基本保證了預算編制工作的準確性，也調動了各方面參與編制工作的積極性。

在編制國家預算草案的同時，還要編寫國家預算說明。其主要內容是：(1)預算編制貫徹黨中央和國家方針政策的情況分析；(2)預算編制所依據的主要經濟指標在預算中的安排情況；(3)計畫年度預算與上年度預計完成數的比較，說明收支增減的主要原因；(4)分析檢查上年預算完成情況，以及預算管理中的主要經驗和問題。

財政部對中央預算草案和地方預算草案進行詳細檢查後，將兩者正式彙編爲國家預算草案，隨後報經國務院提請全國人大全體會議審議批准。

六、全國人民代表大會對國家預算草案的審議和批准

憲法規定，全國人民代表大會有「審查和批准國家的預算和預算執行情況的報告」的職權。經過這一批准手續，國家預算草案才成爲具有法律效力的國家預算。全國人大履行這一批准手續的主要程序包括：

(一)審議前的準備工作

在全國人大年度例會召開之前的大約一個月，全國人大財政經濟委員會要聽取國民經濟和社會發展計畫及計畫執行情況，聽取國家預算及預算執行情況的彙報，聽取國家發展與改革委員會、財政部、中國人民銀行、國家統計局等十多個部門關於經濟工作情況和本年度工作計畫進展情況的介紹。委員們結合自己調查研究瞭解的情況進行討論，並提出意見和建議❸。財經委員會對有關事項進行初步審查。

(二)國務院向全國人大全體會議提出報告並做說明

在全國人大每年一度的全體會議上，財政部應向會議提交下列報告或文件：關於國家預算及預算執行情況的報告；國家預算收支表（草案）、國家預算執行情況收支表（草案）。國務院（國家發改委）還要同時提供：國民經濟和社會發展計畫及計畫執行情況的報告、國民經濟和社會發展計畫主要指標（草案）。財政部長和國家計委主任受國務院的委託，分別就上述兩類事項在大會上做報告。

(三)全國人大會議審議和批准

各代表團對報告和有關材料進行審查。為便於開展這一業務性相當強的審查工作，財經委員會要進行詳盡的審議，並負責向大會主席團提出相應的審查報告。該報告經主席團審議通過後，大會全體會議進行表決。目前尚未出現過國家預算草案未得到全國人大批准的現象。表決通過後，國家預算草案即成為具有法律性的正式文件，是國家預算執行的依據，各級政府都要對此負責。

(四)國家預算的調整手續

國家預算經全國人大批准之後，如在執行過程中需要進行調整時，國務院應把調整方案提請全國人大常委會進行審查。獲批准才可實施調整。一般這一調整要與國民經濟與社會發展計畫的調整相適應。

(五)全國人大對國家預算執行情況的監督

近年來，全國人大財經委員會每個季度都邀請國務院綜合部門和某些專業部門做關於國民經濟和發展計畫、國家預算執行情況的介紹，其中包括工作進展情況和存在的問題。聽取介紹後，財經委員會都要進行綜合研究，分析形勢、肯定成績、找出問題，向國務院有關部門提出建議，並向委員長會議報告。據稱，國務院有關部門對這些建議是重視的[34]。

第五節 人事決策過程

「人事決策」，即中國共產黨和國家機關領導人員的挑選、培養、審查、決定、任命的決策過程，在中國習慣上稱為「人事安排」。如果說國民經濟和社會發展計畫、國家預算的編制和決定，關係到國家各項重大決策的物質基礎的話，那麼國家機關領導人員的人事安排工作，不僅本身就是一種重大決策，而且是國家其他各項重大決策的組織保證。

一、「黨管幹部」——人事安排的基本管理機制

在中國，所有國家和政府官員，包括國家高級政府官員、人大和政協官員、司法機關領導人、軍委領導人，從性質上說都屬於中國共產黨的幹部，或者說具有「黨的幹部」和「國家幹部」的雙重性質。

相應地，「黨管幹部」是幹部人事制度的核心內容，中共中央和組織系統在官員選擇和管理中居於領導的地位。目前，中國的官員制度正在向法制化的方向過渡，政務類幹部的選舉、決定、任命的程序已經處於憲法的控制之下。各方面官員，包括國家機關領導人員的遴選、審查過程，是在中國共產黨章程和憲法總原則的指導下，依照一定時期中共文件規定的管道、機制運行的。

在新中國成立初期，除軍隊系統的幹部實行單獨管理以外，其他所有幹部都由黨中央及各級黨委的組織部統一管理。到1953年，為適應和平條件下社會管理工作的新特點，也由於幹部隊伍的擴大，開始建立了新的幹部管理模式，即由組織部一家管理，改變為在黨中央和各級組織部的領導下，由黨委的各個部門分管本領域內的幹部。如文教幹部由黨委宣傳部負責管理，農村幹部由黨委的農村幹部負責管理等等。這種體制在長時間內得到了保持。雖然這種分類管理已有了不少變化，分類標準也做了多次調整，但這種按行業、專業管理、調配、審查幹部的思路卻一直保留下來了。

1980年以來，幹部管理體制的變化主要表現在對管理層次的調整

上。1980年，中共中央組織部做出規定，對於黨政機關，一般要下管兩級機構中擔任主要領導職務的幹部，如中央對中共中央直屬機關和中央國家機關管理到部委和司局兩級，對地方管理到省和地（市）兩級。1984年，中共中央決定將「下管兩級」，改爲「下管一級」、分級管理、層層負責的辦法。由於一級國家機關的主要負責人，是中共黨員的，一般均爲同級黨委會的重要成員，所以這個重大變動，使一級國家機關對自己直屬機構的幹部任用有了較大的發言權。

這些都是中國政府管理官員最基本的原則性規定，對此進行詳細分析，不是本書的任務。作爲政府決策過程一部分的，是指國家機關領導人選的確定。對這些領導人的人事安排，由中共中央核心領導集團直接掌握。

二、國家機關領導人人事安排的醞釀決策過程㉟

各國家機關領導人人選的醞釀、決策過程，是在中共中央的主持領導下，在各民主黨派等的參與下進行的。這個過程一般包括以下幾個重要階段：

(一)「梯隊建設」與中央人事安排的長期醞釀

這個階段是由中央政治局及其常務委員會主持進行的。關於國家各方面領導人人事安排的最後決策雖然是在幾個月內完成的，但中國共產黨作爲一個有著嚴密組織體系和豐富政治經驗的大黨，它對國家各方面領導人的人事安排工作有著長期、周密的計畫安排。這種安排突出表現在以下兩點：

第一，「梯隊建設」。爲了保證黨和國家在組織上和路線、方針、政策上的連續性與繼承性，中國共產黨從「文革」後即開始搞了「梯隊建設」，即作爲第一梯隊的老幹部、作爲第二梯隊的在現崗上的幹部，和作爲第三梯隊的中青年後備幹部。從上世紀80年代後半期開始「第三梯隊」的概念使用得少了，但其基本思路是一貫的。

第二，中共的全國代表大會關於黨內幹部的組織安排，是中央國家機關和全國政協人事安排的組織基礎。近三十多年來，每屆全國人大和全

國政協的一次會議（即換屆會議），都是在全國代表大會召開後的次年春天召開，恰好便於人事安排上的銜接。

(二)中共中央與各界人士的民主協商

從七屆人大的人事安排過程看，中共中央的決策和中共中央與各界人士的民主協商交替進行。從中共中央的思路看，是在現有的政治格局內盡可能的聽取各界人士的意見。早在十三大召開之前，中共中央就曾提前就七屆人大和七屆政協的人事安排問題（不是建議名單）與各界人士進行了初步協商。

在中共中央較長時間醞釀的基礎上，中共中央政治局常委喬石和中組部部長宋平，受中央委託於1988年3月2日，邀請各民主黨派中央、全國工商聯的主要負責人和部分無黨派人士開過一次範圍較小的協商會，就國家機關和全國政協領導人選進行了協商。考慮到下面將要進行的程序，這次小範圍協商顯然具有「摸底」的性質，屬於準備性的工作。

隨後3月3至4日，中央政治局召開了第五次全體會議，會議「討論同意了中央政治局向七屆全國人大推薦的國家機構領導人員人選名單和向七屆全國政協推薦的全國政協領導人員人選名單，決定就上述名單向各民主黨派、無黨派愛國人士和有關人民團體協商，並提請十三屆二中全會審議」。這實際上是對黨中央一個時期關於國家機構領導人員人事安排工作的初步確認。

十天以後，3月14日，中共中央總書記主持協商會，與應中共中央之邀而來的各界人士，共同協商國家機構和全國政協人事安排問題。這次協商會的範圍擴大到在京的部分全國人大常委會副委員長、全國政協副主席，在京的各民主黨派中央和各有關人民團體的負責人，無黨派愛國人士，民族和宗教界代表人士，以及有關部門負責人，共約100人（1988年召開的同議題協商會出席人員約70人）。

協商會協商的「人選建議名單」的範圍是：國家主席、副主席，全國人大常委會委員長、副委員長、秘書長、委員及專門委員會組成人員，國務院總理、副總理、國務委員；中央軍委主席、副主席、委員，全國政協主席、副主席、常務委員，最高人民法院院長和最高人民檢察院檢察

長。

協商會的主要程序是中央主要領導人做主題發言，具體負責這一工作的宋平就「人士安排的建議做了說明」。據新華社報導，到會人士認為：「人事安排建議比較周到，提出的人選名單有廣泛的代表性，從各個方面看都比較合適，他們都表示贊同。」「有些發言的人士提出，國家應進一步注意和加強對民族幹部、婦女幹部的培養和選拔。」❸❻第一天的會議結束時，會議主持人希望沒有來得及發言的同志在會後把意見和建議提出來。從次日起，會議分組討論中央提出的人事安排建議。

值得注意的是，這次大範圍的正式協商會是在中共十三屆二中全會黨內正式決策前進行的，「協商人事比前幾屆時間早」。對此，一些人士分析，這「說明了我國社會主義民主政治的建設正一步一個腳印地前進，說明我國共產黨領導下的多黨合作和政治協商制度的不斷健全和完善」❸❼。

(三)黨內決策

在中共中央較長時間醞釀的基礎上，中共十三屆二中全會於1988年3月19日「審議通過了中央政治局提出，並經黨內外廣泛協商，擬向七屆全國人大推薦的國家機構領導人員的人選名單和擬向七屆全國政協推薦的全國政協領導人員人選名單。全會決定，將上述兩個名單分別向七屆人大一次會議主席團和七屆政協一次會議主席團推薦」❸❽。黨內關於國家機構領導人事安排的決策過程至此完成。

三、全國人大關於國家機構領導人的選舉、決定程序

選舉和決定國家機關領導人是每屆全國人大第一次會議的重要議事日程。在每屆人大的二至五次例會上，一般只對國家機關領導人做一些局部性的調整，甚至沒有人事任免方面的議程。1992年召開的七屆人大五次會議就沒有人事方面的議程。這也正是每屆人大第一次會議之所以特別引人注目，為國內外新聞界所普遍關注的關鍵之所在。

全國人民代表大會審議、決定國家機關領導人的主要程序是：

(一)提名

根據憲法、全國人大組織法和全國人大議事規則的規定，國家主席、副主席，人大常委會委員長、副委員長、秘書長、委員，中央軍委主席，最高人民法院院長，最高人民檢察院檢察長，均由大會主席團根據中共中央的推薦提名。

關於國務院總理的人選，1975年四屆人大和1978年五屆人大時期，是由中共中央委員會「提議」。從1983年第六屆人大開始，根據「八二憲法」的規定，是由剛剛當選的國家主席提名。關於國務院其他組成人員的人選，四屆人大時也是由中共中央委員會與總理一併提名；從五屆人大開始，均是由剛剛產生的國務院總理「提議」或「提名」。

中央軍委副主席、委員由中央軍委主席提名。

(二)人大內部的協商與醞釀

上述各項提名均由大會主席團提交各代表團醞釀和協商。向各代表團提交名單時，附有簡歷資料。以六屆人大一次會議為例，全體代表分為113個小組，對候選人和被提名人選進行了長達五天的討論，提出了從科技界增補一位副委員長、從蒙古族和壯族中各增補一位人大常委會委員的建議和一系列意見。經主席團常務主席研究，並經主席團常務主席與各代表團團長會議協商，最後決定採納上述兩條建議❸❾。

在代表充分協商、討論的基礎上，最後由主席團根據多數代表的意見，確定正式候選人名單。被提名人選的正式名單，以依法有提名權的國家機關領導人向大會致信的方式提出。

(三)選舉與表決

凡由主席團提名的候選人，均提交全體會議選舉。代表可以同意，也可以反對或棄權，並可以在額度內另選他人。在七屆人大一次會議上，首次用差額選舉辦法選舉產生了全國人大常委會委員，即提名144人，應選135名，得票較多者當選。現行法律對經提名產生的候選人，未正面規定是等額產生還是差額產生。

凡由提名人提名的人選，由全體會議表決。表決與選舉的區別在

於，可以同意、反對或棄權，但不可以另選他人。被提名的人選如未能當選，由提名人另提他人再行決定。

表決和選舉的方式由主席團決定。在實際運行中，多採用無記名投票。這種祕密投票的方式，現已由全國人大議事規則正式確定了下來。應代表的要求，人民大會堂現設有寫票點。候選人和被提名人選所得票數和表決結果，由大會主席當場宣布。

(四)公布與任命

由大會主席團提名的候選人當選以後，由國家主席提名的國務院總理人選、由中央軍委主席提名的中央軍委其他組成人員的人選，在表決中通過之後，由全國人民代表大會主席團現場宣布全國人民代表大會第一次會議上的決定，並發布「中華人民共和國全國人民代表大會公告」公布選舉結果。國家主席根據全國人大的決定，發布主席令，履行對國務院總理和國務院其他組成人選的任命手續。

註釋

❶ 參見闕珂,〈對全國人大及其常委會立法中幾個問題的看法〉,《中國人大》,
2003年,第11期。

❷ 參見葉劍英,〈關於修改憲法的報告〉,1978年3月1日。

❸ 參見〈全國人大常委會對工會法進行修改〉,《人民日報》,1991年12月24日。

❹ 劉嵐,〈構築法律體系「大廈」——九屆全國人大五年立法綜述〉,《人民法院
報》,2003年2月13日。

❺ 參見李尚志在《新聞記者》雜誌上的系列文章,其中與這個問題有關的載於2000
年第8期。

❻ 同❹。

❼ 參見《人民日報》載新華社訊,2007年9月14日。

❽ 胡健,〈促進立法民主化科學化:貫徹實施立法法專家座談會紀實〉,《人民日
報》,2000年8月9日。

❾ 2001年2月瀋陽市中級人民法院的工作報告未獲人大通過後,在「沒有明確的法
律依據」情況下,大會主席團透過當場舉手表決,責成「市人大常委會對市中
院報告繼續審議,並將審議結果向下次人民代表大會報告」。後來,「在學習法
律、請教專家和聽取全國人大和遼寧省人大的指導意見後」,又決定增加召開一
次人民代表大會會議,「聽取審議中級法院的整改情況和2001年工作安排的報
告」。8月份會議召開並以385票(89.9%)通過了這個報告(新華社,〈從否決到
贊成:瀋陽市兩次審議法院報告的來龍去脈〉,《人民法院報》,2001年8月10
日)。這個案例是否對審議政府工作報告中可能出現的反覆有參考意義,可以研
究。

❿ 此處對政府工作報告制定過程的分析及介紹,主要依據《新華月報》(1978-
1992)收錄的各種材料;何平,〈政府工作報告是怎樣產生的〉(《瞭望》週
刊,1989年,第14期,第3-6頁)等文章、特寫提供了許多重要的背景資料。

⓫ 孫傑等,〈政府工作報告誕生記〉,《人民法院報》,2003年3月19日。

⓬ 何平,〈政府工作報告是怎樣產生的〉,《瞭望》週刊,1989年,第14期,第3-6
頁。

⓭ 《四屆全國人大一次會議文件》,人民出版社,1975年1月第1版,第31頁。

⑭《新華月報》，1989年，第2期，第46-47頁。

⑮參見〈溫家寶主持召開座談會徵求對政府工作報告的意見〉，中央政府門戶網站 www.gov.cn，2009年02月15日。

⑯同⑪。

⑰參見《中國青年報》記者尹躍剛的文章，1992年4月4日。

⑱本部分引用的資料主要來自鄒家華，〈關於提請審議興建長江三峽工程的議案的說明（1992.3.21）〉的第一部分；趙鵬，〈三峽工程論證始末〉（載《半月談》，1991年，第12期）等資料。

⑲這個觀點可參見謝慶奎主編，《中國政府》，遼寧人民出版社，1991年，第135-136頁。

⑳參見范長敏等，〈「三峽省」籌建始末〉，《黨史博覽》，2001年，第5期。

㉑參見才鐵軍等，〈大決策——北京至九龍鐵路工程決策始末〉，《人民鐵道報》，1994年7月22日。

㉒參見田必耀，〈憲法秩序的堅守〉，《人民法院報》，2003年6月5日；〈「廣東省各級人民代表大會常務委員會討論決定重大事項規定」內容摘登〉，《羊城晚報》，2000年7月29日。

㉓〈全國人大代表議案面面觀〉，《新京報》，2013年3月15日。

㉔1993年北京市等32個代表團的2383名代表簽名，向八屆人大一次會議提出了「對中華人民共和國憲法修正案草案的補充修正案」。全國人大主席團將其列入會議議程，並將其和全國人大常委會的修憲提案合併，形成了一份修憲提案，交付大會表決。1994年，八屆全國人大二次會議期間，鄭耀棠等32位代表提出「建議全國人大就1997年重組香港特別行政區立法機關及區域組織，終止英國政府在香港設立之政制架構做出決定」的議案，大會主席團決定交付法律委員會先行審議提出是否列入議程，後經法律委員會審議後向八屆人大常委會九次會議提交審議結果報告，建議將議案列入常委會會議議程（參見韓大元、杜強強，〈修憲提案權初論〉。載於劉茂林主編，《公法評論》，第2卷，北京大學出版社，2004年）。

㉕參見賈義猛，〈全國人大代表議案審議制度研究〉，《南開政治學研究》，1993年，第2期。

㉖參見《報刊文摘》轉載的財政部副部長項懷誠的一個談話，1993年2月1日。

㉗汪義達，〈我國財政面臨五大困境〉，《華聲報》，2000年11月12日。

㉘有關預算執行的具體情況，詳見〈中華人民共和國2014年全國預算執行情況2015年全國預算（草案），2015年3月5日。

㉙中國的「建設性預算」大體相當於西方國家的「資本預算」。

㉚參見《中國統計年鑑（2014）》，第191頁。

㉛參見財政部部長劉仲藜，〈關於1993年國家預算執行情況和1994年國家預算草案的報告〉，《新華月報》，1994年，第4期。

㉜本部分參閱了麥履康等編著的《國家預算》（中央廣播電視大學出版社，1986年6月版）等資料和一些政府文件。

㉝參見王中（全國人大財經委員會辦公室主任），〈以經濟建設爲中心　做好人大財經工作〉，《法制日報》，1992年3月19日。

㉞同㉛。

㉟關於中共中央委員和全國人大常委會委員、全國政協常務委員的產生程序，本書不做具體分析，有關情況可以分別參考以下兩篇文章提供的情況：劉思揚等，〈肩負起繼往開來的莊嚴使命——黨的新一屆中央委員會誕生記〉，《人民日報》，2002年11月15日；劉思揚等，〈凝聚起民族的意志和力量——十屆全國人大常委會委員、全國政協常務委員產生經過〉，《人民日報》，2003年3月17日。

㊱參見《人民日報》載新華社訊，1988年3月15日。

㊲〈齊心協力共同把人大、政協兩會開好　黨中央邀請各方面人士舉行民主協商會〉，《人民日報》，1983年6月2日。

㊳參見《新華月報》，1988年，第3期，第5頁。

㊴同上。

第8章

施政過程

- 中共黨內的執行系統
- 國務院機構設置
- 國務院實施國家決策的活動
- 黨政系統實施重大決策的方式和步驟
- 「兩院」的執法工作
- 國家預算的執行

施政，也即決策的施行，是相對於決策而言的，而且僅僅是相對於決策而言。政府過程中的這兩個階段、環節很難截然分開，很難理清楚決策從哪裡結束，執行從哪裡開始。尤其是在中國，施政甚至與意見綜合過程都有著相當密切的關聯。

相對於中共中央和全國人大而言，國務院所決定採取的工作步驟，是對它們的政策選擇的回應或是執行決策。但是，國務院所採取的工作步驟，相對於地方各級政府和國務院各部委的工作而言，它無疑又是決策。決策是連續而廣泛的，執行也是連續而廣泛的。我們只是而且只能是，在和國家決策相比較、相對應的角度上，來討論中國政府過程中的執行或者施政問題。

中國政府過程中的施政，是依據中國共產黨在一定時期的基本路線和全國人大及其常委會所確定的法律和大政方針，在中共中央和地方各級黨委、部門中的黨組織的政治調控之下，在各民主黨派、各主要人民團體等的協商、參與下，由國務院系統、國家司法系統和地方各級人民政府等具體組織執行、實現的。

第一節　中共黨內的執行系統

十一屆三中全會以後，中國共產黨一再強調中共要在憲法和法律的範圍內活動；從十三大以來，黨政在職能上適當分開的工作亦有所進展。因此，從80年代中期開始，中共中央和各級地方黨委，已經開始把政策的施行權交還給「一府兩院」，中共黨組織所保留和力圖加強的是對執行工作的政治領導，努力加以完善的是本身或者說黨內的執行系統。由於各級黨委對同級政府，各級黨委對同級人民團體都是政治領導的關係，由於中共的各職能部門都在工作指導、幹部任用上，制約著本工作領域上的各項事業和相應的人員、機構，因此，中共黨內的執行系統在中國政府過程中實際上起著「政治框架」和「傳動器」的作用。在政治領導的框架內，中共把各項重要決策透過機體中的各種傳動裝置傳輸給行政機關、司法機關，傳輸給幹部和群眾，並由這些機關和那些參與政治生活的人們把決策

予以實現。因此，研究中國政府過程的決策實施程序，就必須要研究和瞭解中國共產黨內嚴密的執行系統。

一、中共黨內執行系統的基本構成形式

中國共產黨黨內執行系統的基本構成形式是「一個中心，四大方面」。「一個中心」顯然就是指中共中央的幾套領導班子；「四大方面」分別是指中共地方的組織系統；中共中央的職能部門、辦事機構；主要人民團體系統；國家機關和直屬單位的黨委、黨組。

中共中央還有一些研究機構、事業單位等，如中共中央黨校、中共中央政策研究室、中共中央文獻研究室、中共中央黨史研究室、人民日報社、求是雜誌社等。這些機構不具體處理黨務和參與施政，但它們也都在中央的統一領導、布置下，以各自的業務工作配合全黨和國家重大決策的實施。

在這個體系中，中共中央委員會和中央政治局及其常務委員會都具有「決策」和「執行」的雙重屬性。對於中共的全國代表大會而言它們是執行機關，因為，它們依照黨章要「執行全國代表大會的決議」；對於中共的地方組織和政府機關中的黨組織而言，它們又是決策機關，因為黨章同時規定，它們「領導黨的全部工作」。在中共的中央領導機構一級中，只有中央書記處基本上是單純的政策施行機關。

中共中央書記處是中共中央政治局及其常務委員會領導的負責「處理中央日常工作」的機構。1934年1月中共的六屆五中全會決定設立中共中央書記處直至中共的八大。中共的九大至十一大曾取消了中央書記處，中共的十一屆五中全會決定恢復中央書記處，並把書記處稱為中共中央政治局及其常委會領導下的「經常機構」。中共的十三大通過「中國共產黨章程部分條文修正案」，將之改稱為「辦事機構」。至此，中共中央書記處的「執行」特徵已經十分明顯了。

在中共中央領導機構的統率下，中共的各級路線、方針、政策透過上述四個方面的執行機關（相對於中央領導機關而言）得以施行、實現。在這四個方面中，中共地方的組織系統和中央國家機關的黨組，本書已經

在第一章從國家政治權力機構的角度做了介紹。所以，這一節中，只介紹和分析有關中央職能部門和人民團體方面的有關問題。

二、中共中央職能部門

在中央一級，共有四大職能部門，也就是各級黨委都設有的「組宣統」，加上只在中央一級才有的對外聯絡部❶。中共中央辦公廳，是中共中央的辦事機構，這裡不做專門的介紹。

(一)中共中央組織部

中共中央組織部，是中共中央委員會主管全黨組織工作的職能部門，黨中央在組織工作方面的助手和參謀。它的主要任務是：(1)根據中共的路線、方針、政策和中央的指示、決議，調查研究有關中共的組織工作方面的情況，提出實施中共的組織路線的具體方針、政策和措施；(2)檢查和監督各級中共的組織貫徹執行民主集中制、堅持集體領導和組織生活的情況；(3)貫徹執行中共的幹部路線和幹部政策，調整、配備、建設包括「一府兩院」在內的各級黨政領導班子；(4)研究並認真做好離休、退休幹部工作；研究加強黨員教育、黨員管理的辦法；(5)制定發展黨員工作的政策和措施；(6)負責幹部統計和黨員統計工作；(7)受理黨員、幹部的申訴，做好黨員、幹部來信來訪工作；(8)配合中共中央紀律檢查委員會，做好黨風黨紀工作等。

(二)中共中央宣傳部

中共中央宣傳部，是中共中央委員會主管全黨宣傳工作的職能部門，黨中央在宣傳工作方面的助手和參謀。在「文化大革命」中曾一度被取消，1977年10月恢復成立。它的主要任務是：(1)組織和檢查馬克思列寧主義、毛澤東思想的宣傳和群眾性的理論學習；(2)組織新聞、廣播、電視、電影、文化、藝術、出版等單位，正確及時地宣傳中共的路線、方針、政策，並對它們的宣傳情況進行檢查，協助中共中央審查須經中央審批的重要社論、文章、消息、照片、紀錄片和其他文化、藝術作品等；(3)瞭解和研究各階級、各階層的思想動向，制定一個時期或某一重大事

件的宣傳意見、提綱和計畫；(4)組織和檢查對群眾的時事政策教育，組織和檢查對黨員的日常教育工作，組織和檢查中共的對外宣傳工作；(5)研究和提出各宣傳、文化、出版單位的具體方針、政策和各項事業的發展規劃，並檢查執行情況等。

(三)中共中央統戰部

中共中央統戰部，是中共中央委員會主管全中共的統一戰線工作的職能部門，是黨中央在統一戰線工作方面的助手和參謀，該名稱從1948年沿用至今。它的主要任務是：(1)宣傳、貫徹中央有關統一戰線工作的方針、政策；(2)檢查、指導下級統戰部門對中央有關統戰工作的方針、政策的落實情況；(3)調查、研究統一戰線工作中的各種情況和問題，為中央制定政策方針提供依據；(4)為黨外朋友創造良好的工作環境和條件，成為黨外朋友之家等。

(四)中共中央對外聯絡部

中共中央對外聯絡部，是中共中央委員會開展外事工作的職能部門，1950年1月成立。它的主要任務是：(1)按照中共的外事方針，透過同各種中共政黨的聯繫，團結一切友好力量，支持和平和進步事業，增強中共和國家在國際社會中的地位和作用，爭取有利於黨和國家社會主義現代化事業的和平國際環境；(2)透過中共的關係和群眾團體的管道，推進經濟和技術合作；(3)重點加強同各國共產黨的友好往來，同時，也同各國社會黨等政黨、組織建立必要的聯繫；(4)受中共中央的委託，代管有關工會、共青團、婦聯等群眾團體的外事活動，協調中共中央直屬機關外事工作和中共各級地方組織的對外交往工作等。

三、人民團體系統的特殊地位

中華全國總工會、中國共產主義青年團、中華全國婦女聯合會是中國最主要的人民團體（或稱作群眾組織），是中國政權的基本社會支柱。它們是中國重要的意見表達主體和意見綜合主體，但由於它們與中國共產黨歷史地形成的特殊關係，也就決定了它們作為中共的「黨聯繫群眾的橋

樑和紐帶」，要無條件地執行中共各項需要它們去執行的重要決策，並分擔相當一部分政府職能。

中國共產黨的職能部門中，並沒有工人部、青年部和婦女部，中國政府設有勞動部，但主要是進行勞動問題的行政管理，並沒有一般意義上的勞工事務部門、青年事務部門和婦女事務部門。但是，顯而易見，中國共產黨和中國政府是很重視工、青、婦工作的。那麼，它們關於工、青、婦工作的重要決策是通過什麼管道實施的呢？

從某種意義上講，工會、共青團、婦聯，既是社會團體、第三部門，實際上同時也是中共中央的職工部門、青年部門和婦女部門❷，並承擔大量政府職責。1990年1月份發布的「中共中央關於加強和改善黨對工會、共青團、婦聯工作領導的通知」很明確地體現了這一點。通知規定，「各級黨組織都要按照中共的路線、方針、政策，對同級工會、共青團、婦聯實行統一領導。」「工會、共青團、婦聯受同級黨委和它們上級組織的雙重領導，以同級黨委領導為主；各級地方黨委對同級工會、共青團、婦聯的領導，主要是：指導它們貫徹落實黨中央的方針、政策和有關群眾工作的指示；研究、決定本地區工會、共青團、婦聯工作的重大問題；協商、推薦同級工會、共青團、婦聯的主要負責人選；協調本地區工會、共青團、婦聯同政府部門的關係以及這三個群眾組織之間的關係。為了加強領導，各級黨委應建立健全必要的工作制度以及時研究工會、共青團、婦聯提請黨委討論的問題；黨委專門研究工會、共青團、婦聯的工作，每年不少於兩次；黨委的有關會議應吸收工會、共青團、婦聯的主要負責人參加或列席。」❸

從政治生活的實際運轉情況看，每當中共中央做出一個重要的決定，或國務院要施行一項重要的決策，工、青、婦三個組織都要做出相應的決議或召開相應的會議，以便貫徹和落實。以共青團為例，1983年10月中旬中共十二屆二中全會一致通過「中共中央關於整黨的決定」之後，12月上旬，共青團就召開了團的十一屆二中全會。會議傳達學習了中共的十二屆二中全會精神和黨中央領導同志對共青團工作的重要指示；通過了「關於學習整黨文件，提高團的戰鬥力的決定」，確定從1984年1月到1985年底，在全團普遍開展學習整黨文件為主要內容的教育活動❹。「再

就業」應當說是政務色彩比較強的一項工作，但是當2002年9月全國再就業工作會議召開之後，共青團中央旋即於10月召開了「共青團全國再就業工作會議」，團中央書記處第一書記周強等在會議上要求全團予以貫徹；隨後於11月1日又在山西召開了「山西促進青年再就業工作太原現場會」，對工作做了具體推動。類似的做法是有普遍性的。

四、人民團體參與執行的主要機制

工會、共青團、婦聯直接參與政府活動和社會事務的管理，與同級政府一起共同執行黨中央和全國人大的重要決策的主要機制和一般工作方式有：(1)各級政府設立的工資、物價等有關職工切身利益的專門機構，一般吸收工會的代表作為正式成員參加工作。各級政府設立的其他有關群眾切身利益的專門機構，都要吸收工會、共青團、婦聯的代表作為正式成員參加工作；(2)某些涉及群眾切身利益的重大問題，各級政府或政府有關部門可以與同級工會、共青團、婦聯分別或共同聯署發布文件；(3)各級政府可以指定一位負責人加強同工會、共青團、婦聯的聯繫，幫助它們解決一些具體問題。工會、共青團、婦聯應將有關情況向政府反映，以取得支持；(4)省、自治區、直轄市以及大中城市的人民政府，可以定期、不定期地透過與同級工會召開座談會或聯席會議等形式，通報政府的一些政策、法規及重要工作部署，研究解決工會反映職工群眾的一些問題❺。

在青年事務中發生重要應急事件時，工會、共青團、婦聯與黨組織、政府機關也要相互配合，共同處理。這種相互配合的方式是多種多樣的。比如，80年代以來，在處理青年或學生中的一些特殊問題時，通常是由所在地方黨委一位分管主要人民團體工作或分管教育工作的副書記（或常委）牽頭，召集地方黨委宣傳部、共青團地方組織、政府所屬的教育委員會（教育局等）、學校駐在地或問題發生地的當地黨委、政府等方面的負責人、學校的負責人，一同研究形勢，共同商量處理問題的具體辦法。這種處理群眾問題的方式，是中國政府過程中的一大特色。

近年來，各主要人民團體都在積極探討參與政策執行的新機制。比如，現在已經有19個省（自治區、直轄市）的總工會與同級政府建立了聯

席會議制度。據中華全國總工會民主管理部岳立山介紹，各地聯席會議一般一年召開一次，主要研究：解決困難企業和困難職工群眾的生產生活問題；國有、集體企業改制過程中職工安置等勞動關係問題；勞動模範特別是困難勞模的生活、醫療、住房等福利待遇問題；僅福建省召開的十四次聯席會議就落實解決問題110個。1988年12月，陝西省政府與陝西省總工會為解決職工隊伍和工會工作一些緊迫問題，成功地舉行了第一次聯席會議。目前，除內蒙、遼寧、上海、山東、寧夏、海南、湖南、西藏8省區市外，其他22個省區市都召開了聯席會議，19個省區市專門制定和下發了關於建立聯席會議制度的文件，形成了政府牽頭協調組織、工會積極運作、各相關行政部門積極參與，共同協商解決問題的機制。在北京、福建等16個省（自治區、直轄市）已經將聯席會議制度向市、縣一級拓展❻。

第二節　國務院機構設置

　　國務院作為中央人民政府、全國人民代表大會及其常務委員會的執行機關和最高國家行政機關，其基本職責就是統一全國行政系統的工作，管理整個社會生活。因此，國務院是國家決策的主要執行者。但是，由於中國政治生活的特殊性，六十多年來，國務院的機構設置和內部關係變化不斷。今後，在市場經濟體制和政府職能轉變工作逐步到位的情況下，國務院的機構也還會有一定幅度的調整。所以，有必要對國務院的機構設置情況做一簡略的介紹和分析。

一、改革開放前國務院機構設置的歷史沿革

(一)政務院時期的機構設置

　　國務院的前身是1949年10月設立的中央人民政府政務院。當時的政務院有25個部和4個委員會，連同辦事機構等，機構總數是35個。此後，機構陸續有所增長，到1953年部委達到了38個，機構總數為42個。

(二)「文革」前的國務院機構設置

1954年，一屆人大一次會議召開，成立了國務院，部委爲35個，機構總數爲64個。隨著中央的逐步集權，到1956年，國務院部委爲48個，機構總數達到了81個。毛澤東在〈論十大關係〉一文❼評論了權力過分集中的現象。根據這一思想，中共中央和國務院在1956、1957和1958年先後制定了一系列文件，把一部分工業、商業、計畫、物資等權力下放給了地方和企業，形成了新中國歷史上的第一次「權力下放」。與此同時，國務院部委到1959年減少到了39個，機構總數爲60個。

在三年「困難時期」，國務院機構數量基本保持在部委40個左右、機構總數60來個的水準。但是，由於偏好使用行政方法管理經濟的思路在當時不可能改變，所以，隨著經濟形勢的好轉，從1963年開始，機構又開始增加，到1965年部委達到了49個，機構總數爲79個。

(三)「文革」時期國務院機構的非正常狀態

在「文化大革命」時期，國務院機構有過一次不正常的變動歷程。與地方和單位普遍成立「革命委員會」這一「黨政合一」、獨攬大權的組織形式相類似，國務院機構在近乎癱瘓的情況下進行了大撤併，部委剩下26個，機構總數爲32個，國務院實際能夠管理的僅有19個，其餘部委或局分別由「中央文革小組」和軍隊管理。1971年以後，特別是四屆人大一次會議以後，國務院陸續對機構做了調整，到1975年，部委恢復到29個，機構總數爲52個。

二、改革開放以來國務院的六次機構改革

(一)1982年的國務院機構改革

「文化大革命」結束後，百業待興，國務院機構在陸續恢復的同時，又增加了一些新的機構。當時的許多政府機構是按「產品」設置的，比如有一段時間僅機械工業部就有7個，還有諸如煤炭部之類的機構。到了1981年，部委就已經恢復到52個，機構總數爲100個。這是創紀錄的，

達到了新中國政府機構數量的最高峰。

1980年8月，鄧小平在中共中央政治局擴大會議上發表了有關政治體制改革的重要講話❽，批評了「機構臃腫」等現象。根據這一精神，從1981年12月開始，國務院進行了機構改革，部委減少到了43個，機構總數為61個，而且大幅度減少了包括副總理在內的領導職位，推動了幹部的新老交替。雖然，在當時的條件下，從事這一改革的人們還談不上對中國的政治發展問題有多少新的「理解」，但是歷史意義是深遠的。

(二)1988年的國務院機構改革

由於根本問題不可能得到解決，所以，肯定是不改不行，改也不行，循環往復。政府機構從上一輪改革結束的次年，就開始了緩慢的回升。到1987年，部委小幅增加到45個，但是機構總數上升到了72個。

1987年，「十三大」明確提出了政府機構改革的任務，而且第一次提高到了轉變政府職能和與經濟體制改革相配合的高度。這是歷史性的。

這次機構改革的重點是經濟管理部門，撤銷了機械、煤炭、石油、核工業、電子等一批典型的按照產品設置的政府機構。到1988年，部委減少到41個，機構總數為68個。

(三)1993年的國務院機構改革

1992年，「十四大」明確提出了建立社會主義市場經濟體制的任務，這就又為啟動新一輪的政府機構改革奠定了理論基礎。而且，到1993年，國務院的機構數事實上又回升到了86個。

這次機構改革的特點：一是強調進一步轉變政府職能；二是強調理順部門之間的關係和中央與地方的關係；三是不僅精簡機構，而且精簡人員20%左右。通過這次改革，到1994年，部委數控制在40個，機構總數減少到59個。

(四)1998年的國務院機構改革

在1993年政府機構改革的基礎上，1998年進一步加大了全面精簡的力度，經濟管理部門較大幅度的減少，使國務院部委減少到29個，機構總數減少到53個，人員編制數減少到1.6萬人，都形成了新的歷史紀錄，使

中國的政府機構改革進入了新的階段。

　　由於切實貫徹突出轉變政府職能這一思路，透過這一輪改革，中國的政府機構在職能、規模和數量上，已經與比較發達國家的政府組成相當接近。當然，在政法和文教方面，政府機構還有精簡和調整的餘地，在政府機構和原先是政府機構但後來轉變為社會仲介組織機構的關係調整方面，都有許多需要進一步研究的問題。但是，總的來看，今後，中國政府機構改革的重點，將逐步轉向深入研究中央與地方的關係和縱向間政府關係方面，轉向完善政府過程方面。

(五)2003年的國務院機構改革

　　此次政府機構改革，是在加入世貿組織的大背景之下進行的。 3月10日，十屆全國人大一次會議第三次全體會議通過了關於國務院機構改革方案的決定。方案特別提出了「決策、執行、監督」三權相協調的要求。除國務院辦公廳外，國務院29個組成部門經過改革調整為28個，不再保留國家經貿委和外經貿部，其職能併入新組建的商務部。

　　此次改革的目的是：進一步轉變政府職能，改進管理方式，推進電子政務，提高行政效率，降低行政成本。改革目標是：逐步形成行為規範、運轉協調、公正透明、廉潔高效的行政管理體制。改革的重點是：深化國有資產管理體制改革，完善宏觀調控體系，健全金融監管體制，繼續推進流通體制改革，加強食品安全和安全生產監管體制建設。這次改革重大的歷史進步，在於抓住當時社會經濟發展階段的突出問題，進一步轉變政府職能。

(六)2008年的國務院機構改革

　　按照精簡統一效能的原則和決策權、執行權、監督權既相互制約又相互協調的要求，2008年啓動了新一輪的政府機構改革。3月11日，十一屆全國人大一次會議聽取了國務委員兼秘書長華建敏關於國務院機構改革方案的說明，15日會議通過了關於國務院機構改革方案的決定。改革後，除國務院辦公廳外，國務院組成部門設置27個。這次改革涉及調整變動的機構共15個，正部級機構減少四個。具體包括：合理配置巨集觀調控部門

職能。國家發展和改革委員會被要求要進一步轉變職能，減少微觀管理事務和具體審批事項；加強能源管理機構。設立高層次議事協調機構國家能源委員會。組建國家能源局，由國家發展和改革委員會管理；組建工業和資訊化部；組建交通運輸部；組建人力資源和社會保障部；組建環境保護部，不再保留國家環境保護總局；組建住房和城鄉建設部，不再保留建設部；國家食品藥品監督管理局改由衛生部管理。

此次政府機構改革的主要任務是，圍繞轉變政府職能和理順部門職責關係，探索實行職能有機統一的「大部門體制」，合理配置巨集觀調控部門職能，加強能源環境管理機構，整合完善工業和資訊化、交通運輸行業管理體制，以改善民生為重點加強與整合社會管理和公共服務部門。

(七)2013年的國務院機構改革

2013年3月14日，十二屆全國人大一次會議表決通過了「國務院機構改革和職能轉變方案」，打出了機構改革與職能轉變同步進行的「組合拳」，同時也揭開了新一輪政府機構改革的序幕。本次改革將實行鐵路政企分開，整合加強衛生和計畫生育、食品藥品、新聞出版和廣播電影電視、海洋、能源管理機構。改革後，國務院正部級機構減少四個，組成部門減少兩個，副部級機構增減相抵數量不變。除國務院辦公廳外，國務院設置組成部門25個，取消鐵道部，實行鐵路政企分開，完善綜合交通運輸體系。

此次機構改革加大了機構整合力度，進一步簡政放權，完善制度機制、提高行政效能；不僅與中國經濟社會發展要求相吻合，而且從全球視角看，在一定程度上還體現出當代公共管理的一些趨勢特徵。

三、國務院組成部門

十屆人大一次會議產生的國務院，包括除國務院辦公廳之外的外交部、國防部、財政部等27個組成部門（參見**表8-1**），計有22部、3委、1行和1署。與九屆人大時期相比，國務院機構數減少了一個。這包括在加入世界貿易組織的背景下，為繼續推動流通管理體制改革，同時也是受大部制改革思想影響，將「內貿」（國家經濟貿易委員會）和「外貿」（對

外經濟貿易部）的職能合併，組建了商務部。十二屆人大一次會議產生的國務院，除國務院辦公廳外，有外交部、國防部、財政部等25個組成部門（參見**表8-1**），計有20部、3委、1行和1署。與十屆人大時期相比，這次國務院機構改革，正部級機構減少四個，其中組成部門減少二個。改革突出了四個重點：一是緊緊圍繞轉變職能和理順職責關係；二是穩步推進大部門制改革；三是實行鐵路政企分開；四是整合加強衛生和計畫生育、食品藥品、新聞出版和廣播電影電視、海洋、能源管理機構❾。

所謂國務院組成部門，是國務院的最基本職能工作機構，有時也簡稱爲「各部委」，它們的政治地位高於其他國務院直屬機構、辦事機構等，其首長，也即部長、委員會主任、行長和審計長，和總理、副總理、國務委員、國務院秘書長一起，屬於「國務院組成人員」，參加「國務院全體會議」。他們的行政規格大體相當於有些國家的「內閣成員」。

國務院秘書長和若干位副秘書長，負責協調部際關係和國務院領導的活動等工作。

在國務院機構改革方面，十二屆人大一次會議決定的主要變化包括：實行鐵路政企分開，組建國家衛生和計畫生育委員會、食品藥品監督管理總局、新聞出版廣播電影電視總局，重新組建海洋局、能源局，不再保留鐵道部、衛生部、人口計畫生育委員會、食品藥品監督管理局、國務院食品安全委員會辦公室、廣播電視電影總局、新聞出版總署、電力監管委員會。

對於一個十三億人口的國家，在中央政府設置25個「內閣級」部門並不算多。從外表上看，中國的內閣級政府機構比較美國、英國和韓國是多一點，但是，實際上，由於傳統和慣例等因素的作用，各國政府機構的設置、稱謂不盡一致，不宜簡單比較機構數。比如，美國的「部」是15個，但是，在「部」以外，中央情報局、環境保護署、國家航空航太管理局等機構也都非常重要，規模也不小，活動範圍很大，在政府工作中發揮著重要作用。此外，像美國要有退伍軍人事務部，英國要有威爾士事務部、北愛爾蘭事務部和蘇格蘭事務部，韓國需要設置統一部一樣，中國也有一些由於自己的特殊情形而不得不設置的政府機構，比如國家衛生和計畫生育委員會、國家民族事務委員會等。

表8-1 中、美、英、韓政府組成部門比較示意表

中國（25個）	美國（15個）	英國（17個）	韓國（18+4個）
外交部	國務院	外交和英聯邦事務部	外交通商部
國防部	國防部	國防部	國防部
財政部	財政部	財政部	財政經濟部
農業部、水利部	農業部	農業部	農林部
環境保護部		環境和農業部	環境部
人力資源和社會保障部	勞工部	就業和社會保險部	中央人事委員會勞動部
國土資源部	能源部		
商務部	商務部	貿工部	
教育部	教育部	教育和科學部	教育人力資源部
科學技術部			科學技術部
住房和城鄉建設部	住房與城市開發部		建設交通部
交通運輸部	交通部	交通部	
工業和信息化部			情報通信部
公安部	内政部	内務部	
司法部	司法部	樞密院（法務部）	法務部
	衛生與公共服務部	衛生部	保健福利部
文化部		文體部	文化觀光部
民政部			行政自治部
國家安全部			國家情報院
監察部			監察院
國家發展改革委員會 國家民族事務委員會 國家衛生和計畫生育委員會 中國人民銀行 審計署	退伍軍人事務所 國土安全部	海外發展部 威爾士事務部 北愛爾蘭事務部 蘇格蘭事務部	中小企業特別委員會 統一部 婦女部 海洋水產部

註：(1)平行排列的部委為擁有對應職責的機構，但是這種對應是大略的。

　　(2)上述資料分別來自不同的文獻或政府網站。在不同的版本中，中文譯名也不盡一致，僅供參考。

　　(3)韓國政府組成部門中的「18+4」，是指包括十八個部和由總統直轄的「兩委」和「兩院」。

四、國務院直屬機構、辦事機構、直屬事業單位和部委管理
　　國家局

　　國務院的直屬機構有海關總署、國家稅務總局、國家工商行政管理總局、國家品質監督檢驗檢疫總局、國家新聞出版廣電總局、國家體育總局、國家安全生產監督管理總局、國家食品藥品監督管理總局、國家統計局、國家林業局、國家知識產權局、國家旅遊局、國家宗教事務局、國務院參事室、國家機關事務管理局、國家預防腐敗局共16個。

　　在十屆人大一次會議上，還決定專門設立了一個唯一的「國務院直屬特設機構」──國務院國有資產監督管理委員會。

　　國務院的辦事機構有僑務、港澳事務、法制三個辦公室和國務院研究室，共計四個。另外，有些辦公室是與中共中央的辦事機構「一個班子，兩個牌子」，比如國務院臺灣事務辦公室與中共中央臺灣工作辦公室、國務院新聞辦公室與中共中央對外宣傳辦公室、國務院防範和處理邪教問題辦公室與中央防範和處理邪教問題領導小組辦公室即是如此。它們三個被列入中共中央直屬機構序列。國家檔案局與中央檔案館，也是一個機構兩塊牌子，但列入中共中央直屬機關的下屬機構。

　　國務院直屬的事業單位有新華通訊社；有中國科學院、中國社會科學院、中國工程院、國家行政學院和國務院發展研究中心五個學術單位；有第一次共同構成了中國金融監管體系的銀行業、證券、保險三個監督管理委員會，其中「銀監會」是在十屆人大一次會議上從央行中拆分出來的；有全國社會保障基金理事會和國家自然科學基金委員會；此外，還有中國地震局和中國氣象局兩個副部級單位，共計13個。

　　由國務院有關部委管理的國家局有國家信訪局、國家糧食局、國家菸草專賣局等16個。比如，國家文物局是負責國家文物方面工作的行政管理機關，不是文化部的一個內設局，有一定的獨立性，但是由文化部來管理，也不再是國務院的直屬機構。

　　總之，經過2013年機構改革，國務院正部級機構減少四個。改革後，國務院組成部門設置25個，加上國務院辦公廳、國務院的直屬機構和辦事機構，不含13個事業單位和由各部委管理的16個國家局，截至2015年

6月，國務院的機構總數總計為46個。

 ## 第三節　國務院實施國家決策的活動

　　國務院各職能部門、辦事機構和地方各級人民政府是國務院的決策執行系統。工會、共青團、婦聯等主要人民團體、各政法機關和人民解放軍等也都以一定的方式配合、協助人民政府落實黨和國家的決策。關於國務院的各職能部門、辦事機構和地方各級人民政府，本書已有或將要做簡單的介紹。這裡著重介紹、研究的是中央人民政府實施黨和國家決策的方式。

　　從中國政治生活的實際運行情況看，可以把國務院實施中共中央和全國人大及其常委會的決策，執行憲法和法律的行為，區分為指導、服務、提取、分配、協調、象徵、管制等七個方面的具體活動。當然，也可以按照政府的對內職能和對外職能、階級職能和社會職能的劃分方法來加以闡述；但是，前者是對政府職能的實體性劃分，後者是對政府職能從階級屬性方面所做的劃分，而現在採用的方法是力求對政府職能運行的環節進行分解。下面分別分析這七個方面的執法活動，其中重點分析的是指導、服務、提取和分配的過程。

一、指導

　　主要是指國務院透過制定行政法規等政府文件、透過社會經濟政策的導向、透過制定社會發展規劃和計畫、透過制定產業政策等，對社會生活的各個方面進行指導。其中，行政法規的作用特別突出，我們做一下專門的介紹和分析。

　　行政法規，是國務院或國務院各部門、地方各級政府在執法的過程中，根據憲法和法律的原則，依照法律的權限和程序，就各種行政管理事項而制定的各種規範性文件，如「條例」、「規定」、「辦法」等等。其中，對某一方面的行政工作比較全面、系統的規定，稱之為「條例」；對某一方面行政工作部分的規定稱之為「規定」；對某一項行政工作比較具

體的規定，稱之為「辦法」。

在很長一段時間裡，對行政法規的準確範圍和制定程序等，法律並沒有做統一的規定。1987年4月21日，經國務院批准，由國務院辦公廳發布的「行政法規制定程序暫行規定」和後來的「立法法」的有關部分，使中國的行政法規制定工作進入了依法立法的階段。

行政法規一般包括制定目的、適用範圍、主管部門、具體規範、獎懲辦法、施行日期等內容。內容以條文的方式──款、項、目的方式表達，必要時可以劃分為章節。由於這些特點，中國的官員和老百姓將它們通稱之為「文件」、「條文」，甚至更簡稱為「文兒」❿。國務院常務會議往往要用三分之二的時間來討論法律草案和行政法規草案⓫。

國家一級制定行政法規的主要程序有：

(一)規劃

國務院法制局一般要制定關於行政立法事宜，包括它們的擬訂、修改、補充、清理等各項工作的五年規劃和年度計畫，並組織實施和監督執行。

(二)起草

行政法規的起草分為兩種情況：一是較為重要的法規，由於主要內容涉及了若干業務範圍，所以由國務院法制局或最主要的責任部門負責，並成立由相關部門組成的起草小組；二是法規的主要內容不涉及兩個以上部門的，由業務主管部門負責起草。目前起草工作的主要特點有：第一，行政法規的起草與其實施細則的起草一併考慮，同時進行；第二，吸收有關業務和法律專家參加；第三，廣泛調研，充分蒐集、分析有關資料，包括國外相關行政立法的有關資料。

(三)徵求意見

制定行政法規的過程中，最具實質意義的程序之一就是徵求意見。因為，它作為制定法的開放性階段，是一個再次吸取各方面群眾和有關單位意見的過程。「立法法」規定可以採取座談會、論證會、聽證會等多種形式廣泛聽取有關機關、組織和公民的意見。

行政管理方面的規範性文件在起草過程中和初步擬訂後，都要徵求群眾和有關社會團體的意見，並與有關業務部門協商。對直接涉及公民切身利益的，還要進行公開討論，廣泛聽取意見。

(四)審查和通過

法規和規定擬訂之後，送國務院法制局審查，並由該局向國務院提出審查報告。

由國務院制定的行政法規要經國務院全體會議或常務會議審議通過；經總理簽署和國務院發布後，由新華社發稿，《國務院公報》和《人民日報》全文刊載。國務院各部委制定的規章，要經部（委）務會議通過，經部長（委主任）簽署後，由該部（委）發布。其中，各部委制定的重要規章，要經國務院審批後才能生效；一般性規章，要報國務院備案。

(五)行政法規和有關文件的清理

在舊有的規範性文件不能適應社會生活變化的情況下，一般應當制定新的行政法規或其他形式的政府文件；制定的新法規和其他形式的政府規範性文件必須寫明相關的舊法規、舊文件予以全部廢止或部分廢除。但實際上，在具體政策實施的過程中，由於「政出多頭」或時間銜接上的問題，常常難以避免「紅頭文件打架」的現象。此外，平行制定的內容相關、交叉的行政法規之間，行政法規與相關的法律之間，也都有一個是否相一致的問題。每一個新的法規、文件等進入實施階段，往往都標誌著一系列相關的法規、政府文件、黨內文件全部或部分喪失了法律效力。爲此，國務院及國務院有關部門還定期或不定期地組織對舊法規進行比較系統的清理。

比如，在1992年初，四川省政府爲了減少對企業的行政干預，把行政截留的權利還給企業，就一次性廢止了670件與「企業法」相牴觸的行政文件。實行中，爲了切實達到清理的目標，四川省政府採用了各地區、各部門首先自報與「企業法」相牴觸的行政文件，然後按文件區間號整體抽查的辦法，並重申了規範性文件備案審查的制度❷。四川省的這個做法是比較典型的。

二、服務

服務，即為地方服務，為國家的各項事業服務，為經濟建設服務，為各民族人民的正常勞動和生活服務。政府提供這些服務的主要方式有：(1)興建各種生產性的和非生產性的基礎設施；(2)提供各種資訊、技術；(3)疏通資金和物資的供應管道；(4)組織和發展對外貿易；(5)組織教育、科學和文化活動；(6)為企業事業單位的業務活動和農業生產等提供社會化服務；(7)為公民的日常生活提供公共交通、郵電、通訊、金融、保險、供水、供電等方面的服務；(8)為僑民和國外合法勞動與生活的公民提供必要的照顧和保護等等。

三、提取

所謂「提取」，即指政府按照立法機關所確定的方式吸納、獲得使其自身正常運轉所必需的資金和勞動。在中國，政府這種依法提取活動主要表現為以下幾種具體的情況：

(一)政府以組織公民對國家盡義務性貢獻的方式進行提取

比如組織公民依法納稅、組織適齡公民服兵役、組織部分公民參加協助公安部門執勤等。這種提取顯然帶有強制性的特徵。作為城鎮住房體制中一項重要措施的住房積金、有些城鄉地方組織職工繳納的教育基金、農村有些地方組織農民出的義務工等，由於是必須支付，沒有什麼補償或是只給很低的補助，所以往往多少也帶有強制提取的色彩。

(二)政府有條件地以某種契約方式從公民中提取

比如，發行國債，或稱作政府債券。發行國債，從政府過程的角度看，就是政府透過財政部門和金融部門，用最簡單的方式，以最低的成本為預算赤字籌措資金❸。中國政府曾一度廢棄了這種提取方式，到1981年方再度恢復，並逐漸成為中國政府解決財政支出問題的一種重要途徑。到2000年，按國家預算提供的計畫數字折算，中國政府財政支出對內債的依

賴程度，在不考慮到期國債還本付息的情況下為23.72%❶；如果考慮國債
還本付息的因素，還要再高一些。國家銀行——中國人民銀行以政府確定
的利率吸收居民儲蓄存款也屬此列，也是間接性提取的一種。

(三)政府透過對國家經濟生活的直接或間接的管理進行提取

比如，取得國有企業的利潤，運用客觀存在的「剪刀差」，將農民
的一部分收入轉化為國家積累等。

(四)政府透過自己的對外職能從國外提取

政府可以與外國政府、國際組織和國外的民間組織在互利互惠的基
礎上，從境外獲得一定的資源，如接受國外的財政援助、捐款、接受貸款
等。這一提取管道，中國政府也曾一度放棄。現在，中國政府舉借外債一
般主要是為了給國家重點建設項目籌措資金。1993和1994年，國家財政用
於國家重點建設投資的國外貸款分別安排了260億元、142.45億元❶。

(五)某些不合法不合理的提取行為

如某些地方政府或部門的亂集資、亂攤派等。據反映，以為農民有
償辦理城鎮戶口的方式集資，以向農村高考落榜生提供「農轉非」的就學
機會而多收學費的方式集資等進行提取的現象也是存在的。有些現象，是
否合法的界限比較難劃。比如，有些地方郵政局向用戶徵收「郵政地方附
加費」，用於地方郵電通訊建設。對此，當地政府有時加以制止，有時又
默認。對類似問題，高層政府機關應該有個明確的規範。

四、分配

所謂「分配」，就是政府對國民收入的再分配和對各種資源、機會
的分配。也就是說，政府過程理論所談到的分配，要比財政意義上的分配
涉及的範圍更廣泛一些。

在中國，對國民收入的再分配，是國務院根據全國人大的決策——經
過批准了的國家預算來實施的，具體表現為國家財政的各項主要支出。在
對中國政府這方面的分配行為做分析時，可以將此分解為以下三個要素：

第一，政府進行這種分配的餘地有多大？即政府的財政收入，特別是中央政府的財政收入，在國內生產總值（GDP）中占多大的比率。1978年，財政收入占GDP比重為31.25%，1995年是10.7%，此後，這一比率逐步有所提高。2013年政府財政收入為129209.64億元，GDP為568845.2億元，財政收入占GDP的比重是22.7%。其中，中央政府財政收入為60198.48億元，占GDP比重為10.6%❻。其實，這兩個比重都不算太高。按照世界銀行提供的數據，2006年，各國中央政府經常收入占GDP百分比的平均水準是25.78%，美國、英國和中國的這一比重分別是19.44%、38.26%和10.26%❼，由此可見一斑。

第二，政府怎樣劃分可供其分配的財源？社會生活的各個部分各占多大的比率？其具體表現為國家財政的分類支出，**表8-2**大致能夠反映中國政府這方面的基本情況。

第三，社會生活的哪一個或哪幾個方面，在一定時期的分配格局處於被高度重視的地位？政府對財源進行分配的規律性是什麼？從上面這組數字及其他有關情況看，改革開放以來，中國政府對財源的分配有一定的規律性：一是，隨著資源配置方式和政府職能的轉變，政府直接用於經濟建設的資金的比率有持續下降的趨勢；二是，由於教育和科技的發展，加之建立社會保障制度的需要，用於事業發展和社會保障的資金總體上是持續增長的趨勢；三是，行政管理費持續增長；四是，1985年裁軍之後，國防費在國家預算中所占的比率有所減少，隨後基本保持穩定；五是從20世紀80年代末開始，由於政府資金運作方式的改變，政府的償債額明顯上升，這一數字1990年是190.07億元，2001年是2007.73億元，2005年是3923.37億元，2013年是86746.91億元。

政府對資源和機會的分配，主要表現為：(1)重大建設項目位置的選擇；(2)稅收、投資等方面優惠政策給予對象的確定；(3)財政資金的流向等方面。在這個範疇內，中國政府所做的工作，主要有以下幾個方面❽：

第一，在改革初期，也即在「六五」、「七五」時期，國家財政透過各種減稅讓利等「政策扶持」措施，實際支持國有企業3100億元。具體的事例有，為幫助紡織行業壓縮淘汰落後的棉紡錠子，財政給予了大量補貼，每100錠補貼300萬元。

表8-2 政府財政分項目支出基本情況

單位：億元

時間	支出合計	一般公共服務		外交		國防		公共安全		教科文		社保與衛生		其他	
2007	49781	8514	17%	215	1%	3555	7%	3486	7%	9804	20%	7437	15%	16770	34%
2009	76300	9164	12%	251	3%	4951	6%	4744	6%	14575	19%	12327	16%	31373	41%
2011	109248	10988	10%	310	1%	6028	6%	6304	6%	22219	20%	17539	16%	45861	42%
2012	125953	12701	10%	334	1%	6692	5%	7112	6%	27963	22%	19831	16%	51322	41%
2013	140212	13755	10%	356	1%	7411	5%	7787	6%	29631	21%	22770	16%	58503	42%

註：(1)本表的目的，是為了說明國家財政主要項目支出的比率關係，小數點後面的數位四捨五入，僅供參考。

(2)資料來源於《中國統計年鑑（2008）》第7-6部分、《中國統計年鑑（2010）》第8-6部分、《中國統計年鑑（2012）》第8-5部分、《中國統計年鑑（2013）》第9-3部分、《中國統計年鑑（2014）》第7-3部分。

(3)其中「科教文」包括：教育、科學技術、文化體育與傳媒；「社保與衛生」包括：社會保障和就業、醫療衛生與計畫生育；「其他」包括：節能環保、城鄉社區事務、農林水事務、交通運輸、資源勘探電力資訊等事務、金融監管等事務、國土資源氣象等事務、住房保障支出、糧油物資儲備事務、災後恢復重建支出、援助其他地區支出、國土資源氣象等事務、住房保障支出、糧油物資儲備事務等。

228

　　第二，實行西部大開發策略以後，政府在大型項目的選址和投資、大學「擴招」等方面，都在向西部傾斜。在「三北防護林」、「治沙工程」和一些涉及貧困地區的交通建設項目上，在技術水準要求不高、工期較長的情況下，中央政府往往是以「以工代賑」的方式，透過地方政府，把資金直接以工酬的形式支付給貧困地區的農民。

　　第三，還有一些分配是涉及公民生活的。比如，在「文革」後期，實行的是推薦上大學；從1977年底開始是透過高考上大學；進入90年代後期，又在新的基礎上，對高考實行了小幅度的改革，比如允許一部分地區自行命題等。對於少數民族考生，在錄取分數上有一定的優惠；地方上也有一些有爭議的加分項目。這實際是政府在不斷調整社會成員接受高等教育的進入途徑這一「機會分配」的方式。

　　這些活動一般屬於國務院和國務院各部委職權範圍內的事情。比如，在中國政界有所謂「跑步」的概念，即「跑『部』」的諧音，指地方政權和各大單位的負責人到中央各部委或重要社會團體等進行公共關係活動，其目的無非是爭取在中央各職能部門分配資源和機會的時候，本地方、本單位能夠居於比較有利的位置。

五、協調

　　國務院，作為中央政府，對地方政府、政府各部門和基層，處於掌握全域的和相對超脫的地位。國務院通過這種機制，負責協調中央與地方的關係、各部門之間的關係、各地方之間的關係、民族關係，其中最為經常性要加以協調的是「條條」、「塊塊」的關係，即國務院各部委、國務院直屬企業集團與各地方之間的關係等等。國務院還要對國民經濟各部門之間的比例關係進行技術性的協調。比如，在國庫券發行的數量、管理等問題上，財政部和中國人民銀行就難免由於工作職責的不同產生一些不同意見；在軍隊轉業幹部安置的問題上，軍隊、政府人事部門和地方都有一些各自的特殊困難。這些都需要由國務院加以協調。比如，國務院的各位副秘書長，就職務層次來說，並不比部長和省委書記、省長高，但是之所以很受尊崇，主要原因之一就是他們往往要受國務院領導的委託出面具體

協調重要工作。

六、管制

即政府暴力、強制方面的行為。政府對社會集團和個人的行為施加控制，要比我們通常所說的政府政治統治職能要廣泛一些，角度也不完全一樣。

在現代社會，政府的管制方式較之古代要「和藹」得多，但範圍要比古代寬泛得多。在中國，除了戰爭、壓制敵對者的反抗、維護國家統一、控制恐怖主義行為等以外，交通管理、優生優育、環境保護、防止和制止壟斷、安全生產、義務教育、勞動保護、婦女和兒童的保護、食品衛生等方面（或其中的一些環節），都已經多多少少帶有政府管制的色彩，以便最大限度地維護國家主權，保護人民的生存環境、普遍的發展機會，以及和平勞動、生活的條件。

關於管制的方式，根據管制對象和內容的不同，在政權受到威脅和人民群眾的生命財產受到威脅的情況下，可以動用軍隊和員警，可以採用戒嚴等暴力的方式；但對一般的違法亂紀行為，更多的是採用行政監督、經濟處罰、行政處罰、說服教育、政策限制等方式。

七、象徵

中國政府在貫徹中共中央和全國人大及其常委會確定的大政方針的過程中，還特別注意採取各種象徵性的手段。比如，評選國家級產品品質金質獎、銀質獎和重大科技成果獎；表彰做出優秀成績的公民；評選勞動模範等等。在可能的條件下，中國還向一些第三世界國家提供一定的經濟、技術、文化等方面的援助、幫助，參與國際維和行動和國際間重大災害救助等等。這些工作並不直接「處理」什麼，但透過這些象徵性的活動，可以引導公民和各單位的思想與行為，從而配合總體決策的實現。

第四節 黨政系統實施重大決策的方式和步驟

中國共產黨的政治領導地位，決定了政府在實現它的職能、完成全國人大及其常委會賦予它的各項職權的過程中，是與中共中央執行系統的運作緊密聯繫在一起的。中國的大量政務，特別是那些關乎全域的重大政府行動，往往都是中共中央與有關國家機關來共同推動、組織實施的。在這個過程中，一些具體業務性工作由有關部委、人民團體來實施，中共中央的工作主要是集中於推動、指導和監督。

經過多年的實踐，中國黨政系統在實施重大決策的方式和步驟方面，已經形成了一整套相對穩定的程序和自成系統的做法。在中國，不論是「黨」，還是「政」，推進任何一項重要工作，一般都要經過傳達、試點、計畫、組織、指揮、協調、總結這七大工作環節，構成了完整的依次遞進的基本步驟。不過這個過程不是絕對的順序，某些程序在運作中可能是交叉進行的。

一、傳達

「傳達」，是中國政治生活中的一個常用語，如「傳達文件」、「傳達領導講話」、「傳達精神」等等，其基本涵義是將政治中樞中的決策性指示按一定的組織管道，在一定的範圍內，進行宣傳、布置。傳達包括把決策性指示傳輸給決策實施機關，和把決策的基本精神、原則告訴參與實施決策的一般幹部群眾兩種情況。前者通常稱之為「布置」，後者通常稱之為「宣傳」。

從政治生活的實際情況看，「傳達」作為實施決策的一個步驟有兩個明顯特點：

(一)「布置」與「宣傳」，一般都採用「會議」形式

一般來說，要宣傳和實行的政策越重要，會議的規模就越大，出席和主持會議的領導人的規格就越高。會議的內容、方式是多種多樣的，

僅《中華人民共和國史手冊》收錄的1976年11月至1985年12月十年間的
177項重要事件，屬於會議事件的就達41件，占23.16%，其中除了中共中
央、全國人大和全國政協這些決策性的會議以外，僅屬於實施決策或配合
實施決策的會議就達十六項之多，即：全國鐵路工作工會會議；劉少奇同
志追悼大會；全國計畫會議；全國勞動就業工作會議；科學和教育工作座
談會；加強黨紀搞好黨風座談會；第三次全國城市工作會議；全國思想戰
線問題座談會；全國科學大會；省、市、自治區第一書記會議；理論務虛
會；全國農村工作會議；全國物價工資會議；全國利用外資工作會議；全
國棉花工作會議；全國紀檢工作會議等。

　　各級黨政幹部每年要拿出很多時間用於開會，而其內容除了總結性
會議以外，大多是「傳達」性會議。有人把這種會議稱為「會海」。新聞
媒介中關於會議的報導也頗多。近年來，這種情況有所改觀。從發展趨勢
上看，充分利用現代大眾傳播媒介取代多種多樣的會議，成為「傳達」的
主要方式勢在必行。在中央一級採用電話、電視會議等形式傳達重大決
策，布置政務工作的頻率已經大大增加。

(二)「傳達」是一個由內到外，由上到下，逐層次「公開」的過程

　　重大決策確定之後，黨政系統要共同或分別以「傳達」的形式——
這顯然是指「宣傳」，將決策公之於眾，用以「統一思想」、「統一行
動」和「發動群眾」。但是，傳達不論是以會議的形式，還是以下達文件
的方式，都是一個過程。這個過程的基本套路是，由高級幹部到一般幹
部，先黨內後黨外，最後透過新聞媒介和其他手段廣泛宣傳、動員。這種
過程保證了傳達工作的有序性、嚴密性，但在逐步傳達的過程中，容易發
生決策精神逐漸曲解，訊息傳輸中的準確性逐層遞減的現象，而且傳輸的
速度較慢（參見本書第九章）。這種特點，實際上與會議傳達的方式密切
聯繫在一起，今後，隨著大眾傳播媒介的發展和「會海」現象的扭轉，決
策的傳達過程有可能加快。

二、試點

　　「試點」，也即典型試驗。在這裡專指政務活動中的典型試驗，即

黨政領導機關為了驗證其決策的正確性、可行性，並取得實施這種決策的具體化方案，而在其所轄範圍內的若干單位進行的一種局部性決策施行活動。中國黨和政府所推行的任何一項較為重大的政務活動，幾乎都要經過試點階段，它是中國黨和政府政治上的慎重特點的集中表現之一。僅從1978年以來，中國政治生活中就先後搞過擴大企業自主權試點、城市綜合改革試點、黨政分開試點、公務員制度試點、利改稅試點、縣級直接選舉試點、整黨試點、高校內部管理體制改革試點等等，幾乎是「每改必試」。

　　從近年的各項試點工作看，它主要有以下特點：

　　第一，比較注意選「點」的代表性，即從決策的普遍實施和預示實施結果的角度來選擇被試點。為了做到這一點，一般是選一組不同類型的被試點。比如，在選擇廠長負責制被試點時，經反覆研究，最後確定為選擇瀋陽市和江蘇省為被試點，同時，由各省、市、自治區在其所轄範圍內自選被試點。不難看出，這個選擇，既考慮到了省，又考慮到了中心城市，還有各省內的小範圍，既有北方，又有南方，既考慮到老工業基地，又考慮到了新近發展較快的地方。又如，公務員制度的試點選擇了一個南方的中等城市，而「黨政分開」試點選擇了一個北方中心城市。

　　第二，在試點工作中，開始注意不給被試點提供特殊條件。中共十一屆三中全會以前，特別是在「文化大革命」期間，一直存在著給被試點以特殊條件的問題，從而影響典型試驗的典型性，也影響了大多數後期推廣地方和單位的積極性。被試點搞特殊化，無疑會使被試點工作喪失意義。被試點與大多數地方、單位的唯一差別只應在於先行一步。在不給被試點特殊條件的情況下，為了做好試點工作，現在較為普遍地加強了被試點與非被試點地方、單位的比較工作，即在相同條件下設置「對照組」，有些地方還實行了「暗試」的方式，即不通知被試點地方和單位，而由領導機關在注入政策後，「暗中」加以觀察和分析。

　　第三，對試點工作結果的論證，由上級領導的評價，普遍改為專業論證與領導評價相結合的辦法，同時，電腦技術、模型模擬、實驗方法等新的帶有自然科學特徵的試點方法也開始得到應用。

　　現在，在中國政界「典型示範，逐步推廣」，已成為被普遍肯定的

慣常做法。因此，要想較爲超前地瞭解中國黨政系統的決策思路，就應當也必須到高層黨政機關選定的那些「點兒」，在做深入細緻的調查、研究的基礎上，掌握中國政治、經濟生活的基本動態。

三、計畫

經過試點，決策一旦進入全面實施階段，實施計畫的擬訂就提上了日程。爲了全面推行決策原則必須制定出具體的實施計畫，以便合理地組織力量，分解任務，協調關係，安排進行。「計畫優先」或「計畫先行」，是中國黨政領導機關一貫的行動準則。試點是總體計畫的一部分，又是制定具體計畫的前提。

這裡所說的計畫，不同於「國民經濟計畫」中的「計畫」。它是指如何利用一定的人力、物力、財力，在一定的時間內，實現一定期望目標的決策實施方案。在一個高度崇尚計畫作用的國家裡，對計畫工作的重視不言而喻。制定工作範圍內的各種計畫，幾乎是每一位中國黨政官員的基本功。

根據我們掌握的資料，中國黨政機關制定計畫有著約定俗成但確實較爲嚴格的編制程序：

第一步，通常是分析決策方案的精神和主要原則，從而確定計畫的目的、意義和方針；還要弄清楚一系列需要完成的具體任務（即具體目的）之間的因果關係，弄清楚國內外處理類似問題的一般規律，並確定本計畫所要「計畫」的各項工作的先後順序。

第二步，預測實施本計畫過程中可能遇到的各種因素的影響。

第三步，根據對目標、任務順序的理解和對計畫外因素影響的估計，編制計畫的具體內容；確定完成計畫中的各個子項目的人選和責任；實施計畫所需要的條件、時間表；實施計畫所需採用的方法、預算等等❿。

中國黨政機關在編制決策實施計畫方面積累不少有益經驗，但也相當普遍地存在著計畫過多、內容繁瑣、「紙上談兵」、計畫缺乏後期檢查等問題。

四、組織

　　所謂「組織」，就是組織力量，也俗稱爲「搭班子」。每遇一項重大決策的實施工作都要成立「領導小組」之類的機構，似乎已成爲慣例。

　　就多數情況而言，在中央一級，通常是由一位政治局委員或國務院副總理、國務委員根據其業務分工，出任相關決策實施事務方面的領導小組組長，由相關業務部門主要負責人擔任領導小組成員，在主要責任部門設立辦事機構。也就是說，通常是充分運用領導小組組成人員的原有職務權力，充分利用常設黨政機關的設置來完成計畫所設定的任務，但當原有職務不符合完成計畫所需要的權力時，則透過正常的組織管道，在宣布領導小組組成人員的同時，正式授予小組成員必要的「附加權力」，當常設黨政機關不適應完成計畫的需要時，則往往設立臨時機構或增設新的機構。

　　近年來，與政府體制改革相一致，爲了確保計畫的實施，在「搭班子」的同時，通常建立有關組織人員的嚴格責任制，以便落實任務和計畫。

五、指揮

　　在經過試點、制定計畫、人員組織和任務落實之後，就進入了大規模決策實施的階段。在中國的黨政工作中，這一階段通常叫作「全面鋪開」。指揮，是「全面鋪開」的必然要求。指揮，不同於決策的關鍵之處在於，它是現實地組織若干人去協調一致的行動，以完成一定的決策方案。指揮較之決策有更明顯的技術性、業務性，從政府過程的角度看，它是一種行政活動。

　　從中國政府過程來看，中國黨政事務中的指揮現在有兩個明顯特點：第一，開始重視集體指揮，個人指揮的權威相對下降。第二，多採用設立「一長」或一個領導班子之下的「分管型副職」或「分管型成員」，分工掌握和管理若干職能部門的方式來實施指揮。這種管理模式，具有線條清楚、結構緊湊的優點，但問題在於容易造成上級和正職的權威勢能下

降，容易形成扯皮現象，而且指令的傳遞速度較慢。

六、協調

協調，就是在實施一項決策的過程中，所有參與的主體要素的活動同步化、合作化，透過有效配合，達到控制決策實施過程的效果，以完成共同追求的決策成果。

在中國，從組織角度看，協調主要是在業務部門、政工部門、後勤部門三大系列之間進行的；從人員的角度看，協調主要是在主要責任者、分管型副職和部門負責人之間進行的。就協調方式而言，主要有兩種：一種是經常性地召開協調會議；二是運用領導人的個人影響，在領導人和有關骨幹之間進行非正式協調。

七、總結

在一項重大的決策任務告一段落之後，都要由主要責任者和重要的參與者，系統分析整個決策執行過程的情況，回饋給做出決策的黨中央、全國人大或直接的上級機關，以便使決策者對其決策效果做出全面的判斷，以便更好地完成今後的決策工作。總結要形成正式的書面資料。

第五節　「兩院」的執法工作

最高人民法院和最高人民檢察院，依照憲法和法律，分別從事審判工作和專業法律監督工作；它們依法對全國人民代表大會和全國人大常委會負責。公安機關和國家安全機關等，是屬於行政關係序列的司法機關。在這個意義上，「一府」、「兩院」和其他司法機關的工作，在性質上都屬於執法工作，它們都要按照中共中央的部署和全國人大及其常委會的決定，來履行憲法和法律賦予它們的職責。在這個意義上我們說各項具體司法工作，也是實施黨和國家決策過程內在的基本組成部分之一。

一、司法體系建設概略

　　1949年，「中國人民政治協商會議共同綱領」提出了「建立人民司法制度」的任務。根據當時有關法律的規定，中央人民政府下設了最高人民法院和最高人民檢察署，在政務院下設了公安部和司法部，初步形成了中國的執法體系。

　　1954年，根據第一部憲法的規定，將人民檢察署改稱人民檢察院，設立了專門人民法院和專門人民檢察院；地方各級人民法院、地方各級檢察院、地方各級公安機關均自成體系，並在此基礎上形成了合乎社會主義法制原則的相互監督的關係。

　　但是，1957年上半年開始，由於「左」傾思潮抬頭，給執法體系建設帶來了很大的干擾。1958年，某些地區將公安、檢察、法院三個機關合併為所謂的「公安政法部」，撤銷了剛剛成立的專門法院，取消了公證制度和律師制度，司法行政工作改由人民法院兼管。1962年以後，某些執法體系的某些環節和一些司法制度有所恢復；但是這種恢復尚未形成氣候，便進入了「文化大革命」時期，整個政府的執法系統受到了毀滅性的破壞。這一個時期，是由「革命委員會」和「軍事管制委員會」直接、全部地行使整個執法權力。

　　粉碎「四人幫」之後，人民法院系統的工作率先陸續恢復，執法體系開始重建，並在政治體制改革的過程中有所發展和完善。1978年，第五屆全國人民代表大會決定重建國家檢察機關，自上而下地迅速恢復建立了各級人民檢察院。1979年通過的刑法、刑事訴訟法和檢察院組織法，在法制的基礎上明確了法院、檢察院和公安機關這三個基本執法機關的關係和它們各自的執法行為規範。

二、公檢法機關之間的相互制約和執法工作過程

　　關於人民法院、人民檢察院和公安機關的一般情況的關係，本書不做詳述。這裡，我們著重分析和討論的是公檢法三大執法機關之間的分工和相互制約關係，並從政府過程的角度考查一下它們執法工作的遞進程序。

中國的公安機關屬於國家行政機關的一部分；但是，中國的人民法院和人民檢察院之間，以及它們與國家行政機關之間，都是居於平等的地位。在多數西方國家，檢察機關是行政機關的一部分，比如在國家一級與司法部合二為一時，司法部對總檢察長有約束力。相比而言，中國檢察機關的地位是較高的。

在上述基本關係的基礎上，根據憲法關於法院、檢察院和公安機關「應當分工負責，互相配合，互相制約，以保證準確有效地執行法律」的規定，公檢法之間形成了（突出體現在刑事審判中的）相互制約的關係。這一關係的主要內容是：對刑事案件的偵察、拘留、預審，由公安機關負責；批准逮捕、提起公訴或決定免予起訴，由檢察機關負責；對於公安機關的偵察活動是否合法，檢察機關有權實行監督；公安機關對檢察機關的決定有不同的意見，可以要求復議。刑事案件由檢察機關提起公訴後，由審判機關進行審理；檢察機關對於審判機關的判決或裁定有不同的意見，可以提出抗訴；對於法庭審理案件中是否有違法情形，檢察機關有權實行監督；審判機關認為不應判刑的，可以要求檢察機關撤回起訴，或做出無罪的判決；檢察長可以列席同級法院審判委員會會議。檢察機關對刑事案件判決的執行和監獄、看守所、勞動改造機關和勞動教養機關的活動是否合法進行監督，並對其中的嚴重違法行為提請審判機關依法處理。中國法律肯定了審判機關和檢察機關在民事訴訟中相互制約的原則，但是有關相互制約的具體規定目前尚不明確。

如果把上述橫向相互制約的關係，看作是一個縱向遞進過程的話，正如有的專家所概括的，這是一個有三道「工序」的完整工作體系[20]，即公安機關的偵察、拘留等工作是第一道工序，檢察機關的批捕、起訴是第二道工序，審判機關的審理和檢察機關的監督是第三道工序。在這三個程序中，三大執法機關各有側重，又都有彼此的相互配合與相互制約。

三、中央司法機關與地方各級執法機關的關係

在這裡，我們集中分析一下法院系統和檢察系統各自內部的縱向關係。由於公安機關作為國家行政機關，一般是按行政系統的規則運行的，

所以這裡不做專門的評介。

(一)最高人民法院對下級人民法院審判工作的監督

最高人民法院是地方各級人民法院和專門人民法院審判工作的最高監督機關，對下級法院已發生法律效力的判決和裁定，如發現確有錯誤，有權按照審判監督程序將案件提審或指令下級法院再審；負責按死刑複核程序複核高級法院報請批准的死刑案；負責對沒有明文規定的犯罪按照類推制度定罪判刑的案件；對審判工作中如何應用法律的問題進行解釋等。地方人民法院在當地黨委的政治領導下工作，對產生它們的同級人民代表大會負責；軍事法院的領導機關，是各級部隊的政治機關。

從現行憲法生效以來的實際情況看，上述監督關係體現在中國政府過程中，就主要表現為如下特點：

第一，把監督貫穿於審判工作的全過程，即不僅在判決發生法律效力後進行監督，而且在審判中進行監督。比如，對一些大案、要案和審理難度大的案件，最高人民法院與高級、中級人民法院往往即時研究案件，就適用法律和有關政策的問題交換意見，並即時查問審理的進展情況。

第二，對審判工作出現的新情況如何適用相對穩定的法律規定的問題，進行司法解釋。比如，1978年到1982年，最高人民法院共下發刑事、民事、經濟審判等方面的司法解釋文件114件，其中與最高人民檢察院聯合下發56件；還就農村承包合同糾紛案件、繼承案件、海事案件、專利案件等方面的適用法律問題，做了80多條解答❹。中國最重要的一個司法解釋發生在2001年的夏天。是年8月13日，最高人民法院就山東省高級人民法院關於「齊玉苓案」的請示做出了司法解釋，即著名的「關於以侵犯姓名權的手段侵犯憲法保護的公民的受教育的基本權利是否應承擔民事責任的批覆」。這標誌著突破了1955年關於「不宜援引憲法作論罪科行的依據」等陳規，使憲法終於開始進入了訴訟領域。2003年，最高人民法院制定「關於司法解釋工作的規定」，為司法解釋的立項、要求、調查研究、徵求意見等程序做了規範。據統計，從新中國成立到2011年底，最高人民法院確定具有司法解釋和司法解釋性質文件1600件，司法指導性文件1751件❷。

　　第三，發布案例。即對一些重大的、複雜的刑事案件統一量刑標準；對一些新出現的刑事案件的定罪量刑問題提供範例；對審理一些在改革開放中新出現的民事、經濟案件提供範例。1985年《最高人民法院公報》創刊以後，該刊除了公布最高人民法院的文件、司法解釋外，到2001年底已經公布了368件典型案例❷。這些案例的公布，對於彌補立法和司法解釋上的不足起了重要的作用，有的還從中引申出重要的法律原則和新的判例規則，有的為後來的立法所採納或者作為重要的立法參考。2003年，通過公報發布指導性案例169個，為探索建立案例指導制度積累了經驗❷。

　　第四，「解剖麻雀」。最高人民法院近十餘年來每年都派出大約三分之一的審判人員❷，會同有關法院對一個時期審理的案件，逐件閱卷評查，進行「三堂會審」，甚至「四堂會審」，以便透過一兩個案例發現有一定普遍性的問題，既糾正了誤判，又總結了經驗。

(二)最高人民檢察院對下級人民檢察院法律監督工作的領導

　　人民檢察院系統和人民法院系統的上下級關係是不同的。法院的上下級之間是審判監督關係，而檢察院實行的是「雙重領導」，上下級檢察院之間是領導關係。

　　所謂「雙重領導」，是指檢察機關上級對下級的領導和地方黨委對當地檢察機關的政治領導，地方國家權力機關對它產生的檢察機關的領導。

　　檢察機關上級對下級的領導關係主要體現在行使檢察權和行政事務方面，包括業務工作由上級檢察院具體領導下級檢察院，最高人民檢察院和上級檢察院的工作計畫、規定、決定、命令等，下級檢察院必須遵照執行；上級檢察院有權變更和否定下級檢察院的決定：下級檢察院的工作中遇到的重大問題、處理重大案件等，必須及時向上級檢察院請示報告；地方各級檢察院的檢察長等主要人員，經地方人大或人大常委會選舉、任免後，須報上級檢察院，由上級檢察院提請同級人大常委會批准等等。

　　地方黨委和地方國家權力機關對當地檢察機關的領導主要體現在政治原則和隸屬關係等方面，包括地方黨委對檢察工作的方針、政策的領導

和支持檢察機關依法辦事，並不審批案件。地方各級檢察機關由同級人民代表大會產生，其中檢察長由人民代表大會選舉；檢察機關受本級國家權力機關的監督，對它（和上級檢察機關）負責，並報告工作；地方國家權力機關有權對檢察機關提出質詢；如果檢察長在重大問題上不同意多數人的決定，可以報經本級人大常委會決定等等。

四、執法機關工作運行的主要特點和問題

(一)執法機關工作運行的主要特點

目前中國公檢法三大執法機關的工作，從運行上看，其主要特點可以概括為這樣「四個重視」：

■重視辦案品質

從「反右」到「文革」期間出現的大量「冤、假、錯案」的嚴重教訓，使中央高層和公檢法機關對執法的嚴肅性和準確性問題極為重視，一直在強調執法和辦案一定要堅持品質第一，注重一個「準」字。因此，十幾年來，這方面總體上說做得還是不錯的。比如，全國人民檢察系統1988年全年全國的批捕準確率達99.5%，起訴案件準確率達99.8%❷。2014年，最高人民法院受理案件11210件，審結9882件，比2013年分別上升1.8%和1.7%；地方各級人民法院受理案件1565.1萬件，審結、執結1379.7萬件，結案標的額2.6萬億元，同比分別上升10.1%、6.6%和15.7%❷。這種審判與抗訴的反覆、這種對歷年判決的主動再審，都反映了執法工作法制化程度的提高和對辦案品質的重視。

當然，近年來受不正之風的影響，中國在辦案品質上的問題還是不少的。發生有關問題的主要原因是「人情案」和「關係案」在起作用和一部分辦案人員的業務素質達不到應有要求，具體表現是刑事案件中的失輕失重、民事案件中的裁判不公。

■重視「綜合治理」

1991年的最高人民法院提交給全國人大的工作報告指出：「根據多

年來的經驗，解決社會治安問題的根本途徑是進行綜合治理。」這確實是一個帶有總結性的說法，反映了中國執法工作的一個重要特徵。最高人民檢察院在1989年提交給全國人大的工作報告中，也曾專門闡述了這個問題，並談得更具體一些。報告中說，它加強了同各級中共的紀委，以及政府的監察、審計、工商、稅務、海關等行政執法部門的聯繫，使法律監督同黨紀監督、行政監督結合起來。高檢先後同中紀委、國家監察部聯合下發了加強配合和協作的通知，同其他各有關部門也建立了互相及時移送案件的制度。「綜合治理」的內容實際上比上述兩個提法還要更多一些。

在中國現在提到的「綜合治理」，其主要內容和措施一般包括：(1)開展普法教育，透過典型案例和公開審理，以案講法，教育廣大公民，特別是青少年；(2)法院、檢察院、公安機關、行政執法機關、教育部門、共青團等人民團體，都結合自身的業務或工作特點，經常溝通情況，落實防止犯罪的措施，預防糾紛，制止違法；(3)司法機關在辦案中發現有關單位存在的問題，透過法律監督、司法建議等手段，提醒有關方面改進制度，加強管理，減少違法現象發生的機會；(4)對罪行較輕，有條件到社會上去監督、改造的犯罪分子，適用緩刑、管制等措施，並注意對他們的考察，有關方面，如街道、單位、學校則負責落實監管措施；(5)對勞動中有悔改、立功表現的，依法予以減刑、假釋，以影響其他犯人；(6)加強人民調解工作，把民間糾紛解決在基層；(7)加強信訪工作等等。

■重視「調解」工作

所謂「調解」是指雙方當事人在法官的介入下，透過形成合意解決糾紛的方式。中國的所謂「調解」分為兩種：

一種是由設在鄉、鎮、街道、居民委員會的民間性人民調解委員會的調解活動。2013年全國調解民間糾紛案件為943.9萬件，其中所占比率最高的是鄰里問題和婚姻家庭問題❷。但是，由於社會生活方式的改變和調解協定缺乏法律約束力等因素的作用，近年來調解已經呈逐步減少的趨勢，調解糾紛的數量與全國法院一審民事案件受理數的比例，已經從80年代的17比1下降到1.7比1。為了解決有關問題，最高人民法院2002年9月公布了「關於審理人民調解協定的民事案件的若干規定」，確定人民調解協

定具有法律效力❷。

　　另一類是由法院在民事、經濟審判工作中所進行的調解活動。中國的執法機關歷來實行的是「著重調解」的原則。比如，在1989年的民事、經濟糾紛案件中，採用調解方法解決的占70%以上。有的法院開展了由法院主持的「庭前調解」工作的試驗，即只要雙方當事人自願接受調解，爭議的事實清楚，是非、責任分明，就可以由法院依法進行調解。這種辦法具有隨來隨解、方便當事人，迅速解決糾紛、減少積案的優點，有一定的社會效益。但是，也存在著「重調輕判」，容易形成「強制合意」、審判的公開性與調解的不公開性存在矛盾、合意對各方均缺乏切實約束力等現象。

■重視開展「專項鬥爭」

　　1983年以來，各執法部門根據全國人大常委會和國務院的決定，在中共中央政法委的協調下，針對社會生活中一些突出的違法犯罪問題，多次共同開展了不同規模、不同內容的反犯罪鬥爭，以穩定社會秩序。如「嚴打」（依法從重從快打擊嚴重危害社會治安的各種犯罪活動）、懲治經濟犯罪、嚴厲打擊農村流氓惡勢力、嚴厲打擊破壞生產建設設施犯罪、「掃黃」、清理盜印書刊和違法音像製品活動等等。開展「專項鬥爭」，是為製造聲勢，集中力量，盡快解決問題，遏制有關違法犯罪活動的可能蔓延，以收到理想的社會效果。

(二)執法機關工作運行的主要問題

　　在「無法可依」的問題基本解決之後，中國的執法工作就發生了一些基本面上的變化。「法律實施仍然是我國法制建設的薄弱環節，有法不依、執法不嚴、執法不公的現象在一些地方和部門還相當突出。」這是全國人大常委會副委員長姜春雲在地方調研時發表的一個重要意見❸。在這方面，比較具體的問題主要有：

■判決難以執行

　　民事、經濟審判工作中持續時間最長的、最突出的一個問題就是判決難以執行。據不完全統計，僅在經濟糾紛案件中，判決未能執行的1982

和1986年均爲20%左右，1987年上升到30%，有的省高達40%❸；即使到了十年後的1997年，上海市閘北區法院還在介紹，1996年他們收案2482件，但是積案、存案多達594件❷。據最高人民法院的工作報告分析，造成「執行難」的主要原因，是受到地方保護主義和本位主義的干擾、各地方法院之間的委託執行工作不利、法律不配套（如資不抵債，又不能宣告破產）等❸。

■「以罰代刑」

即對一些應該依法追究刑事責任的沒有依法追究，而僅給以行政處罰的問題。比如，1987年全國在主要黃金產區查獲倒賣、走私黃金案件3055起，但法院受理的僅有16件，只占5.24‰；有的地方主管部門給護林機構規定的任務不是護林，而是上交罰款指標，結果導致用處罰代替法律制裁。有的主管部門沒有將嚴重破壞經濟秩序、擾亂市場的犯罪分子移送檢察院和法院依法追究刑事責任❸。

■執法阻力

在司法獨立原則越來越被普遍認識的同時，「執法中有時還有阻力」，仍然有一些人民法院和人民檢察院，特別是基層人民法院和人民檢察院的執法工作受到干擾，也有一些執法人員不能堅持原則，秉公執法❸。

■執法工作中依法所應具有的適度公開性和透明度不夠

比如，一度有審判人員，包括一些法院的領導，對公開審判的重要意義（如促進迴避規定的實施、保證訴訟參與人的訴訟權利、普法教育等）認識不足。或由於缺少法庭設施、辦案人員不足等原因，少數依法應當公開審理的案件沒有公開審理，有的雖然公開審了，但流於形式❸。這也是近年來執法工作中腐敗現象增多的一個重要原因。

第六節 國家預算的執行

　　國家預算的編制，由於須經全國人大全體會議批准，而屬於決策範疇。人大批准後進行的國家預算的執行過程，則完全屬於決策施行的問題。

一、國家預算的執行機關

　　國家預算的執行機關是中央與地方各級政府。國務院負責執行國家預算，地方各級政府負責執行本地方總預算。在執行過程中，財政部負責組織國家預算的具體執行工作，執行中央預算並監督、指導地方各級預算的執行。地方各級財政部門在本政府的領導下，負責組織本級預算的執行，保證其預算收支任務的完成，並監督和指導所屬下級預算的執行工作。中央和地方各部門則負責執行本部門的單位預算和財務收支計畫。一些重要的預算收入和支出的執行，往往由專門機構來管理。比如，稅務機關來辦理國家稅收和國有企業收入的徵收繳庫任務；在一段時間內，中國人民建設銀行和中國農業銀行，曾經分別負責管理國有單位基本建設資金和支農資金的撥款與結算，並監督這些資金的正確使用等等。1994年，建設銀行所承擔的代理財政職能和政策性貸款職能移交給了國家開發銀行。國家開發銀行是經國務院批准設立的政策性金融機構，1994年成立，主要職能是支持國家基礎設施、基礎產業、支柱產業等重點領域建設，促進投融資體制改革，積極開展金融創新和金融合作。按照國務院的部署，1994年中國農業發展銀行從中國農業銀行分設成立，專門從事糧棉油收購資金供應與管理等政策性業務的工作，中國農業銀行則開始從國家專業銀行轉向國有商業銀行之一。

　　國家金庫是國家預算收支的出納機關，與國家預算的執行關係極為密切。國家金庫包括中央國庫和地方國庫兩部分。中央國庫即總金庫，在全國各地設立分支機構稱為分金庫、支金庫，支庫以下設金庫經收處。地方國庫包括地方各級財政庫，但其業務由中央國庫的分庫、支庫和經收處

分別兼辦，而不另設機構。各級金庫又均由中國人民銀行代理。中央總金庫設在總行，分金庫設在省級地方的分行，中心支金庫設在地（市）中心支行，支金庫設在（市）支行。支行以下的辦事處、營業所設國庫經收處。

國家預算執行與國家金庫的關係，主要表現以下兩個方面：

第一，國家金庫是參與組織國家預算執行的一個重要專門機構。國家預算收入執行的劃分、報解和收納工作，都需要透過國家金庫給予實現；實現國家職能的各項支出，都要透過國庫撥支給予保證。

第二，年度預算計畫確定後，政府要把計畫變為現實，要集中和分配一部分國民收入，都不能離開國庫的工作。另外，它透過審查存款開戶、庫款支援、收入進庫等工作，可以嚴格監督預算支出的執行。也就是說，國庫在集中和分配預算資金、實現預算任務中，發揮其執行和監督作用。

二、國家預算收入的執行

國家預算收入的執行工作，是由財政部門、稅務部門和國庫統一負責組織的，並按各項預算收入的性質和徵收的方法，分別由財政部門和各主管收入的專職機關負責組織管理和徵收。

財政部門在組織預算收入時，要嚴格執行國家政策、法令和規章制度，把應收的收入全部收足。一切應上繳的款項，必須及時足額入庫，財政部門有權通知銀行扣繳。要嚴格限制「偷稅；漏稅；挪用截留應上繳的稅、利；亂攤成本；亂擠企業利潤」等問題。各地區和部門、各企業不經政府批准，不得擅自提高收入提成比率、擴大成本開支範圍、增加地方附加項目和超越稅收管理權限自行減稅、退稅、免稅。

為了積極組織預算收入，政府按各種收入的不同性質，分別設立收入機構。如工商各稅、農牧業稅和鹽稅等，由稅務部門負責徵收和繳納；各種行政收費、罰沒收入、公產收入、雜項收入等由財政部門辦理徵收。

國庫應按規定把收到的預算收入分清預算級次，逐級劃分、報解。屬於中央預算的收入，逐級報解到中央總金庫，增加中央財政國庫存款；屬於地方預算收入，報解同級地方國庫，增加同級地方財政國庫存款；屬

於中央和地方的分成收入，按照財政部通過的留解比率，分別報解中央總金庫和地方國庫，相應增加各自財政國庫的存款。

　　預算收入執行工作的一個重要環節，是嚴格掌握日常收入進度。國庫、稅務部門、國有企業、海關和下級財政部門等，都要按照規定，按旬，或按月、按季向有關預算管理部門提供收入計畫完成情況報告分析表。因此，在預算執行過程中，預算管理部門應充分利用其資訊靈通、反饋及時的有利條件，堅持按旬、按月、按季地抓收入進度，檢查分析計畫完成情況，以便及時發現和解決問題，保證預算收入計畫的完成。

三、國家預算支出的執行

　　預算支出的執行工作，由財政部門負責組織與監督，由各個支出預算部門和單位具體負責執行。財政部門主管預算資金的分配，各個支出部門和單位負責預算資金的使用。中國政府規定的國家預算撥款方法，有劃撥資金和現金撥款兩種。

　　中國地方黨政機關事業單位所使用的預算資金，一般都採用劃撥資金的方法，即根據年度預算，由財政部門或財政部門經過用款單位的主管部門，用撥款憑證向用款單位撥付資金，國庫或銀行據此將財政部門或上級主管部門的存款劃到用款單位的銀行帳號上，供其使用。用款單位在國家預算的範圍內可以較爲靈活地使用這些存款，當年結餘的資金可轉入次年使用。

　　中國的基本建設資金和中央行政、事業資金，目前全部採用限額撥款的方法撥付，即財政部門根據預算和事業進度，在穩定的範圍（時間、額度）內，分期向用款單位下達用款額度──經費限額。用款單位在限額內，按照規定的用途，從開戶銀行支用款項或向下屬單位轉撥限額。然後，財政部門根據銀行按月份報告、經過彙總的限額支出數，通知國庫將存款劃給銀行。這種方法，可以及時掌握預算執行情況，防止資金分散積壓。中央政府近年來特別強調完善地方預算支出進度考核辦法，及時督促支出進度慢的地區加快執行。趨向於加強對結轉結餘資金的清理，頒布了一些進一步盤活財政存量資金的政策措施。

中國政府與政治

2012年以來，中央強調嚴格執行「三公」經費只減不增的要求，減少會議費支出，清理超標公務用車和辦公用房，從嚴控制政府性樓堂館所建設和財政供養人員，嚴格控制使用財政資金舉辦文藝晚會等活動，有關的預算支援明顯減少。

四、國家預算在執行中的調整

為了使國家預算符合不斷發展變化的客觀情況，保證國家預算在執行中的平衡，隨著情況變動，就應當進行必要的調整。國家預算的調整，大體有兩種情況：一是局部調整；二是全面調整。

(一)局部調整

局部調整，主要包括預算的追加追減、運用總預備費、預算科目之間的經費流用和預算的劃轉等，分述如下。

■預算的追加追減

各部門、各單位由於政策、計畫等的重大變化以及難以預料的特殊原因，需要追加追減收支預算時，均應編制追加追減預算。辦理時，先由主管單位提出，由同級財政機關審核並提經同級政府或轉報上級政府通過後執行。中央級各單位的追加追減預算，由財政部核呈國務院審查。追加收入必須有經濟發展的基礎；追加支出必須有確實的資金來源。短收時，必須設法抵補或壓縮開支；減少支出，要相應調整事業計畫。在編制和審定追加追減預算時，要充分考慮到國家預算、銀行信貸、物資供求以及外匯收支等的綜合平衡。

在預算正常執行過程中，支出的追加一般是少量的（如招工、招幹所導致必需的個人部分支出和相應的公用部分支出）。較大量的支出追加，通常是事業發展所導致的，如設備購置、房屋修繕、翻建、擴建費用等。以維修房屋為例，有的是在原地基上重建，也號稱維修。有的「領導項目」，指定某日竣工後，即使不具備條件也強行完成，造成部分工程返工的浪費。因此，要做到支出預算追加的項目單獨項目辦理決算審批工作，對不符合預算追加項目的多支出部分由次年預算撥款中扣回，以維護

預算的嚴肅性。

■運用總預備費

在預算執行過程中，如果發生重大災害，發生沒有列入預算而又必須解決的臨時性開支等情況，可以動用總預備費，但一般應該控制在下半年使用並應經過一定的審批程序。中央預備費的運用要經過國務院批准；地方預備費的運用，應經同級政府批准。

■預算科目之間的經費流用

在預算執行中，在保證不超過原定預算支出總額的情況下，經過一定的批准程序可以在科目之間進行必要調整。預算科目之間的經費流用，並不影響總的收支平衡。但是，不同科目表明資金的不同用途，而資金用途和物資供應相聯繫。因此，進行科目流用，必須遵守政府規定的流用範圍。例如基本建設資金不能與流動資金互相流用，專款不能與一般經費流用等。

■預算的劃轉

由於行政區劃或企業事業單位隸屬關係的改變，必須同時改變其預算隸屬關係時，應及時將全年預算劃歸新的領導部門或接管單位。企業事業的隸屬關係改變後，各單位應當上繳的各項預算收入以及應撥付給各單位的撥款和經費，一律按照預算年度劃轉，並將已經執行的部分同時劃轉。

(二)全面調整

在預算執行中，為了不斷地組織預算的新的平衡，除了進行局部調整外，有時還要進行全面調整。國家預算的全面調整，一般是在當年國民經濟和國家預算執行過一段時間之後進行的。由於工農業生產以及國家經濟管理體制發生重大變化，國家預算收支也要相應地進行調整。根據調整後的國家預算收支總額，再來調整各地區各部門的預算，保證國民經濟有計畫按比率地協調發展。這種情況並不多見。必須進行的全面調整，顯然應得到全國人大或人大常委會的批准。

註釋

❶ 有關中共中央書記處和中共的職能部門的資料，選自《中國共產黨大辭典》（景杉主編，中國國際廣播出版社，1991年5月）、《中國共產黨黨務工作大辭典》（孫行主編，中國展望出版社，1989年5月）等有關工具書的相關條目。

❷ 參見呂福春，《中國複合型社團研究：以中國共青團的職能變遷為個案》，天津人民出版社，2007年。

❸ 載《人民日報》，1990年2月1日。

❹ 參見1983年12月13日《人民日報》的有關報導。

❺ 參見「中共中央關於加強和改善黨對工會、共青團、婦聯工作領導的通知」。

❻ 2003年7月19日新華網李江泓的署名文章。

❼ 載《毛澤東選集》，第5卷，人民出版社，1977年，第267-288頁。

❽ 即〈黨和國家領導制度的改革〉，載《鄧小平文選》，第2卷，人民出版社，1994年，第320-343頁。

❾ 參見馬凱，〈關於國務院機構改革和職能轉變方案的說明──2013年3月10日在第十二屆全國人民代表大會第一次會議上〉。

❿ 「文件」的範圍要比「行政法規」寬泛。比如，政府發布的一些「通知」也常常稱之為「文件」；中共的系統和人民團體系統等也發布文件。因此，行政法規實際上是中國各種文件中最重要、最正規的一種類型。

⓫ 參見《人民日報》報導國務院法制局局長楊景宇的談話，1993年3月8日。

⓬ 張曉東，〈四川廢止與企業法相牴觸文件〉，《法制日報》，1992年5月10日。

⓭ 參見李揚，〈國債管理政策三議〉，《光明日報》，1994年12月30日。

⓮ 國內債務4483.53億元，財政支出18902.58億元（參見《中國統計年鑑（2002）》，第265、267頁）。

⓯ 財政部，「關於1993年國家預算執行情況和1994年國家預算草案的報告」。

⓰ 根據《中國統計年鑑（2014）》表3-1國內生產總值，表7-1公共財政收支總額及增長速度計算得出。

⓱ 參見世界銀行數據庫，《2007年世界發展指標》。

⓲ 霍默靜，〈我國政府對各種資源和機會的分配〉。載於朱光磊等主編，《中國政府與政治研習集叢》，南開大學法政學院印行，2003年，第105-111頁。

⓳參見宋繼軍編,《領導決策學》,天津科技翻譯出版社公司,1992年3月,第1
版,第191-192頁。

⓴此提法可參見孫謙主編,《檢察理論研究綜述(1979-1989)》,中國檢察出版
社,1990年,第87-88頁。

㉑鄭天翔,〈最高人民法院工作報告──1988年4月1日在第七屆全國人大第一次會
議上〉。

㉒參見靳昊、王逸吟,〈最高法院發布「司法解釋彙編(1949-2013)」〉,《光明
日報》,2015年4月9日。

㉓姜聯潤,〈獨具中國特色的「判例」〉,《人民法院報》,2002年3月15日。

㉔參見蕭揚,〈最高人民法院工作報告──在第十一屆全國人大第一次會議上〉。

㉕同㉓。

㉖劉復之,〈最高人民檢察院工作報告──在第七屆全國人大第二次會議上〉。

㉗參見周強,〈最高人民法院工作報告──在第十二屆全國人大第三次會議上〉。

㉘《中國統計年鑑(2014)》,表24-26:調解民間糾紛分類。

㉙參見2002年10月30日《檢察日報》的有關報導。

㉚〈法律實施仍是薄弱環節〉,《人民法院報》,新華社北京2001年4月17日電。

㉛〈最高人民法院工作報告──在第七屆全國人大第一次會議上〉,《新華月
報》,1988年,第4期。

㉜《民主與法制畫報》,1997年2月5日。

㉝1990、1991年最高人民法院提交給全國人大的工作報告都做了這樣的分析。

㉞同㉛。

㉟任建新,〈最高人民法院工作報告──在第七屆全國人大第二次會議上〉。

㊱同上,第53頁。

第9章

政務資訊傳輸過程

- 單通道政務資訊傳輸體制
- 「五位一體」的統合型資訊傳輸體制
- 政務資訊工作

在現代政府的運行中，資訊傳輸過程的地位非常重要。因此，發揮著政治溝通作用，並且伴隨著意見表達、意見綜合、決策和決策的施行全過程的政務資訊傳輸，被稱之爲「政府的神經」。改革以來，中國政府資訊傳輸活動的日益現代化和政府資訊傳輸體制的轉軌變型，以及這些變化在國家經濟、政治生活中所發揮的積極作用，都能夠充分地證明這一點。

第一節　單通道政務資訊傳輸體制

在20世紀80年代中期之前，中國實行的是比較典型的單通道資訊傳輸體制。雖然，在改革以後，政務資訊傳輸體制變化很大，但舊體制的痕跡在很大程度上還存在著。爲了不斷地把有關的改革推向深入，依然有必要對單通道資訊傳輸體制做一定的分析。

一、單通道資訊傳輸體制的概念和特點

資訊傳輸具有一定的指向性，兼含資訊的傳遞、輸送之意。爲了保證政府決策和執行活動的有效性、連續性和一致性，不論何種政體，資訊的傳輸與反饋總是絕對存在的。一個強有力的政府總是擁有一個敏銳、嚴密的資訊網絡和一系列有效的資訊蒐集方法。問題的差別性只在於資訊機制的不同。從現代各國政府的政治實踐看，可以一般地把政府過程中的資訊傳輸體制區分爲兩種基本類型，即「單通道的資訊傳輸機制」和「多通道的資訊傳輸體制」。

所謂「單通道的資訊傳輸體制」❶，並不是說這個政府只有一個資訊傳輸通道，而指的是影響政府決策的絕大部分有效資訊、政府輸出的決策資訊，以及這些決策在執行中的反饋資訊，都是由一個附著於政府本身或爲政府所信任的正規通道傳輸的；也就是說，這個「正規通道」是政府「輸出資訊」與「輸入資訊」的「二合一通道」。所以，有的學者也把單通道的資訊傳輸體制稱之爲「一元化的資訊傳輸體制」❷。

從中國政府過程的實際情況看，這種機制的主要特點是：

第一，在單通道資訊傳輸體制下，決策指令的下達與決策施行效果

的反饋所走的是同一條資訊通道，即同一系列機構向下下達指令，又由同一系列機構向上彙報該指令的執行效果。顯然，在中國，所謂一系列機構目前往往是黨政機關中的辦事部門和政策調研部門。

第二，國家壟斷資訊網絡，資訊機構國營化或主要為政治和政府領導集團所直接掌握。20世紀80年代中期以來，具有「市民社會」特徵的資訊機構開始在中國出現，但總體上看，目前它們還難以進入決策和決策反饋過程。

第三，新聞系統、學術社團等較為正規的非黨政系統資訊管道雖然也可以向決策中樞輸入一部分資訊，對決策或修正決策發揮一定的作用，但畢竟管道不多，容量較小，無法對國家的高層決策直接起到重要作用。而且，這些機構所提供的資訊中不少或是過於一般化，即比較粗糙，針對性往往不強，甚至只是一些關於決策的總體印象；或是過於具體，比如抓住某些事件進行議論。因此，這些資訊大多是以輿論的形式發揮政治作用。處於決策圈之外的這些機構所做的資訊工作有一定意義，其工作方式也可以理解，但對於決策來說又確實是不夠的。

第四，「小道消息」系統，即親屬關係、老上下級關係、師生關係、老鄉關係，乃至朋友之間都可以傳輸政治資訊，其中某些資訊也對政府決策有一定影響。這是一種完全非正規的資訊傳輸管道。「小道消息」往往包含著傳播者的個人傾向性，而且傳播者不對資訊的真假、品質負任何責任。在正常的資訊傳輸管道通暢的條件下，「小道消息」對決策的影響一般不會太大；但在正常的資訊傳輸管道不足或堵塞的條件下，「小道消息」就往往比較活躍，對決策的影響力也就相對上升。此類非正規的社會資訊，作為對正規資訊傳輸體制的一種補充，任何時候都難以完全杜絕，而且也並非一點正面作用都沒有，但總的來說，它在政治生活中起負面作用。這兩種例子在中國的政治生活中，都不難找到。

以單通道資訊傳輸體制為參考背景，做一點逆向思考的話，多通道資訊傳輸體制的基本特點便不言自明了。但是，由於這已超出了中國政府過程問題的研究範圍，故不贅述。

二、單通道資訊傳輸體制在政治生活中的作用

顯然，截至20世紀80年代到來之前，中國的政府資訊傳輸體制就是相當典型的單通道資訊傳輸體制。這種體制，是在中國特定的社會政治環境中，在吸收了中國歷史上的一些傳統，然而也是確實「管用」的獲取政治資訊的策略、方法的基礎上形成的；它在運行的過程中，又利用了一些現代的資訊蒐集手段，因而這個資訊傳輸體制就有了特別的成熟性。

中國政府與中國歷史各個時代上的政治實體有著本質的不同，其統治方法也有明顯區別。但是，由於國情所限，它們有一點是共同的，即都採取了中央集權制度。考慮到中華民族形成的歷史和中國的現實情況，採取單一制這種國家結構形式也是合理、正常的。為了能在單一制的條件下，領導好這個人口眾多、土地遼闊、地域差別懸殊的多民族社會主義國家，就必須採取多級，然而是嚴密、直線的意見表達—意見集中—決策—執行—資訊反饋—監督的政府過程形式。單通道的資訊傳輸體制並不是最理想的資訊傳輸方式，但畢竟是一種與上述情況基本相適應的資訊反饋模式。在當時的意識形態條件下，為了維持一個龐大（約為1000萬人）的政治機器和一個強有力的政治中樞，對一個廣大而不發達的國家的統治，中國在較低層次上選擇單通道的資訊傳輸體制來適應自己的政治、經濟生活，應當說是不難理解的。

在這方面，當時的中國共產黨和政府形成了一整套有效的做法，其主要特點是：

第一，國家政治中樞的決策指令完全可以在不利用或較少地、有限度地利用大眾傳播媒介的情況下，迅速下達到地方、基層，乃至每一個企業事業單位和社會團體，並有能力做到「令行禁止」。之所以能做到這一點，一個重要的因素是在居於領導地位的中國共產黨和中國政府的內部，存在著一個以中共黨的系統為主線、政治上可靠、線路上比較通暢（可以直達每一個「單位」的黨政組織）的資訊傳輸通道。第一代中央領導集體，特別是毛澤東的威望，加大了這個集體核心的政治、經濟決策資訊的輻射力。

　　第二，單通道的資訊傳輸體制輔之以各種較為有效的補充資訊管道。國家的政治中樞要隨時瞭解下情，並有能力制止各地方和單位另搞一套，僅靠單通道的資訊傳輸體制顯然是不夠的。為此，領導者還須建立一些必要的補充資訊管道。但是，單通道加上若干補充管道，並不等於多通道，因為補充管道畢竟只是補充。從中國的具體情況看，這種資訊的補充管道較多地表現為「長下直達」。比如，中央和高層領導經常直接到地方或基層單位視察工作，甚至「微服私訪」，以便能耳聞目睹地方或基層單位上的實際情況。同時，也使基層幹部和普通群眾有機會向最高層領導者反映情況乃至「申冤」；中央派遣工作組、調查組、記者組等地方所無法支配的機構、團體、個人，去瞭解重大的問題，直接向派遣者彙報，非經特派的中央重要報刊駐地方上的分支機構和常駐記者也有責任發揮這種作用；在大多數情況下，不從本地產生全部主要領導幹部，並有計畫地組織幹部異地交流，以便加強中央對地方幹部的直接監督，使中央和這些幹部本身彼此多一些得到更廣泛資訊的管道。這些經驗性做法都在一定程度上保證了資訊流通的可靠性、準確性，確實是有效果的。

　　今後，不論是繼續採取單通道體制，還是去探討其他更適合的體制，上述提到的這些經濟性的獲取資訊的做法，都值得加以總結，並有選擇地吸收到今後的資訊傳輸工作中去，使它們為改革中的政治運行機制服務。

三、單通道資訊傳輸體制的主要弊端

　　在改革之前的大部分時間裡，中國的政治生活無疑是不正常的。它的資訊傳輸體制既是這種不正常政治生活的產物，也不能不對此負有一定的責任。有一段時間，當局「錯招迭出」，直到釀成「大躍進」、「文化大革命」之類的慘劇事實，與高層得到大量錯誤的資訊有很大關係。這種體制的弊端是很明顯的。

(一)資訊的「不當約簡」

　　這是由兩個原因造成的：

　　第一，從資訊理論上講，即使是在元件本身品質不變和個人素質相

同的情況下，多通道的資訊傳輸體制也要比單通道的資訊傳輸體制可靠性強。因為，單通道體制沒有其他資訊管道作為可靠補充，而資訊在傳輸的過程中又不可能沒有一定程度的失誤，那麼，資訊從基層開始，由於層層彙報，級級反映，到了中央決策機構，其可靠性肯定就會有所下降。而在同樣情況下，多通道體制卻有較大的可靠性。比如，漫畫《越來越少》中所描寫的「縣上傳達一大本，鄉里傳達半頁紙，村長動員吧噠嘴，社員聽得直打盹兒」的現象，就說明了這個問題❸。

第二，對資訊的約簡不當。由於資訊管道有限，一些重要的資訊，特別是反饋資訊常常在傳輸的過程中流失了，使得下情不能上達。

(二)「資訊超載」

一種具體政策，無論是有關哪一方面的，執行之後的效果總會在社會許多方面引起迴響（即政策的社會效果是多方面的），這就造成了效果反饋資訊隨著政策指令資訊而成倍增長。如果是單通道資訊系統，即僅僅由執行部門來完成蒐集和傳進反饋資訊的任務，其工作量之大是不難想像的，非一般執行部門所能勝任。這就是資訊超載的壓力，結果難免在反饋資訊時「偷工減料」，人為地使資訊量減少。

(三)「本底噪音」現象

縱向地看，下級對於上級的評價一般是重視的，因此往往容易順從上級的某種偏好。這對於不打折扣地按上級指示辦事來說是件好事，但是對於向上級反饋資訊來說就未必是好事了。也就是說，單通道的資訊傳輸體制很難避免「本底噪音」，即上級的某種基本的和常規的希望和要求對資訊傳輸的干擾。當年中國政治生活中的層層彙報、層層加碼、「戰果」輝煌之類的問題無不與此有關。

(四)「主觀濾波」現象

橫向地分析，不論是決策者還是執行者，在選取和傳送效果資訊的時候，無疑都會有一定的感情色彩和主觀偏好，因而容易造成資訊處理中的「主觀濾波」現象。從政治心理學上講，即使個人品質很好，也難免不受自己主觀偏好的影響，造成一定程度的資訊失真。如果他們有過多的個

人考慮，那麼失眞會更加劇，輕則「報喜不報憂」，重則「弄虛作假」。特別是在單通道資訊體制下，不免造成黨政資訊系統以外的其他方面的資訊系統長期不發達，甚至根本不存在。在一般情況下，這一系統自然更多地首先著眼於統治，因此難以避免在資訊工作中存在著重社會政治資訊，輕忽經濟文化資訊的傾向，難以做到使政府資訊工作優先爲經濟工作服務。

(五)「小道消息」氾濫

由於單通道的資訊反饋體制所有的弊病，都會引起正規的資訊管道不順暢，於是決策所需的資訊量不足，很容易爲非正規管道打開方便之門；同時，普通群衆瞭解政治資訊無門，也會努力尋找體制外的資訊管道。然而從「小道」傳來的資訊本身就有很多問題，結果不僅造成了政治生活中的不正之風，而且往往給決策者和群衆自覺或不自覺的參與帶來很大的盲目性，導致政治生活的不穩定。

總之，單通道的資訊傳輸體制最終必然導致「資訊偏離的傾向性積累」。在這一傳輸體制下，核心的問題是，由於正負反饋的調節機制不健全，使得該資訊系統的「主觀濾波」和「本底噪音」所造成的資訊失眞，都會朝著一個固定的方向——「上級偏愛」——偏離，從而必然導致與決策中既有的偏差相一致。這樣，不論是在下一輪決策中，還是在這一輪決策的施行中，由於是依據了這種在偏差上的「一而貫之」的反饋資訊，必將使所修訂的決策或具體的執行方案偏差更大，即「越走越遠」，「在一條線上跑到黑」。在這種情況下，若不及時調整思路，就可能由局部決策失誤釀成在方針、路線上的全局性失誤，造成難以挽回的後果。從「大躍進」颳「共產風」，到「文革」中的「假大空」，都與此有一定關係。

政府資訊傳輸過程中「偏離」現象的「傾向性積累」，對國家政治生活危害性非常大。因爲，這個綜合性的弊端如果直接體現在政府過程之中，就是一個有可能導致「錯上加錯」的原則性缺欠。在政治生活已經寬鬆許多的1994年，國家統計局竟不得不告誡：在統計數字上弄虛作假，也是一種腐敗。然而，玩「資訊遊戲」的關鍵原因不在下邊，而是在上邊。東北某地有位分管農業的副市長說：「上邊往下層層壓指標，下邊就往上

層層虛假。聽起來一片喜人景象，可怕就可怕這樣的喜人。」❹

需要指出的是，在分析單通道資訊反饋系統的弊病時一再強調體制問題，並不是說決策或執行者的個人素質在政府決策過程中不重要。事實上，當事人的不科學態度會加劇體制弊病；反之，則能在一定程度上彌補體制缺欠。

 第二節　「五位一體」的統合型資訊傳輸體制

一、資訊傳輸體制的轉軌

伴隨著經濟、政治體制改革的推進，中國也出現了一次靜悄悄的資訊革命。一個又一個資訊機構出現了，一個又一個原來不具有或較少具有資訊職能的機構、團體開始產生或強化了它們的資訊職能。這一切都對傳統以黨政系統為核心的單通道資訊傳輸體制產生了一定的衝擊。在這種建設性的衝擊中，經由20世紀80年代中期「四位一體」資訊傳輸體制，於90年代中期初步形成了「五位一體」的資訊傳輸體制。

所謂「五位」，是指黨政機關中的資訊系統、官方或半官方的思想—資訊庫、新聞媒介、民間資訊機構（含有一定資訊職能的社團組織）和在90年代補充進來的政府與民間電子網路資訊系統；所謂「一體」，就是指單通道的資訊傳輸體制尚未完全被打破，其他三方面的資訊機構基本上都是本著為黨和政府提供服務的精神和原則而從事資訊工作。

這種一體制，是介乎於單通道體制和多通道體制之間一種統合型的資訊傳輸體制。單通道體制的弊病過於明顯，而且確已不適合改革中的政府實際運行情況；但在堅持黨的領導、反對自由化的情況下，也不可能實行多通道的資訊傳輸體制，核心資訊機構也不可能完全取得獨立。

二、黨政資訊系統的主導地位

黨政機關內部全國統一的資訊網絡依然是當前中國政府過程中發生

資訊和接收資訊最大的載體。據統計，中國現有政府資訊機構2000多家❺，人員和物質實力較強。從更廣泛的意義上說，各個黨政機關的職能部門和黨政領導人都是資訊的輸出和輸入機構；特別是各級黨委和政府的辦公廳（室）、政策研究室，實際上都是專職的資訊機構。比如，在省、自治區和直轄市一級的地方黨委和政府的辦公廳普遍設有一個乃至若干個資訊處（科），辦公廳的其餘內設部門也都負有蒐集、整理、彙總、上報本業務方面資訊的任務。黨政機關的各職能機構也都負有蒐集資訊彙總於主管領導的職責。

此外，共青團、工會、婦聯等人民團體所掌握的各種日常政務資訊，透過黨內主管領導的管道；各民主黨派方面的日常政務資訊，透過黨委統戰部的管道，不斷彙集到黨政機關。來自新聞系統的政務資訊，如「內參」等，可以直達決策中樞。即使是下述將要提到的民間性資訊、諮詢機構所掌握的政治性資訊，也總歸要「進入」（access）政治中樞，或者說是以黨政機關為其最大的「買主」，否則，在中國政府過程的條件下，這些政治資訊就沒有什麼意義。這些資訊以研究報告、背景材料、情況反映（例如「簡報」等）等形式逐步集中、加工，上報直至中共中央辦公廳、國務院辦公廳，供黨和國家領導機關決策、再決策時參考。

隨著經濟的發展和資訊幹部知識、文化結構的改善，黨政資訊系統所提供的資訊產品的客觀性、準確性較之以往都有了很大的提高，已開始擁有了較為現代化的資訊處理手段。這個變化中的「單通道」與80年代以前典型的「單通道」已經不可同日而語。

三、思想—資訊庫初具規模

目前，這個方面主要有國務院發展研究中心、中國社會科學院、中國國家信息中心，以及發改委、科技部、中國人民銀行等政府部門所屬的調研、諮詢、資訊機構。2006年11月，在北京召開的「中國首屆智庫論壇」上，長期為中國決策層提供政策和諮詢的十大中國著名智庫首次公開集體亮相❻。地方黨政機關有些也成立了類似的研究、諮詢性機構，比如天津市市委市政府的「戰略辦」、市政府的政府法制研究所等。這些思

想—資訊庫也大多是在80年代中期及以後陸續組建或形成規模的。雖然，它們是官方性質的資訊機構，但蒐集、加工的資訊大多屬於社會經濟方面的，主要是為改革服務，不直接解決純統治性問題，且具有較強的專業性、技術性，因此，與傳統的黨政資訊系統還是有明顯區別的❼。此外，一些半官方性質或民間運作的思想—資訊庫也頗具規模，如中國電子資訊產業發展研究院、北京天則經濟研究所等。

(一)國務院發展研究中心

是直屬於國務院的綜合性政策研究和決策諮詢機構（正部級）。中心設有學術委員會與專業技術職務資格評審委員會兩個委員會，下設宏觀經濟研究部、發展戰略和區域經濟研究部、農村經濟研究部、產業經濟研究部等共十二個研究單位；擁有信息中心、中國發展出版社、中國經濟時報社等八個重要的學術和公眾媒體單位。它的主要業務範圍是：研究經濟、技術、社會發展中帶全面性、策略性、長期性和綜合性問題，分析經濟發展、技術發展和社會發展方面的動態，預測發展前景，並即時地向國務院提供決策所需的各種建議和諮詢意見，組織協調國內外重大諮詢研究學術活動，增進中外諮詢研究業務與資訊交流。

(二)中國國家信息中心（China State's Information Center）

它是彙集國家宏觀經濟、法制等方面資訊的專職部門。它的主要業務是：統一規劃和領導國家資訊系統建設和國家資訊系統資源的開發、利用和管理；為國家宏觀決策機構提供資訊支援；向社會提供廣泛的資訊諮詢服務，促進資訊社會化。該機構成立於1987年，由國家發展與改革委員會直接領導，設公共技術服務部、經濟預測部、信息化研究部、信息資源開發部、信息與網路安全部，以及國際信息研究所等；並利用其電子網路，建立了連接各省市的聯合資訊網，每天為數千家單位提供多種動態資訊❽。它建立的包括1988年以來中央和各省市所有法律、法規的「法規庫」，中國宏觀經濟運行資料庫等自成系列。它在近年來形成了定性與定量分析相結合的特色，在經濟模型研製和應用中一直處於國內領先地位，所構建的模型分析系統在國家年度計畫、中長期規劃、重大政策的測算、模擬、論證中發揮了重要作用❾。

(三)中國社會科學院

它是國家最高層次的社會科研機構，集中了一大批優秀的社會科學家和軟科學專家，許多國家級社會科學專業學會的主要負責人由該院院、所級負責人出任。它的主要任務不是政策研究，而是理論研究；但《中國社會科學》等一大批國家級學術性理論刊物，向社會和黨政機關提供了大量精選的理論資訊；一些研究所已開始有意識地向政府機關提供資訊和政策服務。

(四)中央部委所屬的資訊機構

近年來，一些部委也相繼成立或強化了其資訊機構，比較有代表性的有：

■全國公安電腦資訊系統

這個網路已溝通了各省級地方和一些主要城市，部分省廳和市局組建了本地網路。該系統包括人口基本資訊管理、違法犯罪資訊管理、涉外犯罪資訊管理、交通及公安統計資訊等應用系統。這個網路納入了大量的人口資訊和出入境資訊，並可隨時定量和定性分析社會的安全態勢，為加強宏觀和微觀管理指導提供了可靠的依據，為社會提供了廣泛的服務，在交通、消防、安全防範、刑事偵察技術、指揮中心建設等方面的應用也取得了一定進展❿。

■國家統計局社情民意調查中心

它指導全國統計系統社情民意調查機構的工作，組織實施中共中央、國務院有關部門委託的有關社情民意調查任務；開展統計諮詢、相關資訊資料加工處理與查詢服務；負責經濟景氣發展態勢監測、資訊發布及相關科學研究。它的主要業務是：接受國內外的機關團體、企業、院校、圖書館等或個人的委託，為他們研究中國國民經濟和社會發展情況，瞭解經濟建設和人民生活狀況，提供各種統計資訊諮詢，進行各種專項調查、分析和預測。它可以利用分布在全國城鄉的專業抽樣調查隊伍，主要出版物是《中國統計年鑑》等，此外還合作出版英文書刊等。

(五)中國人民銀行

中國人民銀行也形成了自己的資訊系統。銀行資訊系統常常被稱為「社會會計」，因為它以定量和定性相結合的方式分析資金運轉狀況、經營活動狀況，為政府決策提供資訊依據。銀行資訊系統按其隸屬關係自上而下建立，並可根據需要將重點企業事業單位的財會部門，擴展為覆蓋200個城市的衛星通訊聯網的巨大資訊系統。

(六)半官方和民間思想資訊庫

一些半官方和民間運作的思想資訊庫也初具規模，這方面的比較有代表性的有：

■中國電子信息產業發展研究院

中國電子信息產業發展研究院（China Center for Information Industry Development, CCID）成立於2000年7月，由信息產業部原四個司級支撐機構中國電子報社、信息產業部電腦與微電子發展研究中心、中國電子工業發展規劃研究院、信息產業部信息中心合併組建。其主要業務包括：電子資訊產業戰略規劃和政策研究、資訊產業知識產權保護研究、資訊行業資料統計與資訊提供、資訊產業市場監測分析、資訊技術跟蹤分析、資訊類產品評測與企業資格認證等。它擁有包括《中國高新技術產業導報》、《網管員世界》、《世界電子元器件》等在內的六報、十刊、五網、一影視的強大媒體集團⓫。

■北京天則經濟研究所（Unirule Institute of Economics）

它成立於1993年7月，由經濟學家茅于軾、張曙光、盛洪、吳濱、盧躍剛、樊綱、唐壽寧等人與北京大象文化有限公司共同創立。其宗旨是支援並提供經濟學理論和前沿社會經濟問題的高品質研究，推進經濟學的國際交流和理論研究，並將經濟學和社會科學其他學科的研究成果產業化。它是中國第一個民間的獨立政策研究機構，其主要活動以民間學術活動和出版物為主，其品牌刊物《中國經濟學》已成為天則經濟研究所宣傳制度經濟學的陣地⓬。

四、新聞媒體資訊系統高速發展

新聞媒介是中國共產黨和中國政府的「喉舌」和「眼睛」。從普通群眾到黨政官員普遍認可新聞媒介，特別是國家通訊社——新華通訊社，各級黨報、政報、廣播電台、電視台等所提供資訊的權威性和專業性。正如人們所注意到的，在法制尚不健全，而媒體容易引起高層和輿論注意的情況下，一些不法官員、商社對新聞媒介的懼怕超過了對司法機關的懼怕。

雖然，這一資訊系統的主體部分隸屬於黨和政府，但從它們在改革以來的實際作用看，其資訊工作還是很特點的。尤其需要注意的是，由於新聞工作在中央的允許下，繼續強調「宣傳」功能的同時，也突出了「經營和管理」的方面❸，新聞媒體在某種程度上的獨立運作事實上已不可避免。

這一資訊系統的基本框架包括：

(一)以黨報爲主導的中國報業資訊體系

2013年全國有正式登記的報紙1915種，期總印數爲482.4億份❹；此外，還有數目可觀的內部准印報紙，1989年就達到了4014家，而1978年全國只有報紙186種；有雜誌8889種，年總印數約28.9億冊❺。均爲新中國成立以來較多的年份。

中國共產黨各級機關報（簡稱「黨報」），特別是中共中央機關報——《人民日報》在報業中起著主導作用，是黨政資訊系統的基本組成部分。黨報一般占公開發行報紙總數的四分之一左右。

各種專業類報紙和對象性報紙，特別是經濟、政法、青年類報紙也是重要的資訊管道。比如，鄧小平1984年爲《經濟參考報》的題詞就是：「開發資訊資源，服務四化建設」。在經濟形式多樣化的過程中，中國出現了一大批「企業內刊」（包括報紙和雜誌），據說2000年就已經達到了12000種，總印刷量1000萬份左右。由於它們是「老闆」出資創辦的，因此作爲老闆「自己的輿論工具」「是自然而然的事」❻。在它們之中，一些辦得比較順利的內刊是非常注意意見表達的❼。此外，近年來適應生活

方式變化而出現的各種週末報（版）、增刊之類，在社會生活中是非常活躍的，有著很強的介入感，辦「週末」但「不甘寂寞」。

　　20世紀80年代以來，各類文摘報（含報紙文摘版和電台等的報刊文選節目）的數量快速增長，很受各方面讀者的歡迎，現已成為一個重要的社會資訊管道。僅出席1994年5月中國文摘報研究會第二屆年會的就達32家，中共中央宣傳部新聞局的副局長到會並講話❸。以傳播各種政治、社會資訊和政策資訊為主的《報刊文摘》就是其中的典型代表。

　　進入20世紀90年代以後，以各種都市報紙為代表的區域性報紙格外突出，增長勢頭快於全國性報紙；從1996年開始，一批大型報業集團登上了中國的社會舞台，並開始有社會資金投入，這都會影響中國報業的發展和他們發揮社會作用的方式。

(二)以中央人民廣播電台為核心的中國廣播資訊體系

　　2013年，全國共有調頻轉播發射台10,300座，公共廣播節目播出時間為1379.5萬小時，廣播節目綜合人口覆蓋率97.79%❶。中央人民廣播電台是國家電台，它開辦的「新聞和報紙摘要」和「新聞聯播」兩個重頭節目，在中國的資訊傳播分布體系中居於重要的地位。

(三)以中央電視台「新聞聯播」為代表的電視資訊體系

　　這個節目開辦於1978年，當時只有國內新聞。1980年4月1日，中央電視台開展收錄英國維斯新聞社和美英合資的合眾獨立電視新聞社的國際新聞，並把國際新聞併入新聞聯播節目，僅1990年就播出新聞29073條，其中國際新聞6577條❷。2013年，中國共有電視轉播發射台13,400座，電視節目綜合人口覆蓋率為98.42%❷。地方電視台也都有本地的新聞節目。

　　由於人民生活方式的變化，電視在政府資訊傳輸方面的作用越來越大，而且變化非常快。近年來，時常有黨和國家領導人在中央電視台發表談話、接受採訪，或召開全國性甚至是開放式的電視會議。連續報導、系列報導、現場報導是新興的有強大威力的資訊傳播方式，「新聞聯播」、「焦點訪談」等具有新、獨、短、活、真的特點，將大量社會資訊和中央的決策資訊即時、有效地傳到全國各地。

(四)自成體系的新華社資訊系統

　　新華通訊社是國家通訊社，是中國最大的新聞集團和資訊網，在國內有地方分社30個和解放軍分社，海外分社94個，並有亞太、中東、非洲、拉美四個總分社，現已成爲世界六大通訊社之一。新華社是爲報紙、電台、電視台提供發稿服務的。現在，新華社每一日夜透過四條線路發稿約4至5萬條，每月發專稿約10萬條左右，每天用五種外文發稿150條以上。作爲一個巨大的資訊網路，新華社每天透過43條線路抄收34家通訊社和電台的電訊130至150萬字，訂有海外報刊五百多種。

　　此外。新華社每天從獲取的材料中，還有選擇、摘編各種參考資料和參考消息供各級領導機關瞭解國內外資訊之用。它出版報刊五十多種，其中專門報導國際重要資訊的《參考消息》報，是全國發行量最大的報紙，《半月談》是全國發行量最大的雜誌，均爲500萬份左右。1994年該社又開辦了《新華每日電訊》報。這些報刊都是典型的資訊型新聞媒體。

五、電子網路資訊系統異軍突起

　　1994年中國正式接入網際網路，次年網路接入和服務向社會開放❷。到世紀之交，政府主辦與民間的（商業性的或非營利的）各種網站作爲一種新型的資訊傳輸工具已經可以說是異軍突起。現在，除了政府主辦的網站以外，傳統傳媒自辦的網站（比如人民網、新華網、千龍網等）、商業網站和非商業性民間網站也都傳播著政治資訊，都以一定方式介入政府過程和社會輿論，並正在「逐步成爲中國廣大網民獲取新聞資訊的重要管道，並成爲其他網站新聞的重要來源」❷。它們的作用主要體現在以下幾個方面：

(一)電子政務中的資訊傳輸

　　現在，舉凡較大一些的城市，都提出把「電子政務」作爲奮鬥的目標。比如，北京市2001年就召開了「電子政務工作會議」。其實，北京已爲此做了較長時間的準備：1998年，中關村網站正式建成；1999年，中關村創新資源網和企業協會助新網建成；2000年，海澱園管委會十二個職

能部門五大類64項管理與服務項目轉移到網上實施。到2005年，北京已有147個政府機關在「首都之窗」上建立網站，多數局（委、辦）建立了局域網❷，70%的政務部門實現了一半的業務無紙化辦公，增加了政府工作的透明度❷。2009年8月，國防部網站的正式開通，更是頗具象徵性意義。

(二)為群眾提供便捷的政府資訊服務

現在，在全國各地，尤其是在城市社區，網路的基本功能是為群眾提供便捷的政府資訊服務。比如，天津市南開區的「南開網路」就已接入了多數居民區，而網路中心成為「網上社區的大本營」，「區長信箱」一個月可以收到二十多件群眾來信。資訊的溝通使來信涉及的道路、市場、住房、「拆違」和幹部作風等問題，大多得到了較好的解決❷。

(三)意見表達的新形式

網路，為分散的人群提供了意見表達的便捷管道。比如，在2001年「兩會」期間，千龍新聞網進行了十次現場直播，其中有一次同時開通了音頻、視頻和文字通道，一小時的網頁瀏覽量就達795918人次；會議期間還收到「虛擬提案」300多件，有的網民還擔任了「虛擬政協委員」❷。現在，在全國各地，類似「市長電子信箱」之類的意見表達方式已經很普遍了。2009年11月，廣東省「線民論壇」首次舉行，數萬人同時上線，留言數十萬條，並在會後成立了「南方民間智庫」❷。

值得注意的是，中國瀏覽全球資訊網的人數在迅猛增長。截至2014年6月30日，中國線民6.32億，互聯網普及率為46.9%；手機線民5.27億，手機上網的線民比率為83.4%，比一年前增長8.9個百分點；線民人均週上網時長25.9個小時，比一年前增加5.4個小時❷。現有60萬個網站提供電子公告服務，前十大網站每天產生博客文章超過200萬篇，資訊量之大難以計數❸。

六、非黨政系統的資訊機構開始出現

所謂「非黨政系統」資訊機構或具有資訊傳播職能的機構，主要包括高等院校設立的學術性、具有軟科學特徵的專業研究機構；各種學術社

團（學會、協會、研究會等）；一小部分在20世紀80年代中期以後發展起來的純民間，也即個體、私營性質的資訊、諮詢機構；和各類企業自辦的資訊諮詢機構。因此，「非黨政系統」是一個相對概念，不是指這些機構的資訊工作可以脫離中國共產黨和中國政府的領導，而是指他們不隸屬於黨政機關，因此，在資訊工作中有較大的靈活性。

各國的大學都屬於資訊密集區。中國不僅不例外，相反，在這個資訊流通層次相對較低的國家，這種特點越加明顯。高等院校具有研究條件好、學術思想活躍、資訊交流快、研究力量更新速度快、資料豐富，又有紮實的基礎理論條件，歷來是中國重要的資訊蒐集、加工和儲存的場所。近年來，一些綜合性大學，不斷出現跨系（所）乃至跨校的各類研究中心，比如，南開大學中國APEC研究院和北京大學經濟中心等，它們都在事實上起到傳輸資訊的作用，有廣泛的社會、政治影響。

學術組織是民間社團的基本形式之一。一些學者志趣相投，專業相近，以組建學術組織的形式，透過定期聚會，促進學術水準的提高，學術組織也就自然成為資訊集中、交換的場所。有些學術組織還出版刊物，舉辦講習班、培訓班，拓寬了資訊傳播的管道。如中國政治學會、中國行政學會、中國法學會、中國人權研究會等，都屬於既有明顯學術色彩，又有政經資訊交流特點的學術社團組織。有些自然科學協會也成立了類似的組織。比如，1983年依託146個全國性自然科學學術組織成立的中國科學技術諮詢服務中心就專設有資訊部門，業務範圍就包括為政府部門或地方經濟和社會發展策略提供資訊、諮詢服務。

但是，學術組織的理論和政治資訊的交流主要集中在北京、上海、天津等中心城市。在基層，學者人數較少，無法形成規模資訊效益，因而學術組織的數量雖然很多，但其所發出的資訊卻較少能對高層決策和基層生活產生直接影響。

在20世紀80年代後期，一部分青年知識分子從企業事業單位或國家機關游離出來，興辦了一批集體所有制、個體的事業機構，其中包括一些從事資訊、諮詢業的中心、研究所等。這些機構人員「個體化」的骨幹人員往往很少，但由於較好地利用了他們同高校和科研院所的聯繫，吸收了大量的兼職研究夥伴，所以活動能量相當大。今後，這種民間的資訊、諮

詢機構發展會相當快。

中國資訊協會副會長馬家培在一次談話中專門提到：「資訊企業如雨後春筍，除國家興辦的外，還有集體、個人辦的，外資與合資辦的也增多了，僅上海市就有二十多家中外合資的資訊企業。」❸這些民間的資訊機構，利用靈活多樣的優勢，發揮市場機制的長處，大膽介入包括政治資訊傳輸在內的資訊傳輸網路，其成果令人刮目相看。1992年原司法部青年官員袁岳創辦了「零點（Horizon）市場調查與分析公司」，開始進行各種「零點調查」，其中不少是政治性的，或是為政府決策服務的。他們與中共中央統戰部等六個官方機關合作進行的「大陸代表性私營企業發展狀況調查」，承接政府部門等委託進行的「城市居民公眾安全感」、「中央國家機關的青年知識分子流動意向」等，在社會上影響都很大，發揮了為黨政機關決策服務的作用。近年來，一些具有現代意識的中型企業也開始籌建專業性的軟科學或資訊、諮詢性研究機構，為本企業和社會提供服務。這類機構雖然為數不多，但具有較強的生命力，有迅速崛起之勢。

七、「統合型資訊傳輸體制」的總體特徵分析

如前所述，中國政府的資訊體制已不是純粹的單通道模式，資訊體制的轉軌已經開始。透過對以上六個方面的資訊組織或資訊系統的介紹和分析，應當說，已經能夠證實這種轉軌現象的客觀存在，並在一定程度上反映出了這一轉化和作為轉化結果的新的資訊體制的總體特徵。現就有關問題提出幾點具體分析意見：

第一，為什麼說單通道的資訊傳輸體制的變化主要是發生在20世紀80年代中期？因為，前面引用的大量資料表明，新的資訊組織的形成、原有的資訊管道的變化，大多是發生在1985到1988年，包括中國新聞事業的大發展，也包括一些跨地區資訊組織的出現，還有個人和企業興辦的資訊機構也較多出現在這一時期。因此，把資訊體制的轉軌期確定為「80年代中期」是有充分根據的。

第二，為什麼說現行資訊體制已不是單通道模式？這主要是由於近年來新產生的資訊管道，已不是單純的對黨政資訊系統的簡單補充，而是有了好多新的特點和新的職能（參見**表9-1**）。這些機構均不是簡單的論

表9-1 新型資訊傳輸系統與單通道資訊傳輸系統的比較

系統類型 分項說明	學術 組織	思想— 資訊庫	新聞資訊 系統	網路	民間 資訊庫	單通道
社會地位	准獨立	隸屬 黨政機關	隸屬 黨政機關	多樣性	獨立	黨政機關
成員構成	專家	官員、 專家	新聞工作 者	網路 工作者	個體學者	官員
資訊來源	全社會	全社會	全社會	全社會	全社會	全社會
資金來源	自籌、 政府資助	財政	財政、 廣告	財政、廣 告、收費	有償服務	財政
研究方式	協作	接受課題	捕捉熱點	捕捉 熱點等	合同	科層式
研究內容	理論、 戰略	戰略、 政策	事件	事件	應用研究	工作範圍
成果形式	論著、 預測	可選擇方 案	追蹤調研	新聞、對 話等	研究報告	建議和 情報

證工具，而是有了自己相對獨立的地位和作用。它們是中國共產黨和中國政府領導或指導下的、開始具有一定彈性和相對獨立性的資訊諮詢、研究系統。

第三，為什麼把現行的資訊體制稱之為「統合型」的資訊體制？現行體制不是多通道資訊體制，也不可能是多通道的資訊體制。所謂「統」，是考慮到黨政資訊的主導地位；所謂「合」，是考慮到其他資訊系統的過渡性特點，考慮到「五位一體」的共存關係。之所以有「統」有「合」，就是因為中國的政務資訊傳輸系統已經開始細分，已經有了各自的相對獨立性。單通道模式下沒有「統」，多通道模式下也不需要「合」，所以，把現行的資訊體制稱之為「統合型的資訊體制」。

第四，這種統合型資訊體制最主要的特徵是什麼呢？(1)它是「緊密的核心與鬆散的周邊」並存，一個「主導系統」與多個「輔助系統」採用合作、協同的方式，甚至你中有我，我中有你，其典型的表現是大量跨系統的兼職人員的普遍存在。這種協同使用的關係，今後可能進一步得到充實和發展；(2)它可能是單通道模式和多通道模式之外的一種過渡形式，或者是一種新的資訊傳輸體制雛形。

　　第五，20世紀80年代以來，黨政資訊工作本身有了哪些變化？中國政府過程中的資訊體制的變化，表現爲「四位一體」、「五位一體」模式的逐步形成。其更具實質意義的是：黨政資訊系統在黨和國家生活民主化進程的推動下其自身發生了巨大的變化。這種變化主要有：黨政機關在資訊問題上開明化，允許並推動新的更加合理的資訊體制的形成，並在組織、設備等許多方面推動了資訊工作現代化的過程。

　　如上論述的幾乎所有問題都能說明、證實這一點。這是其一。

　　其二，地方黨政機關的資訊工作得到了加強，從而使地方特別是省級黨和政府的資訊網絡，既是全國黨政資訊網絡的一部分，又有了相當大的獨立性。省委和省政府直屬的經濟技術發展研究中心、省級的經濟資訊中心、省級地方派往首都北京和各大城市的辦事處、省級計畫委員會所屬的經濟研究所等機構大多有相當強的資訊開發能力，比如，河北省建立的資訊體制由兩個體系（省直屬機關的橫向系統，省駐京、津、滬等地的辦事處所構成的擴散系統）所構成，資訊網絡遍及全省，反應十分敏銳，省內發生的重大事件二十四小時內就可反映到省領導機關，即刻採取對策，適時處理❷。

　　其三，是黨政資訊系統之間的跨省地區聯繫加強。最典型的一個例子是，1986年10月各省、自治區、直轄市、計畫單列市、經濟特區的駐北京辦事處資訊部門自願組成了「全國各省市區辦事處信息協會」。這個社團性資訊網絡，主要任務是：「有目的地蒐集、整理、分析、研究、儲存各方面的資訊，並及時、準確地交流和傳遞，把本地的資訊輻射出來，把各地的資訊傳回去；積極組織、協調地方各成員的資訊工作；溝通地方與國家機關的聯繫；開展預測和諮詢服務等等。」該協會成立後，多次組織同中央各部委的資訊交流會，傳遞資訊，組織調研，促進了各地方經濟工作的發展❸。作爲地方政府間的一個資訊組織，這種形式是對傳統黨政資訊體系的一種加強，也是一種挑戰，是一種非常值得研究的政治現象。由此可見，對各地「駐京辦」的功能，也不宜看得一無是處。它們至少在政務資訊傳輸方面，是有積極意義的，它們的存在和增加反映了中國社會民主化進程和政治自由度的擴大。

第三節　政務資訊工作

一、政務資訊、政務資訊工作和政務資訊工作機構

政務資訊，就是政府在其運行過程中輸入和輸出的各種資訊之和。在中國，具體地說，政務資訊是指執政的中國共產黨和中國國家機構各個組成部分，在運行過程中從社會生活獲取的各種資訊，它們發出的各種決策、執行資訊以及接受的各種資訊反饋的總和。黨政機關對上述各類政務資訊的歸納、綜合、分析、加工，上情下達，下情上達，將形成的文字資訊、數字資訊等提供給領導機關決策的活動，即是中國政府過程中的政務資訊工作。

政務資訊既不是反映一般經濟活動和社會發展動態的資訊，如市場行情、商品廣告、通知啓示、奇聞趣事；也不一律排斥反映經濟活動和社會動態的資訊，比如市場行情不屬於政務資訊，但市場走向則無疑屬於政務資訊。所以，概括地講，所有黨政領導機關需要的資訊——需要掌握的動態、需要瞭解的情況，它們所發出的資訊，都屬於政務資訊，而不論這些資訊具體屬於哪一個專業領域。

黨政機關，特別是國家政治中樞的各個組成部分和省級黨委、省級地方政府，所管理的是巨大的處於不停頓地運行之中的系統，相應地就要求政務資訊工作具有動態性的特點；同樣的，高中級黨政機關所需要研究和解決的問題幾乎都是全局性的，那麼相應地就要求政務資訊工作也應具有綜合性的特點。毋須論證，政務資訊還必須具有即時性的特點。在這些基礎上，必須充分予以注意的是，高中級黨政領導機關的地位決定了政務資訊工作最根本的特點是它的嚴肅性和權威性。

政府過程中政務資訊工作的主要執行者是各級黨委和各級政府的辦公廳（室）和（政策）研究室。各級地方黨委和地方政府的秘書長實際上是專職的政務資訊工作領導者和組織者。黨政機關的其他職能部門，特別是各級黨委的宣傳部，各級人大常委會的辦事和研究部門都承擔著一定的

政務資訊工作。

搞好資訊工作，是黨政機關的辦公部門發揮參謀、助手作用，政策調研部門發揮「外腦」作用的重要方面。辦公部門是連結和溝通上下左右的「橋樑」和「紐帶」。辦公部門除了做好日常的政務工作以外，更重要的任務就是為領導提供資訊，參與決策。也就是在決策前及時蒐集所必需的資訊，提出供領導參考的建議和辦法；在決策執行過程中做好資訊反饋工作，並根據情況的變化，提出補充調整意見；決策貫徹實施後，及時總結經驗，提出完善措施。可見，辦公部門實際上就是一個大的資訊系統，辦公室工作的過程就是一個資訊的蒐集、處理和輸出過程。

政策調研部門作為黨政高層的「外腦」和「思想資訊庫」，主要任務是為領導的決策提供背景資訊和理論資訊。政策調研部門不領導具體工作，地位比其他黨委部門「超脫」，這有助於它們悉心研究問題。深入實際調查研究，是這個部門發現重要資訊線索的基本方式。但是，由於傳統因素和某些實際因素的制約，政策調研部門的一些工作不得不去事前「找領導的興奮點」，也就難以避免單通道資訊反饋系統的那些常犯的毛病。

黨委宣傳部作為中共的意識形態部門，主要是負責蒐集和整理思想、理論、輿論、新聞、教育、文化等方面的資訊。屬於政府系列的文化、教育等方面的職能部門與上級、同級的黨委宣傳部，在資訊交流方面有著傳統的密切聯繫。

各級人大常委會的辦事部門和研究部門，是近年來黨政資訊系統內發展比較快的一個資訊傳輸管道。群眾對這個管道的認同程度已經有了明顯的提高。本書在第五章及第六章關於意見表達和意見綜合的部分中所提出的有關材料可以證明這一點。

二、政務資訊的構成和來源

從目前的情況中，黨政機關運行過程中需要的動態政務資訊主要包括這樣一些內容❸❹：

第一，上級資訊。這些資訊實際上是那些直接指導各級領導機關工作的準則，是決策的重要依據。主要內容包括：黨中央的路線、方針、政

策;中央國家機關的有關法令、規定、指示;上級主管領導機關發出的政策性指令;黨和國家領導人及上級主管部門負責同志的帶有指導性的講話;上級黨政機關的報紙,以及上級領導機關印發的簡報、通報等內部刊物中傳達、體現的領導指導工作的精神等。上級領導者外出考察、訪問等活動的動態作爲一種「活」的資訊,一般也爲下級所關注。

第二,內部資訊。是指政治中樞內部或某個地方黨委和政府系統所管轄的系統以內的資訊。它一般包括自己蒐集到的或下級報上來的各種固定資訊、流動資訊和突發資訊;綜合資訊和專題資訊;社會動態方面的資訊等等。

第三,平行資訊。指平行機關之間,如部委之間、級別大致對等的地方之間、部委或地方內設的職能部門之間等的往來資訊、情況交流。這包括三個方面的內容:(1)相互之間往來或交換的文件,如黑龍江省政府辦公廳同河北、遼寧、吉林省政府辦公廳交換的文件、簡報以及資訊刊物等材料的固定關係❸;(2)互相參觀、學習、交流的經驗;(3)相互之間的批評、建議和要求。一般來說,黨政機關對兄弟省市、平行部門在政治、經濟、文化等方面的新問題、新情況、新經驗、新成果等是很重視的。對於地方政府來說,平行資訊就是指外地資訊。

第四,社會資訊。主要是指社會各種不同階層、性別、年齡、職別、地區人民的呼聲、意見、建議和要求;典型調查材料、抽樣調查,人民群眾來信來訪;各級領導機關所提供來自於社會、反映社會各方面的情況,也包括社會科學方面的一些研究成果。國際社會的有關資訊在社會資訊中所占的比率越來越高,並已經開始進入地方政府的決策視野。

第五,歷史資訊。重視歷史資訊,才能更深刻地認識現實。例如,對上級制定的政策、指令,不僅要全面掌握現在的規定,而且要對歷史沿革有較深入的研究,瞭解過去與之相關的規定及演變過程,這樣才能更好地理解上級政策的連續性、正確性,以便創造性地貫徹執行。本單位、本系統的一些歷史資訊,對於一個領導者來說,也需要掌握和瞭解。

從政務資訊來源的角度看,上級向下級輸出資訊的主要形式有法規、「紅頭」文件、電報、會議、新聞媒介、對話、領導批示、政治學習等;上級從下級獲得資訊的主要形式有書面報告、請示、實地調查、情況

反映、簡報、統計報告、來信來訪、意見箱、座談會、新聞媒介、對話、聽取彙報、「談心」、建立聯繫點，以及透過某些非正常的表達意見瞭解情況等方式。

三、政務資訊工作的發展趨勢

在相當長的一段時間內，由於種種條件的限制，中國政府過程中的政務資訊工作的現代化程度比較低，政府官員的資訊意識也很不夠。在改革的推動下，伴隨著資訊傳輸體制的轉軌，政務資訊工作的現代化程度在以相當快的速度提高。

首先，應當指出，政府過程中主要參與者的資訊意識有了顯著提高。對於資訊產業代表了新一代生產力的認識，對於市場經濟運行機制的建立向資訊產業提出的嶄新要求的認識，得到了官方的進一步肯定。作為一種象徵，電子資訊系統已經被引進了全國人大例會。從1992年開始，人代會期間國家統計局在人民大會堂設立國內外統計資料庫流動站，為代表提供統計資料❸❻。

第二，與上述變化相一致，政府一直在致力於國民經濟資訊化的建設，而當年的「三金工程」是其入手項目。其中，「金橋工程」係「經濟建設國道」，是為加強政府巨集觀調控的需要而將建設的公用資訊通道；「金關工程」係海關管理資訊系統；「金卡工程」係子貨幣支付系統。嗣後，國家經濟指標資訊系統、國家財政資訊系統、國家稅務資訊系統、工商管理資訊系統、公安管理資訊系統等，都陸續建設，不斷完善❸❼。

第三，在中央、省和中心城市，政務資訊工作在程序和方式上已經擺脫人手人腦加工處理的階段，而進入了電腦人腦並用，微波通訊、電報、電話、郵政傳輸並用，以朝著現代化政務資訊工作前進的階段。但在縣鄉兩級，不少地區的政務資訊處理仍是以傳統方式為主。

第四，大眾傳播媒介在政務資訊傳播過程中的地位和作用明顯增大，從而使這個過程開始具有一定的開放性特徵。同時，過去被鎖起來的許多社會性資訊，已經由只為黨政機關服務轉變向社會各界提供服務，逐步實現資訊共用。當然，有些資訊服務是有償提供的。

　　第五，初步打開了對外政務資訊工作的新局面。在中央層面，外交部新聞發言人制度、國務院新聞辦公室記者會及其發布的各種白皮書等已經正規化。各級地方政府也日益重視對外資訊工作。上海1993年就辦了兩份英文資訊報——《上海英文星報》和《每月上海》。前者已發行兩萬多份，並進入了美英等國的資訊網；後者每期40至50條資訊，主要發往駐外使領館和外國駐京滬兩地的使領館及大型企業的代表機構。同時，對外宣傳工作作風也有了很大轉變，資訊傳播方式更容易被外國人士接受，效果也更好一些。

　　在肯定政府過程中資訊傳輸工作所取得的巨大進步的同時，也還有一些問題需要進一步研究：

　　第一，如何對政府管理資訊工作實現整合。正如聯合國技術合作促進發展部所指出的那樣：「政府關於資訊系統政策的合理制定和實施，需要一個適當的組織機構來保證。」❸❽現在，地方，甚至中央政務資訊工作的管理都比較分散。今後，應當明確一個重要的部門，或組織一個跨部門的委員會，專門統籌、協調和管理這方面的工作，並在此基礎上，進一步制定政府管理資訊化的總體規劃。

　　第二，要實現政務資訊管理的法制化。主要內容有：抓緊資訊立法，制定政府資訊資源的管理條例，保證公民獲得必要的政務資訊的權利，規定政府有向公民提供資訊的義務，規定政府統計等資訊產品向公民有償服務和無償服務的界限，同時規定公民和法人團體有向政府提供資訊資源的義務，有保密的義務；對半官方的和民間的資訊、諮詢機構進行資格審查；當前，要超前研究「中國資訊國道」的「交通法規」；要抓緊研究中國政務資訊的標準化問題。

　　第三，要創造條件，開放更多的政務資訊資源，使更多的寶貴資訊實現社會共用。當前，這方面的問題主要有這樣幾個：(1)帶「密級」的東西太多，其實「相當一部分不是『保密法』規定的國家機密」❸❾；(2)有些地方，要害的政務資訊不公開，雞毛蒜皮的情況才公開；(3)資訊的部門限制，資訊機構跨越部門和專業的界限比較困難。在這些方面，要努力改進，為實現政務資訊傳輸的公開化打好基礎。

　　第四，中國要有自己的「蓋洛普」。黨政機關應該更多地瞭解群

眾。在建立市場經濟體制、社會流動加快的今天，傳統的資訊蒐集手段已明顯地不夠用了，大規模民意調查模式的建立應當提上日程。中國也應當有創意新穎、真正能觸及群眾脈搏、可信度高的民意調查。這樣的機構應當得到政府扶持，又有自己的相對獨立性。

第五，要增強政務資訊工作的「社會溝通」意識。各級黨政機關要透過科學的資訊交流活動，溝通與群眾的聯繫，使黨政機關的政務工作得到群眾的理解和支援，密切黨政機關同群眾的關係，樹立黨政機關在群眾中的良好形象，全面提高政府運行的有效性。

在今後相當一段歷史時期，政府過程中的資訊傳輸體制不可能是單通道的，也很難形成多通道的模式。目前這種統合型「五位一體」的資訊傳輸體制，比較符合中國的一般狀況，也確有一定的「彈性」，估計會穩定相當一段時間，甚至會作為「第三種模式」長期存在下去。

註釋

❶ 這個概念及有關內容參考了何維凌等先生提出的「資訊反饋體制」概念等研究成果。參見〈國家決策過程中的資訊反饋體制初探〉，載《農村・經濟・社會——中國農村發展問題研究組集刊》，第2卷，知識出版社，1985年，第270-275頁。

❷ 參見俞可平，〈政治溝通透視〉，《光明日報》，1989年11月12日。

❸ 劉志永畫，《今晚報》，1991年7月30日。

❹ 《采風報》（天津），1994年3月8日，轉引自《瞭望》週刊。

❺ 章海泉，〈資訊市場有待規範〉，《光明日報》，1994年6月6日。

❻ 它們是：中國社會科學院、國務院發展研究中心、中國科學院、中國軍事科學院、中國國際問題研究所、中國現代國際關係研究院、中國太平洋經濟合作全國委員會、中國科學技術協會、中國國際戰略學會、上海國際問題研究所。參見楊清林，〈服務決策層 中國十大「智庫」首次公開集體亮相〉，http://news.xinhuanet.com/politics/2006-11/09/content_5307726.htm。

❼ 例如朱旭峰探討了於中國思想庫如何在政策過程中發揮影響力的問題。參見朱旭峰，《中國思想庫：政策過程中的影響力研究》，清華大學出版社，2009年。

❽ 李南，〈國家資訊中心轉變政府職能服務市場〉，《光明日報》，1994年1月23日。

❾ 國家信息中心，http://www.sic.gov.cn/Column/94/0.htm。

❿ 參見1992年6月2日《人民日報》載新華社北京電。

⓫ 朱旭峰，《中國思想庫：政策過程中的影響力研究》，第165頁。

⓬ 同上，第189頁。

⓭ 參見1996年9月26日江澤民同志視察《人民日報》社時的談話。

⓮ 參見《中國統計年鑑（2014）》，表23-2：圖書、期刊和報紙出版情況。

⓯ 參見《中國統計年鑑（2002）》，第760頁。

⓰ 劉傳標，〈企業內部報刊茁長的背後：國內企業自辦報刊現狀分析〉，《金花》（西安），2000年，第9期。

⓱ 比如深圳寶安的《寶安風》、西安金花的《金花》等。

⓲ 《采風報》，1994年5月20日。

⓳ 參見《中國統計年鑑（2014）》，表23-13：廣播電視事業發展情況。

⑳《中國百科年鑑（1991）》，中國大百科全書出版社，1991年，第233頁。

㉑同⑲。

㉒〈中國新聞圖史介紹〉，《中華讀書報》，2002年8月7日。

㉓〈大陸第四媒體異軍突起〉，《世界日報》，2001年11月7日。

㉔張劍松等，〈政府推動：中國信息化的關鍵〉，《人民日報》，2001年1月20日。

㉕參見《北京晚報》，2005年12月16日。

㉖〈區長網上信箱，溝通居民親情〉，《今晚報》，2001年4月23日。

㉗周科進，〈溝通民意的電子管道〉，《光明日報》，2001年2月14日。

㉘《21世紀經濟報導》，2009年11月3日。

㉙〈2014年度輿情報告：網路輿論載體的變化和媒體融合〉，人民網，2014年12月31日。

㉚〈互聯網推動了中國民主政治發展〉，《環球時報》，2009年10月30日。

㉛崔書文，〈資訊服務業要上新台階〉，《人民日報》，1993年10月14日。

㉜參見馮繼偉，《資訊的傳播與應用》，新華出版社，1987年4月，第14頁。

㉝參見王進等主編，《中國黨派社團辭典》，中國黨史資料出版社，1989年9月，第526-527頁。

㉞參見黑龍江人民政府辦公廳資訊處編，《資訊工作手冊》，黑龍江人民出版社，1987年，第342-344頁。

㉟同上書，第343頁。

㊱李善運，〈統計局資料成爲「搶手貨」〉，《新華每日電訊》，1994年1月12日。

㊲顧朝曦，〈國民經濟資訊化的呼喚〉，《人民日報》，1994年1月12日。

㊳同上。

㊴〈政府資訊公開需要法制化〉，《工人日報》，2001年3月9日。

第10章

政府過程中的監督體系

- 監督體系的基本框架
- 法律監督
- 政府與政治監督
- 社會監督

　　監督，即監察、督導、檢查、督促之意。政府過程中「監督」的要旨是：為保證政府機關和政府官員在法律所允許的範圍內活動，而由一定的權力主體和社會機構對其實施監控的各種活動。一定社會中，享有監督權力的所有主體之和，構成該社會政府過程中的監督體系；或者說，享有監督權的各個主體是整個監督體系中的各個子系統。健全監督體系的存在，是執政黨和政府正確決策、正確執行和保持廉潔的保障。以一定「體系」形式存在的監督，是對執政黨和政府及其運行的全方位、全過程的監督。

　　新中國成立後，就建立了國家和政府監督機關，如政協、檢察署等。但是，由於對「左」傾思想的干擾，也由於時間因素的限制，監督體系建設工作不僅始終未能得到系統的推動，反而在「文革」中遭到全面衝擊。改革以來，監督體系也和政府過程的其他重要環節一樣得到了恢復和發展，並第一次開始形成了全方位的監督體系。

第一節　監督體系的基本框架

一、監督體系的形成過程

　　新中國成立以後，監督體系逐步形成。其間，在20世紀50年代上半期和80年代前半期出現過兩次「高潮期」，並於80年代中期基本形成了比較健全的國家監督體系。

　　經過短暫的過渡階段，新中國先後建立了以全國人大和全國政協為核心的政治監督、法律監督管道。此後，中共八大也對黨內紀律檢查問題做出了原則性規定。當時，人民監察委員會是政務院四大委員會之一，地位高於各部，監督對象為一切國家機關政務人員，監督內容涉及到國家政策、法律、法令及違反國家利益的行為。1954年人民檢察委員會改為監察部，其職權縮小為監督國家行政機關、國營和公私合營企業、合作社的工作人員，監督的內容也相應縮小為檢查上述人員是否正確執行國務院的決議、命令等比較具體的範圍。

　　類似新聞輿論監督等社會監督形式，由於時代條件的局限尚未提上

日程。

　　按照當時的情況，如果這個監督機制的建立過程再持續一段時間的話，有可能形成較爲健全的國家監督體系。但是，現實的歷史過程打亂了完成這一重要歷史任務的節奏，倒退出現了。1959年4月，監察部被撤銷。在「文革」期間，中共紀檢機構也被撤銷。1966年夏天以後，全國人大及其常委會停止了國務活動，檢察院被撤銷，法院停止工作。

　　「文革」結束後，監督機制建設工作得到了恢復和發展。1978年恢復了檢察院，1979年通過了新的檢察院組織；十一屆三中全會，選舉產生了以陳雲爲首的中共中央紀律檢查委員會；1982年頒布的現行憲法，對監督等重要問題做出了新的規定，並擴大了人大常委會的監督權；1986年恢復了監察部，1988年該部頒布了「監察機關調查處理政紀案件試行辦法」，1990年12月國務院又頒布了「行政監察條例」。現在，人民團體、群眾組織、新聞輿論等方面的社會監督也進入了新的階段。可以說，從「八二憲法」頒布到恢復監察部，表明國家監督體系基本形成。

二、監督法的基本精神

　　監督法的頒布，前後經歷了二十年的時間。自1987到2006年，歷次全國人大共收到222件關於制定監督法的議案，參與聯名代表4044人次。2002年8月，監督法草案終於提請九屆全國人大常委會第29次會議審議❶。隨後，十屆全國人大常委會又對監督法草案進行了審議。在不斷就草案修改工作聽取意見的基礎上，2006年6月和8月，草案先後經兩次常委會會議審議，並根據審議意見進行了修改、完善。8月25日，委員長會議決定，將監督法草案交付表決。兩天後，全國人大常委會表決通過了這部法律。自此，各級人大常委會的監督工作也步入規範化軌道。

　　「監督法」共9章48條，主要有三大內容：一是明確了人大常委會實施監督的原則；二是明確了人大常委會監督的對象、程序、內容；三是明確了人大常委會監督的方式和手段。「監督法」專設一章即第五章，對規範性文件的備案審查制度進行了規定。對規範性文件進行備案審查，是憲法賦予人大常委會的法律監督職權，對於維護法制的統一和尊嚴，至關重

要。這部法律是一部較全面、系統、適合國情的監督方面的法律。這對於人大常委會依法履行監督職權、加強監督工作、促進依法行政和公正司法都很必要。在此次立法過程中，監督法草案內容做了多次調整，形成了以下四個特點：

第一，將該法的調整範圍確定為規範人大常委會的監督工作，相應地將名稱修改為「各級人大常委會監督法」。各級人大和人大常委會都有對「一府兩院」的監督權，但人民代表大會與人大常委會的具體監督職權有所不同。雖然，人大的一些職權具有監督「一府兩院」工作的性質，但人大每年通常只開一次全體會議，難以實施經常性監督。所以，對「一府兩院」實施經常性監督的職權很大程度上是由常委會行使的。監督法確定首先規範人大常委會的監督工作，較為切合實際。

第二，肯定了近年來地方各級人大為加強監督工作做了許多探索。理論界公認，監督工作的明顯改進是「八二憲法」生效以來人大常委會工作的最大亮點。但是，需要對這些有益的探討加以規範，也即進一步加強和完善人大常委會對「一府兩院」工作的監督，要求通過國家立法的形式來提升水準。

第三，完善人大常委會對「一府兩院」工作實施監督的形式和程序。實際上，憲法和有關法律已經賦予了人大常委會對「一府兩院」工作的監督權，不需要監督法重新賦予。實踐中的突出問題，是監督的形式和程序不夠完善，而各地方在探索中的做法又不盡一致。針對這種情況，監督法著眼於增強監督實效，著重將人大常委會對「一府兩院」工作的監督進一步規範化、程序化。

第四，對監督法與憲法和有關法律的銜接處理得比較好。該法在總結實踐經驗的基礎上，力求對監督的形式和程序做出切合實際、比較全面的規定，對憲法和有關法律已有的規定原則上只做銜接性的規定，不照抄照搬。這樣，既增強了針對性，又有可操作性，也簡明扼要。

三、監督體系的基本框架

目前，監督體系由三個系統、九個主體和相應的十二種功能的監督

活動構成。

第一，法律監督系統。共有兩個主體：一個是全國和地方各級人大及其常委會，另一個是各級檢察院。這兩個主體共可進行四種功能的監督：一是由全國人大及其常委會負責的「憲法監督」，這是一種最高層次的法律監督；二是一般意義上的「人大法律監督和工作監督」，即從國家機構關係的角度，各級人大及其常委會對其他國家機關實施法律情況的監督；三是人大的「預算監督」；四是從各級檢察院角度所進行的「專門法律監督」，也叫「檢察監督」。

第二，政治和政府監督系統。共有五個監督主體：一是如上提到的各級人大及其常委會（與第一個系統有交叉）；二是中共的各級組織和各級紀律檢查委員會；三是各級人民政協及其常委會；四是國務院、地方各級政府及所屬的監察部；五是審計署。這五個主體所進行的分別是「人大工作監督」、「中共的政治監督和黨內紀律監督」、「政治協商監督」、「行政監督」和「政府審計監督」。

第三，社會監督系統。其監督主體有三：一是公民；二是工會、共青團和婦聯等重要的人民團體和一些影響力較大的群眾組織；三是新聞媒介。這三類監督主體的功能，分別是公民以個體形式進行的「普遍性社會監督」、「社會群團監督」和「社會輿論監督」。

上述三個系統的九大監督主體又可分為兩種類型，即「權力型的監督主體」和「仲介型的監督主體」。前者，是指那些不僅具有監督的意識和督促的能力，而且有權依照憲法、法律、黨紀和政紀，對被監督的對象直接進行處理的監督主體。它們所進行的是強制性的、直接性的監督。各級人大及其常委會、中共各級紀檢委、各級檢察院和各級監察機關，都屬於這種類型。後者，是指那些具有監督意識和督促能力，但主要是透過對監督對象產生政治影響或社會影響，並使之進入權力型監督主體的法律、黨紀和政紀程序的監督主體。它們所進行的是不具有強制性的間接監督。政協、人民團體、公民等都屬於這種類型。

如上這些監督系統和監督主體所載有的監督功能及其實現形式和實現程序，共同構成了作為政府過程重要組成部分的監督過程。

第二節 法律監督

　　法律監督包括憲法監督、全國和地方人大及其常委會對其他國家機關的法律監督和檢察監督三個基本組成部分。在此說明兩點：第一，儘管人大監督分為法律監督和工作監督，但為了論述方便（比如要說明人大監督工作的總體特點等），把人大的工作監督提到本節與人大法律監督一併分析。第二，檢察院系統定義為法律監督機關，不過是沿襲了約定俗成的提法。事實上，在人代會制度的條件下，全面的法律監督機關只能是全國人大及其常委會。所以，這裡把專門行使對司法活動的監督檢察機關列為「法律監督」系統的三個基本組成部分之一。

一、憲法監督

　　憲法監督是現代國家監督體系中最具根本性的一種制度。在中國，憲法監督原則早已在「五四憲法」中確定下來，但至今沒有形成系統的憲法監督制度，沒有專司憲法監督的機構。

　　憲法規定，憲法監督的內容和範圍，主要包括三個方面：

　　第一，審查法律、法規和其他政府文件是否違背憲法的基本原則和精神，即全國人民代表大會有權改變和撤銷全國人大常委會不適當的決定，全國人大常委會有權撤銷國務院制定的同憲法相牴觸的行政法規和行政命令，撤銷同憲法相牴觸的地方國家權力機關通過的地方性法規和決議。這也被稱作「違憲審查制度」，它是憲法監督制度的核心內容，是保證法律實施的重要制度。關於各政黨和社會團體制定的文件是否屬於憲法監督的內容，規定並不明確；但根據「一切機關和公民都必須在憲法和法律的範圍內活動」的原則，應當肯定政黨和社會團體制定的文件也應屬於憲法監督之列，但監督方式可以研究。

　　第二，全國人大以憲法監督的名義，監督國家機關組成人員和一切國家公職人員是否合法履行職責，並糾正他們的違憲行為和追究他們的違憲責任。

　　第三，各級人大及其常委會、各級政府、司法機關，都有權力監督並糾正一切侵犯憲法賦予公民的基本政治權利的行為，保護公民的人權不受侵犯。

　　從憲法監督的程度上看，全國人大或全國人大常委會可以直接改變和撤銷違憲的法律、法令和決定，可以對特定的事件進行調查。截至目前，全國人大或人大常委會還沒有正式以違憲審查的名義啟動過有關工作程序。顯然，在中國「違憲」的現象不可能沒有，對「違憲」現象也不可能沒有任何審查。所以，在過去違憲審查的具體施行過程中，看來不能排除透過內部「打招呼」、提出批評等靈活方式，要求有違憲行為的地方、部門和單位自我改正的做法。之所以從來沒有以違憲審查的名義啟動有關工作程序：一是認識問題；二是沒有專門的違憲審查機構，有關工作無法操作。中國的多層次立法權和「二元法制」的現實，使違憲立法和違憲決策的可能性很大。國家應在適當時候建立憲法監督機構。

　　根據人代會制度的基本精神，設立獨立的監督機構是不適當的；考慮到全國人大代表名額之多和開會次數較少，不僅由全國人大兼為憲法監督機構難以實現其功能，而且由立法機關審查立法也有自相矛盾之處；由全國人大常委會兼為憲法監督機構，又難以發揮監督全國人大及其常委會立法的作用。所以，從目前的情況看，由全國人民代表大會選舉產生一個人數較少，比如十幾人，政治和專業素質比較高，並立於全國人大常委會，或者平時在全國人大常委會領導下工作的專門憲法監督機構（比如稱作「憲法委員會」）是可以考慮的。在這個委員會之下，還須成立一個相應的專家諮詢委員會，邀請憲法學、政治學、行政學和行政法學等方面的學者參加，主要負責對有關問題進行初步的審查和論證。

　　此外，建立憲法訴訟程序也是必要的。因為，即使在成立「憲法委員會」的情況下，也還有一個程序的問題。比如，有關違憲審查的決定，是由「憲法委員會」直接做出，還是將「憲法委員會」的審議意見作為議案提交全國人大或全國人大常委會審議。2003年5月，先後有八位青年法學界人士致函全國人大常委會，籲請對「收容遣送制度」進行違憲審查，並要求進入實質性法律操作層面❷。6月20日，溫家寶總理簽署國務院第381號令，廢止了1982年開始實施的「收容遣送辦法」。這裡面顯然有八

位法學界人士所提建議的作用。顯而易見，在強調「依法治國」的情況下，沒有憲法監督的具體程序性規定，確實是不行。

二、人大的法律監督和工作監督

如前所述，「最高監督權」是全國人大及其常委會的四項基本職權之一。人大的法律監督，就是各級人大及其常委會對國家行政機關、司法機關及由它們所產生的其他國家機關對法律實施情況的監督。人大的工作監督，就是對其他國家機關的工作是否正確執行了國家的方針、政策，是否符合人民的根本利益，這些機關及其工作人員是否盡職盡責的情況所進行的監督。人大監督的對象是一切由它產生的國家機關和國家機關工作人員，在國家一級包括國家主席、國務院、中央軍委及其組成人員。在廣義上，人大監督還包括同級人大對同級人大常委會、上級的人大常委會對下級的人大常委會立法和實施法律情況的監督。

人大與「一府兩院」的關係包括：立法與執法的關係、決策與執行的關係、產生與負責的關係、監督與被監督的關係；但監督與被監督的關係是最根本的、最普遍的關係。因為，沒有監督，就很難全面、正確地執行，也就談不上負責。所以可以說，監督與被監督是人大與「一府兩院」的本質關係❸。而在這種監督關係中，法律監督又是最重要和最基本的。

人大的法律監督和工作監督的主要內容有：

第一，對立法和委任立法的監督，即人大及其常委會審查各項法律、法規、政府文件是否違反基本法律和違反人大的決議、決定的監督活動。

第二，對行政工作的監督，其具體內容是以聽取、審議和批准政府工作報告的形式所進行的全面性監督工作；以審議、批准國家預、決算為代表的財政監督；和以批准外事條約為代表的對政府外事工作的監督。

第三，對司法工作監督的具體環節比較多：(1)聽取、審議和批准「兩院」工作報告和專題情況報告；(2)就總體執法情況或某一特定情況進行質詢；(3)組織人大代表對「兩院」工作進行視察；(4)人大代表有對司法工作提出建議、批評和意見的權力；(5)人大常委會在必要時組織對

特定問題的調查；(6)委員長（主任）會議在必要時可以就「兩院」工作中的重大問題或重大案件提出「會議建議」，「兩院」須對該建議的辦理負責並報告結果；(7)人大將受理群眾對司法工作的意見和來信來訪轉交「兩院」處理，並聽取彙報。人大對司法工作監督的「界限」是促進依法辦事，糾正冤假錯案，但不直接處理司法案件，形象地說，就是人大可以撤某一審判員的職，但不能在法律程序以外改變由該審判員經辦的案件。

第四，對其他國家機關人事任免情況的監督。

如果在分類考察的基礎上，對人大監督工作做一總體把握的話，可以發現這樣幾個特點❹：

第一，全面性。雖然人大監督比憲法監督的層次低，但它是全面監督所有法律、法規的實施，其範圍要比憲法監督和檢察監督都寬泛得多。人大的監督對象做了法律所禁止的事、行使了法律和人大決議所沒有賦予的職權、沒有履行法律和人大決議規定它應履行的權力，都屬於被監督範圍。

第二，間接性。人大對「一府兩院」的監督是間接性的。人大發現被監督對象的問題後，大多採用評價、通告、交換看法的方式，包括人事手段，督促它們自己糾正，而不能親自去糾正。

第三，整體性。人大是集體行使權力。人大代表和人大常委會在監督工作中，可以採取視察、持證檢查、聽取專題彙報等方式發揮作用，但監督意見的給出須以人大常委會的法定方式來進行，代表和人大常委會組成人員的個別性意見、批評和建議也須是經常委會轉送才產生法律效力。

第四，滯後性。監督的間接性必然帶來滯後性。人大不直接處理行政和司法事務，不能包辦行政的自由裁量權和干預具體司法事務，因此，只能「事發」之後發揮權威。類似根據群眾批評、意見而引發的監督活動更顯然是在「事發」之後，超前監督很難做到。雖然，近年對「一府兩院」進行中的政務、司法監督問題也做了一些探討，但各方面普遍比較慎重。

在論及人大法律監督和工作監督的差別時，有的專家提出兩者的一個重要不同點在於，法律監督最主要和最基本的形式是審查規範性文件，工作監督的主要形式和內容是審查和督促政策的正確執行❺。考慮到中國

確實正處於從以法律和政策為社會行為規範的「二元法制」，向以單一法律為社會行為規範的「一元法制」轉化的現實，上述提法應當說是符合實際的❻。

　　「八二憲法」頒布以來，人大監督工作得到了實質性的加強。現在，一些國外學者已經注意到人大的作用趨於強化❼，某些對中國相當挑剔的西方國家記者也開始承認，中國的橡皮圖章變硬了；國內群眾對人大監督的地位和認同感顯著加強。

　　在這方面，有兩個典型的例子。第一個是全國人大對最高人民法院和最高人民檢察院的監督，給了「兩高」工作以比較有力的制約，推動了司法機關工作的改進。現在，每到年底，「兩高」負責人都要分頭到各地直接聽取當地全國人大代表對本院和當地「兩院」工作的批評、意見和建議，為來年全國人大的審議工作做準備。這個過程，實質上也就是監督的過程。第二個是2001年2月14日瀋陽市十四屆人大四次會議，否決了中級人民法院提交的工作報告❽，這個「第一次」在政壇引起了很大震撼。參與過「八二憲法」起草工作的許崇德教授指出：「這表明人大在逐漸成為真正的權力機關。」❾應當說這確實代表著中國民主政治制度的逐步成熟。

　　人大監督工作方面，也仍然存在著一些有待進一步研究和探討的問題，主要有三個：

　　第一，在不少人包括一部分幹部看來，在政治運行中，「一府兩院」和黨委屬於「一線」，而人大和政協還屬「二線」，所謂「年輕幹部不用怕，還有政協和人大」即屬此意。這種認識反映在監督工作上就造成兩個問題：其一，人大常委會主要負責人（主任和常務副主任等）如果原為該地區黨委書記、市長等，人大發揮監督作用就比較得力、順手；反之，就顯得有些力不從心；其二，人大常委會主要領導往往幹一屆就須退休，導致人大常委會成為「鐵打的營盤，流水的將」，導致人大工作連續性差，監督效果受到影響。

　　第二，由於「黨政不分」的領導體制，黨委對立法工作，對「一府兩院」的工作，一度還對某些具體事務的決定起著關鍵性的作用。這樣人大對「一府兩院」的具體工作比較容易監督，而對實際上由黨委決定的

「一府兩院」重要工作的監督，難度就比較大。

第三，對所謂「個案監督」的理解問題。在21世紀後人大政治地位空前提高的背景下，有人提出人大的監督不僅是審議報告和進行例行的視察，而且要對「兩院」辦理的具體案件進行監督，否則無異於坐而論道❿。有的地方人大常委會還嘗試制定了有關條例。但是，許多專家提出了不同意見，從司法獨立、司法權威和可行性的角度質疑「個案監督」的合理性⓫；法院和檢察院則指責這是「干預司法獨立」。所以，當全國人大常委會起草了關於加強對法院、檢察院工作監督的決定草案提交審議後（具體時間不詳），在會議上也引起過「不同的解讀」⓬，包括全國人大常委會法工委一位副主任在內都不贊成，擔心「片面強調個案監督，很可能是換了一批人腐敗」⓭。最後，因分歧較大而導致該決議草案未能提交表決通過。

三、預算監督

（略。參見本書第七章第四節和第八章第六節）

四、檢察監督

由各級檢察院行使的「法律監督權」是法律監督的一部分，而不是全部，即實際上是對司法機關的監督，而不是對一般違法行為的監督。因此，檢察院的「法律監督權」還是稱之為「檢察監督」會更準確和實際一些。也有學者認為，檢察院行使的雖不是全部國家法律監督權，卻是國家法律監督權的「實體部分」⓮。

檢察監督的對象是各級國家司法機關和司法工作人員，這一監督的目的，是保證法律的正確執行，保障公民在司法活動的合法權利，維護國家法制的權威。

檢察監督的主要內容有：

第一，偵察監督。包括審查批准和對逮捕活動的監督；審查起訴；對公安機關的立案、偵察活動是否合法的監督；對公安機關移送勞動教養人員的行為監督。

　　第二，審判監督。是指檢察院對法院的刑事審判活動是否合乎法律程序，其判決、裁定是否正確所進行的監督。

　　第三，執行監督。即檢察院對法院、公安機關有關刑事案件的判決、裁定的執行，對監獄、看守所、勞動改造和勞動教養機關的活動是否合法所進行的監督。這一監督的直接目的是監督執行人員可能出現的執法違法現象，依法保障犯罪嫌疑人、犯人和受教育對象的合法權利，保護無罪的人不受法律的制裁。

　　根據法律的規定，檢察院在實施監督的過程中，如發現司法機關及其工作人員的違法行為，可採用五種手段予以糾正：一是對輕微違法行為口頭提出糾正意見；二是對比較嚴重或多次口頭糾正不予改正的，可發出「糾正違法通知書」，違法機關必須將糾正情況及時回報；三是對較嚴重違法的司法幹部，可以「建議處分」的方式向有關領導機關建議給予黨紀、政紀處分，直到向同級人大及常委會提出撤職、罷免的建議；四是對審判人員、公安人員等的徇私舞弊和枉法行為已構成犯罪時可以追究其刑事責任；五是檢察院對法院不正確的判決和裁定，經檢察委員會評議決定，可以按上訴程序和審判監督程序提出「抗訴」。

　　保證檢察機關的獨立地位，是有效行使檢察監督權的基本保證。為此，檢察監督體制改革和完善的一項重要任務，看來應當是從監督工作的客觀規律出發，切實加強「雙重領導」中的「垂直領導」這一線索，強化上級檢察院對下級檢察院的系統領導。另外，應當適當擴展檢察監督的範圍，如加強對民事訴訟活動的監督、加強對公安機關執法工作的監督、有效制止少數員警限制公民自由及侵犯人權的現象、提前介入偵察活動、參與行政訴訟等等。

第三節　政府與政治監督

一、黨的監督

中國共產黨的監督是中國最高層次的政治監督。在現代政黨政治的條件下，各執政黨的監督，也都大致具有這樣的地位，只是表現得明顯不明顯和承認不承認的問題。但是，在中國，由於「黨政關係」的特別地位，黨的政治監督也就有了特殊的意義和特殊的重要性。這一監督包括兩個方面：中國共產黨作為居於領導地位的執政黨對政府過程的監督和黨對自身的監督。前者簡稱為黨的政治監督，後者簡稱為黨的紀律監督。

(一)黨的政治監督

黨的各級組織都是監督主體，都有監督的任務，黨的紀律檢查機構和黨的紀律監督只是其中的一部分。黨的政治監督主要包括這些方面：

■黨對政治權力結構中各個要素的監督

本書第一章已經分析了中國共產黨與政治權力結構中其他要素的關係，是政治領導的關係。實際上，政治領導就包括政治監督：監督各個國家機關的決策和決策的施行是否符合人民的根本利益，和黨在一個時期的基本路線及方針、政策是否堅持了社會主義民主和法制的原則，是否合乎精神文明規範，黨的工作部門、各級地方黨委等是否正確貫徹了中央的決策和措施。這一監督的程序性特點，主要是強化法制環境的建設、政策約束和幹部調配。

黨的政治監督，還包括中國共產黨和各民主黨派之間的相互監督。這一監督，依照黨的統一戰線工作程序進行。

■黨對人民團體和各種群眾組織的監督

中國共產黨和工會、共青團、婦聯之間是領導關係，也是監督關係。各個層次上的科學會、社會科學聯合會、文學藝術聯合會等帶有較強

文化、學術、專業色彩的社會團體，僑聯、殘聯等社會結構性或功能性的社會團體、群眾組織，也是在黨的宏觀領導下開展工作，但獨立性相對要強一些，與中國共產黨不能簡單地說是領導被領導關係，但存在監督被監督關係是毫無疑問的。這種監督主要體現在工作方向和組織建設上。這一監督的程序性特點，主要是統一思想認識和發展、團結骨幹。

(二)黨的紀律監督

黨的紀律監督，也可以叫作黨內監督，因為黨內監督最後都要歸結為黨的組織和黨的幹部、黨員是否堅持了黨的紀律。

■黨的紀律監督的主要內容

黨的各級組織、黨的幹部和黨員貫徹執行黨章、黨綱、黨的基本路線和方針、政策的情況；黨的各級組織在意見綜合或參與決策中是否對人民和黨的根本利益負責的情況；黨的各級組織堅持黨的民主集中制、集體領導等組織路線和幹部、黨員遵守紀律、堅持組織原則的情況；幹部的勤政廉政建設情況等等。

■黨的紀律監督的主要形式及相應程序

第一，黨員監督。這是指黨員之間的監督、黨員對黨的幹部和黨的各級組織的監督。黨員監督是依照全體黨員在政治上一律平等的原則進行的，是黨內最具有普遍性和基礎性的政治監督。黨員監督的主要程序是：透過黨的代表大會、黨員大會和組織生活會行使黨員的各項監督權利；黨員領導幹部按規定要參加雙重組織生活會。

第二，黨的組織監督。即黨的上下級組織之間的相互監督和黨的組織對黨員的監督。上級組織對下級組織的監督，主要程序是經常瞭解下級的工作情況和組織生活情況，發現問題及時糾正；下級組織對上級組織的監督，主要是考察上級組織的決議和指示是否正確，監管領導幹部的行為是否符合黨內的各種規範。下級組織和黨員有權透過組織管道向上級直至中央反映自己的建議、發現的問題和不同意見。按照黨章的規定，黨員必須加入一個黨的組織，就包含了黨員必須接受組織監督這一基本要求。

第三，黨內專門機構的監督。即各級黨的紀律檢查機關對黨的組織

和黨員的監督。紀檢機關職能監督的權力來自同級黨的代表大會，因此它不僅可以監督下級組織和普通黨員，而且可以監督同級黨委和黨委負責人。它的監督程序是：瞭解管轄範圍內的黨組織和黨員的情況，向同級黨委彙報並提出意見，比較有特點的環節是它可以直接向上級黨委和紀委彙報。

第四，領導集體內部的監督。這是指黨委委員（常委）之間、黨組成員之間等的相互監督。這一監督主要是著意於解決集體領導和黨內決策的民主化問題，主要是透過領導班子民主生活會和領導班子成員在工作中的相互制約、相互督促和及時交換意見來實現。

■黨的紀律監督的主要手段

第一，強化集體領導。十一屆三中全會以來，黨在政治上的一大基本變化就是在機制上強化「集體領導」。集體領導既是一個組織原則，又是一種決策和執行的模式，也是一個黨的紀律監督的手段和方法。強化集體領導必然會形成相互監督的趨勢。

第二，組織生活和民主生活會制度。所有黨員都必須編入一個支部或黨小組，並定期參加組織活動，以便對他們進行常規性監督。民主生活會的基本內容是「批評和自我批評」，這顯然是一種很直接的監督。

第三，民主評議和鑑定制度。現在，一般每年年終要對黨幹部的德、能、績、勤狀況進行一次民主評議，有時結合幹部的崗位責任制進行。在評議的基礎上，由組織對黨員幹部的思想和表現情況做出正式的文字鑑定。鑑定工作有時擴展到普通黨員。

(三)黨的監督的制度化

中共中央紀律檢查委員會全體會議於2004年1月通過了「中國共產黨黨內監督條例」。條例主要解決了黨內監督的規定、辦法零散和互不銜接的問題，重點解決黨委決策權的「邊界」問題，解決各級黨的紀委相對獨立的執紀處分權和監督同級黨委等問題❶⑮。

2009年7月中央又頒布了「中國共產黨巡視工作條例（試行）」，11月由成立了以中央紀委書記為組長的中央巡視工作領導小組。中央和省級

的巡視工作領導小組負責管理和監督各巡視組。巡視組的主要任務是：廣泛聽取各方面的意見，瞭解和掌握被巡視地區和單位的眞實情況，瞭解和掌握被巡視地區和單位領導班子和領導幹部中存在的突出問題，有針對性地提出意見和建議。對巡視中發現的問題線索，要及時移交有關部門❶。

二、政協監督

有些著作和文章把政協對黨和政府活動的監督，解釋爲一種社會監督。作爲處於執政黨和政府之外的一種督促和檢查，把政治協商監督列入社會監督的範疇，並無不可。但是，從政協的歷史地位、從政協與中國共產黨和全國人民代表大會的現實政治關係來考慮的話❶，還是把政治協商監督看作一種政治監督更合理一些。由於本書在前面的章節，從不同的角度分析、論證過政協的民主監督問題，所以這裡對政治協商監督不展開論述，只把分析的重點集中到與其他類型的監督相比，它所表現出的兩個主要特點上來。

第一，這一監督的主體具有其他監督主體所無法比擬的廣泛性和高素質。現在全國縣級行政區基本上都建立了政協組織，共有各級政協委員三十多萬人以上，代表著社會生活的各個方面；政協委員的文化素質大多較高，全國政協委員中大專以上文化程度的占90%以上，而且具有多學科的特點，不少人有豐富的社會閱歷；不少政協委員在國內外有著廣泛社會聯繫；他們的民主素質也普遍比較高，而且委員之間、政協領導人和一般委員之間沒有嚴格的上下級關係。這就使得他們在監督工作中，必然具有了政治關係超脫、意見尖銳、意見中包含的資訊量大、監督的範圍廣泛，從而形成對政治權力的一定制約❶。

第二，這一監督具有高層次和直接性的優勢。政協不同於一般政治組織和社會團體的一個重要之處，就是與同級人大平行開會，與黨委、政府平行進行政治協商，是可以對同級黨委、政府進行全面監督的綜合性政治組織。它可以利用自己作爲一個爲廣大群眾認可的「官方」協商組織，而在嚴格意義上又是一個「非政府組織」的條件，直接參與決策、國務活動和國際交流，從而瞭解政府運轉的實際情況和實存問題，並進行直接的

政治監督。

三、行政監督

嚴格地講，行政監督和政治監督應該分作兩個問題來闡述。政治和行政、政治監督和行政監督，不是一個層次的問題。政治主要解決領導問題，行政主要解決管理問題，相應地政治監督要檢查和督促所有政權機關和政治家們的活動，而行政監督則主要是檢查和督促國家行政機關及其工作人員的行政活動。本書之所以把「行政監督」提到「黨的監督」之後，作爲「政治監督」的一部分來處理，主要是考慮到政治和行政管理的劃分在中國目前還不明顯，而且中國政府的監察部已與同級黨的紀律檢查委員會合署辦公。

(一)監察機關的設置和行政監督的對象、任務

中國在一屆人大期間曾設立過監察部，後爲二屆人大撤銷。1986年全國人大常委會決定成立國家監察部，並在縣以上人民政府和地區行政公署設立監察廳、局；個別小縣合併設立審計監察局；在有關政府部門設立監察機關的派出機構⑲。1992年1月中共中央和國務院決定，中央紀委和監察部合署辦公，實行一套工作機構，兩項職能——黨的紀律監督和行政監督——的體制；由中央紀委對黨中央全面負責；監察部仍屬國務院序列，接受國務院領導，部長、副部長的任免，仍按有關法定程序辦理；地方國家機關在合署後，繼續實行由所在地政府和上級「紀檢監察機關」領導的雙重領導體制等。實行紀委與監察部合署辦公的主要目的是：強化黨政監督職能，使現有的監督機構「形成合力」，「更加集中力量」加強黨風廉政建設；同時避免監督工作的交叉重複；精簡機構和人員也是一個重要的考慮⑳。

監察機關行政監督的對象是國家行政機關及其工作人員。由於歷史的原因，中國尚有部分國有企業的幹部是由行政機關任命的，有「國家幹部」的身分，所以也屬於行政監督的對象。

根據「中華人民共和國行政監察條例」的有關規定和從中國監察機關工作的實際情況看，監察機關行政監督的主要任務是：檢查被監督對象

執行法律、法規、政策、行政命令和行政紀律的情況,對違犯者進行處理;受理公民和單位對監督對象違反法律、法規、政策、行政命令和行政紀律等行為的檢舉和控告;受理監督對象的申訴;審議經行政機關任命的人員的紀律處分事項;建議對模範執行法律、政策和忠於職守的人員給予獎勵、表彰等。

(二)行政監督的主要內容

行政監督的內容是行政行為,也即監督行政機關工作人員在行政工作中遵守或違反法律、行政法規、行政政策和行政紀律的情況。超出了這個範圍,就是其他方面的監督任務了。也就是說,行政監察機關的工作不僅僅是辦案,而且更多是「效能監察」,即對在政府過程中,決策是否正確、是否依法行政、是否履行了職責等方面的監督。

■對行政立法的監督

主要是監督行政立法是否符合法定的程序和規範化的要求。監督行政立法的內容,屬於法律監督的範疇。

■對行政活動的監督

這是大量的、經常性的監督工作,主要監督包括行政的主體和對象、行政活動方式和程序、行政活動的範圍和目的等「行政要件」是否具有合法性;行政活動、行政指導、行政強制等是否有效等㉑。

■對行政人員的監督

行政立法和行政活動,可能是以一定的行政機關為主體,也可能是以行政機關工作人員為主體,但都是直接的行政行為。行政機關工作人員除了直接的行政行為以外,還會有一些間接性的行政行為,包括利用行政裁量權等職務優勢和職務便利「以權謀私」等。因此,除了監督行政立法和行政活動以外,還必須有效地監督間接性的行政行為和行政機關工作人員。

(三)行政監督的基本手段

■實行行政責任制

為了督促行政機關工作人員，特別是政府組成人員和內設機構負責人的勤政廉政，中國各地普遍探討、實行了各種形式的行政責任制，乃至在行政機關和有關工作人員之間簽訂一定形式的行政合同書。在實行責任制的條件下，上級以契約中規定的責任、要求、指標等，督促、檢查被監督人員的行為。在中國現有的情況下，應當說這是一種比較簡便易行，又較為合理的行政監督手段。

■加強行政檢查

這包括上級行政機關對下級行政機關、行政機關首腦對其內設機構或下屬機構、行政機關首腦和行政機構負責人對一般行政工作人員，在政務工作中運用各種可能的行政檢查手段所進行的督促、檢查，以便及時糾正不當的行政行為，改變不當的行政決定，提高工作效率。

■對重點問題實行重點監督

1992年1月，監察部長尉健行曾指出當時行政監督工作的「重點」是，「圍繞貫徹『全民所有制企業轉換經營機制條例』及減輕農民負擔的決策開展監督檢查」[22]。其實，這一做法並不限於當時，一個時期有一個時期的重點，歷來是中國監督工作乃至打擊犯罪工作的一個明顯之處。

■利用社會壓力進行行政監督

這是近年來一個有特點的新監督手段。比如，針對有些地方政府「只想透過漲價來增加財政收入」的問題，1995年2月國務院領導批示，要堅持在每月初公布各省級地方和35個大中城市的商品零售價指數，「對各省來一個監督」[23]。社會公眾對此做法的良好反應，本身就構成了對地方政府的壓力。這個做法的頒布，反映了中國高層領導行政監督觀念的變化。

■嚴格獎懲

它包括行政獎勵和行政制裁兩個方面。此外，對於行政機關及其工作人員執行公務中侵犯公民和法人合法權益的行為，依照行政訴訟法的程序處理。這不屬於嚴格的行政監督的範圍。

四、審計監督

政府審計監督，是指政府審計機關對國家機關及其工作人員、國家金融機構、國有企業等的財政財務活動和有關法律法規的執行情況，依法進行檢查、審核、評價、鑑證，以判斷其真實性、合法性的各項監督活動❷。

在中央一級的最高政府審計機關是審計署；縣級以上地方也設有審計機構；在一些重點地區、部門和單位，針對重點事項，還設置有審計特派辦事處或特派員。

（考慮到這一工作的專業性和篇幅的因素，具體情況從略。可參閱書後提供的有關參考書）

五、政府與政治監督中幾個值得注意的問題

第一，在黨的監督過程中，再一次表現了「黨政關係」在中國政府過程中的重要地位。由於中國的重要決策都是在意見綜合的基礎上做出的，甚至是黨政聯合做出並發布文件下達的。這就不僅使政治監督中很大一部分在事實上成為了「黨對黨的監督」，而且使法律監督、行政監督以及政治監督的其他要素的監督活動，在領導關係和工作程度上遇到了一定難度。由黨包辦一切，不僅使黨的領導遇到困難，而且也會使黨的監督遇到困難。黨透過人大領導「一府兩院」，既有利於建設正常的黨政關係，也有利於加強黨的政治監督和人大的法律監督、工作監督。

第二，監督的主體要有必要的相對獨立性。地位上的獨立，是有效的「勇敢的」監督的必要前提❷。這個普遍規律毋須論證，問題是如何結合中國的實際情況加以實行。一般來說，讓人大系統以外的各監督主體按系統實行垂直領導，是一個簡便易行的辦法。目前，如果這一點實行起來有困難，可以先強化現行雙重領導中的垂直領導這條線索。

　　第三，在中國的政治監督和民主集中制原則中，代表大會、全委會等權力機關的法定作用是比較大的。這符合現代政治的一般原則，是正確的。但是，由於這些大會、全委會一般每年只開一兩次會，甚至五年才開一次會，所以，對於加強政治監督是很不夠的，起碼時效性不夠。因此，必須探討加強經常性監督的辦法，探討建設政治監督網絡的辦法。

　　第四，加強政治監督、政府監督，要充分注意社會生活背景的歷史性變化。過去許多有效的監督手段，是在武裝鬥爭、地下鬥爭的條件下形成的。比如，組織生活會和民主生活會就曾是黨的政治監督和約束幹部、黨員的重要手段。但是，人所共知，現在組織生活會和民主生活會已經在一定程度上「走樣」了，這就使得政治生活中很重要的一個基礎性政治監督方式面臨著挑戰。在這種情況下，研究如何適應人們生活方式和思維方式所發生的重大變化，探討加強和改善黨內民主生活的新辦法、新形式，就是很必要的了。

第四節　社會監督

　　社會監督是監督體系中形成較晚，但發展較快，又尚不規範和不夠穩定的一種監督模式，所涉及的問題極為廣泛。凡是處在黨政系統之外的監督主體的檢查、督促活動都是對政府過程的社會監督。根據目前的實際情況，本書只著重介紹和分析公民監督、人民團體和群眾組織監督和新聞輿論監督三種社會監督形式。

一、公民監督

　　公民監督，是指公民在參與和影響政府運行的過程中，運用憲法賦予的權利，以憲法和法律為依據，以維護國家利益和集體、個人的合法權益為目的，而對國家政治權力的各個要素的評議、檢查和督促。這和本書已經分析過了的公民的意見表達一樣，也是政治參與的一種形式，而且有時兩者相互交叉。像信訪這種公民監督的重要形式，第五章第一節中已有分析。

在這裡，著重研究的是公民監督在「過程」的角度上所體現出來的一些特點。

(一)在監督中將公民活動與選民活動結合起來

這實際上是把代表機關的法律監督、政治監督與公民的直接監督結合了起來。18歲以上公民基本上都是選民這一點，使這種結合成爲現實。1979年修改選舉法以來，這種監督在實行人大代表直接選舉制度不設區的市、市轄區、縣、鄉、鎮等有相當效果，而間接選舉產生的人大代表同選民的聯繫就遜色一些了。這種監督方式的主要做法有：基層人大代表定期在選區內召開選民座談會或同選民見面，聽取選民的意見和建議，代表群眾與有關部門協商解決一些實際問題；群眾有時也主動上門找基層人大代表反映自己對有關方面的監督意見。此外，在直接選舉和差額選舉的條件下，選民手中的選舉權和罷免權對人民代表，以及透過人民代表對基層政府的民選官員，都有一定的督促和制約作用。

(二)在法律監督和政治監督中吸收公民監督的因素

爲了解決法律監督機構和政治監督機構現存的人手不足、涉獵範圍往往有限的問題，也爲了強化法律監督和政治監督的力度，一些有法律、政治監督權的機構，已經開始探討一些借助公民監督的力量督促、檢查監督對象的做法。

在這個方面，比較典型的一個地方是山東省煙臺市❷6。他們的主要做法是：在市、縣兩級由黨委和人大常委會組織人大代表、政協委員、工會會員、退休人員等評議政府職能部門，重點是「直接與群眾打交道」的執法、監督、經濟管理部門和公用事業單位，在鄉、鎮一級主要是「七所八站」這些「雙管單位」。特別引人注目的是，「評議結果要向社會公開，同職務升降掛鉤，如果懲治腐敗不力，就有可能『既丟臉又丟官』」。這種集包括普通公民在內的各方面監督主體於一身的綜合性監督，顯然是一種典型的社會監督。

(三)吸收公民和人大代表旁聽人大常委會會議

在這個方面，吸收公民和人大代表旁聽人大常委會會議，也是一個

積極的探討。這樣，既有直接監督國家權力機關的涵義，又有間接監督「一府兩院」的作用，還有「政務公開」的效果。比較典型的一次是，2003年5月30日，有二十位北京市民，包括教師、大學生、失業者、外企員工、退休者等，作爲105名電話預約者的列前者，旁聽了北京市第十二屆人大常委會第四次會議的一次全體會議。這次會議專門聽取了副市長張茅代表市政府所做的關於防治「SARS」工作情況的報告。中央電視台和北京電視台對會議進行了直播。這次旁聽和直播，在一定程度上增強了人大、市政府與市民的溝通。

(四)執法機關爲公民監督提供具體管道

這也是近年來社會監督工作進展比較大的一個方面，突出表現在各級檢察院建設的群眾舉報網絡、黨的紀委和監察系統聘請黨內外廉政監督員這兩種做法。全國第一個舉報中心，是深圳市檢察院於1988年3月8日建立的。到1993年2月，全國98%的檢察機關建立了3600多個舉報機構，五年共受理群眾舉報的線索140多萬件，比開展這項工作前的五年增加了50.6%。鑑於此，當時的最高人民檢察院院長劉復之宣布：「我國檢察機關已初步創建了依靠群眾懲治貪污賄賂等經濟犯罪的舉報機制，實踐證明，舉報工作是群眾路線和專門機關相結合的有效形式。」❷與此同時，紀委和監察機關著手建立了廉政監督員等制度，聘請來自各行業的群眾代表，包括一部分民主黨派和無黨派人士擔任監督員（或其他稱謂）。據天津市第六屆黨代會提供的資訊，僅此一地就有廉政監督員10000餘人。

(五)努力減少運用外部壓力形式的公民監督

遊行示威等激烈的群眾表達方式，客觀上也有社會監督的功能，中國憲法保障公民這方面的合法權利。但是，這種情況在中國比較少見。這主要是因爲在社會發展最關鍵和最敏感的時期，社會各個方面都在盡可能減少或避免運用這些形式來實現公民的監督。

二、人民團體和群眾組織監督

這是人民群眾以群體的形式所進行的社會監督。

　　近來年，工會、共青團和婦聯等主要人民團體在強化社會各自職能的過程中，加強了社會監督工作。它們的社會監督主要有兩種情況：一是按照黨的領導管道介入政治監督，透過向同級黨委和上級系統領導反映問題和意見，達到參與和監督的目的；二是利用組織結構活躍的優勢，獨立或與其他團體合作開展多種多樣有特色的監督活動，這一點共青團組織表現得較爲明顯。比如，共青團吉林省白城市委經與工商、稅務、物價等政府部門協商，成立了全市青年檢查、監督總站，下設財貿、工交、商業、農村四個分站，有四十多名團幹部和青年擔任了義務監督、檢查員，一經發現問題直接向有關部門舉報；他們還牽頭在國有企業設立了「青年舉報箱」，組織了合理化建議活動和監督企業的違紀現象，受到市委和市政府的表揚㉘。

　　近年來，各種類型的、較爲鬆散的群眾性社會監督組織也開始發揮一定的作用。在這方面，比較典型的是消費者協會。它們利用中國向市場經濟轉軌、賣方市場開始向買方市場轉變的有利時機，利用廣大消費者保護自身權益的強烈願望，抓住「消費者權益日」、「品質縱深行」等各種機會，加大了對政府商業管理部門和各類工商、服務企業及個體工商戶監督力度，並在客觀上補充了對政府工商行政管理、物價管理、品質管理等機構監督不足的問題。當然，從中國的現實情況看，這些群眾組織社會監督作用的發揮，與政府主管部門的「撐腰」和以群眾的面目出現的離退休老幹部在其運行中的骨幹作用是分不開的。

三、新聞輿論監督

　　新聞輿論監督，是指報紙、雜誌、廣播、電視、網路、電影等媒體，透過公開反映公眾意見，即以發表或轉發表揚、批評及一般性的介紹等形式，對黨政機關的政務活動及其工作人員行爲給予評議、檢查、督促和制約。現在，許多媒體都設有專門負責社會監督的機構或專欄，比如天津市的《每日新報》有一個欄目乾脆就叫作「輿論監督」，每週二、四、六見報，有專門的報導組，有自己的專用電話和郵件地址，有熱線接待時間。

　　在中國，黨政機關報（刊）、新華通訊社、各類各地的電台和電視台等均係黨和政府的宣傳機構，所以它們的監督行為同時與政治監督相交叉。後來，雖然半官方和民間的新聞媒介已有初步發展，但它們在社會監督中所能發揮的作用還是有限的。

　　關於新聞輿論監督的實際作用要從兩個方面來考察。一方面，由於中國新聞輿論監督起步較晚，受新聞輿論監督與政治監督密切相關這一體制因素的制約，監督的主體不得不比較慎重，從而導致這一監督的力度不夠，監督的範圍也很有限；但另一方面，也恰恰是由於新聞輿論監督與政治監督的密切關係，使得這一監督的對象十分懼怕這種監督形式。這兩個特點的結合，形成了這樣一種耐人尋味的現象：不便於監督的事情，就沒有辦法；能夠監督的問題，就一定很有效果。有人半開玩笑半認真地總結說：在政界和國企，有不怕法院的人，沒有不怕報紙和電視台的人！因為，一旦被新聞媒介「點名」，就意味著不僅將受到巨大的社會輿論壓力，而且表明這種「點名」大多是已經得到了官方的事先認可。在國內受到高度評價的中央電視台「焦點訪談」節目，實際上也有類似的特點。

　　從新聞輿論監督的一般程序看，不論是須經主管機關審查同意後媒體才能發表的重要問題，還是在某一新聞單位權限內可以自行處理的微觀社會現象，一旦被「曝光」並「證明」基本屬實以後，不僅被監督對象要及時有所回應，而且其上級，甚至「上級的上級」都要過問、表態。也就是說，面對著新聞輿論監督，被監督對象及其上級會共同受到社會壓力，被監督對象更是受到了社會和上級的雙重壓力。被提出的問題「基本解決」以後，媒體要以適當的方式向公眾報告結果。

　　在新聞輿論監督的過程中，新聞單位和新聞工作者也會遇到某些社會壓力，甚至受到某種牽制，在法制不健全和缺乏經驗的情況下，輿論監督本身也在事實上存在著一定的問題。在這方面輿論對司法活動的監督，就是一個比較敏感和比較難以處理的問題。人們一般認為，輿論監督對司法活動的監督總體上是積極的，但是也要慎重㉙。現在，在這方面存在的主要問題是：有的新聞媒體不瞭解司法過程的特殊性，或者對報導的問題缺乏充分的瞭解，容易發表先入為主的見解，刊登有利於某一方面的辯解等，影響了審判的公正性；「有償新聞」與新聞監督混在一起，熱中於

「轟動效應」，報導的態度不夠中立，方式不夠穩健，甚至出現有在現代法治國家不可想像的貶低法官的用語和煽動性語言；司法機關在沒有正當理由的情況下，生硬地拒絕新聞採訪等❸。顯然，問題的核心，是如何理解新聞監督與司法獨立的關係。

總之，作為政府過程監督體系一個部分的新聞輿論監督，從發展上講要突出這一監督中的群眾力量和新聞媒介自身力量的「份額」與獨立性，並繼續借助這一監督與政治監督的傳統關係，以便使新聞監督的綜合優勢得到進一步的發揮。現在有些地方把人大監督與輿論監督結合起來，例如《廣州日報》的「人大代表之頁」，就是一個不錯的探討。但是，要在深層次上解決好這個問題，關鍵是還要完善新聞立法和其他相關立法，合理確定新聞自由、新聞監督的界限，把新聞監督引上健康發展的軌道。

註釋

❶ 有關情況參見《瞭望》週刊對全國人大法律委員會主任委員王維澄的採訪，2002年，第35期。

❷ 參見曹林，〈維護憲法權威的非常責任〉，《光明日報》，2003年6月6日。

❸ 這個提法參考了王永臣〈監督與被監督是人大與法院關係本質〉一文中的有關觀點，載《理論與現代化》，1990年，第4期。

❹ 參見蔡定劍《國家監督制度》（中國法制出版社，1991年9月，第170-171頁）、孫謙《檢察理論研究綜述》（中國檢察出版社，1990年，第97-105頁）、馬懷平等主編《監督學概論》（中國財政出版社，1990年，第127-129頁）等資料。

❺ 參見程湘清，〈人大監督制度和監督工作中的若干問題〉，《中國法學》，1992年，第5期。

❻ 在多數國家，強制性地規範社會和政府行為的只有法律，一般稱之為「一元法制」。政策是普遍存在的，但它主要是用來約束一定政策制定主體（政府、政黨等）自身的工作行為，並不能強制規範其他社會主體行為。在中國，由於一些歷史原因，政策在很多方面也規範著社會成員的行為，即事實上是一種二元的法制在起作用。隨著法律控制強度的逐漸加大，政策控制面的相對縮小，「二元法制」開始呈現出向「一元法制」過渡的態勢。

❼ 參見韓國國立大學趙英男教授《中國地方人大》一書（Young Nam Cho, *Local People's Congresses in China*, Cambridge University Press, 2009）的有關內容。

❽ 該次會議應到508人，實到474人，贊成218人，反對162人，棄權82人，未按表決器9人，贊成票沒有超過半數。

❾《中國青年報》，2001年2月16日。

❿ 參見《人民日報》刊登的海口市人大常委會主任溫度生的文章，2001年3月24日。

⓫ 最高人民法院副院長劉家琛的調研發言，載〈審判方式要改革 審判監督要規範〉一文，《人民法院報》，2000年1月15日。

⓬〈歷經17年醞釀終於提交審議 監督法初審六大看點〉，www.cctv.com/news/china/20020826/180.htm。

⓭〈監督，讓司法更加公正──九屆全國人大司法監督工作回顧〉，《人民法院

報》，2003年2月13日。

⑭ 參見楊泉明，〈論我國的監督制度〉，《四川師大學報》，1985年，第4期。

⑮ 參見唐東平，〈黨內監督提上重要議事日程〉，《報刊文摘》，2003年5月26日。

⑯ 〈巡視工作：體制機制日益完善 監督作用進一步凸顯〉，《中國紀檢監察報》，2010年1月9日。

⑰ 參見本書第一章第二節的有關內容。

⑱ 參見米鶴都，〈論我國的監督體系〉，《法制日報》，1988年12月14日。

⑲ 參見馬懷平等主編，《監督學概論》，中國財政經濟出版社，1990年，第153頁。

⑳ 《人民日報》，1992年1月14日。

㉑ 同⑲，159-162頁。

㉒ 《人民日報》，1992年1月14日。

㉓ 《報刊文摘》轉摘4月11日《華東物價報》，1995年4月17日。

㉔ 參見湯唯等著，《法律監督論綱》，北京大學出版社，2001年，第357-364頁。

㉕ 參見朱光磊，〈論監督機構的獨立地位〉，《天津日報》，1988年7月7日。

㉖ 參見中共中央紀委研究室等，〈實行民主評議監督 推進黨風廉政建設——煙臺市社會各界代表評議政府職能部門的調查〉，《人民日報》，1992年8月7日。

㉗ 《人民日報》，1993年2月11日。

㉘ 于印靈，〈白城市團委採取有效形式廣泛開展社會監督活動〉，《共青團工作》（吉林），1990年，第2期。

㉙ 〈關於司法與傳媒的討論〉，《南方週末》，1999年4月16日。

㉚ 張建新等，〈淺談新聞輿論監督與獨立審判的平衡與制約〉，《人民法院報》，2002年11月5日。

第三編
中國政府與社會經濟生活

　　經濟行為，在現代政府的行為中占有相當大的比重。

　　中國政府長期在計畫經濟的大背景下組織計畫經濟運行；即使在今天建設市場經濟的情況下，為了使國家在複雜的國際國內形勢下，盡快實現現代化建設的目標，也導致政府一直保持著較強的調控經濟生活能力，保持著較多的調節和監督經濟活動的手段；在徹底放棄了「以階級鬥爭為綱」的指導思想之後，中國由一個「政治國家」轉變為一個「經濟國家」❶、一個「企業型國家」❷。雖然，2003年以後，中國開始強調推進服務型政府建設，但是實現治國理政思路的歷史性調整和政府職能的切實轉變還得有一個較長的過程。在這種情況下，中國的政企關係、政社關係、財政補貼、國有資產管理等方面的工作，其他國家所沒有的事業單位職能分解問題，與政府經濟職能密切相關的「單位」體制改革問題等，就更加引人注目，有必要加以專門的研究和評價。

　　由於本書結構、篇幅，以及作者條件的限制，關於中國政府在經濟和社會生活中的作用，只集中分析和介紹與政府的政治行為聯繫最為密切的政企關係、政府規制建設、社會仲介組織、若干政府經濟行為和「單位」政府職能的分解等幾個近年來比較突出的問題。

　　此外，由於中國已經進入了從計畫經濟向市場經濟轉軌的關鍵時期，政府的經濟與社會職能、經濟管理方面的行為變化很大、很快。本

書在這方面的研究重點，是要在一定的框架內，把握主要特徵和基本趨勢，所以，對有關情況的具體介紹與動態分析，難免掛一漏萬。

---

❶參見朱光華主編，《政府經濟職能和體制改革》，天津人民出版社，1995年。
❷參見Jane Duckett, *The Entrepreneurial State in China*, Routledge, London, 1998。

第11章

混合型政府規制與「二重性」的社會仲介組織

- 政企關係
- 混合型政府規制
- 社會仲介組織

第一節　政企關係

在長期實行計畫經濟體制的條件下，必然形成執政黨和政府對公有制企業的直接領導關係。相應地，在改革開放和實行社會主義市場經濟體制的條件下，又必然會對這一關係進行調整，這既包括政府職能轉換，也包括企業轉換經營管理機制。本書第十二章對「單位」所分擔政府職能的探討，也涉及了政企關係的有關問題。

目前，中國企業按產權屬性分為國有企業、集體企業、私營企業、外資企業（含港澳臺企業）等。不同所有制經濟成分的企業，在不同的歷史時期對經濟發展起著不同的作用，具有不同的法律地位。各類企業由於產權屬性和制度安排的不同，也就與政府形成了具有不同特點的關係。

一、政企關係的歷史演變

執政黨和政府對企業高度控制的現象，成因主要有兩個：一是在不發達條件下追求高度的社會化，導致脫離原先設想，把「社會化」變成了「強政府」；二是「仍想利用戰爭期間找到和檢驗過的那些方法和制度進行社會主義建設」❶。而且，越是經濟上不去，越認為是政府的權威不夠。這種思路反映在政企關係上就是從第一個五年計畫時期開始建立起來的政企不分的機制，企業成了政府的附屬物，中央政府及其經濟管理部門按「條條」，地方政府按「塊塊」，直接運用政治手段干預企業經營管理，對企業管得過多過死，使得企業特別是大中型國有企業失去了應有的活力和效率。

(一)政府活動對企業的作用

從政府活動對企業的作用的角度看，這種關係主要表現在以下幾個方面：

第一，政府作為國有資產乃至整個公有制經濟的代理者（組織）❷，要求企業創造盡可能多的社會財富。資本的本性，從某種意義上講，在社

會主義條件下也是起作用的。作爲代理者的政府自然會追求其資產效益的最大化,嚴格要求企業完成政府下達的計畫——從產值、利潤,到稅收、消耗。這也就是所謂政府和廠長一起「扛指標」。

第二,「作爲宏觀管理者,政府所追求的是社會經濟的統一協調發展」❸。因此,政府從自己對社會整體發展的理解出發,總會以一定的政府行爲支持一部分企業發展得快一些,規模擴大一些,而讓另一部分企業暫時抑制發展速度,控制發展規模。當然,所有的企業領導人都希望本企業獲得優惠條件,得到持續發展。但是,在這種矛盾面前,只能是無條件地服從政府的統一調度。

第三,中國政府從其性質出發,在追求資本最大收益的同時,也必然努力保護勞動者的基本利益。在企業效益、社會效益與職工福利發生矛盾,而社會保障機制尚不健全的時候,政府會在相當大的程度上考慮職工的承受能力,並不惜犧牲一點企業的短期效益,來適當保護職工的切身利益,爭取時間。

第四,政府把一部分政治——政府職能託付給企業。在企業內部,黨委和人民團體主要分工負責這方面的工作。

第五,政府對企業的管理在系統和層次上存在著一定的矛盾,企業管理往往受到較多的牽制,由於各種因素的制約,政府部門和地方政府在執行中央政府的指令方面往往並不完全一致,甚至還有某些維護部門利益和局部利益的現象。企業總是在某一政府主管部門的管理下運轉,又必然要在一定的地域內生存,它要遵守國家的法律,服從中央的政策,也要服從主管部門和地方政府的指令。在各方的指令不盡一致的情況下,企業的運行就會受到多方面的牽制,影響企業活力的發揮。

(二)企業對政府的依存

從企業對政府的依存關係的角度看,這種關係主要表現在以下幾個方面:

第一,企業依附於政府。一方面,長期以來,中國的公有制企業和企業幹部都有一定的行政級別,而這種級別和企業幹部的升遷任免,都由相應級別的黨委和政府主管部門決定。另一方面,在很長時間內,企業,

特別是國有企業的許多微觀活動，也由政府嚴密控制。從生產計畫、生產資金、主要生產資料的供應指標，到工資和獎金的額度等都來自於政府。

第二，企業受政府的保護。中國的企業，有來自政府方面的壓力和政治任務繁重的一面，但也有受政府保護的一面。國內外都有人開這樣的玩笑，說中國政府對公有制企業是「父愛主義」。在企業遇到困難時，企業可以指望得到政府的幫助。這也正是中國的企業為什麼長期很少有破產紀錄的原因之一。但當然，一點道理都沒有的是，那些經營不善的企業領導幹部可以「易地做官」。這種情況目前已有改變。

第三，企業行為泛政治化。

(三)改革的思路與改革的困難

在20世紀50到70年代末，是上述關係的典型時期。改革開放以來，高層一直試圖改變這種模式。比如，黨的十二屆三中全會通過的「中共中央關於經濟體制改革的決定」，就明確指出：「實行政企職責分開，正確發揮政府機構管理經濟的職能。」到十四大時期，這一指導思想就更加清晰了。但是，這種狀況的改變將是一個歷史過程。比如，所謂「放權」也好，「擴權」也好，企業仍然是政府這個主體「放」或「擴」的客體。又如，承包制的歷史地位必須肯定，但是，從發展上說，承包又是不夠的。因為，「承包」不過是政府對企業、農民的一種允諾，企業、農民對政府的一種承諾。看來，只要我們不是根本上從思想理論上解決問題，不從轉變政府職能的轉變上下功夫，總是在「放」、「擴」、「收」上做文章，那麼改革的成果總是有限的。

二、政府和國有企業的關係

1993年八屆人大一次會議通過的憲法修正案規定：「國有經濟，即社會主義全民所有制經濟，是國民經濟中的主導力量。國家保障國有經濟的鞏固和發展」；「國有企業在法律規定的範圍內有權自主經營」。雖然與修改前相比，僅是「國營經濟」改為「國有企業」，幾字之差，卻意味著政企關係已經從計畫體制時期的政府經營轉變為資產國家所有、企業經營，實現所有權與經營權的分離。

　　第一，由上下級隸屬關係轉爲產權所有的關係。在現代企業制度改革中，國有企業的產權關係被明確規定爲：企業中的國有資產所有權屬於國家，企業擁有包括國家在內的出資者投資形成的全部法人財產權，國家按投入企業的資本額享有所有者的權益；企業破產時，國家只以投入企業的資本額對企業債務負有限責任。目前，國有大中型企業80%改制爲國有獨資公司。「公司法」規定：國有獨資公司的資產轉讓，依照法律、行政法規的規定，由國家授權投資的機構或者國家授權的部門辦理審批和財產權轉移手續。「公司的合併、分立、解散、增加或減少註冊資本和發行公司債券，必須由國有資產監督管理機構決定。」（第六十六條）由此，國有企業與政府之間形成了產權關係的法律制約。以產權制度改革爲核心的國有小企業，透過公司制的改組、拍賣、租賃、委託經營、兼併等多種形式的改革，和政府之間的產權關係也發生了質的變化。改制後實行合夥制、個人公司制等制度的企業，基本上解除了與政府之間的隸屬關係。

　　第二，以計畫爲約束的直接聯繫轉向以市場爲導向的間接聯繫。經過經濟體制改革和建立現代企業制度等改革，政府對國有企業的經濟管理職能和資產所有職能基本分開；對國有企業的生產經營和投資決策全部或大部分放開，一般競爭領域的經營幾乎完全依據市場供求和價格信號運行；政府透過財稅、金融等槓桿調節市場，企業按照市場需求組織生產經營；政府透過產業政策、貿易政策引導企業的經濟行爲，使之符合國家的宏觀經濟發展目標。

　　第三，由單一的行政關係轉爲法律、行政並存的二元關係。改制後的國有企業，是享有民事權利、承擔民事責任的法人實體。企業以其全部法人財產，依法自主經營、自負盈虧、照章納稅，對國家承擔國有資金保值增值的責任。國有企業同其他的非國有企業一樣，都是市場競爭的主體，在市場競爭中優勝劣汰。「公司法」規定：國家授權投資的機構或者國家授權的部門依照法律、行政法規的規定，對國有獨資公司的國有資產實施監督管理。因此，國家和企業之間有著明確的法律關係。國家依法按投入企業資本額享有資產受益、重大決策和選擇管理者的權利。由於政府和國有企業之間產權所有關係的存在，政府仍然具有資產管理和監督權，會依然沿用行政的管理模式，直接干預企業的工資、分紅、高層經營人員

的任免等，即仍然存在著行政的約束關係。

第四，由於傳統體制下形成的密切聯繫，至目前依然政企難分。調查表明，不同的企業對政府的期望迥然不同。效益好的企業希望政府行政干預越少越好，企業應該擁有的權限全部落實到位，在資產重組中企業的兼併、聯合完全由企業自行決定；效益差的企業，尤其是虧損嚴重、資不抵債的企業則要求政府給予各方面的支持，包括企業的虧損解困、技術改造、再就業、養老保險等。企業在需要擴張、優化資產時，希望政府不要干預企業的資產重組，以免「拉郎配」而影響主體企業的收益。

因此，國有企業和政府之間的關係總體上是半市場、半行政、半法律、半依賴性的關係，仍然具有「父子」關係的特徵❹。

三、政府和私營企業的關係

在中國，私營企業是指企業資產屬於私人所有、雇工八人以上的營利性經濟組織。私營企業分為三種形式：一是獨資企業，即一人投資經營的企業；二是合夥企業，即兩人以上按照協定投資、共同經營、共負盈虧的企業；三是有限責任公司，即投資者以其出資額對公司負責，公司以其全部資產對公司債務承擔責任的企業❺。私營企業的產權特徵是產權歸企業經營者私人所有。1999年的憲法修正案已經明確：「在法律規定範圍內的個體經濟、私營經濟等非公有制經濟，是社會主義市場經濟的重要組成部分。」「國家保護個體經濟、私營經濟的合法的權利和利益。國家對個體經濟、私營經濟實行引導、監督和管理。」至此，私營經濟幾乎和國有企業具有了同等的法律地位。

私營企業和政府之間的關係是以法律為基礎、以法規管理為主的政企關係。政府對私營企業的政策由不禁止、默認、「順其發展」到「鼓勵、保護、引導、監督和管理」。政府運用法律的手段，規範私營經濟的經營範圍和經營行為；制定法規，直接對私營企業進行監督和管理。在七屆人大一次會議通過的憲法修正案承認了私營經濟的合法性之後，國務院頒布了「私營企業暫行條例」。政府有關部門也先後制定了一批更具體的政策和法規，比如，「私營企業登記程序」、「所得稅暫行條例施行細

則」、「勞動管理暫行條例」等。各級地方政府也先後制定了一些促進本地區個體、私營經濟發展，甚至超常規發展的條例、決定。政府依據這些法規法令，對私營企業進行經營行為管理、稅收管理、財務金融管理，在維護市場經濟秩序的同時，促進私營企業迅速、健康地發展。政府還運用價格、稅收、信貸等經濟槓桿，對其經營範圍、經營規模、經營方式、收益分配等方面進行間接的調節，引導私營企業的經濟活動圍繞國家的經濟發展目標來進行。

　　但是，政府對私營企業的工作還有許多不盡如人意的方面，主要是：(1)稅外的各項收費太多；(2)對從事高新技術產品的企業，政策扶植力度不夠；(3)公平競爭的市場環境欠佳，與國有企業、外資企業政策上有差別待遇；(4)有些官員對私營企業仍持偏見，有歧視的傾向；(5)目前的法律和執法力度尚不足以維護市場經濟秩序，納稅人合法權利得不到合理的保護，如債務官司難打。

四、政府和外資企業的關係

　　外資企業，按外商投資方式，劃分為中外合資企業、中外合作企業、外商獨資企業三種主要形式。近幾年又出現了外商投資股份有限公司的形式。政府與外資企業之間是一種以法律為基礎、制度為規範、政策為導向的政企關係。

(一)中外合資經營企業法、合作經營企業法、外資企業法等法律，明確了外資企業和政府之間的法律關係，對外商享有的權益、應負的責任及經營行為做了明確的界定

　　政府依法對企業給予保護、檢查、監督和管理。規定合營和合作各方簽訂的合營和合作協定、合同、章程以及設立外商獨資企業的申請，應報請國家對外經濟貿易主管部門，或由國務院授權部門和地方政府審查批准。政府依法保護經中國政府批准的協定、合同、章程，保護外國合營者、合作者在合營、合作企業應分得獲得的利潤和其他合法權益。法律規定，合營企業的生產經營計畫應報主管部門備案，並透過經濟合同來執

行，合作企業按照批准的合作企業合同、章程進行經營活動。合作企業的經營自主權不受干涉，外商企業按照經批准的章程進行經營活動，不受干涉。同時，政府通過進入規制的法律規定，使外資企業的發展符合中國經濟發展的目標，維護國家的利益。

(二)政府透過制度的形式約束企業的經營行為、規範政企關係

對合資企業採取有限責任公司的形式，規定外方的投資比率一般不低於註冊資本的25%，並以投資額劃分外商的權限。董事會根據平等互利原則決定合營企業的重大問題。合資雙方按註冊資本比率分享利潤和分擔風險、虧損。中外合作企業、法人資格企業採取有限責任公司的形式，不具備法人資格的合作企業，按照民法有關規定，承擔民事責任。規定合作企業在合同中約定投資或者合作條件、收益或者產品的分配、風險和虧損、經營管理的方式和合作企業中的財產歸屬等事項，透過設立董事會或聯合管理委員會，決定和處理合作企業的重大問題，董事長和副董事長由合作各方分擔責任。儘管有一系列制度規範三資企業的經營行為，但是，目前仍然存在不少問題，比如轉移利潤、逃匯等現象。

(三)政府透過政策扶持、引導和促進三資企業的發展，協調政企關係

1986年中國頒布了鼓勵外商投資的決策，對產品主要用於出口、外匯有結餘的生產型企業和外國投資者提供先進技術、從事新產品開發等，給予稅收減免、土地使用、信貸資金等方面的優惠政策。1994年中國推行稅制改革，為了不使他們因執行新流轉稅制度而增加稅賦，八屆人大五次會議決定，對老外資企業因使用增值稅、消費稅、營業稅政策而增加稅賦的，實行五年超稅賦返還政策；對老外資企業出口貨物到2000年底繼續實行不徵不退的政策。這些扶持政策推動了外資企業的發展。同時，在政策的引導下，外資企業從「三來一補」為主到重點享有較高技術水準、較大企業規模的方向發展，促進了中國產業結構的升級。

第二節　混合型政府規制

在中國的歷史上，從未出現過發達的市場經濟，現在也還不是發達的市場經濟。目前，中國的政府規制與西方國家的政府規制存在著許多不同，還是一種「混合型的政府規制」。下面，對中國現行政府規制的內容、主要特點、規制方式以及相應的法規做一概略的介紹。

一、現行政府規制概述

中國現行政府規制的內容相當廣泛。在壟斷方面，主要針對傳統自然壟斷領域，內容涉及公用事業中的電力、城市供水、城市燃氣與熱力、公共汽車與地鐵、城市計程車；郵政、有線電視、衛星電視廣播；電信、交通運輸中的鐵路、航空運輸、水路運輸、公路運輸、管道運輸等。

在競爭方面，主要針對不正當競爭行為，同時也涉及行政性限制競爭行為。

在資訊不對稱與消費者保護和外部性方面，內容涉及消費者保護中的消費者基本權利、廣告、銷售行為（價格欺詐）等；健康、衛生與生命安全中的藥品、醫療、食品、化妝品、消費品品質、職業安全與衛生；外部性中的一般環境規制、公害防治（大氣污染、水污染、噪音污染、固體廢棄物污染）等。

中國現行政府規制的方式主要有「准入規制」和「價格規制」兩種。

准入規制的形式有：國家壟斷、許可、申報、審批、營業執照、標準設立。尤其許可的種類繁多，有許可、准許、特許、核准、審核、檢查、備案、鑑定等。現實中使用的許可證件也有多種：(1)許可證，法律對一定行為實行一般禁止，在特定場合下對特定人解除，如採礦許可證；(2)執照，規制機關經審查頒發給相應主體獲得某種職業或從事某一行業的書面證明文件，它既是一種資格證明，如駕駛執照，又是一種開業的書面憑證，如營業執照；(3)准許證，其涵義與許可證基本相同，如准印

證；(4)特許證，與一般許可證相比，其條件更嚴，申領程序更複雜，如特許專營（賣）證；(5)證照，如簽證、商品檢驗證等等。與上述方法相配套，行政機關還輔以行政檢查、行政處罰、行政強制執行及行政指導等措施。而在針對具體規制內容上，准入規制的方式也有所區別。如對國家鐵路、郵政、長途電話、地區通信，採取國家壟斷的方式；行動電話，則是國家雙頭壟斷；城市燃氣與熱力、公共汽車與地鐵，為地方政府壟斷；城市計程車、公路運輸採取營業執照方式；消費品品質、職業安全與衛生、一般環境規制採取標準設立方式；廣告採取內容審查、許可證、營業執照方式；藥品採取合格證、許可證、營業執照方式等。

價格規制主要針對自然壟斷領域，方式主要有法定價格、地方政府定價、行業指導、核准等。如郵政、長途電話、供水、城市燃氣與熱力、公共交通、衛星電視廣播、地方鐵路等採取地方政府定價方式，水路和公路運輸採取行業指導方式。

目前，規制法主要有三類：一是正式法律；二是行政規章；三是地方性法規和地方政府規章。這裡需要說明的是：

第一，現行規制法除了上述三類之外，實際上還包括規制機關所制定的具有普遍約束力的決定、命令及行政措施，實際執行當中，這種決定、命令與行政措施的有效性更高。

第二，在「立法」正式生效前，規制法多數是由各有關行政機關起草並報國務院，再由人大審議通過的，法律體現了規制機關的意願。但這有可能是人們基於規制機關的利益而懷疑規制法的公正性。

二、政府對企業的規制

(一)針對壟斷行為的政府規制

在反壟斷法頒布之前，反壟斷行為的重點在於壟斷價格。對此，政府頒布了一系列法規。1987年的「加強生產資料價格管理制止亂漲價亂收費的若干規定」❻規定：「不論是實行最高限價、浮動價格或市場調節價格的商品，企業之間都不得串通商定壟斷價格。」同年國務院發布的「價格管理條例」，將「企業之間或行業組織商定壟斷價格」的行為規定為應

按規定進行處罰的違法行為。1993年頒布施行的「反不正當競爭法」，對限制和排斥競爭的行政性壟斷做了禁止性規定。1998年施行的「價格法」規定了經營者的定價權限等重要事項外，還將「利用市場優勢或者以協定等方式，控制市場價格，嚴重損害其他經營者和消費者的合法權益」的行為，列為「不正當價格行為」，並規定了應承擔的法律責任。這展現了國家要用價格法律手段規範價格行為和規制價格卡特爾（即價格壟斷協議）的前景。

中國反一般壟斷的規定主要散見於一些行政法規，如1980年的「關於開展和保護社會主義競爭的暫行規定」、1987年的「價格管理條例」等。「反不正當競爭法」也有反壟斷的規定。後來不同形式的反壟斷法規就禁止壟斷價格、禁止公用企業或其他企業濫用市場支配地位、禁止政府及其所屬部門濫用行政權力等都有了較明確的規定。這些法規起到了一定作用。但是，這些規定也是分散於眾多的條例、通知、意見等中，缺乏系統性和權威性，許多方面沒有法律責任的規定和嚴厲的懲罰措施。

對於中國轉型期間的行政性壟斷，政府也頒布了一系列的相應法規。國務院曾多次發布關於清理整頓公司的決定，強調政企分開，禁止黨政機關辦公司。「反不正當競爭法」也規定政府及其所屬部門不得利用行政權力，限制他人購買其指定的經營者商品，限制其他經營者正當的經營活動；也不得利用行政權力，限制外地商品進入本地市場，或本地商品進入外地市場。這就明確了政府及其所屬部門限制競爭的行為（行政性壟斷）是違法行為。當然，把政府濫用行政權力的行為視為不正當競爭顯然是說不通的，因為在市場經濟條件下，一般來說，政府不是市場競爭的參與者，當然也不能從事不正當競爭行為。現在的問題是，對行政性壟斷的制裁是不力的。根據該法的規定，政府濫用行政權力限制競爭的後果是由上級機關責令其改正，或給予行政處分，並沒有提到受害者可以提起行政訴訟的權利，這就弱化了法律對行政性壟斷的約束力。同時，「上級機關」的概念不明確，更不是指司法機關。

中國對自然壟斷行業中政府規制的建設近年來進展比較快。自然壟斷行業中的企業都是國有企業，因而作為規制者的行業主管部門（或地方政府）與企業之間政企不分，甚至政企一體化的問題十分嚴重。例如，電

信業在聯通、鐵通等公司加入以前，一直是由一個獨立的企業——中國電信總局獨家壟斷經營的，郵電部是中國電信總局之上的行業主管部門。但實際上，郵電部和電信總局在職能和機構上互有交叉，因而是一個政企不分的體制❼。因而，對於該行業競爭者聯通等而言，「郵電部」和「中國電信總局」是一回事。這種特點使這些行業的官僚作風和效率低下的問題十分突出，損害消費者利益的現象非常普遍。

針對這些問題，中國借鑑了發達國家放鬆規制的經驗，開始在一些自然壟斷行業中放鬆了規制，並取得了積極的效果。例如，航空業由於有多家新航空公司進入，改變了以往中國民航獨家經營的局面。透過競爭，航空業的服務水準、價格水準也有明顯改善。又如，1994年，聯通的成立標誌著第二電話公用網正式運轉，從而結束了電信由郵電部統一組網、獨家經營的局面，形成國家電信總局和中國聯通相競爭的雙寡頭壟斷市場結構。雖然電信總局仍處於支配地位，但從總體來說，競爭使各種有利於消費者的服務措施不斷推出，促進了電信業的發展。當然，這種開放還遠遠不夠。要打破現有政府主管部門與企業之間千絲萬縷的聯繫和利害關係比較困難，因此最好應先調整現有的各行業主管部門，重新建立新的、完全獨立於原來的各行業主管部門的監督管理機構。

(二)公平競爭規制

中國政府頒布的維護公平競爭的法規主要有：「反壟斷法」（2008）、「反不正當競爭法」（1993）、「關於禁止有獎銷售中不正當競爭行為的若干規定」（1993）、「經濟合同法」（1993）、「專利法」（1992）、「產品品質法」（1993）、「廣告法」（1994）等。它們共同構成了中國政府規範企業行為的法律政策體系。其中，反不正當競爭法還明確：縣級以上人民政府工商行政管理部門對不正當競爭行為進行監督檢查；法律、行政法規規定由其他部門監督檢查的，依照其規定。

工商行政管理機關分中央和地方兩個層次：在中央是國家工商行政管理局，它是國務院的直屬機構，對國務院負責；在地方的設置分為三級，即省級、地市級和區縣級工商行政管理局。省級以下工商行政管理部門實行垂直管理。反不正當競爭法授權工商行政管理部門在執法中可行使

調查詢問權、查詢複製權、檢查財物權、強制措施權及行政處罰權。其中強制措施權主要是指責令被檢查的經營者說明與不正當行為有關的商品或財物的來源和數量，暫停銷售，聽候檢查，不得轉移、隱匿、銷毀該財物的權力。

　　總之，中國對不正當競爭採取了不同於西方國家的法律控制模式，是以行政控制為主，司法控制為輔。在中國，行政機關對不正當競爭進行全面的規制，從反不正當競爭法規的制定，到不正當競爭行為的調查和處理，行政機關擁有全面的權力。而司法機關在不正當競爭的控制上，只是起一種輔助的作用。在法律責任的規定上也多以行政法律責任為主，民事責任和刑事責任的規定相對較少。這容易發揮行政上靈活高效的特點，但這也同時強化競爭主體對行政的依賴性，不利於市場競爭主體的獨立意識和法律意識的形成和培養；也容易造成行政對競爭的過分干預，妨礙經營者的正常經營活動。所以，今後中國可以考慮對於沒有具體損害對象的不正當競爭行為，規定相應的行政責任，可以由行政機關處理；對於有明確侵害對象的，則只規定民事責任和刑事責任。因此，現階段反不正當競爭規制的改進，主要應側重於完善反不正當競爭法。

(三)企業價格行為的政府規制

　　中國已經逐步建立起以市場形成價格為主、輔以政府定價和政府指導價的價格管理新體制。但也應當看到，在企業或經營主體擁有越來越多的定價自主權以後，由於市場機制還不完善，目前的市場還是一個競爭很不充分的市場。企業制度還很不完善，產權、財產、預算對企業定價的約束作用還沒有真正體現出來，不少企業定價帶有短期化傾向，價格行為很不規範。為了規範價格與收費行為，政府制定了一系列政策，如1987年的「價格管理條例」、1994年「關於商品和服務實行明碼標價的規定」、1995年的「制止牟取暴利的暫行規定」。而1998年「價格法」的實施，則標誌著中國價格（收費）規制建設進入了一個新的階段。

　　「價格法」明確了立法宗旨、適用範圍以及價格管理的基本原則；規定了市場調節價的範圍、經營者制定價格的原則與基本依據、經營者在價格活動中的權利與義務以及必須禁止的不正當價格行為；對政府的定價

行為進行規範；確立了在社會主義市場經濟體制下，政府調控價格總水準的手段是以經濟手段和法律手段為主、行政手段為輔；規定了價格執法主體及其職權、職責、價格的社會監督及各類價格行為主體應承擔的法律責任等。它還確定了中國的基本價格制度：國家實行宏觀經濟調控下主要由市場形成價格的機制。大多數商品和服務價格實行市場調節價，極少數商品和服務價格實行政府指導價或政府定價。

值得注意的是，除價格公告、明碼標價、社會監督制度等一整套價格管理制以外，「價格法」還確立了價格決策聽證制度。該法第二十三條規定：「制定關係群眾切身利益的公用事業價格、公益性服務價格、自然壟斷經營的商品價格等政府指導價、政府定價，應當建立聽證會制度，由政府價格主管部門主持，徵求消費者、經營者和有關方面的意見，論證其必要性、可行性。」決策聽證作為一種制度並透過法律形式確定下來，是該法的一大貢獻。一般而言，需要實行聽證制度的價格項目主要是電力、供水、公交、醫療、教育、房租、物業管理收費等。這些項目，既與群眾生活密切相關，又多屬於自然壟斷行業，缺乏成本約束機制。

三、混合型政府規制與規制改革

由於舊體制的遺留機制不可能在短時間內消除，也由於它們還算適應市場經濟的體制還沒有建立完備的具體情況，因此，它們在轉型期就兼有了破除計畫經濟體制的遺留機制過程和建立市場經濟體制過程的二重性：即從政府過程的角度看，現行的政府規制建設，既是對以前嚴格管制機制的「放鬆」過程，同時又是一種新的規制政策的制定和新的管理機制的「形成」過程。這個發展過程，也就是中國政府規制不斷改革和建設的過程。

(一)放鬆規制

放鬆規制，英文是「deregulation」，意為放鬆規章限制，是規制（regulation）的反義詞❽。放鬆規制，意味著放鬆或取消諸多規制條款中的部分或全部❾。放鬆規制的內容是在市場機制發揮作用的產業，完全或部分取消對產業的進入、價格、投資、服務等方面的各項經濟性規制條

款，促進新企業和原有企業以及原有企業之間的競爭，透過競爭促進企業內部改革和技術創新，促進企業提供更多、更好的產品和服務，不斷降低收費水準，從而最大幅度地增進社會福利❿。

　　放鬆規制有兩層涵義：一是完全撤銷對被規制產業的各種價格、進入、投資、服務等方面的限制，使企業處於完全自由的競爭狀態。另一個層次就是部分地取消規制，即有些方面的限制性規定被取消，而有些規定要繼續保留；或者說，原來較為嚴格、繁瑣、苛刻的規則條款變得較為寬鬆、開明，如在進入規制中，由原來的審批制改為備案制等。理解發達國家放鬆政府規制的原因，對於中國轉型經濟中的放鬆規制具有重要的現實意義。

　　不過，需要強調的是，雖然放鬆規制似乎已經成為當今世界各國政府規制改革的潮流所向，但不能因此就斷言中國的政府規制改革也要跟著此潮流而行。對處於轉型經濟中的、處於起步階段的中國政府規制改革而言，並不一定非要照搬現成的理論和發達國家的經驗，甚至也未必要緊跟放鬆規制的潮流。畢竟，中國政府規制的形成以及受規制產業的發展歷史、現狀和環境，都與發達國家有著諸多的不同。也正因為如此，混合型的政府規制是中國經濟轉型時期政府規制改革的必由之路。

(二)混合型政府規制

　　混合型的規制是經濟體制改革的產物，是政府規制逐漸完善過程的必經階段，也是進一步調整政企關係的必要手段。在轉型期，既不可能完全拋棄過去政府管制的一些既有方式、方法，也不可能完全照抄照搬西方政府規制的模式，而是要向具有中國特色的規制——服務型的政府規制轉變。其中，混合型規制起著承上啟下的作用，它不是政府規制發展的最終目標，而是在計畫經濟體制下行政—控制型❶政府管制和市場經濟體制下規制—服務型政府規制中間起到縮小兩者之間差距，使兩者平穩過渡的重要作用。

　　關於「混合型政府規制」，有必要說明的是，混合並非就是雜亂無章，而是體現為相容和並存，其中包括三類規制。這三類規制也可以理解為中國政府規制發展的三個並行階段，是由計畫體制下的嚴格管制，到轉

型經濟中的逐步放鬆和加強規制，到適應市場經濟要求的新型政府規制這三個不同階段共同存在的規制，「混合型政府規制」即是由這三類規制同時存在、共同組成的。包括：

第一，適應市場經濟發展客觀要求的新型「規制—服務」型的政府規制，這一類規制事實上在當前的轉型經濟中已經有一定的體現。例如，隨著中國的行政法體系建設的進程加快，初步形成了政府規制的框架，在政府規制所採取的手段上，與國外的情況相似，在經濟性規制方面主要採取准入規制和價格規制；在受規制產業的市場上，政府、企業和消費者的權利義務關係基本都從法律上得到肯定。如「反不正當競爭法」、「價格法」等，尤其是價格決策聽證制度作為一種制度並透過法律的形式確定下來，並且在逐步試行，應該說是對政府規制體系完善的一個貢獻。

第二，本身就帶有過渡性的政府規制，體現為新舊規制的結合與過渡的特徵。例如，中國對自然壟斷行業的規制，由原來的國家獨家壟斷，到近年來在自然壟斷行業的准入規制上實行了一定程度的放鬆，如航空業由於有多家新公司的進入，改變了由中國民航獨家壟斷經營的局面，透過競爭，服務水準有了明顯提高；又如，加入WTO以後，逐步放開原先由國家壟斷經營的行業，引入本國和國外的競爭，對國外銀行業進入的放開就是突出的表現。當然，這需要有一定的過程和步驟，在此過程中的政府規制就呈現出過渡的性質和特徵。

第三，那些依然沿用舊有計畫經濟體制下的政府管制模式。

這三類規制的並存，形成了「混合型政府規制」。實行混合型規制的階段，也正是逐步改革舊有體制弊端、破除舊有政府管理觀念和管理方式的階段，也是進一步解除政府對企業的過分控制和操縱的過程。實行混合型的政府規制，從某種意義上說，是強化規制或再規制。

(三)政府規制改革

■界定規制範圍

由於政府干預的內在矛盾，必須明確政府干預的邊界，政府不該規制的應予以放開；該由政府在一定時期予以規制的，應當強化，也即放鬆

規制與強化規制並重。在這個問題上，本書傾向於對政府作用範圍進行「三次限定」的觀點⓬。第一次限定，政府作用應嚴格限制在市場失靈的範圍內；第二次限定，政府干預應限於能夠修補的市場缺陷之內；第三次限定，政府干預應同樣要遵循成本收益原則。第一次限定已經成為人們的共識，第二、三次限定也容易被人們所接受；但在操作中卻容易被人們所忽視，尤其是第三次限定。政府制度安排的確立與發揮，在很大程度上必須依據一國在一定經濟發展階段上的收益與成本比較。當政府制度安排發揮所得的收益與所用的成本相比大於市場制度安排的功效，則在更大程度上發揮政府的職能。當政府制度安排發揮所得的收益與收費的成本相比小於市場制度安排，則在更大程度上發揮市場機制的作用。

■規範法律基礎

按照傳統的理論⓭，政府規制的目的在於彌補市場失靈，而經驗表明法律制度在這方面無疑起到了主要作用。因而作為政府規制所依據的法律體系的健全和法規內容的完善，使得規制有所依據，理應成為政府規制體制目標模式的重要內容。當然，各國的國情不同，經濟模式不同，這種個性決定了各國的法律制度不可能是一個模式。比如，對於在哪些方面做出法律上的規定、多大程度上做出法律規定、這些法律上的規定適應多大範圍和多長時間等問題，各國的法律規定是不可能完全相同的。這表明，在建立社會主義市場經濟體制的過程中，我們不可能照搬某一個市場經濟國家的法律制度，而只能遵循市場經濟法律制度的一般原則與規律，然後根據自己的國情，制定和實施符合本國要求的法律規範。而且，隨著時間和環境的變遷，這樣的法律規範也應不斷地在原有基礎上予以完善，甚至更新。也只有這樣的法律規範，才能促進和保障本國市場經濟的健康發展。作為政府規制體制的目標模式的內容之一，完善法規內容與健全法律體系，也應是一個動態的過程。

■加強規制執行力度

執行是政府規制的關鍵，無力執行的裁決或判決只不過是一紙空文，而且還會損害政府的形象與信譽。一個高效率的、權威的規制機構是

規制法執行有力的一個重要保證。如前所述,中國現有的政府規制機構龐雜,規制主體眾多,許多企業行爲受到多個政府部門交叉規制,使得規制機構大多在執法過程中缺乏權威和效率,還有的規制者與所屬企業並未眞正政企分離。因此,提高規制機構的權威性是規制體制改革的當務之急。要避免「政企同盟」的干擾,減少被規制者「俘虜」規制者的可能性或降低「俘虜」程度。其次,以規制法爲先導,建立法定的政府規制機構,同時在法律中明確規定規制機構的職責並授予相應的法定權利,保證執法的權威性。比如,英國根據「公平貿易法」設立公平貿易辦公室,又根據「電信法」設立電信規制辦公室❶,效果就比較好。在這方面,中國的許多產業已初步具備或部分具備了建立獨立規制機構的條件,如電力公司組建以後的能源部、中國電信重組以後的資訊產業部等。但有些領域相應的規制法沒有頒布,又使得獨立規制機構的設立沒有法律依據。

■規範政府規制機構的行為

在政府規制活動中,由於自由裁量權的存在,使規制者有可能濫用職權。因此,要確立和強化對規制者的規制,以保證規制者將消費者和企業雙方利益最大化作爲行動基準。就對規制者的規制而言,關鍵是行政程序法典化。因爲規制者對企業的規制行爲首先就表現爲依法行政。隨著立法的加強,中國的規制機構也有所增加,但較爲分散。但規制機構與一般的行政機構不同,它們集執行權、自由裁量權、準立法權等於一身,且涉及面廣、作用不一、程序各異,以致對企業或個人的權利時有造成損害的情況。因此,要控制規制者的行爲,盡可能減少政府失靈,就應當建立完善的行政程序制度,使行政程序法典化。由於行政權固有的特點,其涉及領域廣泛、內容複雜、變化快等,對行政權力的規範很難從總體上加以規範,所以應當著重在把握行政權的共性,爲行政權的行使提供一個統一的準則,則不失爲有效規範行政權力的一個重要途徑。

總之,從政府經濟職能的劃分來看,政府的行政資源主要配置在巨集觀調控和微觀規制上,而且政府的大多數日常工作都與微觀經濟活動有關。但是,微觀規制與通常人們所說的微觀管理不同。微觀規制是政府依據法律法規對微觀經濟主體實施的一種外部管理,這是一種不能授權給他

人代理的責權。而通常人們所說的微觀管理，是政府站在出資者的立場上依靠行政命令對微觀經濟主體實施的一種內部管理，這種權力在大部分情況下是可以委託代理的。也正因爲如此，才有企業改革中所謂落實企業自主權的提法。所以，政企關係，是一種政府規制企業，爲企業提供服務，而企業接受規制與服務，並爲政府「付費」的雙向關係。

　　總之，在轉型期，將適應市場經濟發展要求的政府規制的管理手段規範化、法律化，改變過去凡事靠行政命令、動輒實施強制或處罰的傳統管制模式，轉向著更多的依靠法規，依靠示範、指導、建議和服務的政府規制發展。要以現在的混合型規制爲過渡和基礎，推進政府職能的轉變和政府規制建設，調整政企關係，建立、健全規制法規，建立公平的全國統一大市場，從而增加企業的活力，提高企業生產力，促進中國社會主義市場經濟的快速、健康發展，推動現有的「混合型政府規制」，盡快擺脫「行政—控制型」模式而盡快轉向「規制—服務型」模式。

第三節　社會仲介組織

一、中國社會仲介組織概括

　　中國目前的社會仲介組織有廣義和狹義之分。從廣義上講，凡能發揮仲介作用的社會組織即爲社會仲介組織。從狹義上講，僅限於同市場運行聯繫緊密的各類組織，又被稱爲市場仲介組織，主要是指在政府、企業、市場之間起仲介作用的社會組織，主要是指各類社團，其基本特徵，除仲介性之外，還有非官方或半官方、非營利，與學術界常說的「非政府組織」（NGO）、「民間組織」、「第三部門」和「社會仲介組織」，提法都非常接近❶，是同一序列，但具體涵義又不完全相同的概念。事實上，這些概念之間，很難截然分開，關鍵是看在什麼涵義上和什麼條件下使用。它們都是市場經濟高度發展和社會分工協作關係在市場領域精細化和職能化的產物，是市場經濟達到一定成熟程度的重要標誌。

　　「工青婦」，即中華全國總工會、中國共產主義青年團、中華全國婦女聯合會，作為中國共產黨事實上的「編外」職能部門，不在本章討論範圍之內。此外，作為社會仲介組織，要在國家政治、經濟生活中發揮作用，聯繫的一端必須是政治和政府。因此，建立在純粹共同興趣上自娛類的社會組織也不在這裡討論。

　　即使是「工青婦」這樣的社會團體，在改革以前也非常少，1965年還不到100個。它們享有政府編制，專職工作人員具有行政級別，經費由政府劃撥。與之相應地，他們主要承擔了某些社會政治職能，如「人民群眾參政議政的管道」、「群眾運動的重要組織者和領導者」、「我國社會主義政權的重要社會支柱」、「革命和建設的重要力量」⓰等。

　　經過幾十年的沈寂，到2014年，社會仲介組織的最大周邊——民間組織已達60萬多個，其中社會團體31萬多個，民辦非企業單位29萬多個⓱。現在全國各主要行業都有行業協會，有的還不止一個。行業協會大多是靠政府力量推動，採取自上而下的方式組建的。

　　簡言之，本章所指的社會仲介組織是以非官方性為主要特徵，有組織和自治能力，按民主原則成立和運作，介於政府與政治組織和企業事業單位、社會團體、個人之間的各種非營利性社會組織。它包括市場仲介組織、社會公共事務機構、公益性社會服務機構、專業經濟技術合作組織、社區自治組織和行業管理機構等。

　　社會仲介組織的分類方法很多。根據涉及領域的不同，可分為政治、經濟、文化、科技等四類組織；根據服務範圍的不同，又分為城鄉型、城鎮型和農村型；根據政府資助、影響程度的不同，分為民辦型、半官半民型；根據註冊在編機關不同，分為在民政部登記的社團、事業單位在編的仲介組織、工商部門登記的各種事務所等。

二、社會仲介組織在政府活動中的作用

　　仲介性並不意味著政治上的中立性。社會仲介組織的發展仍然要在法制與政治框架內進行，只是表現形式偏重於間接方式。社會仲介組織主要透過以下幾個主要管道接受中國共產黨的指導和監督：(1)接受業務主

管單位基層黨組織的領導，社會仲介組織還要根據實際情況組織自己的基層黨支部⓲；(2)組織內部黨員成員的核心作用。社會仲介組織參與政府過程，不同於那些作為國家「政治統治體系」一部分的政治組織⓳，比如政黨、行政組織和工青婦等。相比較，社會仲介組織的參與是結構性的，而不是制度性的；是間接參與而不是直接參與，但是必須參與。經過一段時間的發展，現在這種參與在中國政府的實際運行中已變得舉足輕重。

(一)意見表達和意見綜合的積極參與者

　　「每一個社會的經濟關係首先是作為利益表現出來」⓴。隨著普通公民在經濟關係中的地位逐步提高，他們所獲得利益的數量與份額也會日益增多。這無疑是激發他們參與政治的利益動因。與新興階層分化有關的政治性社會仲介組織已成為這個過程的積極參與者。目前，利益表達作為其主要政治功能，表現為溝通政社、政企的資訊橋樑，使資訊的傳遞更快速、準確、及時、全面。社會仲介組織在意見表達中發揮的作用要遠勝於在其他政府過程中的作用。主要是因為：

　　第一，長期受「單位政治」的政治文化心理影響。在新的一輪社會階層分化中產生的無單位歸屬的新興階層，視與其相關的社會仲介組織為自己的「單位」，如「個體勞動者協會」、「私營企業主協會」等，要求這些組織以「單位」的名義維護其利益，積極參與政府過程，切實解決實際問題。同時，政府也希望聽取來自各方面基層的意見，使決策能夠建立在比較科學又結合實際的基礎上。在雙方的共同推動下，社會仲介組織的利益表達功能膨脹。

　　第二，國有大中型企業改革的關鍵是實行政企分開，加強行業管理。行業協會是部門管理變為行業管理的直接產物。它由同一行業的不同企業自願組成，代表本行業的利益與國有資產所有者的總代表——政府相對而立；同時，它又是政府倡導組建的旨在加強中觀和微觀管理的社會仲介層。在意見表達過程中，社會仲介組織透過各種管道，如開展意見徵集會、座談會、提交意見報告書和情況報告等向政府表達建議或意見。如糖業協會向中央反映有關部門不合理拋售國家儲備糖，致使糖價下跌，影響國家食糖儲備等問題，受到了政府有關部門的高度重視。又如，在加入世

界貿易組織的問題上，具有較強國際競爭力的行業如紡織業爲擴大出口，要求早日加盟；而民族工業中的「幼稚工業」如汽車製造業則希望政府從長遠著眼，放慢腳步，制定有效政策，保護民族工業發展。單從這一項決策來看，行業協會的利益表達已經不容忽視。

第三，由社會仲介組織目前發展決定，它們不具備國家政治制度賦予的正式法律身分，難以用組織的整體名義進入政治系統；但其成員可以成爲人大代表或政協委員。具有這些身分的社會仲介組織成員在本組織的利益表達中充當重要力量。個體所表達輸出的意見，大部分爲社會仲介組織內部的整體利益要求。特殊成員的積極參與，強化了社會仲介組織的利益表達功能。

「所有從事利益表達的集團和組織都可能從事利益綜合」[21]，即意見表達的主體都可能成爲意見綜合的主體。社會仲介組織屬於「輔助性的意見綜合主體」，他們可以在國家法制的框架下，透過自己的工作，承擔一定的意見表達工作，然後將結果透過不同的政治管道輸入政府過程中最基本的意見綜合主體——中國共產黨的宏觀意見綜合過程。也就是說，實際上，在將各種意見輸入政府過程後，社會仲介組織會在意見綜合的時候進行再次的篩選，最終的結果是既能夠代表本組織的具體利益，又控制在政治框架所允許的範圍以內。相比較，社會仲介組織在意見綜合中發揮的作用要小於在意見表達中的作用。

(二)政府決策的參與者

政府決策分爲宏觀決策和微觀決策。社會仲介組織的性質決定，它們參與的重點是相關其具體利益的決策。近年來，它們積極參與行政立法和重大行政決策工作，例如輕工業協會就曾協助政府有關部門起草了行業「九五」計畫和2010年長遠計畫等。在當代中國政府過程中，社會仲介組織參與決策的方式有：

第一，履行半行政職能參與決策。例如行業協會接受政府委託，負責組織行檢行評、企業升級評定的具體活動，一般由協會提出初評的意見，包括列出有條件進入評定範圍的企業名單和調查資料，提交政府有關部門最終審定批准。政府的終審一般都要依據協會的意見。實際上協會擁

有建議權和評審權，政府部門擁有否決權。透過政府初倡、協會執行的方式參與政府決策，協會分散了政府的部分決策權。

　　第二，提供專業資訊或專業服務，參與決策制定。尤其是一些會計、審計、資產評估、公證等，市場仲介組織透過專業性較強的工作，提供政府無法詳細掌握又迫切急需的專業統計資料和情況反映，這樣的資訊和服務影響著政府決策導向。政府制定某一領域的政策時，可透過社會仲介組織掌握更多翔實的第一手資料，如企業經濟發展水準評估、行業內部成員的發展情況、整體行業的發展水準等，找到決策的科學依據，並估計政策實施後被接受的可能性。政府的資訊缺陷，使仲介組織透過掌握稀缺的資訊資源和說服政府部門接受建議的特殊能力，不同程度地參與了政府部門的決策。

　　第三，以個人身分參與決策。組織上掛靠某一行政單位的社會仲介組織，都有在政府部門和仲介組織身兼數職的官員。當政府制定有關組織的決策時，他們往往發揮特殊的作用。例如，掛靠在工商部門的各級個體勞動者協會、私營企業協會的發展，同工商部門的領導兼任這些組織的領導職務有極大的關係。

　　第四，學術性組織參與決策，主要是指近年來興起的學會、研究會等❷。這是一類兼專家學者和政府管理者於一身的半官半民的社會仲介組織。它們是政府決策中的「外腦」和「思想庫」，他們以協助決策民主化和科學化為標的，透過會員具體的研究和實踐工作，為政府政策提供諮詢服務，起到智囊團或參謀部的作用。

(三)政府決策實施的有力助手

　　中國政府過程的決策實施分為三個層次：一為黨內的執行系統；二為「一府兩院」，特別是國務院這一執行系統；三為整個社會貫徹執行黨和政府決策的系統。社會仲介組織在第三個層次中起重要的作用，尤其在較微觀的具體政策實施上，它們是政府的有力助手。社會仲介組織把政府的有關路線、方針、法規、政策等，納入組織內部工作運行目標體系中來，透過規範會員的行為來協助政府部門工作。具體的工作程序與政府雷同，主要包括傳達、組織、計畫、協調、總結等。

(四)資訊傳輸的重要社會媒體

從廣義上講，意見表達也是政務資訊的傳輸，只是側重於利益要求的傳輸。可是，政務資訊完全不等於利益要求。政務資訊傳輸，不僅是政治統治的需要，而且著眼於社會溝通。在社會主義條件下，這一點應當更加明確。黨和政府透過資訊交流活動，溝通與人民群衆的聯繫，使黨政機關的各項工作得到人民群衆的廣泛理解和支援。其間，社會仲介組織的作用日益凸顯，並在不斷加強。它們是上情下達、下情上達的資訊中轉站，是政府和社會溝通的橋樑和紐帶。尤其在市場經濟條件下，政府的宏觀調控職能更依仗於科學、準確、全面的資訊傳輸工作的有利配合。從這一點上講，社會仲介組織的發展程度是市場經濟成熟與否的重要標誌。

社會仲介組織傳輸資訊的方式主要有：(1)專門的資訊傳輸媒體，主要指提供資訊服務的社會仲介組織，它們同時服務於政府和社會。在新的歷史時期，它們的生命力將更加旺盛。例如，在1992年創立的「零點市場調查與分析公司」，它的顧客中有政府也有企業，相當一部分業務具有政治性，並直接爲政府決策服務；(2)組織內部經常開展各種形式的交流會、對話會等向成員傳輸資訊，同時也向政府轉述組織內外的資訊等；(3)創辦刊物，借助大衆傳媒進行資訊傳輸。以四川省個體勞動者協會和私營企業協會聯合創辦的《個體私營》雜誌爲例，刊物立足於資訊傳輸，一爲傳達黨政最新的有關個體私營經濟的方針政策；二爲反映個體戶私營者對國家政策的態度和提出希望等；(4)借助網路媒體進行資訊傳輸。

(五)新興的仲介型監督主體

仲介型的監督主體，是指具有監督意識和督促能力，但主要是透過對監督對象產生政治影響或社會影響，從而進入權力型的監督主體的法律、黨紀和政紀程序的監督主體。社會仲介組織作爲這種監督主體發揮著特殊的作用，雖然起步較晚，但它們發揮的監督功能令人矚目。社會仲介組織的監督作用主要表現在以下三個方面：

■組織內部監督

社會仲介組織承擔由政府轉移出來的執行性行爲，特別是政府轉變

職能後，需要有一個能溝通政府和企業的中間層次去承載監督和管理等純執行性職能。這是組織內部監督的當然功能。轉型期容易滋生腐敗，社會仲介組織的建設有利於反腐敗的深入開展。以行業協會為例，以其特殊身分及時發現行業不正之風，能比較及時準確地會同有關部門提供真實可靠的證據和尋找解決問題的措施。

■對行政機關的監督

由於不少社會仲介組織掛靠在行政機關，它們可利用特殊地位對行政機關進行監督。透過各種民主協商對話，它們可將人民群眾的意見及時反饋給行政機關，並有針對性地提出改進工作的建議，督促行政機關及其工作人員依法認真履行職權，提高工作效率；同時，對行政機關及其工作人員嚴重違法或犯罪的行為，可直接向上級有關機關提請復議或逕行申訴。

■對企業和社會其他組織的監督

社會仲介組織的獨立性使其處於比較超然的地位，這是正常行使監督功能的有利條件。這種監督功能主要體現在：公證機構如會計師、審計師事務所，按國際慣例監督企業按照國家會計法規建立帳戶，透過審核，在確認企業提供的財務狀況是真實的、準確的、完備的、無欺詐行為後，本著對被服務對象負責的態度，公正地出具有關證明，監督企業的資信度；消費者協會透過受理消費者的投訴，對市場上銷售的各種商品品質進行監督檢查，加大政府商業管理部門對各類工商、服務企業及個體工商戶的監督力度，在客觀上彌補了政府工商行政管理、物價管理、品質管理等機構監督的不足。

三、「官民二重性」：社會仲介組織的主要特點

(一)社會仲介組織與政府的關係

■政府對社會仲介組織的管理，實行「雙重管理體制」

西方國家對社團的管理一般實行註冊制、登記制管理，只要符合政

府規定的標準，就可以到政府部門註冊，經審查即獲得合法地位，其活動由本組織自行負責，出現問題則視情況提交司法部門解決。

與之相比，社會仲介組織的成立在標準上除了上述幾項外，還包括必須有一個「業務主管單位」，即「找婆家」。在民政部於1998年10月頒布並實施的「社會團體登記管理條例」（以下簡稱「條例」）中明確規定了民政部門與業務主管部門對社會仲介組織的雙重領導：民政部負責社團登記工作；業務主管單位負責對社團日常活動的指導、監督。這種管理體制對社會仲介組織的發展構成了一些實際的困難：其一，雙重管理主體，導致社團註冊手續複雜，進展緩慢；其二，找「婆家」難，目前，正值機構改革時期，很多機關自顧不暇，不願再去接管社團；其三，在雙重領導體制下，部門之間分工不夠明確，致使社團難以有效地開展活動，而且部分業務主管單位的「領導」過細，使社團幾乎喪失自主權。

■收入結構不合理，對政府撥款依賴性強

2013年，社團最主要的收入來源是政府提供的財政撥款和補貼，該項來源占了所有來源的49.97%[23]，而營業性收入只占總收入的較小部分。在發達國家，營業性收入的比率往往較高。以美國為例，1993年慈善組織的收入來源中，服務收入占71.3%，政府捐贈僅占8.2%，私人捐贈為9.9%[24]。造成它們收入來源單一的原因是多方面的：

第一，雙重管理體制要求社會仲介組織必須與主管單位結成「業務指導」關係。這一規定導致了兩種社團的生成途徑：一是政府為轉變職能、壓縮開支和安置分流人員，投資建立一部分自我營運的組織，如公司、基金會、協會等，與之相應，官辦社團的日常運作、項目開支、人員薪酬福利都由政府提供；二是那些地方性群眾自發組織和由於行業經營需要而自下而上產生的社團組織，為了尋找一個合適的「婆家」，透過民政部門審批註冊，就必須在職能上盡量迎合政府部門的需要。

第二，功能單一。如前所述，「雙重管理體制」在很大程度上限制了社會仲介組織功能多樣化的發展，具體體現在發揮不同職能的社會仲介組織發展不平衡，從事經濟活動及學術交流類的社會仲介組織占總數的76%[25]，從事公共服務活動的組織過少。

第三，服務水準不夠。由於經費來源單一，內部管理行政化色彩濃厚，久而久之，部分社團工作人員在工作中表現出官僚主義作風。

第四，社會支持有限。這是多方面原因造成的：首先，政府雖然對社團活動實行減免納稅的鼓勵保護措施，但對捐贈者的稅收優惠力度依然不大；其次，目前整體生活水準不高，即便在一些大城市，緊張的工作和相對有限的收入也決定了大多數人對於慈善事業還是處於「精神支持」的層面，其捐贈力度非常有限。

■内部人事管理行政化

除了財政權以外，人事任免權可以說是又一個決定社會仲介組織與政府關係的重要因素，甚至可以間接反映中國社會仲介組織的治理結構和自治程度。目前，有近三分之二的社會仲介組織的幹部，或者直接來源於業務主管部門的派遣，或者由組織部門提名再透過業務主管部門的批准，這使社會仲介組織喪失了對本組織人事的任免權，這也在一定程度上導致了社團工作的效率低下等問題❷。

根據上面的分析，不難發現社會仲介組織目前仍存在著一些問題，這也直接影響其今後的發展。經濟來源單一、缺乏人事任免權的中國社會仲介組織，首先必須要處理好與政府及其業務主管單位的關係，只有這樣，才能爲本組織的生存與發展謀求更爲有利的支持，這也是中國社會仲介組織「官方性」最爲直接的體現。但必須承認，它並不是具有國家強制力的行政組織，它的很多活動都必須是建立在會員及公眾自願基礎上的。因此，社會仲介組織在處理與政府關係的同時，還必須重視來自社會的意願，即注重其「民間性」的發揮。

(二)中國社會仲介組織的「民間性」分析

如果說社會仲介組織在建國初期是以政治化、行政化的形式出現的，那麼，中國社會仲介組織的「民間性」直到改革開放後才開始彰顯出來。

■政府、企業、社區、個人多元共建模式發展

改革開放以前的社會仲介組織，大多是政府行政命令的產物，雖然

功能上還能與當時的需要適應，但其內部管理以行政命令為主，內部運行及人事管理體制上具有明顯的行政化色彩，與當時的國家政府機關非常相似，如八大人民團體。這種內部運行體制對外加重了政府的行政開支，對內阻礙了人才的流動與發展，同時，容易導致社會仲介組織走向「官僚化」，忽視民眾的具體需要，管理上僵化、保守，缺乏靈活性。

改革開放使中國社會仲介組織的發展得到了空間與資源。從政府到企業，再到個人，都提出了建立新的社會組織以承擔大量原先由政府把持的社會職能、經濟職能，因此可以說，這些都與社會仲介組織的發展有著直接的關係，它們構成了中國社會仲介組織發展的動力模式，這種動力的多元化也直接改變了中國社團只能由政府派生的單一模式，尤其在「條例」頒布後，中國社會仲介組織的多元形成模式得到了法律的支援。儘管目前民間組織的規模、影響範圍還比較有限，特別是一些具有跨區域乃至全國影響的社會仲介組織還大多是官辦社團，但近來，中國民辦社會仲介組織加強合作的趨勢正在興起，民間組織的網路正在形成，這將在很大程度上解決中小社團發展的地域限制、規模效應差的困境。而且，中小社團的出路在於民間，在於職能的細化、靈活，這部分具體內容在下面還要涉及，在此不再贅述。

■投資主體開始走向多元化

首先，包括黨政機關在內的社會各界，如企業事業單位、社團、各民主黨派及其他社會組織及公民個人都可以依照法定程序投資創辦社團，其投資形式可以包括個人獨立出資、單位或幾個單位聯合出資、單位和個人混合出資等。

其次，資金管道多元化。除了國有資產以外的其他財產形式，如主要創辦人員的個人財產、集體所有的財產、社會各組織和公民個人的無償捐贈和資助，包括國際性的援助等多種管道。投資主體、形式、資金來源管道的多元化，意味著中國社會仲介組織的獨立性正在加強，其從社會汲取支援的能力開始初步建立。儘管從資金構成比率上，政府投入還占絕對優勢，社會仲介組織對政府的依賴程度還沒有根本性的轉變，但從發展的角度來看，隨著社會轉型的深入，社會仲介組織的社會土壤會逐漸豐富起

來，人力上、資金上為社會仲介組織提供更為有力的支援。

因此，社會仲介組織與政府的密切關係，並不一定意味著其將忽視來自社會的意願。首先，政府也在進行著行政體制改革，實現自身行政能力的提高，更加注意民情、民意的瞭解；其次，大量民辦的社會仲介組織正在發展起來，相對於官辦社團，其注重的問題更加微觀、具體，可以說，其天然就有著接近民眾的組織優勢。因此，無論是官辦社團還是民辦社團，都有著其作為「公民社會組織」的職能，即代表並維護公共利益。

(三)社會角色的多重性

社會仲介組織由於涉及的領域不同，它們在政府過程中扮演的角色不同，參與階段不同，參與政府過程的社會角色也不同。這是其他社會組織無法比擬的。

社會仲介組織在中國起步較晚，在發展過程中還存在著一些亟待改進的問題：

第一，組織結構欠合理，發育不充分，一些應該建立的仲介組織並沒有普遍建立起來，如長期以來一直沒有建立起資產評估組織，對國有資產做出科學的評估，導致國有資產流失嚴重的現象無法得到及時的制止。

第二，過多的官方權力介入，使其成為某一部門的「代言人」，一些仲介組織基本上是行政機關的附屬物，「二政府」的產生增加了不必要的社會負擔；其次以政府名義「強行仲介」、「指定仲介」，使仲介組織失去了賴以生存的廣泛社會基礎；同時，在管理方面，大多是把社會仲介組織作為行政機關或事業單位來看待，定級別、定編制、直接控制人財物。

第三，人員素質不高，專業人員短缺，相當一部分從業人員是政府機關或事業單位的離退休人員，人員老化嚴重，影響了仲介組織的功能發揮及長遠發展。

第四，對仲介組織的管理和監督薄弱，缺乏制度化、法律化的管理。1989年10月，國務院公布了「社會團體登記管理條例」，1998年又修訂了這一條例，但是，這個條例還是比較粗略，管理的範圍也比較小。近年來，修改該條例的呼聲一直較高。

四、社會仲介組織發展：利用「二重性」，突出「公共性」

要實現社會仲介組織的健康發展，除了要樹立科學的「社會—國家—政府觀」❷，從思想上轉變對社會與國家間權力關係的扭曲認識，正確認識當前的政府職能轉變，爲放手發展社會仲介組織掃清思想路障，使其成爲中國由「單位社會」向「市民社會」轉變的關節點，關鍵是要加強有關的法制建設，落實社會仲介組織發展過程中的監管問題。這也是政府與社會仲介組織互動關係的一個重要方面。

(一)恰當利用「二重性」

多年來，理論界總是有人認爲，社會仲介組織應該完全地脫離政府的控制，走一條完全社會化的道路；但這種發展模式，即便在西方主要國家的實踐中還只能是一種理想。比如在公民社會程度較高的西歐及美國，其社會仲介組織的總體資金構成中，政府等公共部門對於社會仲介組織的投入約占40%❷，仍然是不可或缺的部分。處理與政府之間的關係仍然是大多數社會仲介組織領導人的主要工作內容之一。

中國社會轉型目前正處在一個關鍵時期，作爲轉型產物的中國社會仲介組織代表著來自民間的力量，對政治領域、經濟領域的變革具有巨大的推動作用。因此，「官民二重性」長期共存於組織之中，既是社會仲介組織最大的特點，也是其最大的優勢，是任何一個中國社會仲介組織發展都必須去面對的問題。

能否處理好兩種屬性的關係，對於其今後的發展具有非常深遠的意義。中國社會仲介組織的發展要協調「官」與「民」的關係，絕不是「二選一式」的發展。對於這一關係的把握，要結合社會轉型的具體程度，特別是政府與社會之間的變化來確定。現階段，中國政府的職能仍在調整中，與社會仲介組織在職能上容易產生重疊；但社會仲介組織的職能框架已經基本呈現出來，這需要社會仲介組織自身不斷地提高自身服務水準，滿足本組織對象的要求。這意味著社會仲介組織是在政府已經發揮和仍在繼續發揮作用的社會空間中成長的，這種仍帶有一定「政府情懷」的社會環境構成了社會仲介組織發展環境的最大特點。這種對政府的信任，對於

社會仲介組織發展具有雙重意義：

第一，民眾、企業特別是國有企業對於中國的黨和政府的信任乃至信賴，容易造成其對社會仲介組織具有巨大的期望，這對於仍處在發展初期的社會仲介組織而言，無疑是一個巨大的挑戰。

第二，社會對政府的支持與信任可以在社會仲介組織接替政府發揮職能的過程中，轉向對社會仲介組織的支持，這對於相當多的官辦社會仲介組織而言，也是一個難得的先天優勢。

因此，如何充分利用這一優勢，才是社會中介組織急須解決的問題。「官民二重性」是中國社會仲介組織特殊性的集中體現，「官方性」與「民間性」比例不合理才是其發展的障礙。但克服這一障礙的方法不是盲目地呼籲減少官方投入，急於脫離政府控制，而是盡可能地結合政府的資源優勢來發展自己，實現職能上由政府向社會仲介組織的順利過渡。在這種前提上，政府適當地減少控制，發揮社會仲介組織的自主性才是正常而有積極意義的。只有現在善加利用政府的投入和扶持、管理，中國的社會仲介組織才能得到政府對其控制的放鬆。

(二)加強監管與充分發揮社會仲介組織的「公共性」

在現階段，中國社會仲介組織的初步發展不可能不經由政府的推動和協助，但社會生活的基本規律性決定了社會仲介組織的最終成長則在於其公共性一面的發展；在現階段，我們不應迴避，而是要適度利用社會仲介組織的「官方性」這一面，堅持改善和強化政府對社會仲介組織的監管，同時積極創造條件，主動推動社會仲介組織的公共性一面的健康發展。

社會仲介組織所提供的公共產品，是對特定領域、特定階層的服務，比較具體和靈活，所以，政府難以做到。因此，它們的服務不應該求全、求多，而應該求精、求細，針對性強。首先，由於政府的某項具體政策很難做到同時滿足全部民眾的要求，一項政策的實施往往需要相應的政策補償作為補充，必然繼續加重政府的行政成本，這時，大量代表社會不同群體利益的社會仲介組織所提供的公共產品，則發揮了彌補政府決策公共性不足、減輕政府負擔的作用。其次，為本組織成員提供了優質高效的

服務，同時也對政府行為具有一定的參考比較價值。前面提到的社會仲介組織在發展初期的意見綜合、意見表達功能進一步發展成為民眾利益代表、政府合作夥伴的角色，幫助政府更好實現發展，社會仲介組織作為「公民社會組織」的作用才能真正得到發揮。

同時，強調社會仲介組織獨立地發揮公共性職能，並不意味著其可以忽視政府的管理；以民間投入為主並不能完全保證社會仲介組織的公共性能夠順利實現。恰恰相反，社會仲介組織要健康快速地發展就必須要有政府有關部門的監管。

第一，強化對主要幹部的監管，但應逐步淡化他們的行政級別。無論是官辦社團還是民辦社團，都必須明確其社會性、民間性的本質屬性，其所發揮的職能、具有的權力，也是由於得到法律承認和保護的民間組織而實現的。因此，應逐步淡化其行政級別，明確其民間組織的性質，這樣既有效避免了監管過程中遇到的障礙，同時又從具體操作中開始實現官辦社團真正與政府相分離，這對於中國社會仲介組織的長遠發展有非常積極的影響。2015年，中國政府推進行業協會商會與行政機關脫鉤，已經邁出了改革的重要一步。

第二，強化對組織財政收支狀況的監管，正確對待社會仲介組織的經濟活動。針對社會仲介組織財政收支狀況的監管，主要是檢查其是否遵守國家有關經濟制度、財務制度，檢查其財務管理制度是否健康、其收入支出是否合法、其經費來源是否有保障等❷。這裡需要注意的是，社會仲介組織財政收支狀況正常與否，在很大程度上取決於其所從事的業務活動，尤其是經濟活動的效果。應當允許它們從事合法的經濟、貿易和商業活動，但是所得的盈利不被其成員、董事、雇員等在自己內部分掉，而且要求建立社會仲介組織的主要目的是為了開展非營利性的活動，即公益性活動。

第三，加快完善自身約束機制，強化「社內民主」，切實發揮理事會的作用，建立監事會。建立「社內民主」機制，應切實加強社會仲介組織中理事會和常務理事會的作用，將其作為整個組織的最高決策部門。理事會（或董事會）成員由選舉產生，負責為本組織制定政策和工作計畫，選舉常務理事會和正副會長、秘書長，對其財務和活動實施日常監督、管

理、決定。同時，由於理事會總管整個組織的各項事務，爲了更爲有效地
發揮其監管職能，也可以在其下設監事會，專門負責對整個組織，包括各
個成員、各個部門的業務活動、財政收支狀況進行專項監管，確保理事會
的監管作用落到實處。

　　第四，加強研究和培訓工作，全面提高組織和人員的素質。1998年
政府機構改革後，已經有一批素質較高的機關幹部充實到社會仲介組織
中，這有利於仲介組織的發展，但他們缺乏專業知識，應及時補課。作爲
社會仲介組織自身要有一定自覺性，不能只是考慮攬權賺錢，滿足於當
「二政府」，而要在服務上下功夫。比如，當美國馬鈴薯協會、香吉士
（Sunkist）橙協會進入中國以後，中國的有關協會在代表農民利益和組織
產品推銷、售後服務等方面的嚴重缺欠就表現了出來，有的比較起來已經
到了非常尷尬的境地❸。加強對國外仲介組織的研究，眞心學習人家好的
地方，使中國社會仲介組織規範化、國際化，盡快發展起來。

　　今後，隨著市場經濟的完善，社會仲介組織的活動將呈擴大和活躍
的趨勢，活動方式會有某些變化，甚至會發揮某種「壓力」作用。近年
來，在加入世界貿易組織等經濟或與經濟密切相關的社會發展問題上，中
國已經有了不規則的、潛在的壓力活動。國內外少數比較敏感的學者已經
注意到了這一變化。比如，《法新社》在一則發自北京的電訊中就提到，
在中國確定其能源策略的過程中，就在電力工業、汽車工業和石油天然氣
行業中存在有「遊說集團」和「遊說活動」❸。但是，它們的總體政治功
能的擴大與西方國家會有所不同，在相當一段時間內，不大可能發展爲
「壓力團體」那種模式。

註釋

❶（匈）薩穆利，《社會主義經濟制度的最初模式》，湖南人民出版社，1984年，第72頁。

❷在中國，公有制包括全民所有制和集體所有制，而集體所有制並不同於合作經濟，它在傳統上是指個人集資但又自願放棄了所有權的集體所有的制度，這部分經濟實際上也在很長時間內由政府直接領導。

❸四川體改所課題組，〈政府經濟行為的理論反思與模式構想〉，《中國社會科學》，1993年，第3期。

❹參見趙曙明，〈市場經濟下的政府與企業的關係〉，《生產力研究》，1998年，第1期。

❺參見「中華人民共和國私營企業暫行條例」。

❻參見《司法文件選》，人民法院出版社，1987年5月。

❼參見張維迎等，〈從電信業看中國的反壟斷問題〉，《改革》，1998年，第6期。

❽參見伊特維爾（John Eatwell）等編著，《新帕爾格雷夫經濟學大詞典》（The New Palgrave: A Dictionary of Economics），陳伯泉譯，經濟科學出版社，1992年，第135頁。

❾李琦，〈政府規制及其改革〉，《中國社會科學季刊》（香港），1999年秋季號。

❿參見夏大慰等，〈市場經濟條件下的政府規制：理論、經驗與改革〉，《上海社會科學院學術季刊》，2001年，第4期。

⓫張志超，〈論入世後政府之觀念轉變〉，《天津財稅》，2002年，第3期。

⓬參見胡家勇，《政府干預理論研究》，東北財經大學出版社，1996年，第122-131頁。

⓭奧肯（Arthur M. Okun），《平等與效率：重大的抉擇》（Equality and Efficiency: The Big Tradeoff），王奔洲等譯，華夏出版社，1987年，第29頁。

⓮參見王俊豪，《英國政府管制體制改革研究》，上海三聯書店，1998年。

⓯參見王名等，《中國社團改革：從政府選擇到社會選擇》，社會科學文獻出版社，2001年，第12-15頁。

⓰袁純清主編，《人民群眾團體論》，教育科學出版社，1992年，第15-16頁。

❶⓱參見中華人民共和國民政部網站，http://www.mca.gov.cn/。

⓲比如，天津市哲學社會科學學會聯合會1979年恢復工作，1987年成立了黨組；到1999年，凡是專職人員中黨員在三人以上的，都建立了黨支部或聯合支部；大部分沒有建立黨支部，是由於專職人員太少（聞書，〈天津社聯社團黨建工作的現狀及今後的設想〉，《天津社團通訊》，1999年，第11期）。

⓳參見王惠岩，《當代政治學基本理論》，天津人民出版社，1998年，第86-88頁。

⓴《馬克思恩格斯選集》，第2卷，人民出版社，第537頁。

㉑阿爾蒙德等，《比較政治學》，曹沛霖等譯，上海譯文出版社，1987年，第236頁。

㉒李大強，〈發揮行政管理學會作用，當好政府參謀和助手〉，《中國行政管理》，1991年，第2期。

㉓馬全中，〈中美NGO提供公共服務的比較分析〉，《經濟體制改革》，2013年，第4期。

㉔轉引自鄧國勝，《社會仲介組織評估》，社會科學文獻出版社，2001年，第57頁。

㉕同⓯，第114頁。

㉖同㉔，第62-63頁。

㉗吳仲平等，〈重塑社會與國家關係是實現政府職能轉變的根本〉，《廈門大學學報》，1994年，第1期。

㉘（美）薩拉蒙（Lester M. Salamon）等著，《全球公民社會：非營利部門視界》，賈西津等譯，社會科學文獻出版社，2002年，第28頁。

㉙吳忠澤主編，《發達國家非政府組織管理制度》，時事出版社，2001年，第126頁。

㉚參見《中國商報》的相關報導，2002年7月2日。

㉛參見〈避免重蹈西方環境污染覆轍〉，《參考消息》，2002年8月17日。有關分析不一定準確，但是值得重視和研究。

第12章

單位的政府職能及分解

- 單位的概念和單位承擔的政府職能
- 單位分擔政府職能的歷史根源和現實局限性
- 單位控制範圍的縮小與單位政府職能的分解

在中國，人們習慣把自己供職的公共機關、社會團體和公有制的企業、學校等統稱為「單位」。國外學術界一般把中國的「單位」譯為「units」，但是units這個詞遠遠表達不了中文「單位」概念的全部內涵。「單位」現象，是中國在經濟和政治生活中形成的諸多特性中最具典型性和綜合性的現象之一，引起了國內外學術界越來越多人士的關注。透過對這個可以「見微知著」的問題的研究，能夠加深對中國社會經濟和政治生活多方面問題的認識與瞭解。

第一節　單位的概念和單位承擔的政府職能

一、研究單位問題的政治學意義

在緒論中，本書已經指出，僅從政治學的角度看，中國政府過程有別於其他國家政府過程的一個關鍵之處，就是中國的政府過程在縱向上（即國家的整體和部分的關係）的「末梢」，並不是最基層一級的地方政府或政府的派出機構，而是政府的「非政府延伸」──單位❶。事實上，所謂單位，不僅是各行各業自己的基層，而且是中國政權的重要基礎。不瞭解單位的性質和特點，就不能全面和深入地瞭解當代中國的政府與政治，特別是中國政府與政治的實際運作情況。

「企業辦社會，校長像市長」。作為中國經濟、政治生活中帶有特色性的社會共同體，各類單位特別是大中型公有制企業事業機構承擔著廣泛的社會義務和社會責任，分擔了相當的政治和政府職能。各類單位，特別是企業和學校，不可能背負著廣泛而複雜的政府職能和不切實際的社會義務走向市場，或是去參與國內國際同行的全面競爭。系統地調查和分析「單位現象」，是著手解決各類單位非業務性負擔過重這一難題的基礎，對於認識清楚中國國家生活中的各種關係，包括政企關係和黨政關係，也都具有一定的意義。

二、單位的基本概念

　　單位，是中國社會經濟和政治生活的基層組織形式。它與一般意義上的服務處所相比，在概念上顯然是不同的。作為一個單位，或者說能夠作為「單位」概念抽象的實體，不論其「行政級別」高低、規模大小和業務性質如何，都必須具備下列要素：

　　第一，是一個「基層」法人。比如中央政府所屬的「部」、地方政府所屬的「局」，它們是法人，但不是基層，所以，它和它管轄的下屬機關、企業和事業單位所構成的整體，都不是一個單位，它本身即「部機關」、「局機關」才是一個單位。同樣的道理，企業內設的車間，機關內設的處、室，學校內設的學院、系、研究所，也都不算是嚴格意義的單位。單位能夠獨立承擔民事責任。

　　第二，單位必須有自己獨立核算的財務系統。

　　第三，企業和事業，在所有制上都是全民的或集體的。起碼截至目前，人們還不習慣於把他們「打工」的非公有制勞動處所看作自己的單位。黨政機關自不待言，作為單位的社會團體，也都是為政府所承認的，有主管部門，並有自己固定的人員編制和經費來源。

　　第四，有一定的行政級別。管理人員和專業技術人員享有「國家幹部」的身分，其他工作人員也享有「國家職工」的身分。單位負責人對「條條」或「塊塊」上的主管黨政機關負責。

　　第五，建有與單位同等行政規格的中共基層委員會。該委員會作為這個單位的政治核心，對本單位的業務工作實行政治領導或保證監督。

　　透過這些條件，不難看出，單位作為一種社會經濟、政治機制，作為一種體制，它所具有的更重要、更本質的意義是：單位體現著一種全面而深刻的歸屬關係。從政府與單位的關係看，政府把單位看作自己的一個個「紐結」，單位接受政府的各種保護，並按照政府制定的計畫得到各種資源；單位裡的職工不是單位的雇傭人員，他們與單位的關係不是為經濟收入和實現個人價值而工作的契約型關係，而是一種單位既全面控制又全面照料其職工，職工既全面服務又全面依賴其單位的複雜政治、經濟和社

會關係，並且這種聯繫不是單位與職工中的任何一方可以隨意中斷的。例如，一個退休職工是不會把他「補差」的地方稱爲「單位」的，他的單位永遠是他原來的工作單位。也正是因爲如此，有學者把單位的基本特徵概括爲利益保護、權威認同和資訊壟斷，並特別強調它們與城市生活的密切聯繫❷。

總之，這種類似家族化的歸屬關係的要旨在於，單位作爲國家機器的組成部分，或者說「附屬物」，執行著把執政黨和各級政府的決策透過帶有自己業務特色的工作傳輸給職工的任務。執政黨和各級政府透過千千萬萬、各行各業的單位，實施著對廣大社會成員有效而全面的管理。因此，靜態地看，單位是當代中國社會，特別是城市社會的基本單元；而動態地看，它是中國政府過程的「末梢」。

在中國，起這種基層政治控制的基本紐結和政府過程「末梢」作用的，還有農村的村民委員會和城市街道的居民委員會（參見本書第十六章和十七章）。

那麼，中國目前大約有多少單位呢？由於我們的研究工作與國家統計機構能夠提供的統計數據的口徑差異較大，所以，難以準確地說出中國目前政治學意義上的單位的準確數量。我們只是參照有關資料做一點簡單的分析。按照〈第三次全國經濟普查主要數據公報〉所得出的結果，2013年末全國有法人單位1085.7萬個。其中，企業法人單位820.8萬個，機關和事業法人103.7萬個，社會團體和其他法人161.1萬個❸。在單位前面用「法人」做限制，符合本書所提出的單位定義，只是這裡面卻包含著大量的非公有制法人單位。比如，在820.8萬個企業中，國有企業、集體企業分別只有11.3萬個和13.1萬個，其他近800萬個企業應當大多不具有本書所定義的單位的含義。也就是說，作爲一個參考數據，2013年全國政治學意義上的單位，應該在300萬左右。

目前，不論如何，從總體上看，單位的控制面實際上是顯著縮小了。這除了表現爲單位數量的減少之外，更多的是體現於在單位中具有職工身分地位的人數大大減少了。比如，一個單位過去是10000名「職工」，可是現在的10000名「員工」中，具有「職工」身分地位的人可能只有3000人，其他有些是合同制的，有些甚至是勞務派遣人員，特別是企

業事業單位中工勤人員的「職工」現在往往是「只出不進」。比如城市中的計程車駕駛員，不少就是單位職工，而現在大多成為不在單位之中的「社會人」了。單位的實際控制面還在持續較小的過程之中。

三、單位分擔的政府職能

根據對北京市、河南省、內蒙古自治區、天津市等地30多個機關、企業、事業單位的調查，可以發現中國各類單位目前所承擔的政府職能大致是共同的。在經濟體制不斷改革、單位的非業務社會負擔已經有所減少的情況下，它們所分擔的政府職能仍有三大類，具體工作多達幾十項，分述如下。

(一)一般政府職能

由於長期實行「政企不分」、「政事不分」的體制，本來屬於各單位的許多業務性職能被政府收走了，本來應由政府承擔的一部分職能卻又下放到企業事業單位，使之分擔了許多政府（特別是地方政府）的職能，目前主要包括：

第一，協助立法工作，如組織職工討論重要法律的草案。

第二，協助組織基層人大代表的選舉，比如按單位劃分選民小組和提名候選人，以單位為基礎組成單一或聯合選區，並為本單位的候選人提供幫助。產生有人民代表的單位，還要為代表的工作提供方便，給代表帶薪公假以從事公務。

第三，向職工甚至職工家庭提供基本的民政服務與社會保障。中國民政服務社會化的程度還很低，社會保障體系尚在形成之中。按照目前的慣例性分工，社會保障是「沒工作的（人）找街道；有工作的（人）找單位」。也即中國地方政府民政部門主要是對無業人員負責，而職工，不論是在職的，還是已經退休的，其社會保障問題，從生老病死到發放價格補貼、出具關於個人身分和行動合法性的介紹信、出具結婚登記證明介紹信等一律由所在單位負責。正是由於這一原因，使得目前一些歷史較久的單位，如紡織、服裝等輕工業企業因退休職工和女性職工較多而「苦不堪

言」。

第四，負責計畫生育工作。這項工作對單位評獎，特別是企業的「升級」，有「一票否決權」的重要性。

第五，以特定方式負責職工的失業救濟。政府多年實行的用「隱性失業」來緩解社會壓力的政策，是在財政和銀行的支持下，透過降低企業行為的效率來實現的。從80年代後期開始，一些單位透過讓「離崗」職工領取一定比率「工資」的方式實現以失業狀態的救濟。

第六，參與社會安全事務，如參加本地區的治安保衛和交通管理工作，甚至要派職工到當地公安機關參加「協勤」；對有違法行為的本單位職工，單位領導有進行教育的權利和義務。人民武裝工作，包括民兵、預備役、徵兵、擁軍優屬、國防教育等內容。

(二)社會—政府職能

這是一部分由政府從社會中吸納過來，但政府又無力全面承擔，而不得不轉嫁給各單位的社會性管理、服務事務。單位則是以對政府負責，為本單位職工「排憂解難」的姿態來完成這些工作的。這些各類單位承擔的本來應由中間性團體和社會透過發展第三產業來完成的工作，主要有：負責職工的醫療保險和衛生防疫；照顧離休、退休職工的晚年生活；提供班車服務；舉辦托幼機構；一些規模較大的單位還興辦了子弟學校，等等。

在這方面，有兩項職能目前正在淡出單位管轄的範圍：一是以直接或間接的方式，幫助職工解決子女就業問題。比如上個世紀70年代末80年代初的「頂替」、80年代中期的興辦「勞動服務公司」等方式；二是解決職工的住房問題。原先，多數單位透過「三自籌」（指自籌資金、原材料和施工隊伍）的方式，後來主要是以購買商品房的方式，解決職工的住房問題；在有條件的情況下，幫助職工修房，更是一項長期性的負擔。當時，建房或購房以後的分配，就更是困擾單位負責人的事情。現在，這些問題，單位基本不管了。

(三)政治－政府職能

各類全民和集體性質的企業、事業單位,作爲對職工進行社會主義教育的陣地和國家機器控制網路的一個紐結,不可避免地要履行一定的政治性職能。在這一點上,既有政企關係問題,也有黨政關係問題。其主要內容有:

第一,政治資訊傳輸。傳達黨和政府的政策、法規及重要的決策,並負責向上反映,使單位成爲「上情下達」的端點和「下情上達」的起點。特別典型的一個事例是,每一次全國性或地方性物價較大範圍調整的前一天,各單位都能夠準時地把政府有關方案傳達給職工,並協助政府做必要的工作。

第二,政治社會化的重要管道。單位要向員工做深入細緻的思想政治工作,宣傳黨和政府的路線、方針、政策,使之得到職工群眾的認可;還要對員工進行社會主義道德教育、形勢教育、普法教育,一些地區還有民族政策教育和宗教政策教育等等。

值得注意的是,改革開放以來,特別是強調建立社會主義市場經濟體制以來,在各類單位所承擔的上述職能中,減掉了一些項目,但是也新增了不少項目。例如,發放獨生子女費;籌資興辦管道煤氣、暖氣、平房改造;一些規模較大且職工宿舍集中的單位還興辦了閉路電視系統;不少城市的房改措施都有把單位牽扯進去的內容。在這些由單位所承擔的新任務中,有不少究其實質是分擔政府的財政負擔。

這顯然不符合整個改革的基本方向,很有可能會成爲下一階段改革的新對象。作爲國有企業改革百戶試點企業之一的山東兗州礦務局的例子就十分典型。該局有全民職工6.5萬和集體職工13萬,有職工家屬20萬,職工生活和工作、子女上學全要由企業包下來,僅維持社會治安秩序的人員就有1000多人。該局的黨委書記和局長對《人民日報》記者說,他們「不奢望國家給予什麼優惠政策,只希望該由國家承擔的部分由國家承擔下來,爲企業減輕負擔,創造一個與三資企業、鄉鎮企業平等的環境」❹。在這種情況下,不能再以任何理由給企業事業單位增加新的社會性負擔和分擔新的政府職能,否則將來需要解決的問題會更加複雜。

第二節　單位分擔政府職能的歷史根源和現實局限性

一、單位分擔政府職能的歷史根源和理論基礎

　　各行各業單位所承擔的如此複雜、繁重的政府職能，是在建國以後幾十年的時間中逐步積累起來的。這種機制之所以能夠形成並穩定下來，且能爲群衆所認同，也不完全是一時的人爲因素造成的，它有著深刻的歷史根源、思想理論基礎和特定的現實需要基礎。

　　按照馬克思主義經典作家的設想，社會主義社會的一切生產部門都要在總的計畫和社會全體成員的參與下，由整個社會來管理，以克服傳統資本主義社會下的生產無政府狀態所帶來的各種弊端。列寧的看法是，在社會主義國家，「全體公民都成了一個全民的、國家的『辛迪加』（syndicate）的職員和工人」，並服從這個國家。他還說，那時「整個社會將成爲一個管理處，成爲一個……工廠」❺。毛澤東也認爲，「我們應當將全中國大多數人組織在政治、軍事、經濟、文化及其他各類組織裡，克服舊中國散漫無組織的狀態」❻，理論是清晰的，願望也是可以理解的。但是，社會主義革命恰恰是在生產力發展水準不高的國家最先取得成功的。在這些國家，經濟管理達不到高度社會化的程度，而思路的限制又使得當時的領導者不願意放棄初衷。

　　在這種情況下，「由社會管理」就只能演變爲社會透過政府和無產階級執政黨來管理的「大政府」模式。實現這一模式的具體操作過程是，借助革命的權威和執政的共產黨的權威去擴大政府的權威，然後，將社會分工的各個部門、各類單位全部納入黨和政府活動的軌道，使它們成爲政府的附屬物和政府過程的一個環節。城市的街道組織、農村50至70年代的社隊組織也具有類似單位的性質和職能。

　　這種強化單位政府職能的「政府—單位」管理，曾在中國的社會生

活中發揮過一定的積極作用。它對於在生產力尚不發達、資源極其貧乏的情況下，為社會成員提供基礎性的社會福利和社會保險是有意義的。對此，我們不能簡單地採取非歷史的態度一概加以簡單的否定。但是，我們也必須充分注意到，隨著時間的推移，這種賦予各類單位以複雜的政治、政府和社會職能的模式，其自身活力的缺乏和它難以適應改革開放要求的缺陷，特別是它幾乎無法與建立社會主義市場經濟體制的要求相協調這一點已暴露得十分明顯。只是由於傳統思維的「慣性」，人們一時還難以從單位現象的「天然合理性」中擺脫出來罷了。

二、單位分擔政府職能的現實局限性

第一，這種模式不利於真正實現「政企分開」、「政事分開」。政府和各類企業事業單位完全不同的屬性，決定了它們的職能應當是嚴格地分開、限定的。如果它們之間既在社會職能上相混淆，又在組織上形成直接的從屬關係或交叉關係，那就既不利於各類企業事業單位機體自身的健全，也不利於實現政府管理的現代化、法制化和「廉價」化。

第二，與第一點相聯繫的是，這種政府機構與企業、事業機構在社會職能上的混淆，使作為人類社會進行最主要標誌的勞動分工所帶來的一切效率優勢，在這種「功能全面化」的過程中喪失了，而且會造成社會規則的混亂和組織行為的變形❼。我們的所有改革措施，都不要再繼續導致新的社會角色混亂，而是應當經過改革、重塑必要的社會分工關係。

第三，不利於社會主義市場經濟的發展。傳統的「政府—單位」管理模式是以縱向的隸屬關係來建構管理網路的。在這樣的管理結構中只有上下級之間才具有實質性，單位之間的平行關係不具有實質性的意義，跨部門、跨地區的業務單位之間即使有建立橫向聯合的需求和意願也很難順利實現，實現起來大多也是交流性和聯誼性的。這種缺乏活力的社會組織機制，顯然是與現代化大生產和市場機制格格不入的。

第四，不利於政治生活的民主化、法制化。單位的政治介入，切斷了公民與政府的直接聯繫，代之以公民透過單位與政策發生間接的聯繫，縮小了「市民社會」的範圍，將整個社會都擴展為「政治社會」、「國家

社會」，減少了政府活動和公民活動兩個方面以及兩個方面之間必要的彈性，使公民的政治參與不得不受單位領導政治行爲的制約。顯然，以一個工廠爲人民代表的單一選區的話，單位職工最保險和最經濟的選擇，就是提名廠黨委書記或廠長爲候選人，這就造成了公民的參與空間和法律效力空間的縮小。

第五，不利於人素質的提高。所謂人才的「單位所有制」、職工流動方面的種種限制，都與單位機制有著直接的關係。不改變這種機制，中國的人才流動問題就很難得到根本的解決，專業技術人員的社會效益和合理的個人效益就得不到充分的實現。社會流動、社會分化是社會進步不可缺少的伴生物。將人們束縛在一個狹小的範圍內不利於調動人的積極性和創造性，只能助長人的依賴心理。考慮到這種多少有些類似於中國傳統家族意識的單位意識，在中國人的內心有認同的心理基礎，這一點就更值得引起重現。

第六，不利於抵制不正之風。一個巨大的社會福利、保險系統的正常運轉，必然要求嚴格的規則，不法活動的餘地相對縮小。相反，在一個只有幾百人、幾千人的單位中，由於福利和保險的自成體系，獨立性和機動性都很強，加之監督、制約機制的缺乏，就很容易出現單位領導蠶食多數職工權益的現象。此類問題，在住房分配、就醫條件等方面，已經表現得很明顯了。

第七，不利於精簡機構。單位辦社會，必然導致它們設置龐雜的相關辦事機構。我們多次硬性壓縮過此類機構，但收益甚微。轉換職能才是切實精簡機構的前提。現在，有些單位採取組建服務公司，使這部分機構「自收自主」的辦法作爲過渡，也不失爲一種嘗試。

總之在肯定單位承擔一部分政府、政治職能的歷史根據和發揮一定的積極作用，必須同時承認，中國社會的經濟、文化生活爲這種政治機制付出的代價太大，必須另尋出路。

第三節 單位控制範圍的縮小與單位政府職能的分解

由於中國社會生活模式的變化,單位的實際控制範圍從90年代開始已經在逐步縮小,它們所承擔的政府與政治職能也趨於減少。在社會主義制度的條件下,在充分考慮到社會發展、政府管理和企業事業單位管理的連續性的前提下,立即和完全取消單位所分擔的政府職能和其他政治職能、社會負擔是不現實的。但是,今後在發展社會主義市場經濟,包括建立現代企業制度和提高事業機構營運效率的條件下,要長期和完全地保留單位的這些職能也是不可能的。正確的選擇只能是,隨著改革的深入,在單位數量持續減少的同時,有意識地淡化單位概念,有步驟地分解和調整單位所承擔的政府職能、政治職能和各種不必要的社會性負擔,使它們在現代化建設的道路上「輕裝上陣」。這是一個不可避免的趨勢。

一、單位的政府職能將澴歸於政府

如前所述,各級政府和依然存在著的各類單位,都普遍面臨著轉換職能的課題。現在除了少數經濟發展滯後、政治觀念落後的地方和某些有特殊情況的大型單位以外,政府對單位的直接管理總體上在不斷縮小,與此相一致,官方也盡量不要求再以單位為仲介,實施政府對社會成員的政府管理,不再要求單位領導對職工在企業以外的社會行為負責。在諸如「第二職業」廣泛化和社會流動增加的情況下,讓單位對職工在企業以外的社會行為負責,不僅很難做得到,而且也不合情理。讓公民對自己的行為負責,也有利於克服職工對單位的依賴心理,糾正以職工身分來要求無限照顧的習慣。近期內,至少應當做到政府在改革中不再給各單位負責給職工開具各類介紹信、證明信等的各項有關規定,大幅度縮小諸如「使用單位公證信函,其職工的某些社會行為才有效」之類的事項,減少各單位的「苛捐雜稅」。對於事業單位以及機關團體,要停止對它們的「創收」

要求。

當然，在將單位所承擔的政府職能復歸於政府的同時，由政府在舊體制下收走的那部分企業經營權、事業管理權，也應當復歸於企業事業單位，或移交給行業管理機構。有一段時間，一些學者在分析中國相當一部分國有企業效益不佳，相當一部分事業機構營運不善的原因時，曾把注意力集中於所有制的問題上，認為是所有者「虛置」造成的。這固然有一定的道理。但是，進一步分析一下的話，就可以發現，在那些其經濟規模幾乎能等同於一個較小國家的政府預算的西方巨型企業集團，其所有者「虛置」的問題也是存在的；那些五、六萬人規模的大學，有些基礎性的環節也和中國大學差不多。為什麼它們大多保持了良好的企業效益和辦學效益，而我們卻做不到？問題顯然不都出在所有制上。社會信用和自我約束力的缺失、政府的高度集權，使企業和事業單位失去了必要的自主權，從而失去了應有的活力，不能不說是一個重要的原因。要透過改革，在普遍使政府和各類單位在真正轉變職能的基礎上，增加各自自身的活力，共同切實實現機構的精簡，避免重走「精簡—膨脹」的老路。

二、單位的「社會—政府」職能將復歸於社會

這個職能來自於政府，但不能復歸於政府，因為它們也不該是政府所為。這些職能的轉移，主要應利用發展社會主義市場經濟、實現市場主體多元化的契機，使其復歸於社會。

單位的社會—政府職能牽扯了領導的大量精力，而且投入的大量資金沒有再生產能力，並由於使用的範圍狹窄不能充分發揮效益。我們現在的實際情況是，一方面政府沒有足夠的資金興辦高水準的城市公共交通體系，一方面是企業事業單位為解決職工的上下班問題而投入大量的人力、財力組織班車，自我服務。這顯然不是良性循環。

可以設想，各單位如將同樣數量的資金投入到社會保險、金融服務等機構，依靠不同社會勞動部門的分工優勢，彼此建立互利互惠的協作關係，將會形成人力、資金使用上的良性循環，既減輕了單位的負擔，方便了職工生活，也增加了社會財富和就業機會。像城鎮的住房體制改革、社

會養老保險統籌、開辦勞務市場、發展社區服務、扶持第三產業等，實際上都可以看作是實現企業非生產性服務職能社會化的配套措施，意義十分重大。但是，也必須看到，這個復歸的過程是長期的。破除「小而全」、「大而全」的習慣心理就需要相當長的一段時間。正像交通條件改善以後才可能取消班車一樣，這些職能的轉移依賴於社會生產力，特別是第三產業的發展。在現階段，要抓緊退休職工養老基金、失業救濟基金和醫療保險基金社會統籌的進度，組建一批國有或國家控股、但機制靈活的保險公司，力爭盡快完成這一歷史性的社會轉軌任務。

在這裡還有一個值得注意的問題，即負擔和利益也是有一定聯繫的。在單位體制下，單位的領導人要比在正常企業事業機制下有較多的「實惠」。現在，個別不大的企業經理（廠長）有病就要享受住「高幹病房」的待遇、個別政府官員到企業「報銷」醫藥費的現象，都與單位掌管醫藥費直接相關。在實行社會醫療保險的條件下，廠長和普通工人的所謂「級別」上的差別就不存在了；保戶到保險公司報帳時，公司是只認保額，不認職務的。同此，不能輕視轉變政府職能和促使單位的政府─社會職能復歸於社會的阻力。

三、單位的「政治─政府職能」要加以調整

任何國家的企業都有一定的政治行為。西方國家一些較大的企業，也是要與政界發生聯繫的，有些還要向能代表他們利益的黨派和壓力團體提供政治捐款。在中國，為保證企業為國家利益服務的方向，也必然以一定方式保留一定的政治職能，但必須在內容和形式上均有所調整。

今後，各類單位的政治性工作從內容上看，主要應圍繞國家的經濟建設這個中心和各自的業務工作進行，並把建立單位內部和諧的人際關係和健康的企業文化作為重要方面。比如企業如何調動職工的勞動積極性，學校如何既「教書」又「育人」，要堅決放棄在「以階級鬥爭為綱」條件下和黨處在秘密鬥爭時所習慣使用的那些工作方法；對職工政治條件的要求，要有層次性；除少數專職幹部的專項工作外，政治性工作一般要在業餘時間進行並融匯到業務工作中去；多年來由單位所負責的諸如向職工群

眾傳達中央以及地方黨和政府文件的任務，應通過大眾傳播媒介來完成，以減輕各單位的負擔。

值得注意的是，當前仍然要注意適當限制單位某些不正常的政治行為。如不適當地追求單位行政級別的提升和擴大單位規模；企業事業單位幹部的行政化和管理職務的身分化；一部分職工濫用主人翁概念，藐視大工業鐵的紀律和技術進步的意義；單位內部的裙帶關係等等。這些問題明顯超出了必要的政治行為範圍，應當加以限制和糾正，尤其應當防止少數幹部為了個人私利，以漂亮的政治詞句和政治行為做掩護，對本單位的活動和職工群眾施加不正常的政治動作的現象。

調整單位的政府職能涉及「千家萬戶」，涉及經濟體制改革和政治體制改革這兩大基本領域，既是微觀問題，又要以宏觀的政治、經濟機制的轉換和文化環節的變化為背景，因而問題是複雜的。相對於幹部而言，「負擔」之中有利益；相對於群眾而言，「束縛」後面是靠山；加之「慣性」的作用，高層某些旨在減輕單位負擔的措施，甚至可能為一些單位的負責人和普通群眾所不理解。因此，淡化單位觀念的任務還是很重的。但是，鑑於人們對轉變政府職能等問題已經達成共識，可以說現在解決這個問題的時機已經成熟。事實上，由於外資企業、私營企業的發展和公有制企業職工絕對數的減少，單位的控制面已經縮小了。就像力求透過實行公務員制度等一系列舉措來分解龐雜的幹部隊伍的道理一樣，分解單位政府職能的過程，實際上就是消融單位現象的過程。經過一段時間的努力和探索，在改革的過程中，在保證政府過程連續性的前提下，將各類企業事業單位由具有業務主體、作為政府過程「末梢」這一雙重性質的社會生活共同體，轉變為功能清晰、充滿活力、「輕裝上陣」的社會經濟、文化事業的主體，是可以做到的，這對於推進中國的經濟、政治生活的現代化進程是有重要意義的。

註釋

❶ 但是在這裡，之所以不可以說是地方政府的「非政府延伸」，是因爲在中國還有少量中央直屬單位坐落在北京或其他地方。比如，作者所供職的南開大學，就是教育部直屬高校，在天津市人們一般稱之爲「中央駐津單位」。

❷ 參見劉建軍，《單位中國：社會控制體系重構中的個人、組織與國家》，天津人民出版社，2000年，第4-18頁。

❸ 國家統計局，〈第三次全國經濟普查主要數據公報（第1號）〉，2014年12月16日。

❹ 《人民日報》，1995年1月21日。

❺ 《列寧選集》，第3卷，第258頁。

❻ 《毛澤東選集》，第5卷，1977年，第9-10頁。

❼ 孫立平，〈單位的「第二職業」〉，《北京青年報（新聞週刊）》，1994年8月17日。

第13章

政府的主要經濟行為

- 政府投資
- 財政補貼
- 國有資產管理

　　本章的任務是分析中國政府的一部分經濟行為。有些比較具體的經濟行為，本書就不做介紹了。這裡主要是從政府運作的角度，集中研究和介紹政府的投資行為、財政補貼和國有資產管理等比較重要的經濟行為。

第一節　政府投資

一、政府投資行為的基本情況

(一)投資規模

　　在投資主體已趨多元化的情況下，從原則上實際應當注意區分「國家投資規模」和「政府投資規模」這兩個概念。中國政府的投資規模，是指政府作為投資主體的投資額。政府直接投資額與政府管制下的其他投資主體的投資額之總和，是國家投資規模。雖然，由於資料和習慣的限制，本書還難於在如下分析中把兩者嚴格分開，但應當注意它們之間的差別。

　　進入改革時期以來，國家的投資規模呈快速增長的態勢。比如，「六五」時期，中國全社會固定資產投資總額是8000億元；「七五」時期即達到了19700多億元❶；然而，在2000年和2001年，一年就可以超過3萬億元❷。到了2008年，全社會固定資產投資又首次突破17萬億元❸。

　　如此迅速的增長，除了主要依靠經濟實力的壯大和因應經濟高速發展的客觀需要以外，也與大量引進外資和港澳臺資、國內投資多元化，以及後來強調拉動內需而實行的積極財政政策等因素有直接的關係。此外，恐怕也有地方政府和部門、單位缺乏節約使用資金的壓力的因素，有政府和單位領導人考慮「政績」的因素。在這種背景下，各個方面都在爭投資、爭項目，導致基本建設戰線越拉越長，而經濟效益卻不是十分穩定。儘管中央政府多次對固定資產投資規模進行了嚴格控制，包括採取了下達規模控制指標，實行首長負責制，清理在建項目等手段，但投資規模一直存在失控現象。據有關調查顯示，全國各地方、各部門大多沒有按中央政府下達的投資計畫進行投資。**表13-1**所舉的三個局部性例子都可以表明，

表13-1　政府預算外收入數額及其增長速度

年份	預算外收入 （億元）	預算內收入 （億元）	預算外收入相 當於預算內收 入（%）	預算外收入增 長速度（%）	預算內收入增 長速度（%）
1978	347.11	1132.26	31.0		
1981	601.70	1175.79	59.1	7.8	1.4
1984	1188.48	1642.86	81.0	22.8	20.2
1987	2028.60	2199.35	89.7	16.8	3.6
1990	2708.64	2937.10	86.4	1.9	10.2
1993	1432.54	4348.95	30.3	-62.8	24.8
1997	2826.00	8651.14	32.7	-27.4	16.8
2000	3826.43	13395.23	28.6	13.0	20.5
2003	1190.42	20501.56	5.8	-68.9	14.7
2006	6407.88	38760.20	16.5	15.6	22.5
2009	6414.65	68518.30	9.4	-3.1	11.7
2010	5794.42	83101.51	7.0	-9.7	21.3

資料來源：《中國財政年鑑（1995）》、《中國統計年鑑（2013）》。其中2006、2009、
2010年資料是根據財政部發布的當年統計資訊整理而成。《中國統計年鑑
（2014）》中未列舉預算外收入支出相關內容。

以上一世紀80年代為典型，不論是改革的前沿地區，還是內地，政府引導
的投資行為都具有膨脹的跡象。總體上看，中國在這方面走的基本上還是
一條「膨脹—壓縮—再膨脹—再壓縮」的路子。但是，「九五」以來，隨
著政府經濟行為的日趨成熟，全社會固定資產投資增速過快的勢頭有所控
制。

(二)投資來源

在傳統投資體制下，即在1979年以前，投資主體基本是一元的，即
由政府進行預算內的撥款投資。這種預算內投資撥款，一度占全民所有
制企業總投資的96%以上。同時，投資方向也由「鐵計畫」限定。但是，
以1980年的「撥改貸」試點為標誌，開始出現了投資來源呈分散化的趨
勢，「多元投資主體」開始形成。這樣，經過試點，銀行貸款占全民所有
制固定資產投資的比率，已經由1978年之前十五年的1.14%上升到90年代

的20%左右；21世紀前十年，該比率有所下降，2008年為15%，截至2013
年，比率已經下降至12%；同時，企業自籌和其他來源的投資，也由占
同期國家預算內基建投資的比率50%左右，上升到接近70%，實際利用外
資額不斷增加（參見**表13-2**）。中國從1981年開始回復發行國債，當年為
48.66億元，2001年上升到接近4500億元。根據財政部的多次講話和歷史
資料分析，2009年的記帳式國債發行規模約7000億元，憑證式與儲蓄國債
約2000億元，特別國債3000億元到4000億元，累計發行規模1.3萬億元；
扣除兌付量，國債餘額為5.6萬億元❹。2014年記帳式國債發行量約為1.48
萬億元，儲蓄國債發行約2000億元，累計發行規模1.44萬億元，同比增長
7.39%❺。

表13-2　全社會固定資產投資資金來源結構分析　　　　　　　　　單位：億元

類型\年份	總計	政府預算內資金		國內貸款		利用外資		自籌和其他資金	
		投資額	%	投資額	%	投資額	%	投資額	%
1978			62.2		1.7		4.2		31.9
1985	2543.2	407.8	16.0	510.3	20.1	91.5	3.6	1533.6	60.3
1990	4517.5	393.0	8.7	885.5	19.6	284.6	6.3	2954.4	65.4
1995	20524.9	621.1	3.0	4198.7	20.5	2295.9	11.2	13409.2	65.3
2000	33110.5	2109.5	6.4	6727.3	20.3	1696.3	5.1	22577.4	68.2
2001	37986.9	2546.4	6.7	7239.8	19.1	1730.7	4.6	26470.0	69.6
2005	94590.8	4154.3	4.4	16319.0	17.3	3978.8	4.2	70138.7	74.1
2006	118957.0	4672.0	3.9	19590.5	16.5	4334.3	3.6	90360.2	76.0
2007	150803.7	5857.1	3.9	23044.2	15.3	5132.7	3.4	116769.7	77.4
2008	182915.3	7954.8	4.3	26443.7	14.5	5311.9	2.9	143204.9	78.3
2009	250229.6	12685.7	6.4	39302.8	20.3	4623.7	5.1	193617.4	68.2
2010	285779.1	13012.7	4.7	44020.8	15.2	4703.6	1.6	224042.0	78.5
2011	345984.2	14843.3	4.3	46344.5	13.4	5062.0	1.5	279734.4	80.9
2012	409675.7	18958.7	4.6	51593.5	12.6	4468.8	1.1	334654.7	81.7
2013	491612.5	22305.3	4.5	59442.0	12.1	4319.4	0.9	405545.8	82.5

資料來源：根據《中國統計年鑑（2009）（2014）》數據折算，總計中的數據供參考。

有人將此現象稱爲「投資資金來源出現百舸爭流的好局面」。投資主體的多元化，實際上預示著新的國家和政府投資體制的產生。現在，有一個問題需要注意，這就是政府投資額的比重下降了，但是，政府投資的範圍並沒有明顯縮小，仍然介入了許多競爭性的領域，而民間投資的範圍仍然比較狹窄❻。但是，趨勢已經比較明顯了，這就是政府新增投資的方向主要是用於基礎設施項目、重點行業的技術改造、重大項目裝備的國產化、高新技術產業化、環境保護與生態建設項目，和教育、科學、文化事業的基礎設施項目建設等。與此同時，一直由政府包辦的市政公用事業設施建設，將會允許社會資金和外資採取獨資、合資等方式參與建設和運營❼。

(三)投資體制和投資過程

從政府過程的角度看，傳統的政府投資過程的資金流向是：企業上繳利稅和其他政府稅收→形成國民收入→政府直接在初次分配中截取積累→經由中央政府財政預算形成投資，經政府部門論證、決策，由建設銀行向建設單位撥款。也就是說，在傳統的體制下，國家投資不僅幾乎完全等同於政府投資，而且完全是在政府過程之內完成的。

1978年以來，中國對投資體制和程序進行了積極的探索和多個輪次的改革❽，變化很大：

■明確了政府和企業的投資範圍，企業逐步成為投資的主體

1980年曾實行了「撥改貸」，這不過是形式。銀行「貸」，銀行的錢從哪裡來？還是政府。根據1988年「投資管理體制近期改革方案」的規定，當時建立國家基本建設資金，成立了能源、交通、原材料、機電輕紡、農業、林業六個行業性的「國家專業投資公司」，基本建設資金由國家計委按分配計畫交給各專業投資公司。但是，投資公司不辦理金融業務，項目貸款仍委託銀行發放，公司的任務只是要使國家投資保值增值，具體工作限於項目審批前的建議，在行業內部進行資金調劑等。這都表明，原有體制還沒有原則性的變化，項目審批權仍在國家計委和政府主管部門，建設銀行仍然是「奉命出納」，是「撥」，是「貸」，無所謂；投

資公司雖有義務使資金保值增值，但又沒有相應的投資決策權；國家計委有投資決策權，但無法承擔風險；建設銀行更是既無決策權，也無收回貸款的責任——這個責任由專業投資公司承擔。

現在，根據國民經濟各行業的不同性質和特點：(1)對於基礎性項目的投資，是鼓勵和吸引各方參與投資，比如由地方政府負責地區性基礎設施投資，國家重大建設項目則是由中國目前最大的政策性銀行❾——國家開發銀行，透過財政投資融資和金融債券等管道籌集，採取控股、參股和政策性優惠貸款等多種形式進行。例如，2014年，國家開發銀行就發放貸款1.84萬億元，其中向棚戶區改造項目貸款4086億元，支持新型城鎮化試點，向政策性基金貸款933億元，向鐵路建設專案貸款1195億元，向水利建設專案貸款814億元，幾乎全部貸款都用於基礎性設施改造和建設❿；(2)競爭性項目由企業自主決策，自擔風險，所需貸款由商業銀行自主決定，自負盈虧；(3)公益性項目廣泛吸收社會各方面的資金，根據中央和地方事權劃分，由政府透過財政統籌安排；(4)在經營性領域，企業作為市場投資主體，政府主要投資於基礎性項目和公益性項目，並逐步建立政府投資的監管和制約機制。

■改革固定資產投資管理辦法，投資管理向以間接調控為主的方式轉變

在相當一段時間內，各級政府都想方設法對銀行強行予以干預。銀行利用信貸發放的基本建設貸款完全由國家計委、中央各主管部門安排，從投資貸款的規模到具體的貸款項目無不如此。有時，政府部門對銀行投資貸款規模安排還超出了銀行的資金承受能力，造成投資信用膨脹。曾有一個形象的概括，即「計委請客，部門點菜，建行拿錢」。有些項目，銀行明明知道經濟效益不好，也只好照章「出納」。

現在，政府主要是運用財政、金融等間接性手段，在國家產業政策的引導下，對固定資產投資總量、結構進行調控；逐步縮小項目的審批範圍，除重大項目繼續實行審批制度以外，一般項目逐步過渡到項目申報登記和備案制度。透過發布投資資訊加以引導。重點是進一步擴大企業和地方投資決策權，並簡化項目審批程序。國家計委只對中央參與投資和統借國外貸款及需要國家綜合平衡外部配套條件的基礎建設項目，審批項目建

議書和可行性研究報告；對其餘項目只審批項目建議書，限額以上的新開工項目，納入國家年度投資規模計畫，不再審批開工報告。

■擴大項目融資管道，強化投資風險責任

現在，在資本注入方面，項目投資由過去主要靠財政撥款轉變為投資單位自籌資金、財政預算內撥款、利用外資和透過發行股票等多種管道籌集（參見**表13-2**）。針對過去「撥改貸」後政府對一些項目資本金投入不足，結合國有銀行處理不良資產、組建金融資產管理公司的改革，對一部分產品有市場、發展有前景，僅由於負擔過重而陷入困境的企業，實行了「債轉股」，即將銀行債權轉為股權，從而降低了企業資產負債率。

現在，在融資方面，除銀行貸款之外，企業還可以透過資本市場籌集等方式融資。在強化投資風險責任方面：一是實行項目法人責任制，要求國有單位經營性基本建設大中型項目法人對建設項目的籌劃、資金籌措、建設實施、生產經營、債務償還和資產保值增值，實行全程負責；二是實行建設項目資本金制度，對各種經營性固定資產投資項目，包括國有單位的基本建設、技術改造、房地產項目和集體投資項目，試行資本金制度，所有項目必須按總投資的一定比率落實資本金後才能進行建設；三是強化銀行及其他金融機構信貸的風險責任，建立嚴格的投資決策責任制。投資項目資金的決策權，從指令性計畫、指導性計畫逐步轉向銀行及其他金融機構，強化銀行和其他金融機構的風險責任。

■改進產業政策的制定和實施，調整投資結構

1994年，國務院批准並頒布實施了「90年代國家產業政策綱要」，包括產業結構政策、產業組織政策、產業技術政策和產業布局政策，以及其他對產業發展有重大影響的政策和法規。1997年，發布了「當前國家重點鼓勵發展的產業、產品和技術目錄」和「外商投資產業指導目錄」，進一步引導投資方向。

此外，投資體制改革還在建立和規範為法人單位服務的各類工程諮詢機構、發展為建設項目服務的社會審記機構、加快培育投資市場服務體系等方面取得進展。

　　透過一系列改革，整個投資領域發生了深刻的變化。不僅投資規模逐年擴大，而且投資主體由過去主要是中央政府一個投資主體，轉變爲中央和地方政府、企業、集體、個體、外商等多元化的主體。按經濟類型結構來劃分，國有單位占固定資產投資的比重從80年代初的80%以上下降到了2001年的50%以下，集體、個體和其他投資主體占固定資產投資的比重上升（參見**表13-3**）；從固定資產投資的資金來源來看，國家預算、國內貸款、利用外資、自籌和其他投資占固定資產投資的比率從1978年的62.2%、1.7%、4.2%和31.9%，分別變化爲2001年的6.7%、19.1%、4.6%和69.6%（參見**表13-2**）；投資效益也比過去有所提高。

　　經過二十多年的改革，原有的以指令性計畫爲主要特徵的投資體制發生了巨大轉變，一個與市場經濟相適應的投資體制正在形成的過程之中。

表13-3　按經濟類型劃分全社會固定資產投資結構分析　　　　　　　　單位：億元

類型 年份	總計	國有經濟		集體經濟		個體經濟		其他經濟	
		投資額	%	投資額	%	投資額	%	投資額	%
1980	910.9	745.9	81.90	46.0	5.05	119.0	13.06	—	—
1985	2543.2	1680.5	66.08	327.5	12.88	535.2	21.04	—	—
1990	4517.0	2986.3	66.11	529.5	11.72	1001.2	22.17	—	—
1995	20019.3	10898.2	54.55	3289.4	16.43	2560.2	12.79	3271.5	16.34
2000	32917.7	16505.4	50.14	4801.5	14.59	4709.4	14.31	6902.5	20.97
2001	37213.5	17607.0	47.31	5278.6	14.18	5429.6	14.59	8893.8	23.91
2005	88773.6	29666.9	33.40	11969.6	13.50	13890.6	15.60	33246.5	37.50
2008	172828.4	48704.9	28.2	6297.3	3.63	42766.6	24.7	75059.8	43.4
2010	241430.9	102191.8	42.3	13512.0	5.6	105174.8	43.6	20521.6	8.5
2011	302396.1	107882.4	35.7	18215.0	6.0	144255.8	47.7	32054.0	10.6
2012	364854.1	124558.1	34.1	20402.5	5.6	176774.2	48.5	43052.8	11.8
2013	435747.4	144133.6	33.1	22092.7	5.1	215150.2	49.4	54033.9	12.4

註：其他經濟包括國有、集體和個體經濟以外的經濟成分，包括聯營經濟、外資、港澳臺資、股份制經濟等。

資料來源：根據《中國統計年鑑（2009）（2011）（2012）（2013）（2014）》數據折算。

二、政府投資行為的主要特點

(一)既突出政府行為的作用，又開始自我控制政府行為的作用

　　中國的現實，迫切需要有權威、有經驗的組織者來管理經濟。在改革初期，由於市場經濟條件先天不足，多數企業暫又不具有大規模的投資能力；因而，在客觀壓力下，還需要政府出面集中投資或進行必要的組織，以求得經濟的高速增長。

　　任何體制一旦形成，它便有可能在一定程度上脫離設置者的初衷，產生其自身的相對獨立性。這一規律在中國投資活動中的體現，就是政府在計畫經濟體制下投資活動中的作用得到了根本性的肯定，並將延續到整個經濟機制的轉軌時期。然而，在發展經濟的過程中，不僅意識到了政府的作用，同時，也認識到傳統政府投資行為的某些弊端，認識到應當在政府行為和市場機制之間建立某種適當的關係，應當減少轉軌過程中在突出政府作用與突出市場作用之間產生的某種衝突。比如，計畫經濟要透過政府的計畫部門來分配投資資金、調配投資品，市場經濟則要求由市場來配置資本、調配投資品；計畫經濟要求投資資金高度集中在政府手中，由政府出面統籌經濟，市場經濟則要求投資資金在使用方向上相對集中，由企業出面組織經濟；計畫經濟主要以體現政府意志的「看得見的手」來調節投資分配，市場經濟則主要以體現競爭意識的「看不見的手」來調節資本配置。

　　到20世紀80年代末90年代初的實際情況是，突出政府作用與突出市場作用之間的矛盾使投資體制改革目標難以明確，政府投資職能難以界定，改革措施難以擺脫行政分權的老套路，投資調控仍陷於「放─亂─管─死」的循環之中，投資增長乃至整個經濟發展起伏比較大。政府投資的比重有所下降，可是投資範圍並沒有真正縮小，甚至在競爭性的行業仍有投資❶。但到21世紀後，有跡象表明，中國政府在這方面趨向於成熟，即在堅持肯定政府在投資宏觀調控中的作用，又適當限制自己的作用，從而為市場機制在國家投資活動中的發揮留有餘地之間尋求一個恰當的「點」的問題上，開始摸索到了一些規律。這一時期投資和整個經濟發展

又經歷了一個較大的起伏之後的軟著陸，在一定程度上反映了這一點。

(二)強調平衡政府投資，但政府又不得不總是去打破自己製造的平衡

長期以來，中國政府一直把「有計畫按比率」這個操作上的理想要求看作不可更改的規律。各項投資，政府總是非常「善意」地力求按某種比率分配給各個產業部門，並力圖使它們持續保持平衡增長的局面。事實上，在埋葬了市場的情況下，這種「計畫」和「比率」能否顯現，各級政府是否有能力去認識都是值得懷疑的。一旦投資過程離開市場而成為純而又純的政府過程，那麼，這個過程是很難（幾乎不可能）及時適應市場需求的變動過程的。

為了適應國內外經濟生活中不可遏制的變化因素，也為了適應瞬息萬變的政治氣候，在相當長的時間裡，政府總是在強調「有計畫按比率」的同時，又自相矛盾地總是強調「重點建設」。把重點建設解釋為「計畫中的重點」。這在文字上是可以講「通」的，但實際上每一次重點的變化無不必然是對原定計畫和比率的衝擊。政府的投資行為畢竟不是哲學概念演繹。在這種人為製造的「兩難選擇」中，政府的投資行為很不穩定，並在事實上導致投資分散，「重點」飄忽不定，投資結構失衡，從而最終帶來產業結構的失衡和經濟發展的大起大落。

道理很明顯，在政府投資活動中，這種比率和重點關係的界定，不能靠政府自身的「認識」，而應當透過較為發達的商品經濟與市場競爭機制，靠現代化的資訊系統，靠政府與專家、企業家的相互信賴與合作，來把握客觀比率與主觀計畫、客觀需要與主觀「重點」的統一。

(三)投資來源已趨多元化，但為發展計，政府仍在投資資金的使用上要求相對集中

投資來源的多元化是必要的，也是不可逆轉的。單靠政府自身的財力已無法支撐日益增長的經濟、文化發展需要這一點，早已無須證明。但是，投資來源的多元化必然帶來使用上的多樣化。每一個投資主體都有自己的打算，而各種打算又顯然不一定完全符合社會發展的總體利益。

為此，政府要求在資金的使用方向上要相對集中，其理由是：第

一，儘管中國的投資比率較高，但由於投資基數低、人口基數大，因而投資的相對量和絕對量都是有限的，這就要求政府採用措施將有限的資金用在關鍵之處。第二，國家客觀上存在著「短線」產品和發展的「瓶頸」，為了總體發展水準，政府也希望將資金較多地投向這些地方。第三，一些投資只有達到相當數量，投資才能產生理想的規模效益，這也要求資金投向的相對集中。

在改革的條件下，必然進一步趨向於投資主體的多元化；為了發展，又需要資金的集中使用。如何在政府投資行為和多種非政府投資流程線路中，建立一個處理集中與分散的仲介、樞紐轉換機構，是投資改革體制中一個亟待解決的問題。

三、政府投資行為的總體格局和投資體制改革的思路問題

中國的企業長時期都分別隸屬於政府的各個部門，因此，各級政府至今仍然具備直接干預和控制企業投資活動的條件。企業雖然在改革中對投資有了一定的要求、財力和實際的自主權，但是，由於傳統體制的影響，政府仍具有很強的控制企業的慣性。所以，改革後投資資金的來源雖然是多管道的，但投資的決策實際上仍然主要掌握在各級政府手裡。國家重點建設項目、大中型項目由中央計畫和各主管部門以及中央各專業投資公司決策；中、小型項目實際上是各級地方政府和主管部門決策，甚至連一些集體所有制企業投資，也往往由地、市、縣、區政府決策。許多投資項目從資金來源看可能是企業自籌、銀行貸款，而項目能不能上、規模搞多大、主要設備材料供應有無保證、徵地及拆遷等沒有政府安排就無法運行的環節能不能安排等等，實際上均須有關黨委和政府領導決策，每一步都離不開各級黨政機關和主管部門的審批、同意。就籌資方式而言，很多從表面上看是按經濟辦法進行的，實質上只不過是在硬性「拼盤」、攤派後，付給一定的利息或實行投資收益分成罷了。另外，地方政府硬性干預企業投資的現象也很普遍，地方政府由於它所處的特殊地位和所具有的權威性，能夠對企業投資行為產生較強的支配作用。

由以上分析，我們看到分權後形成的多元投資主體格局的實質內

容，只不過是投資的行政性分權，除個別獲得優惠政策的企業以外，作為商品經濟微觀基礎的大多數企業，並沒有從分權中真正獲得獨立的市場經濟主體那樣的投資自主權。

多元投資主體應當是分權的結果。但是，目前的格局是靠行政管理性質的分權形成的，而不是靠「政企分開」、「政資分開」涵義上的分權形成的。它們的性質是完全不同的。然而，在中國的經濟、政治分權中，這兩者事實上是交織在一起的。很多人沒有在理論上深刻地把握這兩者的區別。現在的情況是，中國經濟、政治發展並不需要的行政性分權顯著地出現了，這在一定程度上導致了中國在各方面管理上不適當的分散。然而，我們所急需和必需的經濟機制上的分權，轉換政府職能涵義的分權，卻尚未真正出現。

毫無疑問，改革投資體制的正確選擇是後一種分權。為此，從政府行為的角度看，就是政府在投資上既不「包打天下」，像改革之前那樣政府投資占有基本建設投資總額的80、90%，也不像有些人所設想的那樣，政府放棄投資行為，而是應該選擇「調控」和「彌補」這兩種比較恰當的投資行為❶。這一觀點認為，調控和彌補明確揭示了政府投資的性質，而且規定或限定了政府投資的目標。政府投資不應是為了追求個體投資項目所能直接帶來的經濟效益或投資效益，而是在干預項目投資間接的和社會的效益。政府投資的目標就是要追求項目投資間接的和社會的效益的最大化。這裡的效益是各種效益的總和，既包括經濟效益，也包括社會、政治、人文及自然環境等效益。由此可見，人們對中國政府投資效益不理想的批評，顯然實際上並沒有抓到問題的要害。中國政府投資的一切問題的解決，均在於體制和機制的全面改善。政府投資最好能有良好的效益，但是政府投資行為的關鍵是引導整個國家投資朝著良好的綜合效益方向發展。

第二節　財政補貼

財政補貼作為一種重要的經濟槓桿，一直為政府所運用。在明確建立社會主義市場經濟體制之前的幾十年中，特別是在改革的中前期，財政

補貼是現實經濟中一項非常重要的內容，而且有著十分突出的政治色彩。由於90年代後期以來，政府補貼的範圍在減少，所以這裡介紹的，主要是以20世紀90年代中期之前的財政補貼政策和某些現象為基礎的，同時也盡量分析一下近年來有關政策的變化。

一、中國財政補貼的特點

財政補貼，是政府根據一定時期經濟、政治形勢的需要，為了達到特定的經濟、政治穩定或社會發展的目的，而由政府在財政上安排專項資金，在一些指定的項目上，給予某些社會經濟組織或個人以貨幣補貼。這是一種特殊的財政再分配，它雖然也是以無償形式支付的，但與一般的經常性財政支出又有所區別，即它只有專項性，只對指定的事項進行補貼，其形式可以表現為直接的財政預算支出，也可以透過沖減收入的形式完成這種再分配。所以，它往往是一種帶有隱蔽性的再分配。這種一般性的分析，也適用於中國。但是，中國政府20世紀80、90年代的財政補貼行為同時還具有以下較為明顯的特點：

(一)運用價格補貼調控經濟活動的範圍比較廣泛

財政補貼，是政府根據經濟形勢需要所採取的一種經濟手段，主要目的是保證某些重要產業部門的傳統穩定發展。雖然，政府財政補貼是東西方國家普遍存在的現象，但具體差別也不少。西方國家的財政補貼主要是用於農產品，其目的是為了在第二、三產業高速增長，第一產業的比較利益下降的情況下，保護農場主的經濟利益，促進農業生產的穩定發展。例如在美國規定了對農產品的最低基本價格，在農產品市價低於保護價時，農場主如不願出售，可存在倉庫中，作為抵押取得貸款；如以低價出售，差價由政府補貼；如果同政府簽訂合同，虧損由政府補貼。

但是，財政補貼是國家多年來有計畫地調節經濟的一種手段，往往具有穩定整個價格體系的政策目的，而且補貼項目大多是由於價格管理體制上的原因而形成的。所以，這種補貼的範圍更加廣泛，從小學生的書本費到大型企業的非政策性虧損補貼，乃至某些商業性服務項目，因而它就具有了在更大範圍內指導、控制、調節和穩定經濟的作用。

(二)財政補貼的政治功利特點比其他國家更為明顯

經濟與政治的密切關係，決定了任何國家的財政補貼都不可避免地具有政治功利需求，一般來說是著眼於社會的政治穩定。這一點，在當代中國特別明顯，其具體表現是在價格改革中，為爭取群眾的支持和解決群眾的實際困難，在提價的同時，相應發放價格補貼，以緩解價格改革中出現的矛盾。對於非政策性虧損的國有企業，長期給予補貼，於經濟似乎沒有什麼利處，其目的顯然主要在於維護社會生活秩序的穩定，和保護那些非因工作不努力而失去勞動機會的職工群眾的切身利益。

(三)「暗補」是補貼的主要形式

「暗補」包括大部分農副產品的購銷價格倒掛，由財政補貼其銷價低於購價費用的部分。「明補」係指部分生活基本食品零售價格調整後，在職職工工資收入沒有相應增加的情況下，為了維持居民實際生活水準，由財政給予適當補貼，如居民副食補貼。「暗補」長期是補貼的主要形式，其透過流通領域實現，國營商業特別是批發商業是運用財政補貼並發揮其作用的主體；「明補」一度只占補貼總額的20%左右❸。這一辦法不僅掩蓋了經營性虧損，不利於企業改善經營管理，而且會滋生腐敗，有些國有企業「拿補貼，蓋大樓」，有關群眾並沒有得到多少實惠，比如對糧食購銷的補貼。棗陽市財政局一位會計師就講過一句「打動了」同行的話❹：「如果財政部門光管對糧食企業的政策性補貼款，而不管糧食實物，那麼加強財政對糧食的財務管理就只是空談！」他們建議採取「直通車」的辦法直接補貼給實際購買糧食的生產企業。同時，在2003年夏收開始，就已經開始陸續採取直接補貼給糧食生產者的辦法。

二、財政補貼的內容

中國政府的財政補貼主要包括糧棉油價格補貼、平抑物價等補貼、肉食品價格補貼等，此外，有時還有一些針對某些具體事項的補貼。企業虧損補貼一般是作為財政收入中的負數列出的。這裡主要介紹和分析一下企業虧損補貼、價格補貼和特別指出幾項對某些具體事項的補貼。

(一)企業虧損補貼

　　企業虧損補貼一般包括企業計畫虧損補貼和經營性虧損補貼。企業計畫虧損補貼主要包括外貿部門的計畫虧損補貼、糧食部門除價格補貼外的計畫虧損補貼，以及其他部門的計畫虧損補貼。這一部分補貼在1986年以前，在國家預算中直接從「企業收入類」科目中沖抵暗扣，不作為一個單獨的類級科目明列。1986年開始，改為在預算收入中單列一個新類，以負數的形式出現。經營性虧損補貼，顧名思義，是對由於企業的經營不善造成虧損的財政補貼。這種補貼是被迫的，而不是政策性的需要。實行複式預算之後，在政府預算中，企業補貼的分類方法和科目名稱等均有一定的變化。現在，「非生產性企業虧損補貼」，由於其政策性的需要，而列入經常性預算收入沖減；「生產性企業虧損補貼」，則列入建設性預算收入沖減。「八五」以後，一樣圍繞著轉變企業經營機制頒布了一系列政策，這一補貼開始下降。

(二)價格補貼

　　中國從1953年開始有價格補貼項目，但當時只有棉絮一項，以後逐步增加，最多時達幾十項，比如有農產品價格補貼，如糧、油、棉的加價和價差補貼；用於支援農業的農用生產資料價格補貼，如化肥、農用薄膜的價差補貼；日用工業品的價格補貼，如製皂用豬油價格補貼；為了平衡國內市場供需狀況，而用於進口商品的價格補貼；用於部分收費標準偏低的服務行業、公用事業等的價格補貼，如水電費等等。80年代以後，隨著物價改革的不斷推進，價格補貼的數量一度大量增加，但價格補貼的項目開始有所減少；特別是上世紀90年代之後，隨著工資外收入大量轉為工資性收入，居民收入水準明顯提高，價格補貼從項目到數量上都開始趨於減少（參見**表13-4**）。但是，從絕對量上看，進一步改革的任務還是很重的。

(三)對具體項目的某些補貼

　　在企業虧損補貼和價格補貼之外，還有一些為了應付某些具體情況和突發事件而安排的財政補貼。比如，針對北京地區高校數量多、發展

表13-4　政策性價格補貼一覽表　　　　　　　　　　　　　　　單位：億元

年份 ＼ 類型	合計	糧棉油補貼	平抑物價補貼	肉食品補貼	其他價格補貼	企業虧損補貼
1978	11.14	11.14				
1980	117.71	102.80			14.91	
1985	261.79	198.66		33.52	29.61	-507.02
1990	380.80	267.61		41.78	71.41	-578.88
1995	364.89	228.91	50.17	24.14	61.64	-327.77
2000	1042.28	758.74	17.71	19.39	246.44	-278.78
2005	998.47	557.91	4.69	0.93	414.94	-193.26
2006	1387.52	768.67	8.48	0.94	609.43	-180.22

註：2006年之後，財政收支項目有了改革，支出口徑有了較大變化，不再明細政策性補貼
　　的具體專案，各項補貼不再單獨列出。
資料來源：《中國統計年鑑（2007）》，第285頁。

快、建設成本高等原因，使得多數高校特別是部委高校學生住宿條件依然
緊張的問題，國務院於2002年決定由國家計委、財政部、教育部共同安排
專項資金補貼中央在京部屬高校學生公寓建設項目❶。又如，2003年，駐
馬店市850萬畝小麥豐收在望。但因該市發現有非典（SARS）患者和疑似
病例，估計外地大多機手不可能再來幫助收割小麥，為了防止非典在農村
的蔓延，該市也層層動員在外務工的140萬農民「三夏」期間不要返鄉，
因此面臨勞動力緊缺的局面。面對這種嚴峻形勢，市政府5月1日頒布了一
項措施：農民和農業生產經營組織購買大型聯合收割機，每台由市、縣
（區）兩級財政各補助現金1000元，即時兌現。這一優惠政策經當地媒體
傳播後，引發了購機熱潮。至5月13日，該市農民就已經購置大型聯合收
割機八百餘台❶。

三、發展和穩定：財政補貼的正面作用

　　財政狀況並不寬裕的中國政府，肯於長期支出如此鉅額的財政補
貼，無疑有它的積極意義和特定作用：

(一)在啓動改革全域這一關鍵問題上功不可沒

價格改革，在初期改革中占有重要地位，但是它「牽一髮而動全身」。在啓動價格改革的時候，政府不可能對所有相關環節同步做出相應的調整，因而使用財政補貼這一槓桿，使各方利益得到一定程度的平衡，提高了居民、企業等對改革的承受能力。

(二)促進了工農業生產的發展

透過實行農產品價格購銷倒掛，在提高農副產品收購價格的同時，支付大量價格補貼等一系列政策，增加了農民收入，促進了農業生產的發展。比如，1986與1978年相比，農副產品收購價格水準提高72%，財政從1979到1986年累計對農副產品價格補貼總額約為1700多億元。財政透過對農業生產資料的價格補貼和農業生產資料生產企業的虧損補貼，保證了農業生產資料的生產，對改善農業生產條件、提高農業勞動生產力發揮了重要作用。從1979到1986年，政府運用財政手段對工業生產方面的補貼約達980多億元，為同期財政補貼總額的28%左右，其中供應棉花補貼260多億元，供應豬皮價格補貼約55億元，企業虧損補貼約290億元。此外，還對民用煤、蠶繭、肥皂、課本等進行了補貼。

(三)提高了人民生活水準，穩定了社會生活

從1979到1986年，財政用於城鄉人民生活的價格補貼約為2000多億元，其中用於城市人民生活的價格補貼1250多億元，鄉村農民的生活補貼470多億元。透過這些補貼基本保證了城鎮居民的實際收入不致因價格調整而降低，保證了社會經濟秩序的穩定。

(四)實現某些重要政策和社會目標

為刺激消費和促進「節能減排」，國務院決定在2009年6月至2010年5月期間，在北京、上海、天津、江蘇、浙江、山東、廣東和福州、長沙等九個省市試點實行家電「以舊換新」政策；試點結束後，該政策可望推廣至全國。2010年4月，財政部、商務部、環境保護部聯合發出通知稱：經國務院常務會議決定，5月底家電以舊換新政策試點結束後，將繼續實

施這項政策，並在具有拆解能力等條件的地區推廣實施。家電以舊換新的補貼由國家財政和省一級財政共同支付，不到一年的時間就支出補貼22.8億元，受惠家庭達六百多萬戶，社會效益非常明顯❶。

四、負擔和異化：財政補貼的副作用

財政補貼對經濟和社會發展有著一定的積極作用，但如果運用不當，也會產生副作用，甚至出現異化。當以經濟發展為目的而支出的政府補貼，成為經濟進一步發展的障礙時，就是出現了異化。同時，不論怎麼講，財政補貼對政府終究是一個負擔。

(一)數額過大的財政補貼已成為政府財政的沈重負擔

補貼不僅數額巨大，而且是在政府補貼增長速度超過財政的增長速度的情況下給出的❶，因此給政府財政收支的平衡和國民經濟的發展帶來了一系列問題。影響了財政預算收支的平衡，成為誘發財政赤字的一個主要原因，並使為減弱物價上調消極因素的價格補貼進而成為影響物價穩定的一個因素。

(二)削弱了政府財政對社會再生產進行投資的能力

目前價格補貼大部分屬於對消費品價格的補貼，企業虧損補貼也有相當一部分轉化為工資性收入。這最後都將形成為消費基金。在財政收入一定的情況下，用於消費基金的增長，意味著用於經濟建設支出的下降。

(三)削弱了政府的宏觀調控能力和國家事業發展的能力

由於財政補貼占了財政收入的三分之一左右，每年再安排相當數量的重點建設資金，各種經常性財政支出、預備性支出的安排餘地實際上已經很小了。這樣，就必然嚴重影響政府的宏觀調控能力，影響對國民經濟中能源、電力、交通等基礎產業的資金投入，使這些產業成為國民經濟發展的短線產業，造成國民經濟結構和比率失去平衡，並使教育、科技等方面的事業發展缺乏基本夠用的資金。

(四)不利於政府正確地接收經濟資訊

現行的價格補貼（特別是尚未改革和小範圍改革的情況下），大量的是「暗補」，對於受補貼的生產者來說，是一種「價外補貼」，與產品成本無關，因而必然扭曲價格體系，因而很難反映正常的供需關係和產生準確的經濟資訊。某大城市1991年雞蛋供應放開價格之前，有關政府部門預測放開後將迅即達到每500克2.40元，並據此向職工發放了價格補貼。但是，放開後實際價格只達到1.80至2.00元，三年左右以後才一點點達到、越過了預測的價格線。這明顯地表現出，原來的補貼有相當一部分是被經營環節和消費者大大方方地「吃」掉了。政府決策之所以出現這樣大的誤差，原先支付的政府補貼和執行者對補貼的不當使用在中間起了一定的干擾作用。

(五)不利於企業加強經濟核算和改善經營管理

由於對企業的價格補貼一部分是作為企業收入進入企業的，從而影響了生產成本的完整性，不利於促使企業加強經濟核算。此外，也不利於那些接受了財政補貼的企業把政策性虧損和經營性虧損嚴格地區分開，從而不利於促使企業改善經營管理。有的企業將一部分財政補貼轉化為了高福利。

(六)不利於社會資源的充分使用

價格補貼往往不能使商品的價格真正反映其消耗的社會勞動，出現一些浪費，消費者也感覺花錢不多，經營者的壓力也不大。比如，有一個大城市，僅1988年1至9月，國營蔬菜店就往垃圾堆中傾倒了價值362.9萬元的爛菜，而政府的蔬菜補貼實際進入市民「菜籃子」的一般只有42%左右。相應的是，消費者對財政補貼也往往是麻木的。據抽樣調查，東北某市92%的市民不知道自己的口糧中有多少政府的價格補貼，而當年全國居民糧食價格補貼達270億元之鉅❶。

(七)不利於貫徹「按勞分配」原則

財政補貼在性質上是政府財政的一種轉移支付，但在形式上是「集

體消費」、「人人有份」的,不考慮貢獻大小⑳。在小額補貼的情況下,上述問題不具有全域性的影響。但是,考慮到財政補貼資金與直接分配資金在比率上成反比關係,所以,在價格補貼和虧損企業補貼較多的時候,這個問題就應當引起注意了。

(八)價格補貼的存在,也延長了各種票證的使用壽命

在國家經濟非常困難的條件下,透過發放各種票證,把有限的物資平等地分配給群眾是必要的。但是,在國家經濟條件明顯好轉之後很長時間還保留著相當一部分票證,其主要原因就是物價補貼的存在。包括糧票在內的票證都被稱為「無價證券」,純屬自欺欺人,從京津地區的「糧販子」,到滬寧地區的「倒蛋女」,都在事實上否定了這種說法。現在,絕大多數票證終於退出了歷史舞台,只有少量商品和服務對內對外的差價,還在一定程度上保留著這一痕跡。雖然在一定程度上並沒有徹底根除,但歷史的教訓值得銘記,需要對其進行反思。

價格補貼問題的核心是價格問題。解決價格的唯一辦法是減少補貼。而減少補貼的直接後果是物價上漲。大量的跡象表明,中國政府採取有限度地、分步驟地放開物價與加強物價管理相結合的辦法,來調動生產者的供應積極性,即在發展生產的基礎上逐步解決存在多年的物價補貼問題。解決對非政策性虧損企業補貼的直接後果,是一部分職工面臨失業的危險。政府已經在與社會保障制度建設相結合的角度上一併考慮這個問題。經過努力,從上世紀90年代初期開始,中國政府的財政補貼已呈減少的趨勢。

五、加入世界貿易組織與政府補貼

以上談到的財政補貼現象大多是在加入世界貿易組織之前形成和發揮作用的。現在的情況變化了。為了維護世界貿易中非歧視、自由透明和公平競爭的秩序,WTO專門有「補貼與反補貼措施協定」,旨在規範和統一各國的財政補貼政策及其行為。這一協定直接影響中國的財政補貼政策,從而要求財政補貼政策按該協定給出的規則做出相應的調整和改革。

如前所述,現行的財政補貼政策經過與新體制的「磨合」,應該說

正在逐步接近市場經濟規律和國際通行規則的要求，但仍然帶有一定程度的傳統計畫經濟體制的成分，帶有發展中國家模式的很多特徵。比如，對競爭性產業和國企的補貼，並未有效改善它們的經營效率和競爭實力，而且產生的「擠出」效應，嚴重影響著國家對科教、技術創新、環境保護、公益設施的投入與支持，導致財政功能和補貼政策一定意義上的錯位；地方財政競相推出的種種財政補貼方面的「優惠政策」，使得財政補貼頗為紊亂，也導致市場競爭秩序的「失序」。如此等等，顯然是與世界貿易組織的有關規則相互牴觸的。

　　世界貿易組織對中國財政補貼政策的影響，存在著兩方面的效應：它既限制了此前財政補貼政策中歸屬「紅燈」性質的為數不少的補貼措施；另一方面又為我們在「黃燈」特別是「綠燈」區域內拓展和完善補貼項目及其措施開闢了很大的空間。世界貿易組織的「補貼與反補貼措施協定」所凸顯的一種明確的取向，即在於要求競爭主體共用「國民待遇」，在不受歧視和政企分開的平等條件下進行公平競爭，並且體現著對關係人類未來生存和經濟平衡與可持續發展的支持❹。比如，有人就主張，中國應當利用世界貿易組織的黃箱政策，增加對農民的補貼。因為，根據世界貿易組織規則，我國政府對農民的收入補貼可以達到農業總產值的8.5%。目前我國只達到3.3%，還有5.2%補貼空間可用。當然，也有人認為，中國「不能也不應該」增加對農業的補貼，因為中國目前的財政收入還無法支持這樣大的補貼❷。

　　這種討論在一定程度上引起了中央政府的重視，2015年，財政部和農業部頒布「關於調整完善農業三項補貼政策的指導意見」，選擇安徽、山東、湖南、四川等地作為試點啟動農作物良種補貼、種糧農民直接補貼和農資綜合補貼「三合一」的補貼政策，增強了對農業的補貼力度，促進了農民勞動的積極性❸。

　　調整、修改和在世界貿易組織規則基礎上規範各級政府的財政補貼政策，是應對加入世界貿易組織的當務之急。中國政府正在繼續對各類政府財稅優惠政策和財政補貼政策進行全面清理，取消針對個別企業和地區的財稅優惠政策，取消不符合中國政府對外承諾和世貿組織規則要求的財政補貼方式。在認真清理財稅法律、法規和規章制度的基礎上，將繼續修

改現行財稅法律、法規、規章制度中與世貿組織規則及中國政府對外承諾
不一致的內容，抓緊制定符合世貿組織規則的財稅法律、法規及規章制
度，不斷提高財政管理的法制化水準，進一步清理規範行政審批，對能夠
用市場機制運作代替行政審批的項目，透過市場機制來處理，加快轉變政
府對經濟的管理方式❷。

第三節　國有資產管理

一、「國有資產」和「國有資產管理」

　　中國的國有資產是指終極產權屬於全民所有的一切財產，是全民所
有的財產和債權的總稱。由於中國是採取政府代表人民管理國有資產的形
式，所以，這部分財產稱之爲「國有資產」，中國政府是國有資產的法定
代表。從廣義上講，國有資產包括由國家的各種投資和撥款等所形成的固
定資產和流動資產，屬於國有的土地、森林、礦產等自然資源，屬於國有
的文物，屬於國有的專利權、版權等無形資產，屬於國有的股票、債券
等。

　　新中國成立時，沒收了官僚資本家的固定資本100餘億元。經過多年
建設，國有經濟不斷發展壯大，不僅已在數量上占優勢，而且門類齊全，
結構較爲合理。同時，政府也在教育、科學和文化領域投入了大量資金，
形成了巨大的事業單位國有資產規模。截至2013年底，僅國務院國有資產
監督管理委員會監管的中央企業總資產達34.9萬多億，其直接管轄的國有
企業數爲3.8萬戶。國有企業職工1998年爲6566萬人，2013減少到3698.4萬
人❷。

　　但是，需要說明的是，作爲一個統計數字的國有資產與上述廣義上
的國有資產是有區別的。統計意義上的國有資產的數量要小於廣義上的國
有資產，因爲，它主要包括的是能夠確切計算並且已經流通起來了的國有
資產。比如，2002年的國有資產總量是近12萬億元，但是該年公布的國有
土地資產卻達到25萬億元。爲什麼「部分」大於「整體」呢？就是因爲國

有土地資產「走向市場」的部分絕大多數集中在城市❷，而其餘暫時還沒有條件計入。

　　中國的國有資產管理，是國有資產的代理者對中國境內和境外的所有人民所有的資產，以登記、界定、評估、保全、營運、增值、轉讓、出售等形式所進行的管理。國有資產管理的目的，是為了保障國有資產的保值和增值。維護全體公民、國家和國有資產使用者的合法權益。政府國有資產管理的重點，是國家投入到各類國有企業和中外合資、中外合作企業的資產。目前，國有資產管理工作具體是由唯一的一個「國務院直屬特設機構」——國務院國有資產監督管理委員會來負責。

二、中國政府傳統國有資產管理機制的局限性

　　經濟體制改革以前，中國實行的是高度集中的國有資產管理體制，由政府以「所有權與使用權的二權合一」的方式運營❷。同時，我們對國有資產的管理與市場機制的結合考慮也很不夠，一心一意寄希望於透過政府的集中統一管理，來有效地提高資金利用效率，擴大國有經濟的規模，把國民經濟搞上去。在這種背景下，政府對國有資產的管理出現了以下幾種明顯的局限性❷：

　　第一，低效性。在改革以前，國有資產的形成完全是靠政府的無償撥款，企業無償占用國有資產，甚至國有企業的流動資金也由政府撥款形成；反過來，企業的利潤和企業折舊也全部上繳，企業沒有投資自主權。在這種情況下，地方政府、政府各主管部門、各企業事業單位等都在爭投資、爭項目，但對投資的使用和效益卻往往不夠關心，甚至出現國有資產閒置的現象。

　　第二，封閉性。中國國有資產的配置多年來具有很強的封閉特徵，地區之間、部門之間、國有企業之間、國有企業和非國有企業之間、國有企業和外資企業之間、國有企業和國有事業之間等，國有資產都難以實現必要的流動，更無法形成聯合的優勢。這使中國現代化事業的發展、使國有資產的增值失去了許多機遇。在認識到這一問題的基礎上，20世紀90年代以來，開始在國企的改革中吸引國內民間資本和外資參與其中，進行混

合所有制的改革，以此爲基石，激發經濟的活力。十八屆三中全會《決定》中提出當前更要「積極發展混合所有制經濟」，這是國有企業保值增值的「良方」，在「同等平等，互融互補，共生共榮」的價值導向下，成爲了國資國企改革的重要支撐。

第三，單一性。全部國有資產都由國有全資企業經營和國有全資事業單位管理，完全排斥了股份制經營、聯合經營、合資經營、合作經營、租賃經營等開放性的資產配置和營運方式。這樣，各種有可能管好、用好國有資產的方式全部被限制掉了。

第四，行政性。泛泛地講，國家是國有資產的代理者。實際上嚴格地說，在中國，國家行政機關才是眞正的國有資產代理者，國有資產管理是典型政府過程的一部分。多年來，中國的國有資產營運，是以政府活動爲基本推動力。但是，由於行政機關並不可能對國有資產營運的結果直接負責，所以，這種由政府管理國有資產使用單位的機制往往缺乏效率。

三、國務院國有資產監督管理委員會與國有資產管理改革的趨勢

(一)國有資產管理機構和機制的改革趨勢

應設置一個專門的、有權威的機構來管理國有資產，是沒有疑義的。現在國務院所屬、由財政部歸口管理的國有資產管理局就是這樣的機構。對這個問題的不同看法，主要集中在是繼續採用這樣的機構模式，還是如有些學者、專家提出的應設置一個自全國人民代表大會常務委員會產生並領導的「國有資產管理委員會」，以便在更高的政治層次上推動國有資產的管理工作。

中國是一個國有資產在全社會固定和流動資產中占很大比率的國家。在這樣的情況下，以現在的國有資產管理局，特別是其現有的職權和工作方式，應當說確實不能適應實際需要。以一個國務院部委歸口副部級局的地位，要實現全面管好規模如此巨大、涉及方面如此之多的國有資產任務，確實是勉爲其難。但是，能否在人大常委會設置一個委員會，也有許多問題需要研究。人大是國家權力機關，在任何國家這樣的機關其基本

職能都是立法、監督、決定和任免等幾大項，不可能去操作哪一方面的具體管理。由此看來，比較妥當的辦法是，將國有資產管理局提升為國務院所屬委員會規格的機構，為其全面行使國有資產管理職權創造條件；同時，在全國人大常委會新設一個專門委員會，協調、研究這方面的立法工作，開展有關的調查、視察活動，並對全國的國有資產管理工作進行有效的監督。地方，也按照這個機構模式組織對其職權範圍內的國有資產管理工作。

　　國家，不論是採取哪一種機構模式，對各類企業事業單位所有的資產管理，可以從實際出發，使用不同的方法。對於少數由於自然、經濟、政治等原因必須由國家直接控制的企業事業單位，可由國務院授權其職能機構或國有總公司直接領導、經營，並接受國有資產管理機構的直接監督，企業領導人由國務院任命，對國務院負責；對於多數可以參與競爭的大中型國有企業、國有資產控股、參股的各種公司等，相當級別的政府國有資產管理機構選派與國有資產所占份額相稱的若干產權代表參加董事會之類的企業領導機構，直接參與企業的重大決策，並對國家負相應的經濟和政治責任；對於較小的國有企業或國有資產控股企業，可以實行承包、租賃經營等多種多樣的辦法，使其保值增值和保持正確的企業發展方向。對於國有事業單位，國有資產管理機構和其政府主管部門，要加強對國有資產使用情況的監督，使用單位要定期報告國有資產的使用情況和準確的統計數據。在機構問題逐步解決的基礎上，國有資產管理要朝著規範產權關係、資源動態配置、改善經營管理和引導必要競爭等方向不斷發展，不斷改革，不僅要確保國有資產的增值，而且要起到帶動整個國民經濟發展的作用。

(二)國務院國有資產監督管理委員會

　　2003年3月的十屆人大一次會議為以上的討論畫了一個句號——國家行政機構系列中唯一的一個「國務院直屬特設機構」——「國務院國有資產監督管理委員會」宣告成立。

　　此前召開的「十六大」在報告的第四部分中，明確提出了國有資產管理體制改革的四大要點：一是在堅持國家所有制的前提下，建立中央政

府和地方政府分別代表國家履行出資人職責，享有所有者權益，權利、義務和責任相統一，管資產和管人、管事相結合的國有資產管理體制；二是關係國民經濟命脈和國家安全的大型國有企業、基礎設施和重要自然資源等，由中央政府代表國家履行出資人職責，其他國有資產由地方履行出資人職責，非經營性國有資產也按此原則界定；三是中央政府和省、市（地）兩級地方政府設立國有資產管理機構，繼續探索有效的國有資產經營體制和方式；四是一切依法辦事，國家既要制定法律法規來運作，也要求各級政府嚴格執行國家的國有資產法律法規，堅持政企分開，實行所有權與經營權分離，使企業自主經營、自負盈虧，實現國有資產保值增值。國務院國有資產監督管理委員會的成立以及對其基本職能的規定，實際上都是以十六大報告為基調的。2008年，通過頒布「國務院關於機構設置的通知」（國發〔2008〕11號），正式設立國有資產監督管理委員會為正部級的國務院直屬特設機構。

　　國務院國有資產監督管理委員會的主要職責是：(1)根據國務院授權，依照「中華人民共和國公司法」等法律和行政法規履行出資人職責，監管中央所屬企業（不含金融類企業）的國有資產，加強國有資產的管理工作；(2)承擔監督所監管企業國有資產保值增值的責任。建立和完善國有資產保值增值指標體系，制定考核標準，通過統計、稽查對所監管企業國有資產的保值增值情況進行監管，負責所監管企業工資分配管理工作，制定所監管企業負責人收入分配政策並組織實施；(3)指導推進國有企業改革和重組，推進國有企業的現代企業制度建設，完善公司治理架構，推動國有經濟布局和結構的戰略性調整；(4)透過法定程序對企業負責人進行任免、考核，並根據其經營業績進行獎懲；建立符合社會主義市場經濟體制和現代企業制度要求的選人、用人機制，完善經營者激勵和約束制度；(5)按照相關規定，代表國務院向所監管企業派出監事會，負責監事會的日常管理工作；(6)負責組織所監管企業上交國有資本收益，參與制定國有資本經營預算有關管理制度和方法，按照有關規定負責國有資本經營預決算編制和執行等工作；(7)按照出資者職責，負責督促檢查所監管企業貫徹落實國家安全生產方針政策及有關法律法規、標準等工作；(8)負責企業國有資產基礎管理，起草國有資產管理的法律法規草案，制定有

關規章制度；依法對地方國有資產管理進行指導和監督；(9)承辦國務院交辦的其他事項。

(三)「兩級架構，三個層次」的國有資產管理模式

新的國有資產管理體制是按照「兩級架構，三個層次」的模式建立的，即中央政府和地方政府分別代表國家行使國有資產出資人的職責，並按照國務院國有資產監督管理委員會（監管部門）、國有資產投資公司或經營公司（營運部門）和國有控股企業、參股企業（生產公司）的模式運行❷。也即國有資產管理委員會作為政府管理機構，並不直接對企業投資，出資人的職責是由授權經營的國有資產經營公司承擔。在這一模式下，國有資產公司、國有控股公司、國有資產營運公司等，不再與計畫、財政、貿易等政府部門在「人財物產供銷」等方面具有直接的聯繫，同時國務院國有資產監督管理委員會也不能干預其他所有制經濟組織的活動。

國務院國有資產監督管理委員會的成立和這一模式的初步形成，從宏觀層面上基本解決了「政資關係」和「政企關係」問題，也為逐步解決管理混亂的問題創造了條件，推動了國有經濟布局和結構的戰略性調整。當然，這一委員會成立之後，也面臨著非常大的壓力。據統計，到2013底，中國國有企業的總量為15.5萬。目前國資委直接監管的企業3.8萬家，到2013年底擁有資產總額34.9萬億元人民幣❸。新的國資委必須徹底擺脫過去別人走過的「老路」，真正做一個代表國家和公民的「老闆」，履行好法律賦予自己的監管職責，全面提高國有資產的營運效率。要做到這一點，關鍵是要立法，要先立法後管理。2008年10月28日在十一屆全國人大常委會五次會議上，通過了「企業國有資產法」。據介紹，考慮到國有資產數量巨大，關係到全國人民的利益，為切實防止腐敗行為，國有資產法明確規定各級人民代表大會有權對政府國有資產管理機構進行監督❸。

註釋

❶《中國統計摘要（1991）》，中國統計出版社。

❷2000年爲32917.73億元，2001年爲37213.5億元，《中國統計年鑑（2002）》，第176頁。

❸《中國統計年鑑（2009）》，第169頁。

❹〈今年國債發行量預增60%累計餘額將達5.6萬億〉，《新京報》，2009年1月6日。

❺中央結算公司債券資訊部，〈2014年債券市場統計分析報告〉，第11-13頁。

❻參見鄧小河，〈合理界定政府與民間的投資範圍〉，《光明日報》，2000年10月10日。

❼《中國改革報》報導建設部城市建設司司長李東序在「內地與香港建設行業改革與發展研討會」上的講話，2002年10月22日。

❽有關內容參考了劉仲藜主編，《奠基：新中國經濟五十年》，中國財政經濟出版社，1999年，第472-485頁。

❾1994年，中國成立了三家政策性金融機構——國家開發銀行、中國進出口銀行和中國農業發展銀行，他們的任務是依據政府的政策意圖，引導社會資金投向，支援國家產業升級、國家重點技術改造和高新技術產業化項目和經濟結構的戰略新調整。

❿國家開發銀行，《2014年度報告》（2015年5月5日發布），第11頁。

⓫鄧小河，〈合理界定政府與民間的投資範圍〉，《光明日報》，2000年10月10日。

⓬這個觀點參考了郭世坤〈論政府投資主體的投資職能——兼議「投資範圍劃分」等諸論〉一文的觀點，詳見《經濟研究參考資料》，1989年5月8日。

⓭張漢元，〈北京財政補貼政策綜合研究〉，參見北京市科學技術網站，www.bestinfo.net.cn/bestinfo/work/ rkx/harvest/article/cg9005.htm。

⓮澎潮等，〈看棗陽怎樣化解鉅額糧食財政補貼風險？〉，《湖北日報》，2003年4月7日。

⓯〈中央財政補貼北京部屬高校學生公寓建設項目〉，中國新聞網，2002年7月22日。

⓰戴鵬，〈河南駐馬店財政補貼農民購買收割機〉，2003年5月15日。

⓱〈家電以舊換新 多部門監管政策存在漏洞〉，《資訊時報》，2010年4月11日。

⓲比如，1978年後的十年中，財政補貼增長了5至6倍，平均年增長18%左右，而同期財政收入只增長了1.5倍，平均年增長不到10%。

⓳姜洋，〈財政補貼：中國政府的沈重負擔〉，《新世紀週刊》，1990年，第14期。

⓴北京財經學院編寫組，《財政概論》，1990年，第205-206頁。

㉑參見〈入世後我國財政補貼政策需調整〉，《深圳商報》，2001年11月19日。

㉒〈中央財政補貼不是解決三農問題的出路〉，《中國物流資訊中心》，2003年3月11日。

㉓《農業補貼啓動「三合一」》，《濰坊晚報》，2015年5月23日。

㉔〈我國繼續清理財稅優惠和財政補貼政策〉，《中國機電日報》，2002年5月21日。

㉕財政部企業司，〈2013年全國國有企業財務決算情況〉，中國工業新聞網，2014年7月29日。

㉖《中國房地產報》，2003年7月15日。

㉗參見岳福斌，〈關於加強國有資產管理的幾個問題〉，《求索》，1991年，第4期。

㉘部分提法參考了吳振坤主編，《中國經濟體制改革通論》，北京工業大學出版社，1993年，第105-106頁。

㉙參見〈國資委的設立與政府規制完善〉，《光明日報》，2003年3月25日。

㉚財政部企業司，《2013年全國國有企業財務決算情況》，中國工業新聞網，2014年7月29日。

㉛〈國有資產法起草完成 預計下半年提交全國人大審議〉，中國新聞網，2003年3月24日。

第四編
地方政府與政治

　　如何辦好地方政治，如何處理好中央與地方的關係，在中國歷朝歷代的政治生活中，都是一個極其重要的問題。這是因為：其一，中國人口眾多、疆域遼闊，它的多數省份都相當於一個中等規模的國家，而面積與中國大致相當的國家，其所承載的人口都顯著地少於中國，因此，中國在縱向政治結構上需要解決的問題，就必然比任何國家都要多，都要複雜。其二，中國在傳統上就是一個實行中央集權的國家，重要的國家權力均集中於中央政府，而且長期沒有很明確地在法律上劃分中央政府和地方各級政府的事權，因此，在政府運行上依靠法律調節的範圍多半非常小，依靠政策調節的範圍則相應較大，歷史上遺留下來需要加以解決的結構性問題很多。其三，歷史表明，統一的中國，就有強大的生命力，而在內亂和被肢解的時候，國家和民族就遭塗炭。它的巨大，是由於中華民族作為一個有著共同自然特徵和文化特徵的社會共同體，一直共同生息在這片遼闊但與其所承載的人口相比並不算富庶的土地上。同時，中華文明的連綿不斷和中國統一的長期維繫，也肯定與其在政治治理方面的某些獨到之處有著直接的關係。這些都反映了中央和地方關係問題在中國政治生活中的極端重要意義。

　　面向未來，我們一方面要看到，由於在國家結構體制方面所採取的實事求是的態度，新中國在經過六十多年的發展和調整之後，已經在單一

制基礎上，形成和補充進去了以民族區域自治制度、特別行政區制度、二級立法體制、分稅制等為主要內容的一系列具有複合制或地方分權特徵的因素，在政府管理的層次上，已經形成了一系列較為充分地考慮地方利益的制度和做法。但是，另一方面，也要看到，由於長期的封建主義傳統思想、傳統制度和國際共產主義運動中「左」的思想的多年制約，中國在地方政府與政治方面「大一統」的因素還比較多，地方和基層自治的因素還比較少，還有許多需要改進的方面。

因此，不論是從一般地方政府與政治的角度，還是從政府過程的角度來研究中國的國家整體和部分，也即中央和地方的關係問題，其理論意義和應用價值都很大。

第14章

中央與地方關係的基本架構

- 關於「充分發揮中央和地方兩個積極性」的基本指導思想
- 實現「兩個積極性」的基本機制

關於中央和地方的關係，我們著重分析和介紹的是，黨和國家調整縱向國家權力關係的基本原則、中央政治權力結構在國家縱向的政府運作過程中的作用和特點，以及中央和地方的相互制約關係等。省、地區、市、縣、鄉、鎮等地方政府在這一關係中的具體作用和上下連結，將在以下各章中陸續論及。

第一節　關於「充分發揮中央和地方兩個積極性」的基本指導思想

在中國歷史上，單一制的主導地位從未發生過變化。在中華人民共和國的歷史上，「充分發揮中央和地方兩個積極性」這一原則的地位，及其相應的基本管理模式也從未發生過變化。現行憲法明確規定：「中央和地方的國家機構職權的劃分，遵循在中央的統一領導下，充分發揮地方的主動性、積極性的原則。」但是，在不同時期和條件下，對這一原則的理解並不完全一樣，處理這一關係的具體方式也有過許多調整，並在20世紀80年代以來不斷總結經驗和教訓的過程中，逐步形成了一系列關於國家結構形式改革和建設的重要思想。

一、歷史沿革

早在1938年，毛澤東就指出：「一般的方針集中於上級，具體的行動按照具體情況實行之，下級有獨立自主之權。上級對下級某些具體行動有意見，可以而且應該作為『訓令』提出，但絕不應作為不可改變的『命令』。越是地區廣大，情況複雜，越應使之多帶地方性，多切合地方情況的要求。」❶這是中國共產黨的主要領導人關於縱向領導和管理關係較早的一次系統表述。

共和國成立以後，中國共產黨開始更加系統地考慮和研究中央和地方的關係問題。在著名的〈論十大關係〉一文中，毛澤東指出：「應當在鞏固中央統一領導的前提下，擴大一點地方的權力，給地方更多的獨

立性，讓地方辦更多的事情。這對於我們的國家建設比較有利。」他還指出：「有中央和地方兩個積極性，比只有一個積極性好得多。」他還在「兩個積極性」概念的基礎上，提出了「正當的獨立性」、「正當的權利」的概念❷。周恩來也指出過，「中央與地方要相互影響，相互監督」，甚至提出地方在必要時可以與中央唱「對台戲」❸。這樣的分析無疑都是正確的。但是，由於這種分析僅僅是這些富有政治正義感和政治智慧的領袖的一種經驗性總結，而沒有上升到現代政府管理理論的層次，操作性不足，沒有「制度化」，更沒有達到法制化的程度，所以，一遇「風吹草動」，就很容易被一風吹。事實上也正是如此。在改革開放以前，中國從來沒有真正實行過「充分發揮兩個積極性」的原則，相反，正如各個方面所普遍承認的，在改革以前，在這個問題上的主要弊端是中央「統」得過多、過死。

改革開放以來，中國從歷史教訓出發，在「兩個積極性」總體原則的前提下，實行的是以「下放權力」為基本特徵的向地方傾斜的政策。這一點，在黨的十三大報告中表現得很明顯：「凡是適宜於下面辦的事情，都應由下面決定和執行，這是一個總的原則。在中央和地方的關係上，要在保證全國政令統一的前提下，逐步劃清中央和地方的職責，做到地方的事情地方管，中央的責任是提出大政方針和進行監督。」在向地方放權方面，這個說法顯得很堅決，但是，並沒有多少理論和觀念上的切實突破。因此，一直到90年代初，在總體趨勢是「放」的情況下，也有過幾次「收」；換句話說，在「放權」與「收權」相交替這一點上與過去差別不大。

但是，不管怎麼說，在這一時期，地方黨政當局，特別是經濟較發達的省級地方，初步學會了與中央政府「討價還價」；在這一時期，地方在財力、物力等方面多少有了一點「自留地」，地方物質力量顯著增強；在這一時期，各省、自治區和直轄市，省會和自治區首府城市，一部分計畫單列市和一部分較大的城市，第一次獲得了地方立法權；在這一時期，由於幹部人事制度的改革和差額選舉制度的實行，地方和群眾因素對重要幹部任免的影響的權重明顯加大；在這一時期，各地在文化的地方特色或民族特色方面的建設，更加受到了重視……。在這些變化中，有的存在著

一定的問題,比如地方本位主義和地方保護主義,比如中央財力下降導致的宏觀調控能力下降等,值得警惕。但是,必須肯定,這些變化,包括某些遭受批評較多的現象,在特定的背景下,對於當代中國社會的發展進步利大於弊。

中國中央政府的權力歷來相當大,在改革中,地方政府前所未有地獲得了一些政治資源和實際利益。這就為今後在中央和地方之間逐步建構合理的國家結構關係奠定了必要的政治、經濟基礎。現在,是存在著一些問題,但不必大驚小怪,更不存在著某些境外媒體所渲染的所謂「中國面臨分裂」的現實危險。合理的關係,是要在不斷的「磨合」中才能建立起來的。現今存在的一些問題,從某種程度上說,是對過去中央過度集權的一種「反彈」和「彌補」,是中央放鬆控制後的一種暫時現象。在中國已經相當成熟化了的政治、經濟體系下,這不會無限度地發展下去。如果不經過這種自覺或不自覺,但卻是必要的調整,地方總是處於被「給予」的地位,合理的國家結構關係就永遠也建立不起來,單一制的地位也就不會從根本上得到鞏固。

可喜的是,進入90年代以來,在調整中央和地方關係的理論與實踐上,都取得了明顯的進展。這就是,在理論上開始認識到無休止的「放權」和「收權」均不是長久之計,而且所謂「收」和「放」的程度也很難把握,難免使中央和地方處於無休止的「討價還價」之中。為此,關於中央和地方之間「職責」、「事權」的劃分等概念開始進入了當代中國的政治辭典。也就是說,現在已經開始從過去那種「中央必須『管』什麼」、「中央讓地方做什麼」,調整為中央和地方各自「應該做什麼」;並在此基礎上尋求責、權、利的統一。省級地方和一部分重要城市擁有地方立法權的實施,已經是先行一步,「分稅制」(參見本書第七章第四節)的實施,更是這一轉變的一個重要標誌和成果。

中國在國家結構形式方面發展的唯一前途,不是分散主義,也不是對舊體制的修修補補,而是在「維護中央權威」和「尊重地方權益」這兩大基石上發揮「兩個積極性」,建構中央和地方關係以及整個縱向間政府關係的新格局。

二、維護中央權威

「維護中央的權威」❹是指全國各級政權機關在統一的國家法制之下，自覺地肯定、服從和接受黨中央、國務院的領導與監督。按照鄧小平的理解，維護中央權威，就是中央的宏觀調控有力，「中央說話算數」❺。如果把中央和地方的關係比作一對矛盾的話，那麼，「維護中央的權威」這一方面，是矛盾的主要方面，起著決定作用。這一原則的確立，是以下兩個歷史性的因素和兩個現實性的因素所決定的：

第一，從歷史的角度看，新中國的建立，是對舊中國混亂與分散狀態的直接否定。面對著這樣的歷史前提，走上了國家領導地位的中國共產黨在這方面的唯一抉擇，只能是維護國家與民族的統一。維護國家和民族的統一，不是抽象的，而只能是具體的；也就是說，維護國家與民族的統一，就必然要求有一個中央，並維護中央的權威。

第二，從歷史的角度看，中央有一定的權威，是中國的一大政治優勢。幾十年來，中國並不富裕，內憂外患不少，但之所以能夠堅持走過來，走向改革開放和初步的經濟繁榮，重要的一條就是全國上下級維護了中央的權威，從而能夠集中力量辦大事。雖然，由於歷史的局限性，在集中的過程中走了一些彎路，有些「過火」行為，但今後的任務不是完全放棄這種權威和集中，而是不斷改進這種權威和集中的方式。

第三，從現實的角度看，在改革進入整體推進的態勢下，更應當強調中央的權威。改革初期，國家對地方採取了「放開，搞活」的方針。「放開」，是為了「搞活」，讓大家都去謀一條自己的生路。隨著改革的深化和國家實力的恢復、增強，社會發展進入了新的時期。這就是改革「已經由自下而上的推動為主轉向自上而下有組織、有計畫、有步驟的推進為主；從單項措施為主轉向突出整體綜合配套、把重點突破和整體推進結合起來；從側重舊體制突破轉向側重進行新體制創建；從主要依靠政策推動、誘導轉向越來越多地依賴於法律的推動、保障和約束」❻。在這種情況下，就自然地要由過去十幾年中的那種「放權」類型的改革，調整為一種在肯定權威基礎上規範化的國家結構關係。

第四，從現實的角度看，地方需要有一個強大的、具有統籌管理能力的中央。中國歷來是一個統一的整體，但是，這個統一整體的各個組成部分發展不平衡，擁有的資源不平衡，而且國家尚未完全統一。這樣，就要求中央掌握一定的人力、財力和物力，以便有條件去平衡這些關係，去爭取國家的統一。就以財政和金融問題為例，如果中央的財政過不去，各地方的日子也就都不會好過；如果地方「各自為政」，亂上建設項目，亂提價，亂貸款，全國的市場都會受到衝擊。因此，在歷史上形成的統一政府、統一市場、統一國防的條件下，保持中央的相當權威，是完全必要的。

三、尊重地方利益

1988年9月26日，中共中央十三屆六中全會的一個文件指出：「近幾年來，中央把一部分權力下放給地方，調動了地方的積極性，這是正確的。今後，中央仍然將尊重和照顧地方的利益。」這是一個很重要的提法，一個很重要的發展。因為，這標誌著中國最高層領導國家結構管理觀念的深刻變化，即已經從簡單的「放權」、「讓利」，轉向了謀求在中央與地方之間建立規範化的領導與監督、分工與協作關係。

第一，「尊重」概念的提出，表明在中央與地方的關係上，地方已經由單一的國家權力「客體」、「導體」的地位，成為了國家權力體系中一種與中央相互作用的「主體」。這和過去常用的「讓」、「給予」、「允許」地方如何如何，顯然是不同的。

第二，「利益」概念的提出，也是有新意的。過去，在論證發揮地方的積極性時，一般只是強調地方的「特殊性」，強調中央的一般性政策很難適應各地的特殊情況。地方「利益」的概念，包括了特殊性的因素，但要比特殊性廣泛和深刻得多。政治關係說到底是利益關係。肯定了地方有自己的特殊利益，就為在更廣泛的範圍內討論中央與地方的關係奠定了理論和政策基礎。

過去，我們經常使用「特殊性」這個概念，這是完全必要的。但是，對特殊性的理解，也有一個要更加全面的問題。就國家結構形式而

言，地方的特殊性有兩個涵義：一種是「局部性特殊性」，比如不同的發展程度、不同的人文特點、不同的自然資源條件等；一種是「整體性特殊性」，比如實行特區政策地區的特殊性、某些工業基地的地區特殊性，以及作為首都、省會、首府城市的特殊性。這兩種特殊性都會產生一定的地方利益，但性質是不完全相同的。前一種特殊性是自然形成的，是純地方性的，中央對這種特殊性尊重和照顧的程度要高一些。後一種特殊性是後天形成的（不排除與一定的地方自然條件有關），是一種全國的共同利益所需要和要求的特殊性，有些優勢甚至是在中央的扶助下才得以形成的，因此要側重強調服從國家的整體利益。

　　肯定了特殊性，有了一定的自主性，才會有可靠的積極性。中國改革以來所走的路，證明了這一點。鄧小平是這樣總結這個問題的：「如果不放，經濟發展能搞出今天這樣一個規模來嗎？」「過去我們是窮管，現在不同了，是走向小康社會的宏觀管理，不能再搬用過去困難時期那些方法了。現在中央行使權力，是在大的問題上，在方向問題上。」❼也就是說，在90年代以後，已經在經濟、政治上進入新發展時期的中國所強調的「維護中央權威」，是在一個新的層次上的政治調整，而不是又要把前些年賦予地方的權力「收」回去。今後，中國在這方面的發展趨勢已經十分明顯，這就是地方自覺地維護中央權威和國家的團結，中央尊重和照顧地方的利益和特殊性，合理劃分中央與地方的責任和權力，充分發揮中央和地方兩個積極性。

四、中央與地方權力劃分的思路問題

　　中央政府和地方政府的關係顯然需要進一步清晰化。具體政治問題，只靠政治哲學性的思考是不能解決問題的。同時，今後地方政府，特別是省、自治區和直轄市的政府，在整個國家的統治和管理方面的作用，如果要想在品質上一個新的台階的話，就必須探討一個深層次的問題，即中央政府與地方政府的權力劃分問題。比如，省級地方立法工作要上一個新台階的話，除了必須在地方特點上下功夫以外，關鍵的問題是，要在法理上解決什麼項目地方能立法、什麼項目地方不能立法，要有相應的有可

操作性的具體規定；而不能只靠「談」，靠領導人根據具體情況一會兒強調中央的權威，一會兒強調地方的靈活性。

改革以來，爲了調動地方的積極性，中央已經下放了一些權力，比如本書幾次談到的財權問題。在已經下放了權力的這些領域，中央如果想多拿一點，有時就不得不與省進行「談判」。《華商時報》曾披露了這樣一個事情，當時的某位副總理說，爲了用「漸進溫和的方式」逐步達到中央關於財稅改革的目標，他「一個省一個省去談，結果自己掉了2.5公斤的肉」❽。長期地看，這肯定不是辦法。

現在，在相當一部分地方黨政官員和學者看來，在中央和地方的關係方面，改革就是給下面放權，對中央的放權寄予了過高的期望。從政策上看，這是錯覺；從理論上看，這是不準確的。實際上，應當是適合和需要中央政府在整體上掌握的權力，就應當由中央政府掌握；適合由地方政府負責的事項，就由地方政府分擔。如果中央政府的職能部門還要派人到各個城市去檢查衛生，而擔任個縣長也想要管著國家銀行的分支機構，那是沒有效率的，也是不切實際的。中國在這方面最大的問題，不簡單的是中央過度集權或所謂的「國家能力下降」，也不簡單的是地方沒有實權或地方主義嚴重的問題。中國在這方面最嚴重的問題，是在進入社會主義市場經濟時期、建設「法治國家」和加入世界貿易組織的條件下，還沒有眞正形成各個層級的政府以及基層自治體，如何按照實際上的需要和治理上的可能，透過一系列立法活動，來逐步地、系統地、穩定地、周全地劃分它們之間的事權，甚至一部分人還沒有這個意識。

在這樣的認識水準和制度框架下，中國在國家結構形式方面就形成了「每一級都管理所有的事情」，即五級政府之間「職責同構」加「條塊分割」的格局。這與西方主要國家那種「每一級只管理特定的一部分事情」，不同層次的政府之間在職責上交叉不多的治理思路，是完全不同的。所以，中國在這方面的實際情況：一是黨政機構必然是上下「對口」；二是「條條」箝制「塊塊」；三是上面決策，下面執行，上面領導，下面負責，上面負擔重，下面責任多，權力與責任不對等，出了問題責任難以說清楚。

在這種情況下，從政府過程的角度看，既會出現（事實上已經出現

了）地方和基層以「土政策」、「綜合執法」等名義，不準確或不正確地運用國家法律、中央或上級政策的現象，也會出現（事實上也已經出現了）透過由地方或基層組織當地人大代表或群眾，對上級政府部門的執法行爲以「執法（執紀）評議」的名義進行干預的現象。

　　也就是說，當遇到「中央的政策在這裡爲什麼走了樣」❾的問題時，高層、群眾和輿論界不宜簡單地批評「中間層」，簡單地把問題歸結於地方保護主義和「小幹部們」的無法無天。這種情況肯定是有的，但更多的是比較正常的「運行偏離」問題，尤其需要引起注意的是，這無不與中國政府在縱向間的事權劃分不合理、不到位有著直接的聯繫。比如，在幾乎肯定會出現地方保護主義的領域，爲什麼還要把權力交給地方、基層呢？又如地方上出了事故或諸如「造假」之類的問題，上級政府的技術監督部門、安全管理部門，是僅僅以「檢察官」、「法官」、「中央大員」的身分去「處理問題」呢？還是也應當負有特定的責任？縣一級，特別是鄉鎮一級的政府在處理某些專業性、技術性非常強的問題上，有這個職權和能力嗎？把地方和基層政府的主要負責人看作什麼事情都要管的「父母官」，既不符合民主和法制之時代精神，事實上也做不到。只能說，我們過去把各級政府縱向間的事權劃分問題看得過於簡單了。

　　實際不難看出，中央和省之間，五個層次的政府之間的事權，如果劃分不清楚，既不利於地方政府自主權的落實和積極性的發揮，也不利於中央和上級政府的統籌領導，不利於正確執法，有時還會使當事人莫名其妙。中央應當在必要時集中研究一下這方面的理論和政策問題，不能把這個非常複雜的事情看簡單了。

　　對於目前的中國來說，沒有強有力的中央集權，這個國家，這個民族，就等於死亡。幾乎所有敵對勢力，都把所謂「戰勝」中國的希望，寄託於中國的分裂。所以，中央集權作爲中國國家結構形式的基礎這一點不能丟。但是，多年來在管理上出現非常難辦的問題同時也表明，過去那種高度中央集權、「一根針穿到底」的模式肯定是不行的。在市場經濟條件下，這也運作不下去。

　　當前，解決中央與地方的關係這個問題，不能靠簡單強調中央集權，也不能靠過度強調地方分權，而是應當根據不同層次、不同地方的不

同情況，不拘一格，「集」「分」並舉，在層次感非常清晰的條件下，在國家總體繼續實行中央集權的同時，在有些環節上可以實施政治性分權，在有些環節上可以實施行政性分權，在最基層實施一定程度的地方自治，在處理國家結構形式領域走出中國自己的道路和特色來。

從發展上看，在經濟還不算發達的時期，在經濟發展程度的地區差異還非常大的時期，在社會轉型期，中央集權的因素可以多一些；在轉型期結束之後，隨著中國的全面發展，政治性分權，特別是行政性分權的因素和地方自治的因素，可以有相當程度的增加。

第二節　實現「兩個積極性」的基本機制

依據上述原則，中國共產黨和中國政府在四十多年的政治實踐中，特別是在黨的十一屆三中全會以來的經濟體制改革和政治體制改革中，摸索和形成了一系列旨在盡可能充分體現中央和地方「兩個積極性」這一「互動」原則的機制性手段。

這裡屬於一種綜合性的分析，凡是有關內容以上已有論述、介紹的，在這一節中一般從簡。

一、法制統一與「二級立法」體制

國家的統一和政權的集中，必須依靠法制的統一來保障。中華人民共和國從一建立就先後以「中國人民政治協商會議共同綱領」和「中華人民共和國憲法」的形式，確立了國家的統一法制。「八二憲法」更進一步明確了所有國家機關、人民團體和一切公民都必須在憲法的範圍內活動這一體現國家法制統一原則的正確規定。

中國的國家立法權由全國人民代表大會及其常務委員會掌握，中央行政立法權由國務院掌握。在國家法制不完備和國家在「文化大革命」期間一度幾盡喪失正常法制的時候，由中共中央掌握的「政策法」體系，在政府過程的涵義上擔負著統一國家法制的作用。

在1954到1979年時期，中國實行的是「一級立法」體制。「五四憲

法」規定，全國人民代表大會是行使國家立法權的唯一機關，立法權全部集中到了中央。

　　1979年五屆人大二次會議通過的「地方各級人民代表大會和地方各級人民政府組織法」第七條規定：「省、自治區、直轄市的人民代表大會根據本行政區域的具體情況和實際需要，在不同憲法、法律、行政法規相牴觸的前提下，可以制定和頒布地方性法規，並報全國人民代表大會常務委員會和國務院備案。」「八二憲法」肯定和正式確定了上述規定，「二級立法」體制在中國正式形成。

　　隨後，爲與「八二憲法」相適應，1986年六屆人大第十八次會議通過的「地方各級人民代表大會和地方各級人民政府組織法」第二章第七條規定：「省、自治區的人民政府所在地的市和經國務院批准的較大的市的人民代表大會根據本市的具體情況和實際需要，在不同憲法、法律、行政法規和本省、自治區的地方性法規相牴觸的前提下，可以制定地方性法規，報省、自治區的人民代表大會常務委員會批准後施行，並由省、自治區的人民代表大會常務委員會報全國人民代表大會常務委員會和國務院備案。」現在的實際情況是，各省級地方和有關城市在地方立法方面具有非常明顯的積極性，也在做著積極的探討；但是，受歷史傳統、體制慣性和主觀條件的限制，實質性的地方立法並不多，有特色的東西不多，主要工作往往集中在制定細則性的東西等領域，而且常常是行政機關的「尾巴」。從目前掌握的資料看，青島市在地方立法突出地方特色方面是做得比較好的，比如，在1986到2001年他們制定的130件地方法規中，就突出了保護海洋、規矩旅遊和保護歷史文化遺產等方面，著手嘗試了「特色立法」、「民主立法」的「新路子」❿。

　　現在，存在著需要研究的問題，那就是不僅各省會和自治區首府，而且深圳、廈門、青島等市先後取得了上述涵義上有限制的地方立法權。問題在於，這一「級」，法律上是包括在「二級」裡面，還是「二級」之外、之下的「第三級」？另外，「較大的市」應當怎樣確定？個案標準是什麼？這都需要統籌考慮，當然其結論還是應由全國人大或全國人大常委會來下。

　　在「二級立法」的框架以內，中央對地方的立法控制，主要是透過

這樣一些管道：一是，地方的一切立法和行政規章都必須與憲法、法律和行政法規相一致，不得有所牴觸，否則，全國人大常委會有權撤銷這樣的地方性法規，國務院有權改變或撤銷這樣的地方行政規章；二是，地方立法的範圍嚴格控制在全國人大及其常委會所授權或明文規定的事項以內，以及有關法律實施細則的制定；三是，地方立法符合中共中央和全國人大在一個時期的立法指導思想和法制建設規劃，地方的行政立法還要納入由國務院法制局具體負責制定的立法規劃；四是，地方性法規要向全國人大常委會和國務院備案。

二、「全黨服從中央」與「下級服從上級」

嚴密的黨的領導系統和嚴格的黨的紀律，是黨中央對各中央國家權力機關、對地方各級黨組織進行的控制和管理，是中央政令在全國有效地得以貫徹實施的基本保證。用一句話來概括，就是「全黨服從中央」。儘管改革開放以來，黨政在職能上分開的趨勢、中央對地方「放權」的趨勢都很明顯，但「全黨服從中央」，特別是全黨在重大政治問題上服從中央這一點，從來也沒有變化。凡在重大的政治方向、政治原則問題上，有「離心」傾向的組織和幹部，一律採取相應的政治措施加以調整。「下級服從上級」的紀律規定，為地方各級黨政領導機構的獨立工作留有一定的餘地。「下級服從上級」，包括了中央領導下「塊塊」上的省（自治區、直轄市）、市（地區）、縣（市轄區）、鄉（鎮、街道）之間、中央領導下「條條」上的各部委，與其所管理的下屬機構、直屬企業事業單位之間的遞次領導與服從的關係。在「下級服從上級」方面，政治管理和具體領導涵義上的服從內容要更多一些。

「下級服從上級」是以「全黨服從中央」為基礎和前提的。這不僅體現為中央的領導是一種政治方向和政治原則的領導，而且還體現在根據中國共產黨章程，地方各級組織和黨員都不僅面對自己直接的上級組織，在對上級組織的領導有不同意見的時候，可以直接向黨中央反映。同時，中央黨政領導機關和領導人，也不僅直接領導省部級黨政領導機關的工作，而且常常透過親自到地方和基層單位進行視察、考察、巡視、檢查，

或派工作組、考察團、記者「下基層」等「長下直達」的工作手段,直接過問地方和基層的黨政工作,聽取地方和基層黨政幹部、群眾的意見。

三、「條條」管理和「塊塊」管理

中央和地方的關係,在很大程度上表現爲「條條」與「塊塊」的關係。

自從1954年6月當時的中央人民政府撤銷了大行政區委員會的時候起,就在全國範圍內確立了增設和加強中共中央和中央人民政府的各職能部門,以部門管理爲中央領導地方的基本線索的體制,至今沒有發生根本性的變化。

與多數國家「塊塊」實、「條條」虛的情況不同,中國的「條條」和「塊塊」都「掌握中央精神」,都分別透過自己的領導系統把這種中央精神傳達、貫徹到地方和基層。但是,由於「條條」作爲中央的代表性機關,掌握著涉及國計民生的各種重要資源、機會的分配權,從而在實際上可以起到有力地分割「塊塊」的作用,使表面上統一的、逐級「排列」的地方黨政系統被幾十個「條條」切割開來。「條條」管理,是一種「一竿子插到底」式的管理,每一根「條條」都是中央手中約束地方的一根有力線索。這種管理的正面作用,是有效地制約地方難以避免的在經濟上力圖自成一體和本位主義的傾向,負面作用是影響地方政府過程的正常運轉,也不利於在市場經濟條件下中央政府和地方政府轉變職能。

但是,地方黨政機關也在想方設法與上面的「條條」搞好協調,並可能採取一定的限制、控制措施,掌握住作爲其組成部分的地方「條條」,同時多數「條條」的黨政關係放在地方,人事安排地方起主要作用。這一機制促使「條條」尊重和服從地方上的領導,積極參與地方事業的發展。

在這種複雜的機制下,在有些問題上,地方上的「條條」爲了自己的內部利益,常常打上級對口部門的招牌,對地方政府施加壓力,甚至造成「市長給局長拜年」的現象。但更多的時候,地方上的「條條」作爲地方政府的組成部門,而且其幹部以本地人居多,一般情況下不會「胳膊肘

往外拐」。「條塊矛盾」已經提了多少年，一直改不掉，這除了體制的慣性以外，它能夠產生這種「中和」作用，也不能不說是一個重要的因素。

四、「黨管幹部」與「下管一級」

中國幹部（其中多數是政府官員）制度的基本原則是「黨管幹部」，但同時也強調要透過一定的法律手續辦理有關具體事務。就在幹部制度中最有實質性意義的任免問題來說，也是受雙重約束的，即不僅受憲法和法律有關規定的約束，而且受黨內幹部管理權限劃分的約束。但總體上來說，不論是法律的約束，還是黨內幹部管理權限的約束，最終都要體現在中央對地方、上級對下級幹部任用上的有力控制。

幹部任用制度的核心是委任制——上級任免下級。目前，中央對省、自治區、直轄市一級、中央直屬機關和中央國家機關部（委）一級的幹部實行直接管理，對省、自治區、直轄市所屬的地區（地級市）、廳（局、委、辦）一級和中央機關所屬司（局）一級主要領導幹部實行備案管理。就地方而言，省、自治區和直轄市在黨政領導班子換屆選舉或部分調整之前，要以地方黨委的名義向黨中央打報告，其中人大常委會和人民政府的負責人人選，還要徵求分管的中共中央領導人和國務院副總理的意見。取得中央的同意後，再依法律程序組織選舉，並將選舉結果報中央備案。中央在工作急需的情況下，可以直接決定省、自治區和直轄市主要領導幹部的代理人選，或由某人參與某項領導工作❶❶。這樣，地方人大的選舉過程在多數情況下實際上是對上級提名的黨委組織部審查結果的認可過程❶❷。

從1984年7月開始，幹部管理權限由過去的「下管兩級」改為「下管一級」。這就為地方在遵循中央確定的幹部政策前提下，加大幹部任用上的自主性因素創造了條件。特別是「下管一級」的政策與「差額選舉」的制度結合之後，地方、基層和群眾對地方主要幹部的任用，特別是對副職的任用和各權力機關組成人選的確定，其實際影響明顯增強。近年來，隨著地方人大代表素質和民主建設程度的共同提高，處於中央或上級提前考察人選之外的人員，也已經有一些在會議上得到提名，甚至最後當選。黨

報都以肯定的口吻報導了這類消息。事實證明，對於幹部的任用來說，黨組織的提名確實重要，但當地的國家權力機關、人民代表和基層群衆是否認可也越來越重要了。

五、中央宏觀調控與地方經濟發展中的自主性

　　中國在改革開放以前一直採用高度集中的中央指令性計畫體制進行國民經濟管理。今後，中央仍然會繼續加強宏觀調控，並以新的方式利用社會發展規劃、「五年計畫」、年度計畫、產業政策等來指導經濟建設，包括保留一部分地方和部門必須完成的指令性計畫。比如，即使是到了90年代前半期，主要物資的國家合同供貨量❸仍占其國內生產量的相當比率，例如煤炭的40%左右、鋼材的30%左右和木材的20%左右等。在80年代，這一比率還要更高一點❹。中央透過制定控制面相當大的國家計畫，不僅形成了完整的經濟管理網路，而且產生了一種對地方和地方官員有效的激勵機制。過去多年，先後把完成國家計畫的好壞和地方GDP數量，作爲考察地方幹部能力和政績的重要標準，甚至出現了地方官員的「晉升錦標賽」現象。因此，地方把國家計畫看得很重。現在由於經濟機制的變化和巨集觀調控的需要，指令性計畫的控制範圍已經縮小，一般也不再簡單鼓勵「超額完成」國家計畫，更不鼓勵對計畫和指標層層加碼。對這一變化，有不少地方幹部還不太習慣呢！同時，爲了發展地方經濟和取得好的政績，地方黨委和政府不僅要表現出願意承擔和有能力完成國家計畫，而且還要努力使地方經濟社會發展與中央的思路相一致，從而便利於透過各種辦法爭取對本地方有利的計畫分配方案，以便得到較多的資金、物資、項目等發展地方經濟所必需的東西。這一切，都在客觀上起到了把地方發展納入全國經濟與社會發展軌道的作用。但也可以看到，隨著歷史的發展，當前中國政府已經進入到向服務型政府轉變的新階段，這一過程，是從長期的「經濟發展本位」向「以服務爲中心」的轉移，是從「唯GDP」向「重GDP」的轉變，在保證地方和中央發展的統一性的基礎上，如何有序發展地方公共服務的特色，是當前面臨的一個重要問題。

　　地方在經濟上服從和依賴於中央，但也有它們自己的想法和利益。

中國人的「父母官」意識更是根深柢固。作爲一級政權機關，它們必然會有發展地方經濟實力，形成地方特色經濟，爲本地群衆謀取福利的願望。這也是合理的，中央從不反對。比如，按照規定，地方政府也要制定地方經濟和社會發展中長期計畫；對本地區經濟發展的布局、重點等重要問題，都可以向中央提出建議。地方之間還可以進行一定形式的經濟合作。但是，在全國範圍內，爭取對本地區有利的利益關係，就不是一個地方自身可以做到的了。

值得注意的是，中國經濟發展的不平衡性強化了地方爭取自己具體利益的動機，即經濟相對落後的地方強烈要求獲得發展的新機遇，「分配」到較理想的政策和較多的資源；相對發達的地區希望穩定自己的位置，同時不希望中央從自己的盤子裡過多「提取」。巧合的是，這種經濟發展的不平衡性導致的全國經濟統一、協調運轉的難度，使地方自主發展的願望由可能變爲現實。今後，由於中央政府指令性計畫調控範圍的縮小和調控方式的更加靈活，地方間經濟差距的拉大，發展市場經濟過程中必定出現的許多新「空檔」，都可能會使地方政府的經濟自主性進一步加大。比如自80年代中後期以來，在沿邊地區「邊貿」事業的較快發展中，當地政府就發揮了很重要的推動作用。善加利用這些機會和這方面自主權，對中央和地方都是一件好事。

六、統一財政管理與分稅制

從法律條文上講，中國的中央政府編制包括地方預算和部門預算在內的國家預算，各級地方政府有自己的預算。但是，政府的運轉是複雜的，財政問題就更加複雜。中國從1959年就建立了高度集中的財政管理體制，多年實行的是「統收統支」的財政制度，地方財政基本上是中央財政的延伸，是一種「執行型」的財政。地方政府所遵循的各項財稅政策，均由中央政府制定；地方的絕大部分財政收入要上繳中央金庫；地方的固定資產投資、技術更新改造所需資金、城鄉基礎設施建設資金等，都要經中央或上一級政府在國家計畫的範圍內進行審批，專款專用。

這種僵化的財稅管理體制，顯然不符合發揮「兩個積極性」的原

則。爲此，中央在1958和1970年曾兩次下放了一部分財權。但是，由於沒有從機制上和觀念上解決問題，最後都因出現了所謂「分散主義」，而重新收回了放下的權力。80年代以後，由於實行「收入遞增包乾」等不同形式的包乾辦法，地方在財政上的自主權才有所擴大，並在稅收等方面多少有了一點「自留地」。當然，這一時期也相應出現了地方某些加工工業的重複建設和地方保護主義的問題，並在一定程度上造成了中央財力在國家財力中所占份額的相對下降。幸好，由於時代的變遷和觀念的變化，新生代的中央領導集體沒有對此大驚小怪，重走老路，而是去尋求新的解決問題的辦法——這就是1994年開始實施的分稅制。

　　分稅制❶的一個明顯特點，就是擴大了地方固定收入的範圍。這有利於促進地方合理地組織經濟，有效地利用資源，提高經濟效益，最終做到既增加了地方的收入，也能增加中央的收入，實現財政、稅收上的「兩個積極性」。可以看到，這一改革極大地激發了地方經濟發展的活力。但歸根到柢，這種「分稅制」的改革要處理的是中央和省一級政府在財政收入分配上的關係，在制度的長期運行過程中，層層加碼，省級以下政府壓力較大。近年來，在對這一制度的反思基礎上，開始有了「財力與事權相匹配的提法」❻。2013年十八屆三中全會上，爲了深化分稅制改革，提出「財力要與支出責任相匹配」。這一系列的變化都表明，中央政府在財政和稅收問題上有了更爲深入的認識，這也是轉變政府職能，建設服務型政府的必要保障。

七、民族團結統一與民族區域自治

　　民族地區，是一種特殊的行政區域，對民族地區的管理，是政府過程中一個特殊問題。在這個問題上，也要做到發揮「兩個積極性」。這就是，經過努力要做到既要實現整個中華民族的團結和統一，又能保證各個少數民族的特殊性。中國共產黨、中國政府所選擇的具體實現方式，就是民族區域自治制度。

　　新中國成立伊始，毛澤東就指出：「國家的統一，人民的團結，國內各民族的團結，這是我們的事業必定要勝利的基本保證。」❼這句話講

得很對。堅持民族的團結和統一，是實現國家強大的基本前提，是中央的積極性，也是絕大多數中華民族成員的願望。當代中國中央政府的一個最基本使命，就是維護國家和民族的統一。

保證各民族，包括漢族，也包括各少數民族，在文化、風俗習慣等方面的特殊性，保證民族地區經濟的繁榮和各民族群眾生活的幸福，是著眼於調動另一方面的積極性。為此，從建國以後，中國一直實行了民族區域自治制度。民族自治地方的人民政權，既是一級地方國家機關，又是民族自治機關，具有雙重性。「擴大民族自治機關的權限，既是為了更好地解決中國民族問題的重大決策，又是充分調動地方的主動性和積極性的重要步驟。」[18]這種分析是有道理的。因為，透過民族立法和具有民族特點的行政管理，有利於民族地方的發展與穩定。

實行民族區域自治的工作，50年代曾在個別地方有過一些波折。黨的十一屆三中全會以來，民族區域自治工作有了許多新的進展，特別是在擴大民族自治機關的自治權方面採取了一些較為有效的措施。比如，自治區不僅可以和其他省級地方一樣，制定地方性法規，而且還可以制定民族自治條例和一些單行條例。像目前在中國人口壓力很大、普遍實行計畫生育制度的情況下，西藏、新疆等自治區都先後制定了實施婚姻法的變通條例；西藏還制定了實施刑事訴訟法的變通辦法。為了幫助民族地區的經濟發展，中央政府還在財政、稅收政策上給予了一定的優惠。這些都起到了調動少數民族地區積極性的作用。

八、「一個國家」與「兩種制度」

按照憲法和有關基本法，處理中央與特別行政區之間關係的基本指標是「一個國家，兩種制度」[19]。

「一國兩制」之中的「一國」，是強調國家不可爭辯的統一性；即「一國兩制」是一個統一國家內部的兩種不同的制度；在內地，繼續實行其現行制度；在各個特別行政區，也繼續實行其現行制度，保持現在的生活方式，但它們是統一國家不可分割的組成部分。它們不單獨行使國家主權以及外交、國防方面的權力。在這些實行特殊制度的地方，社會生產力

和生產關係還處在相適應的狀況，尊重和保持這些地方原有的基本社會制度，尊重這些地區人民的現實生活方式，有利於整個中華民族的團結、穩定和繁榮，是合情合理的。

「一國兩制」之中的「兩制」，是著眼於肯定這些地區的特殊性，尊重這些地區人民當家作主的權利，促進那裡的繁榮和穩定，使這些地區的居民安居樂業。在這方面，基本的原則和做法是：尊重那裡的現實和現行制度，並且長期保持不變；這些地區自己管理其內部事務，同時還可以參與中央政府的管理；擁有相當廣泛的自治權，包括司法事務中的終審權等；中央政府不在特別行政區收稅等等。

九、黨對軍隊的絕對領導

黨對軍隊的絕對領導，是維護中央權威，維護中國共產黨的領導地位，維護國家統一和各民族團結的重要力量。中國共產黨中央委員會主辦的《求是》雜誌刊登的一篇文章明確指出：「『執軍權』與『執政權』是不可分割的。」[20]

中國共產黨對於國家政治權力結構各個組成部分的黨委（黨組），在政治上都是領導關係，但是，明確強調到作為「絕對領導」的對象這一高度的，只有軍隊。這種關係甚至在地方政治生活中都有體現。比如，各省委書記一律兼任省軍區黨委第一書記；縣級地方的人民武裝部的主要負責人都為當地黨委常委等。

1994年6月，中央軍委主席江澤民在中央軍委晉升上將軍官軍銜儀式這一重要場合指出了這一問題的這樣幾個要點：「一支強大的軍隊，一個鞏固的國防，始終是改革開放和現代化建設的堅強後盾，是國家政權鞏固、社會穩定、經濟發展、人民安寧的可靠保證」；「堅決聽黨的話，堅定不移地貫徹執行黨的路線方針政策，堅決聽從黨中央、中央軍委的指揮」；「要不折不扣地貫徹執行黨中央、中央軍委的決策、命令、指示，保證政令、軍令的暢通」[21]。進入21世紀，胡錦濤主席又提出了「人民軍隊歷史使命」的重要思想。他指出，軍隊要為黨鞏固執政地位提供重要的力量保證，為維護國家發展的戰略機遇期提供堅強的安全保證，為維護國

家利益提供有力的戰略支撐，爲維護世界和平與促進共同發展發揮重要作用❷。黨和軍隊、黨和國家的這種特殊的關係，是軍隊在中國社會中的特殊地位、特殊作用決定的。在國外帝國主義勢力仍然試圖分裂中國，在中國的民族關係和地區關係上「做文章」，境外分裂主義分子仍然在從事破壞國家統一的活動情況下，保持這樣一支強大的力量和這樣一種政治關係是必要的。

註釋

❶《毛澤東選集》，第1-4卷合訂本，人民出版社，1974年，第289頁。

❷《毛澤東選集》，第5卷，人民出版社，1977年，第275-276頁。

❸轉引自《當代中國史研究》張壽春的署名文章，2001年，第1期。

❹《鄧小平文選》，第3卷，人民出版社，1993年，第277頁。

❺同上，第277-278頁。

❻薛軍，〈維護中央權威〉，《光明日報》，1994年11月9日。

❼同❹，第278頁。

❽《華商時報》，1994年8月19日。

❾〈中央的政策在這裡為什麼走了樣〉，《半月談》，2000年，第23期。

❿徐運平等，〈特色立法看青島〉，《人民日報》，2001年8月29日。

⓫有關資料參考了謝慶奎主編的《當代中國政府》，遼寧人民出版社，1991年，第384-389頁。

⓬王滬寧，〈集分平衡：中央與地方協同關係〉，《復旦學報》，1991年，第2期。

⓭「國家合同」是指根據國家物資分配計畫指標，由供需雙方簽訂的供貨合同、由中央臨時分配任務而簽訂的補充供貨，和根據國家物資分配計畫規定自產自用的數量。

⓮按1992、1993、1994年《中國統計年鑑》第十一部分（能源和物資）的有關數據折算。

⓯參見本書第七章第四節。

⓰參見中共十七大報告。

⓱《毛澤東選集》，第5卷，人民出版社，1977年，第363頁。

⓲陳云生等，〈論中央和地方國家機構的職權劃分〉，載於譚健編，《政府機構和幹部制度改革論文選》，人民出版社，1984年，第86頁。

⓳參見朱光磊，《政治學概要》，天津人民出版社，2001年，第138-142頁。

⓴屈明等，〈黨對軍隊的絕對領導是我軍永遠不變的軍魂〉，《求是》雜誌，2003年，第11期。

㉑《人民日報》，1994年6月9日。

㉒〈有效履行人民軍隊歷史使命的必然選擇〉，新華網，2006年6月27日。

第15章

中央與地方關係

- 中央與省的關係
- 中央與自治地方的關係

怎樣具體解釋「中央與地方的關係」呢？張友漁先生在談到地方分權問題時曾指出：「中國的地方分權既包括中央與一般地方行政區域的分權，又包括中央與民族區域自治地方的分權。」❶這是一個很全面的解釋。

借鑑這個分析，可以把中央和地方的關係區分為這樣兩種具體關係，即：(1)中央與一般行政地方的關係；(2)中央與自治地方的關係，這又包括與實行民族區域自治地方的關係和1997年開始實行的與特別行政區的關係兩種情況。從「一國兩制」的角度看，一般行政地方和民族自治地方都實行社會主義制度，是屬於同一種情況，特別行政區實行其現行的社會制度，是另一種情況；但是，從國家結構形式的角度看，民族自治地方和實行更加高度自治的特別行政區屬於同一類型。民族自治地方和實行特別行政區制度的地方，既是中國地方行政區域的一部分，又享用一般地方行政區域所不享有的民族區域自治權或特別行政區的高度自治。這兩種情況並存，是中國中央和地方關係的一大特點。

根據憲法的規定，在多數情況下，中央政府並不直接管理省以下地方政府。所以，從政權層次的角度看，中央與地方的關係在很大程度上就是中央與省的關係。正是基於這一考慮，本書把「中央—省」政府過程和「中央—自治地方」政府過程，作為中央與地方關係問題的一部分來處理。比如，上一章所談到的中央和地方在「兩個積極性」原則條件下的「互利」關係，實際上論述的也就是中央—省（自治地方）政府過程。這些問題，在本章中就不重複了。

省級地方，是地方政權體系的第一層級。中央與省的關係和中央與五個自治區的關係，是中央政府過程向地方政府過程過渡的實質性環節。在省和自治區以下，中國政府過程展開為以縣制為基礎的農村政府過程和以市制為基礎的城市政府過程。

第一節　中央與省的關係

一、省制沿革❷

　　在自元朝以來的大部分時間中，「省」（含「行省」）是中國地方政府的最高一級，是中央之下分治國土的第一級固定行政區域。

　　元朝設「行中書省」，主要首腦爲丞相（一人，從一品）和平章（二人，從一品）；在邊疆地區設置有「道」，並在此時開始對西藏等民族地方行使主權；行省上下，設置有路、州（府）、縣。省也是明朝的地方最高行政機關，設置承宣布政使司、提刑按察使司、都指揮使司，共同組成省級政權機關，分管行政、司法和軍務；省之下設置道、府、縣。到了清朝光緒年間，省的設置已經達到二十三個，另有五個將軍轄區，西藏和西寧兩個辦事大臣轄區，以及蒙古地區的盟、旗等；省設總督或巡撫，或督撫並置，總督掌軍事，巡撫掌民政；省之下爲府（與直隸州）、縣。中國目前所使用的省級地方稱謂，大多數在清朝就穩定下來了。

　　武昌起義之後成立的南京臨時政府時期，各省建立了「省軍政府」，其下是「軍政分府」和傳統的縣，各地軍政體制不一，管理混亂。北洋政府時期，地方一般分爲省、道、縣三級，全國共分二十二個行省；省設置有省議會，1913年後設置了由總統任免的省「民政長」，設有高等審判廳和高等檢察廳作爲司法機關。南京國民政府基本上是省、縣二級制，另有一部分分別爲相當於省、縣二級的城市；國民政府在地方也實行「黨治主義」，即省政府在國民黨的「指導、監督」和國民政府的「命令」下處理全省政務；省政權先後稱爲「省政府會議」和「省政府委員會」，由各廳廳長所組成，其中省政府主席（兼省保安司令）由國民黨中央決定；抗戰結束後，國民黨宣布實行「憲政」，設置了由選舉產生、起諮詢作用的省參議會；到1948年，全國共有三十五個省。

　　新中國成立後，最初設置了華北、東北、中南、華東、西北、西南六個「大行政區」，大區設置人民政府或軍政委員會，首腦一般是各大軍

區的首長、各大中央局的第一書記。大區分轄若干個省和區轄市。隨著新政治秩序的建立和經濟恢復期的結束，1952年11月中央決定將大區的政權機關改稱爲行政委員會，作爲中央人民政府的代表機關。1954年4月7日又撤銷了大區這一級的設置。在這一背景下，對一些較小的省和一部分當時與省平級的行政公署重新做了劃分合併，省成爲地方最高行政建制，直轄於中央。當時全國共有二十六個省。

由於民族區域自治制度的建立、實行「一國兩制」制度和對省級行政區劃的幾次重要調整，到1997年重慶成爲中央直轄市和港澳回歸時爲止，中國共有二十三個省（臺灣省的資料暫缺，下同）、五個自治區、四個直轄市和香港澳門兩個特別行政區。按人口比率而言，當代中國的省一級地方的數目是比較少的。

1979年以前，省、自治區和直轄市人民政府（還曾稱作爲人民委員會），在本地方人民代表大會閉會期間，擁有地方政權的全部權力。在「文化大革命」期間「革命委員會」取代省人民政府掌握了省政權的全部權力。1978年以後，省人民政府陸續恢復。1979年以後，隨著人民代表大會常務委員會的建立，省級人民政府轉變爲單一的地方國家行政機關和本省人民代表大會及其常務委員會的執行機關。

中國的省制也面臨著改革的問題。省制中最突出的問題有兩個：

第一，一級政區的數量過少。內地（不包括港澳臺）有十三億多人口，生活在三十一個省級地方，美國三億多人口卻有五十個州。一級政區的數量過少直接導致了行政管理層次的增加和省、自治區的管理幅度過大。

第二，一部分省的劃分，嚴重脫離區域的實際情況和社會管理、公共服務的實際需要。比如，河南省裡有「河北」，山西省裡面有「山東」，若干個省區是跨越江河山脈而設置的，「你中有我，我中有你」。這固然與歷史性形成的防止分割、割據的觀念和當時的現實統治需要相一致，但顯然已經完全不利於目前的區域經濟發展、行政管理和公共服務了。隨著條件的變化，有些事情今後未必是很大的問題，相應地，許多在過去歷史條件下所形成的東西，需要適時予以調整。

二、省政治權力結構

(一)省委

中共省委，是省政治權力結構中的核心，對全省的各項工作實行政治領導。根據國家的編制制度，省委一般由委員和候補委員60至100人（按省的大小，下同）組成。在省級領導班子層次上，省委常委會由常務委員12至15人組成，其中設書記一人，副書記二人❸。中共省的紀律檢查委員會一般由35至55人左右組成，從中選出常委5至13人，其中設書記一人，副書記三至四人。省委一般設工作部門七至九個，也即慣常的辦公廳、組織部、宣傳部、統戰部、研究室等，其工作性質和具體職權，與中共中央的職能部門沒有什麼差別。

為了抵銷管理幅度較大所帶來的問題，也與還沒有完全實現「黨政關係規範化」有關，省委通常按工作類型分為六至十個「口」，成立相應的黨委或作為省委派出機關的工作委員會，對有關工作進行歸口管理。但是，這一層級一般不參與管理具體業務工作，只是主要在與其他「口」的配合、政策的具體化、人事安排等方面，起一種協調和控制作用。

由於省長通常兼省委副書記，另有若干副省長擔任省委常委；中共省紀委書記、政法委書記和一些重要的「口」的黨委（或黨工委）書記一般為省委常委，省人大常委會主任和省政協主席也往往由省委書記、副書記或常委兼任，所以，整個省委在組織結構上是明顯地著眼和方便於對全省各項工作的統一領導。用中國的「政治語言」來說，省委常委會與其他層級地方政權的黨委常務會都是一個「工作班子」；用學術語言來說，都是屬於「議行合一」性質的機構。

(二)省人民代表大會及其常務委員會

省人民代表大會及其常務委員會是省的地方國家權力機關，行使：(1)地方立法權；(2)地方重大事項的討論、決定權；(3)對其他國家機關工作人員的選舉、任免權；和(4)對其他國家機關工作的監督權這四大權力。省人大代表依人口多少而定，像人口最多的河南一般為950名左右，

而人口最少的西藏省一般爲440名左右。省人大常委會由35至85人組成，設主任一人，副主任二至十人，秘書長一人。省人大還設有財經、政法、教科文衛等專門委員會，作爲諮詢、參謀機構，在擬訂、審議議案，調查研究，專項監督等方面發揮一定的作用。省人大還有一種特殊的所屬機構——在地區設置的與地區行政公署相匹配、作爲省人大派出機關的地區人大工作組（或聯絡處等其他稱謂）。

近年來，有一部分省的中共省委書記當選爲省人民代表大會常務委員會主任❹。這在客觀上加強了省級人大在省政治權力結構中的實際地位，加強了省委與省人大在省政府過程中的工作聯繫，加強了省人大對省「一府兩院」的法律監督和工作監督，也加強了省委對全省人大工作的領導，對理順省級地方的黨政關係有一定的實際意義。

(三)省政協委員會

省級地方設有規模較大的中國人民政治協商會議的地方委員會，其組織、職能與全國政協相同。各民主黨派和工商聯的省級地方組織，也在政治協商和民主監督的框架內，參與省委、省人大和省政府的工作。

(四)省人民政府

省人民政府是省人民代表大會及其常務委員會的執行機關和地方國家行政機關，其具體職權可以劃分爲三類，即：(1)執行省人大和國務院決議、指示的執行權；(2)制定本省行政法規、政策措施的制令權；和(3)本行政區域內各項事務的管理權。省人民政府的首長爲省長，省人民政府由省長、副省長、秘書長和政府各部門（委、廳、局等）的首長所組成。省長和副省長由省人民代表大會選舉產生，其中全國各省的副省長已經全部由差額選舉產生，省長和副省長的任期與產生他們的人民代表大會的任期相同。省人民政府其他組成人員的人選，由省長提名，由省人大常委會表決通過後任命。

省政府實行省長負責制。副省長協助省長工作，並分別分管一部分工作部門；省長、副省長和秘書長組成省長會議；省長、副省長、秘書長和政府各工作部門的首長組成省政府全體會議。省的重要政府決策都由省

政府常務會會議或省政府全體會議集體討論後做出；但省長對討論的結果以及應做出的決定有總結、決定的權力，並由省長對省人大和國務院負責。

由於中國省的管理幅度較大，實際上除外交和國防以外，省人民政府承擔著相當廣泛的行政責任。因此，其工作部門的設置與中央政府大致類似，而且各省之間在機構設置上的差別要比省級以下小（如下兩章將分別論及）。根據國家的編制規定，省政府的工作部門一般為三十五至四十個，小省應少於三十五個，大省可略多於四十個。目前，實際的工作機構設置不僅已經普遍達到，甚至高於這一指標，而且還出現了許多非常設機構（如愛國衛生運動委員會）、副廳局級的「二級機構」（科技幹部局）、省直屬的行政辦事機構（政府參事室）、廳局級企業機構（如原為物資管理局的物資貿易總公司）和事業機構（如社會科學院），總共加在一起有的已達一百個左右。這些機構，特別是作為政府正式組成部分的委員會、廳和局，是省長和省政府指揮全省各項工作、聯繫上下左右的樞紐，以及管理全省社會和經濟發展的實體依託。

(五)省司法機關

省設有高級人民法院和省人民檢察院。高級人民法院院長由省人民代表大會選舉產生，副院長、庭長、副庭長和審判員由省人大常委會任免；其任期均與產生他們的人民代表大會任期相同。省人民檢察院檢察長由省人民代表大會選舉和罷免，但要經最高人民檢察院檢察長報全國人大常委會批准，以體現雙重領導關係。副檢察長、檢察委員會委員和檢察員，由省人民檢察院檢察長提請省人大常委會任免。

三、中央和省的政治關係

關於這個問題，前一章已做了較多分析。這裡著重從政府過程的角度，分析和介紹幾個主要政治要素之間的具體關係。

第一，中共中央與省委的關係是領導關係。「全黨服從中央」和「下級服從上級」的組織原則，在這一關係中自然合為一體。省委的一切工作，必須服從中央的大局和中央的領導。同時，省委主要負責人，比如

省委書記和兼任省委副書記的省長，一般均爲中共中央委員會委員，部分省委負責人和省內有代表性的黨員是全國黨代會代表，這都便利了省級黨組織參與對全黨工作的決策。此外，黨中央還可以以「中央工作會議」、「省（自治區、直轄市）委書記會議」等形式，指導省委正確執行中央決策，並溝通情況，加強中央與地方的聯繫。

第二，全國人大常委會與省人大常委會的關係，主要是一種工作的指導關係。這主要表現在以下幾個方面：一是，立法監督。即全國人大常委會有權撤銷省人大及其常委會通過的不適當決議，省人大及其常委會制定的地方性法規必須報全國人大常委會備案；二是，對全國人大代表選舉工作的監督。即雖然全國人大代表是由省級地方選出的，但根據選舉法關於「全國人大常委會主持全國人民代表大會代表的選舉」的規定（第一章第七條），它有權監督這一選舉工作；三是，全國人大常委會可以委託省級人大常委會完成一定的工作，比如要求省人大常委會組織全國人大代表在開會前在省內進行必要的視察活動；徵求對全國人大或人大常委會擬通過的法案的意見等；四是，全國人大常委會有時邀請省級人大常委會主任或駐會主持日常工作的副主任列席全國人大常委會的某些會議，以便加強溝通；有時還召開一定形式的座談會或組織情況交流會等。

第三，國務院與省政府的關係是領導關係。這是單一制國家結構形式所決定的。根據憲法，國務院所享有的十八項職權中，每一項都涉及它對各省級地方的全面、直接領導關係。省級政府要以一定的方式向國務院報告工作。同時，國務院還透過其工作部門對省級地方相應的部門進行對口的業務領導或業務指導，從而形成所謂的「條條」管理。除了這兩個基本管道和我們前面已經提到的行政立法、政府計畫管理，以及政府財政、稅收和預算管理以外，國務院還可以透過監察、審計等行政監督，以及機構和人員的編制控制等多種手段領導省級政府的工作。省級政府負責人的人事安排，主要由中共中央負責；不過，國務院領導人作爲中央領導也可以在確定或批准省級政府負責人人選問題上起重要作用，副總理對於其分管工作方面的省級政府副職負責人人選也可以發表一定的意見。

第四，全國政協與省政協的關係，有工作上的指導關係，也有工作上的聯繫關係，而且後者的比重更大一些。

　　第五，最高人民法院與省高級人民法院的關係、最高人民檢察院與省人民檢察院的關係，請參見第八章第四節的有關內容。

四、省政府過程的主要特點

　　省政府過程有如下三個明顯的特點，其中第一點和第二點是就其與城市政府過程、農村政府過程相比而言，第三點是就與一些西方國家的省政府過程相比而言：

　　第一，省政府對其所轄地區的管理與中央政權機關對整個國家的管理一樣，屬於戰略性管理，其政府過程運轉的負擔重、責任大、宏觀性很強。

　　中國多數省份相當於一個中等規模的國家。目前，中國超過一億人的超大省有一個——廣東；接近一億人的大省有三個，即山東、河南和四川；超過5000萬人的有六個，即江蘇、浙江、河北、湖南、安徽、湖北；此外，超過3000萬人的省份還有九個。因此，從政治上看，中央和省這二級領導，均屬於戰略領導；從經濟和社會管理上看，中央和省級的工作，均屬於宏觀管理。也就是說，除外交和國防以外，中國省級政權的實際負擔不比一個中等國家小多少。這就要求省委省政府擺脫過去那種事無鉅細、事必躬親的管理模式，拿出一副「大模樣」。

　　也正是在這一實際需要和這一應有變化的背景下，中央已經提出建立中央和省「二級調控體系」，要求省政府一般不再管理企業，減少直接管理、具體管理和事務性管理，集中力量搞好宏觀調控、綜合管理；重點是做好經濟調節和經濟監督❺。

　　第二，省政的綜合性很強，是中央政府過程向地方農村政府過程和地方城市政府過程過渡的中間環節。

　　地區行政公署、縣級政府和鄉政府，所面對的主要是「三農」，即農民、農村和農業，也就是說，區政、縣政和鄉政主要是一種「農政」；市政府、鎮政府和街道辦事處，所面對的則主要是市民、城市、工商業和教科文衛，也就是說，城鎮政府的主要任務是搞好「市政」。省的各個政權機關所面臨的任務就更加複雜一些，因為它既管城市，又管農村，市政

和農政是從省政這裡「分家」的——中央關於國家生活的一般政策要由省的政權機關加以具體化，中央關於城市和農村的具體政策也要由省的政權機關分頭加以貫徹。

第三，由於中央與省的事權劃分還沒有完成，所以在中央和省的關係上既有傳統省政自我管理程度較低的一面，又存在著個別需要中央與省透過「談判」才能解決的問題。

聯邦制國家的成員國自不待言，即使是一般單一制國家的省，其自我管理的程度通常也比中國高一些。但是，由於時間和理論準備的限制，截至目前中國做的還不理想，不少該放下的權，還沒有放下；有些原則上正確的規定，由於線條太粗，而使省裡難以很好地加以貫徹。比如，國務院現有的職權與省政府現有的職權絕大部分是重疊的，應當在適當時候加以調整，給省政府留出比現在較多一些的地方行政事務管理權限和管理範圍。又如，在「二級立法體制」的條件下，省人大及其常委會的立法工作如何更好地體現地方特點和滿足地方的實際需要？近年來，地方立法的數量相當多，但基本上是與國家立法相配套的各種實施細則之類。如果要進一步做好這一工作，還需要中央在哪些地方可以立法、哪些地方不可以立法等問題上做出具體的規定。

五、省際關係

這裡所分析的省際關係，是廣義上的，是指所有省級地方，包含省級民族自治地方之間的關係。

目前，省際關係主要是在經濟活動之間的關係。在計畫經濟的條件下，省與省之間同步面對中央，在計畫的框架下安排各自的工作，省際之間的經濟關係問題並不突出。但是，在建設市場經濟的條件下，省際關係的問題就開始引人注目了。

現在，就一般情況而言，各省級地方對省際關係都持非常積極的態度。這具體表現在以下三個方面：

第一，注意相互交流和學習。現在，在新聞媒體上，人們經常可以看到各省、自治區和直轄市組織各種各樣的學習團、交流團，由主要領導

帶隊,到有關省、自治區和直轄市參觀、訪問、學習、交流,實質上是尋求在經濟發展方面互利合作的機會,學習相對發達的地方在經濟和社會發展方面的「絕招」。

第二,在可能的情況下積極協調在省際關係方面出現的具體問題。比較典型的一個事例是,陝西和寧夏之間主要負責人之間透過「兩地書」解決一個地方保護主義問題的個案。2001年4月3日,陝西省省長程安東接到寧夏回族自治區政府主席馬啓智的一封信。信中,馬主席希望程省長協調關於寧夏企業在陝西銷售大米、麵粉時遇到的不公正待遇。程省長第二天就做了批示,責成省工商局、糧食局進行調查和處理,以「確保兩省區糧食貿易的正常往來」,並派專人帶著他的親筆信赴銀川說明情況和通報處理結果。隨後,兩省區的工商管理部門和有關市縣的代表在寧夏吳忠市進行了會商,就共同維護正常的糧食流通秩序達成了一致❻。

第三,對口支援。在中央的安排、組織下,東部沿海地區對西部的部分省、自治區實行了對口支援制度,包括物資交流、建設項目、幹部相互掛職等等。東部省份與西部省份之間有組織的「對口幫扶」,是一個很有特色的制度安排,值得進一步規範和探討。

此外,各省級地方之間,現在還比較注意資訊交流,有的還有資訊互換制度。在中央提出重要決策的時候,各省級地方黨政機關也非常注意彼此的動態,瞭解、交流相關地方的落實情況,協調有關反映。

但是,在省際關係中的經濟合作方面,總是有一些重要問題需要探討和解決的。比如,在近年來比較引人注目的「西電東輸」工程中就確有課題值得研究。對於東部的用電省來說,存在著的主要問題有:將來如果電力緊張了,送電省區的經濟發展了,還能夠像現在這樣送電嗎?今後送電方面提價怎麼辦?漫長的線路出現故障如何及時處理?然而對送電省區來說也有問題要問,例如,我們建起了電廠,發了電,你將來不要了怎麼辦?現在的電價比較低,你願意,但是應當提高一些,怎麼辦?❼面對這些問題,除了透過市場手段(比如公開報價、競價上網等)以外,省際之間政府的協調也仍然是不可缺少的。

第二節　中央與自治地方的關係

　　由於五個自治區具有一般地方行政區和民族自治區的雙重屬性，所以，它們作為中國一般省級行政區的這一面，可以參考上一節有關分析和介紹。本節集中分析和介紹它們作為省級民族自治地方這一方面的內容，然後再概述一下關於香港澳門特別行政區的一些具體問題。

一、中央與自治區的關係和自治區政府工作的主要特點

　　中國是多民族國家，漢族占大多數，少數民族與漢族交錯在一起，各民族之間是「小聚居，大分散」，長期共同生活在一個統一國家裡。處理這樣一種民族關係，必須有一個合適的制度。現行的「民族區域自治制度」是一種在單一制下民族自治與地域自治相結合的制度。

　　1947年，中國共產黨組織建立了第一個省級自治區──內蒙古自治區。「中國人民政治協商會議共同綱領」和「憲法」都正式確定了這一制度，1984年5月還專門制定了「民族區域自治區法」。根據這一系列法律的規定，民族自治地方共有三個級別和三種類型。三個級別是：省級的自治區；地區級的自治州和自治縣；縣以下少數民族的聚居地為民族鄉（鎮）。三種類型是：以一個民族聚居區為基礎而建立的自治地區；以一個較大的少數民族聚居區為基礎，但包括人口較少的其他少數民族聚居區的自治地區；以兩個或兩個以上的少數民族聚居區為基礎聯合建立的民族自治地區。

　　全國有五個自治區，即內蒙古自治區、廣西壯族自治區、西藏自治區、寧夏回族自治區和新疆維吾爾族自治區；在十五個省的二十五個地區（自治州、地級市）、296個縣（縣級市、自治縣、旗），實行著不同行政級別的民族地方自治。截至2012年底，全國民族自治地方涉及總人口1億8700萬，其中少數民族人口占47.99%❽。

　　此外，還有一部分民族鄉。民族鄉不是一級民族自治機關，不完全享有民族自治權，但在工作中要充分考慮少數民族特點。在80年代民族鄉

最多的時候，全國有3000餘個。進入90年代以後，由於經濟與社會發展、政府機構改革等因素的作用，在鄉改鎮和小鄉合併的過程中，民族鄉的數量有所減少，截至2012年底共有1063個❾。

　　在中央和民族自治地方的關係方面，民族自治地方的人大及其常委會和政府要比一般的省有著廣泛一些的自主管理權限：

　　第一，有權制定自治條例和單行條例，可在不違背憲法和法律的原則下，採取靈活措施和特殊政策以加快經濟文化事業的發展，對不適合本民族自治地方實際情況的國家機關的決議、決定、命令和指示，可在報經國家機關批准的情況下變通執行或停止執行。

　　第二，民族自治地方的人大常委會應由實行區域自治民族的公民擔任主任或副主任，自治區政府主席（自治州州長、自治縣縣長）由實行區域自治民族的公民擔任並實行主席（州長、縣長）負責制，民族自治地方政權機關及其工作部門的官員中，實行民族區域自治的民族和其他少數民族的人員要占有一定的比率。

　　第三，民族自治地方管理、安排本地的經濟發展、基本建設項目和教育、科學、文化事業方面的自主性，要比一般的行政地方大一些；屬於民族自治地方的財政收入由其自主地安排使用，不足時中央給予一定的補助。

　　第四，民族自治地方的自治機關依照國家的軍事制度，在有實際需要時，經國務院批准，可以組織本地方維護社會治安的公安部隊❿。

　　第五，民族自治機關在執行職務時，要使用當地通用的一種或幾種語言文字。

　　各自治區黨委、人大常委會、政府和司法機關的機構設置等，與省的建制沒有什麼差別。

　　中國實行民族地方區域自治的事業不是一帆風順的，曾經犯過左的錯誤，也遇到了一些民族分裂主義者的干擾。民族區域自治的歷史還比較短，還有許多東西需要總結，比如民族地區自治權與一般的行政管理權、民族事務和國家事務等在運行上往往是交織在一起。怎樣在法律上、在政策上確切地分開，都是應加以進一步研究的課題。

二、特別行政區的高度自治

1997和1999年分別成立的香港和澳門兩個特別行政區，依法享有比民族區域自治地方，甚至比聯邦制國家的成員單位還要更為廣泛的自治權力。這是中國的一個創舉，開闢了現代國家結構形式的一種新情況。這裡主要以香港特別行政區為主，來說明其主要特點及其與中央政府的關係。

(一)中央政府與特區政府的關係

香港特別行政區和澳門特別行政區是中華人民共和國不可分離的一部分，是中華人民共和國享有高度自治權的地方行政區域；特區政府直屬於中央人民政府。全國人民代表大會授權香港特別行政區和澳門特別行政區依照特別行政區基本法的規定實行高度自治，享有行政管理權、立法權、獨立的司法權和終審權。特別行政區保持現行制度五十年不變。實行「港人治港」、「澳人治澳」的政策，除外交、國防歸中央政府管理以外，其他事務均由特區政府自行管理，其官員由當地人擔任。特別行政區實行「三權分立」的政治體制。

(二)行政長官、特區政府和行政管理權

香港特別行政區行政長官是香港特別行政區的首長，在當地經由選舉產生，由中央人民政府任命，代表香港特別行政區，對中央人民政府和香港特別行政區負責。香港特別行政區行政長官任期五年，可連任一次，其具體職權主要有領導特別行政區政府；執行法律；簽署立法會通過的法案，公布法律；決定政府政策，發布行政命令；提請中央人民政府任命或免除各司（局）長等主要官員；依法定程序任免各級法院法官；執行中央人民政府依照特別行政區基本法發出的指令；代表特別行政區處理中央政府授權的對外事務和其他事務等。行政長官可否決立法會不足三分之二通過的法案，在任期內可解散立法會一次。香港特別行政區行政會議，是協助行政長官決策的機構，其人員由行政長官任免。

香港特別行政區長官領導下的香港特別行政區政府，是香港特別行政區的行政機關，下設政務司、財政司、律政司、審計署、警務處、廉政

公署等機構。澳門特別行政區政府的設置與香港相類似。

特別行政區財政獨立，中央人民政府不在特別行政區收稅；特別行政區享有人事、治安、金融、貨幣、工商業、貿易、郵政、出入境，以及教育、科學、文化方面的管理權；保持其自由港、獨立的關稅地區和國際金融中心的地位；可以以「中國香港」、「中國澳門」的名義，在享有管理權的領域內單獨與各國各地區建立經濟、文化關係，簽訂和履行有關協定；除國旗、國徽外，還可以有區旗、區徽。

(三)立法機關和立法權

特別行政區在其基本法的框架下，擁有自成一體的法律體系；原有的法律，基本予以保留。全國人大常委會有權對特區基本法做出解釋。

香港特別行政區的立法機關為立法會，其成員由當地人擔任。香港立法機關成員由選舉產生；澳門立法機關的成員多數由選舉產生，另有少數由行政長官委任。在澳門特區第五屆立法委員會中，由選舉產生的為26人，由行政長官委任的為7人。特別行政區政府必須對立法機關負責，兩者相互制約。

(四)司法獨立

特別行政區建立獨立的法院系統，獨立行使審判權，不受干涉。香港特別行政區政府律政司主管刑事檢察工作，不受干涉。澳門特別行政區與其相類似。特別行政區擁有終審權。

(五)附註：中央駐港澳的有關機構

外交部駐港特派員公署，是處理由中央人民政府負責管理與香港特區有關的外交事務的機構，也是香港特區政府就此類外交事務與中央政府聯繫的管道。

中國人民解放軍駐港澳部隊，駐守香港和澳門特別行政區，擔負著對香港和澳門特區的防務職責。

依照基本法，中央駐港澳地區的有關機構和駐港澳的部隊，不干預特別行政區的內部事務，所需的全部費用由中央政府負責。

(六)小結

　　由上不難看出，特別行政區的政治體制總體上屬於「三權分立」，政府過程屬於「行政導向型」，政治上力求突出的是特殊性，管理上力求突出的是效率。這分別是由香港和澳門所實行的「一國兩制」原則和繼續保持它們的繁榮、穩定的需要而決定的。由於這兩個特別行政區剛剛開始運作，有關其政府過程和政府管理的具體情形，還有待於進一步觀察和研究。

📝➤ 註釋

❶張友漁，《憲政論叢（下冊）》，群眾出版社，1986年，第543頁。

❷關於「省制沿革」的資料，本書參考了儲考山等著《中國政治制度史》（上海三聯書店，1993年）、張雲倫主編《中國機構的沿革》（中國經濟出版社，1988年）等的有關篇目。

❸西藏自治區設黨委副書記四人，新疆自治區設黨委副書記三人。

❹具體情況可參見鮑明，〈我國地方政權建設的一項重大舉措〉，《瀋陽師範學院學報（社會科學版）》，1993年，第4期。

❺有關背景資料可參閱〈全國地方機構改革研討會綜述〉，《中國行政管理》，1991年，第7期。

❻參見〈省長兩地書‧聯手拆籬笆〉，《中國商報》，2001年6月25日。

❼冉永平，〈西電東送呼喚市場原則〉，《光明日報》，2001年8月16日。

❽《中國統計年鑑（2013）》，第30頁。

❾中國行政區劃網，http://www.xzqh.org.cn。

❿同❶，第547頁。

第16章

農村政府過程

- 縣制沿革與縣政特點
- 省—（地、市）—縣政府過程
- 縣—鄉（鎮）政府過程
- 村民委員會

　　農村政治問題，在中國政治生活中具有特別重要的基礎性意義。從歷史上看，中國共產黨的政治活動是從農村最先開始的。不論是在奪取政權的道路上，還是在農村政權建設中，中國都有一系列獨特的思路和做法。從現實政治角度看，改革以來農村經濟生活所發生的一系列重大變化和城市化進程，都決定了農村政治生活和農村政府管理的變動要比城市更大一些。在今後一段時間裡，相當一部分農村地區變化的前景是向城市和鎮的方向發展。所以，將農村政府過程調整得好一些，不僅有助於較為發達的農村地區向城鎮的方向邁進，還可以為這些地區未來在城鎮條件下的全面進步奠定基礎。同時，農村政府過程與下一章將要談到的城市政府過程是相互影響的，應當作為一個整體問題來研究。

第一節　縣制沿革與縣政特點

一、縣制沿革

　　縣，是中國農村基本的區域性政權設置，是農村經濟、政治生活的區域性樞紐。多年來，中國一直號稱擁有兩千個縣。

　　縣制起於春秋，成於秦。在中國近兩千多年的政治統治中異乎尋常的穩定。秦始皇對中國縣制的建立起了重要作用，即秦統一後，全國普遍實行「郡縣制」，縣成為地方基層行政單位，設行政長官，執行皇帝交辦的行政事務，並有權裁定一些司法事務。從此，縣制一直沿用至今。但是，新中國的縣級地方已經不是單純的行政單位，而是全面具有地方國家權力機關、行政機關、司法機關等一級完整的現代意義上的地方政權了。

　　謝慶奎教授主編的《當代中國政府》一書，是這樣概括中國縣制的發展和特點的：「據不完全統計，我國現今縣級行政區的名稱，有五十九個縣名同秦漢以來使用的縣名完全相同。縣制所以常青不衰，是因為縣的設置不是一種權宜的或任意的措施，而是由於經濟、政治、行政等種種因素結合而成的。因此，縣在其發展過程中，逐漸形成為在社會政治、經濟、文化等方面都具有團黏結構的穩定社區，能夠在任何國家制度下，都

以不可輕易分解的行政實體而發生作用。」❶相對於政治生活的頻繁變化而言，中國的縣制算是相當穩定的了。

由於城市化進程的因素，到20世紀80、90年代，中國縣的數量由改革開放之前的穩定狀態進入了明顯減少的時期❷：

1947年　　2189個縣（含旗和其他相當建制；西藏另計；下同）

1949年　　2204個縣

1988年　　1936個縣（含縣級市、旗等其他相當建制；台灣暫缺；下同）

1998年　　1690個縣

2008年　　2003個縣

2012年　　1992個縣

在2012年的1992個縣級建制中，實際上確實為縣的是1453個，還有368個縣級市（將在下一章進行研究）；但不包括市轄區❸。

現在，在東部沿海一些發達省份，縣的數量減少非常快。比如，廣東省1985年時僅有城市17個，縣是92個。但是，1993和1994兩年時間，廣東就通過撤縣設市等途徑設市38個，使城市總數達到了51個，縣減少到了46個（包括三個自治縣）。為此，有人曾經以批評的口吻問：「廣東以後還會有縣制嗎？」事實上，不論如何，縣的數目減少和城市的增加是好事，是廣東經濟繁榮、社會進步的重要標誌和必然產物。隨著城市化進程的加快，縣的數目將會進一步減少。

二、縣的政治權力結構

(一)縣的政治權力結構

縣級政治權力機構與省一級沒有什麼差別，故不詳述。

縣的人民代表大會及其常務委員會，是縣級地方國家權力機關，擁有地方重大事務的決定權、對本縣其他國家機關的監督權和其他國家機關負責人的任免權。縣級人大沒有地方立法權。

縣人民政府，是縣的國家行政機關和縣人民代表大會及其常委會的執行機關。縣人民代表大會選舉縣長和副縣長若干人❹，縣長提出縣政府各局、委、辦主要負責人等政府組成人員人選，由縣人大常委會表決定，報請上一級人民政府批准後，由縣人大常委會正式任命，組成縣人民政府。縣政府實行縣長負責制。

縣，設基層人民法院和基層人民檢察院。進入80年代以來，大多數縣已經建立了人民政協。縣，設有人民武裝部。

(二)縣黨政機構的設置和改革問題

根據國務院所屬國家編制委員會在1983年那次機構改革時的規定，縣委的工作機構就為五至六個，縣人民政府的機構可設二十五個委、局、辦。小縣還應少設。但實際上經過十餘年的增增減減，大多數縣級黨政機關已經超過了國家的編制要求。縣政府的委、局、辦內設機構稱為「股」，有的地方現已設有「科」的建制。

目前，中共縣委一般設有的六個工作機構是「三委」和「三部」，即紀委、政法委、保密委（含保密局）和組織部、宣傳部、統戰部。關於老幹部局，有的縣單設，有的縣放在組織部內。有一些縣設置了政策研究室。縣總工會、團縣委、婦聯在縣委領導下工作。縣武裝部一般是以縣委領導為主。

從1993年在中原三個縣、華南一個縣和內蒙古自治區一個旗瞭解的情況看，縣級人民政府機構普遍超過了國務院規定的二十五個，一般均已達到了四十個，甚至更多一些。這些機構分為兩類：

一類是「必設機構」，即是那些不論是大縣還是小縣，南方的縣還是北方的縣，機構自覺從緊控制的縣還是機構過於膨脹的縣（個別改革超前縣除外），都普遍設置了縣級政府工作部門。現在，這類機構一般是三十五個左右（個別機構的名稱略有差別），減去五個左右以條條領導為主的機構和與其他黨政機構合署辦公的機構，實有三十個左右。這些機構是：政府辦公室、計畫委員會、經濟委員會、科學技術委員會、經濟體制改革委員會、計畫生育委員會、人事局、勞動局、民政局、審計局、統計局、監督局、物資局、土地管理局、城建局、公安局、司法局、工業局、

工商行政管理局、財政局、稅務局、電業局、交通局、商業局、糧食局、教育局、文化局、衛生局、廣播電視局、農業局、水利局、畜牧局、林業局、鄉鎮企業管理局。

另一類是根據本縣的實際需要、社會發展水準，或為了與本地上一級政府機構對口而設置的機構。比如，中原某縣根據種菸農戶較多及鄰近一個「菸城」的需要設置了菸草局，而南方某縣則因地處水鄉而設有水產局；內蒙古某旗根據民族區域自治的需要設立了民族事務委員會，而中原某縣則從地方傳統需要出發設置了宗教局。從一般機構設置的角度看，有的縣在設有農業局的同時，還設了農業委員會；有的不設城建局，但是設置城鄉建設委員會；有的設置了財經委員會；有的設置了體育運動委員會，有的就沒設，有的縣合併成立教育體育局。此外，一些縣還多少不等地設置了技術監督局、檔案局、計量局、輕工業局、醫藥局、外事辦公室等政府機構。根據地方需要，有些縣還設置了其他一些常設的或臨時的機構，如貧困地區開發辦公室、經濟協作辦公室、縣誌辦公室等。至於各級政府長期設置的掛靠在某一職能部門的辦事機構，如編制委員會、愛國衛生運動委員會等，所有的縣都有。中國人民銀行縣支行、郵電局，一些縣屬局級行政公司等還沒有列入。

一個一般為幾十萬人口的縣設置如此之多的黨政機構，無疑是要加以改革的。這是中央多年的導向。在1991年，國務委員陳俊生就在全國縣級行政改革研討會上指出，目前縣級機構存在的弊端是：有事沒人幹、有人沒事幹、機構膨脹、人員激增、管理與服務脫節、相互扯皮、工作效率低等。而且縣級地方也做了不少有益的探討。這個會議提供的資料顯示，1990年時全國縣級幹部（不包括縣級市）總人數為194萬，超編23萬，二分之一以上的縣有財政赤字，而同時大量有文化、有技術的人員擠在縣城裡，發揮不了作用❺。因此，從80年代末開始，在國務院和中央有關部門的主持、指導下，不少縣級地方在「小政府，大服務」的總原則下，積極進行了機構大幅度改革的試驗。其中，山西省隰縣、山東省昌邑縣和內蒙古自治區卓資縣被譽為縣級機構改革的三種模式，有一定的代表性。這些改革探索的基本精神，即從本地實際情況出發，從經濟建設的需要出發，從「小機構，大服務」的原則出發，盡可能壓縮機構，思路無疑都是正確

的。到1993年，全國綜合改革試點縣已經發展到350個，宗旨在轉變政府職能的機構改革相應有了新的突破，改革的重點已從涉農部門向涉工、涉商部門推進。1993年以後，縣的機構改革進入常規推進階段；2008年開始的「大部門體制改革」對縣的機構改革產生很大影響，但各地推進速度不一，有關進展情況還沒有充分表現出來，容待進一步觀察。

三、縣政的主要特點

從各個不同的角度看，中國的縣政有以下主要特點：

(一)縣政的核心是「農政」

縣，是農村經濟、政治的區域性中心。就縣級黨政機構的設置和稱謂而言，與城市黨政機構的差別並不大。但是，縣委和縣政府的中心工作無疑是農業問題。農業問題不僅是「農口」機構的主要任務，而且是一切縣黨政機構的主要任務。比如，縣的財政部門和市、市轄區的財政部門都稱為財政局，但它們處理具體財政問題的內容、方式都是不同的。隨著鄉鎮企業的發展，現在有不少縣的黨政機關把相當一部分的精力放在了發展鄉鎮工商業上，只要這不是建立在忽視農業的情況下，是不必指責的。在中國「人多地少」的基本國情下，只要擺布得當，有一部分農村人口是可以種好地的。

(二)縣政的綜合性強、獨立性突出

中國的縣，平均管轄四十多萬人口，但縣管轄的地域很大，而且大多遠離中心城市。在中國，縣和縣級市、市轄區，是同等規格的行政區域，但縣的經濟活動的獨立性強，行政管理的綜合性強，文化生活的區域性特點明顯，加之人口分散，人口和幹部的流動率低，就又導致了縣政大於市政的相對獨立性，工作中發揮創造性的餘地比較大。

(三)不是基層接近基層

從郡縣制到國民政府的縣政，都可以算得上是基層政治。因為，當時中國的政權實際控制能力所及，只能達到縣一級，縣以下只好就放任自

流了。不少西方國家的縣以下也主要是靠地方自治或社區組織發揮作用。由於鄉鎮政權的建立和村黨支部、村委會的支撐作用，縣黨政機關已經不是基層了。但是，它直接面向廣大農民，直接接觸農村實際，中央和省面向全國、全省城鄉做出的宏觀決策，要經由縣委和縣政府具體轉化爲一種以面向農民、農村和農業爲主的政策，並透過鄉鎮的有效領導和監督貫徹下去。新中國歷經了許多經濟和政治波折，但始終能夠保持全域穩定，與縣政機制和對農村基層生活的嚴密管理是分不開的。

第二節　省—（地、市）—縣政府過程

　　如前所述，中央領導省，而省政府既管理城市，又管理鄉村。所以，農村政府過程實際上是由省的黨政領導機構開始具體推動，但是由縣具體實施的；或者說，縣的政治運作就是中國狹義的農村政府過程。中國的廣大，使得縣並不可能直接接受中央和省黨政領導機關的「第一推動力」，也即決定了在省和縣之間還要有一定的中間環節，這就是地區行政公署和地級市。

一、地區行政公署的政治地位和中間作用

　　根據法律規定，省、自治區政府在必要時，經國務院批准，可設立若干行政公署作爲派出機關。在城市很少時，省之下設立地區，曾是一種普遍的管理模式。但是，由於地區行政公署模式的某些弊端（如下將論及）和城市化進程的加快，地區的設置已趨於減少。從1982到2001年，全國地區級政權數（含地區、自治州和盟，不含地級市）由210個減少到67個，到2012年進一步減少到48個——其中，自治州爲30個，盟是3個，設置行政公署的地區數只剩下了15個，且主要集中於西部地區❻。

(一)地區的政治權力結構

　　中國共產黨地區委員會，由地區黨代會選舉，並經省、自治區黨委批准設立，對與其並行的地區行政公署和其他國家機關、人民團體以及對

地區的各項工作實行政治領導。地委工作機構的設置，與省委大體相同。

地區行政公署設專員一人，副專員若干人，以及與省級政府大致相當的機構。由於地區行署係省、自治區政府派出機構，所以，專員等主要領導幹部均由省、自治區政府派任。地區行署實行專員負責制。

地區不是一級政權機關，所以不設地方人大和人民政協。但是，本地區各縣和縣級市當選的省、自治區人大代表，和本地區各縣協商產生的省、自治區政協委員，組成地區人大工作組和政協委員連結組（也有其他稱謂）等協調性機構，在地委的統一部署下，對行署的各項工作和地區的重要事務進行一定形式的監督。地區設有中級法院和相應規格的檢察院；設置有直轄於省公安廳的公安處。

(二)地區行政公署在農村政府過程中的作用

地區行政公署作爲省、自治區政府派出機關的法律地位，決定了它應當是一種「仲介」性的地位，發揮的是一種在省、自治區和縣之間的協調、督導作用。1983年，中共中央和國務院規定，地委和地區行署的基本任務和基本職權是「督導檢查所屬各縣人民政府工作」，即檢查瞭解所屬各縣貫徹執行黨的路線、方針、政策和決定的情況，總結交流經驗；督促檢查各縣完成上級布置的各項工作任務，協調相互關係；接受省、自治區黨委的委託，管理一部分幹部；完成省、自治區黨委和政府交辦的其他事項等。但是，由於歷史和現實一些重要因素的影響，使得行署更像是一級政權，實際職權超出了上述規定，從而在「省—（地、市）—縣」政府過程中起著一種領導縣的作用。這主要表現在，行署對地區社會發展規劃和國民經濟計畫及各項工作負有了全面領導責任。省、自治區黨政領導機關的指令透過地區下達到縣，社會發展和國民經濟的有關計畫指標、各種資源的分配指標等，是由省級政府各業務主管部門經由地區行署對口部門下達到縣的。那麼，在地縣之間形成領導與被領導關係也就是必然的了。

這種格局的形成，主要是由以下因素造成的：

第一，在省、自治區黨委、地委和縣委之間均是遞次的領導關係這一點，必然要反映到地縣兩級政府的關係上來。也就是說，是中國的基本政治機制決定了地縣兩級的領導和被領導的關係。

第二，政治生活的反覆變化強化了地區的地位和作用。在「文革」前，地區行署的工作不算規範。但是，地區「革命委員會」使得地區第一次在政策法的層面上中具有了一級政權的地位。隨後，「七五憲法」「地區、市、縣的人民代表大會每屆任期三年」的規定，又使其第一次獲得了一級政權的法律地位。雖然，「革命委員會」已不復存在，憲法也取消了有關「地區人大」的規定，但地區所獲得的權力、編制、機構設置等卻延續下來了。

第三，省的管理幅度確實比較大。2012年，二十二個省和五個自治區平均轄縣（含自治縣、縣級市、旗、自治旗等，但不含市轄區）達72.85個，其中轄縣超過一百個的有四個省，分別是四川136個、河北135個、雲南113個、河南109個。這樣，賦予地區相當於一級政權的地位和職責，以緩解省的管理壓力，就很容易理解了。

(三)地區黨政機構的設置

與這種相當於一級政權的地位和作用相一致，地委和地區行政公署設置了較多的機構。由於地區的特殊性，按照中央編制要求，地委的機構設置與縣委大體持平或略多一點，即五至七個。地區行署的機構數要少於縣，為十五至二十個，最多不超過二十五個。實際上，對地委的編制要求一般都做到了，而行署機構卻一般都達到了四十個左右，有的地區更多一些。

由於地區必然具有的「仲介性」和它管理面積的廣大等特殊性，也造成了地區黨政機構設置有這樣幾個特點：

第一，地區行署的機構中，綜合性、協調性和服務性的機構較多。比如，某行署就設置有中央企業辦公室、國防科工辦公室、環境保護局、氣象局、地震局等。這些機構所負責的工作，顯然都屬於縣政府由於管轄面的限制而無力「照顧」，只好由行署為省政府「分擔」的一些事務。

第二，行署的機構中，還有一些帶有地域特點的管理機構。比如，有的地區設置了黃金管理局、某某灌區管理局。這都是由於特定地區所連結的地域上一些特殊性的經濟、社會事務。

第三，由於地區承上啟下的地位，往往會設置較多的內設部門，有

的地方達二十個左右。像外事辦公室、法制科、查辦科、資訊科、基建辦公室等，都是屬於地區內相關工作並不多、縣政府基本不設的機構。設置這樣的內設部門主要是為與省級政府有關機構對口，並便於以行署和專員的名義在必要時督導所轄各縣的相關工作。

在城市化水準低、縣縣相連的地區，行政公署的模式是必要的。但是，隨著城市化進程的加快，在一部分地區中，城市的增多和城市力量的增強，必然與原有地區的經濟、政治格局發生內在矛盾，從而要求必要的體制調整，這就引出了「市管縣」體制的問題。

二、「市管縣」體制

(一)「市管縣」的概念

市管縣，又稱「市領導縣」，是指以經濟比較發達的中心城市作為一級政權來管轄周邊的一部分縣、縣級市的體制。這種體制的形成是城鄉經濟一體化和政府管理一體化兩個過程同步推進的產物，是中國由農業國轉向工業國的重要標誌。

「市管縣」中的「市」，一般是指地級市。直轄市也管轄一部分縣。「市管縣」中的「縣」，一般是指通常的縣，但也包括一部分縣級市。另外，直轄市管轄的諸縣縣委書記和縣長的行政規格要比通常的縣高一個層次，即為副局級。「市管縣」中的「管」，則比較複雜。按照現有的法律，沒有關於一個城市（地級市）管理另一個城市（縣級市）或是管理縣的規定，城市和縣都應當是由省政府來管理的；但是對縣的管理，可以部分委託給行政公署；也就是說，市對縣的管理在法理上完全不同於地區行政公署條件下的「督導檢查」，換句話說，不論是「市管縣」，還是「市管市」，都是法律、法理與政策、現實相折衷的產物，實質上應該理解為是一種管理上的委託關係，即中央政府和省政府透過政策措施委託一個地級市管理若干個縣級市和縣。

「市管縣」模式的出現有其合理性。地區行政公署在全農業的地區是適用的。但是，一旦一個地區的工業有了較大發展，或是本來就包容著若干較有規模的城市，地區行署模式不可避免所產生的城鄉分隔弊端就要

明顯地表現出來。在計畫經濟的條件下，由於省領導城市，行署領導農村，即使一個地域內存在著城市和鄉村，工業和農業也不能統籌安排，人員、物資、資金也不能相互流通，更不能形成統一的市場；相反，在「大而全」、「小而全」的思路和「單位」體制下，倒可能出現生產項目的重複建設。在一個本來有著多方面歷史與現實聯繫的區域內，地、市、縣共兩級三類政區並存，機構重疊，部門林立，工作交叉，增加了決策、執行和協調的困難。在這種情況下，實行了三十年左右的這一農村地方國家政權結構模式，應當說在一部分地域內已成了經濟發展的體制障礙，需要改革。

由城市領導鄉村，是中國社會發展的必然趨勢，也必然應當成爲政府發展中一個戰略性的選擇。搞現代化建設，以城市領導農村，是一個普遍規律。80年代以來，關於「市管縣」體制的改革和建設，與以經濟相對發達的城市爲中心，帶動周圍的農村地區，組織統一的流通和生產，形成以城市爲依託的各種類型和各具特色的經濟區和行政區這一現代化建設的一般要求是一致的。

(二)「市管縣」體制的產生和發展

從1958年起，直轄市開始管轄一部分縣。與此大致同時，工業比較發達的遼寧省撤銷了四個專區，將它們所屬的縣劃歸十個城市領導。河北省也有類似的舉措。但整個60、70年代，尚未在全國範圍內形成一種有一定規模的體制。在中共中央和國務院一系列關於充分發揮中心城市在經濟管理體制中的作用這種思路推動下，從1982年開始，江蘇、四川、廣東、吉林、山東等省紛紛嘗試「市管縣」的新體制。1983年2月15日，中共中央、國務院正式決定實行「市管縣」的體制。當年，全國就撤銷了三十五個行政公署，將368個縣劃歸城市領導，另有二十二個縣與市合併，四十個縣改爲縣級市或地級市。江蘇、遼寧和廣東分別於1983、1984和1988年全部撤銷了地區；1988年海南建省時就沒有設置地區建制❼。

在工業不夠發達，且沒有足夠實力的中心城市地區，則繼續保留原有的「省—（地區）—縣」模式。經過十餘年的發展，到1992年，191個地級市中有178個（93%以上）共管理縣691個（和縣級市122個）。這樣

農村地級政權和城市在轄縣這一點上，已經基本實現了各占「半壁江山」的格局，而且呈「市管縣」逐步取代行政公署的態勢。到2006年底，全國絕大多數縣和縣級市由地級市管轄，市管縣已經基本取代了行政公署。

在「市管縣」體制剛剛起步的時候，由於具體形成條件不同，出現了這樣兩種形式：

第一，地市合併型。即具有相當經濟實力的省轄地級市與地區行政公署合併，實行市領導縣。例如，湖南省岳陽市與岳陽地區的合併，河北省唐山市與唐山地區的合併，浙江省溫州市與溫州地區的合併等即是如此。在合併中，地級市代替原來的行署。這種地級市一般都有二十萬以上的人口，工農業總產值在十億元以上，商業、服務業比較繁榮，科學、文化、教育事業的發展程度普遍比較高，同時，在歷史上也多為傳統的行政治所。地市合併後，市政府適應實際需要，集中補充設置了一批有關農業的行政管理部門，原有的綜合部門也普遍增設了涉農的內設科室。

第二，升格型。即將一般縣級市升格為地級市，進而領導一部分縣，或是較發達的縣「撤縣設市」後，進而升格為地級市，領導一部分縣。前者如遼寧省1984年將鐵嶺市、朝陽市升格為地級市，撤銷鐵嶺地區和朝陽地區，同時將這兩個地區原所轄的各縣劃歸這兩個城市管。後者如浙江的源州、金華、紹興等地，本來是縣，在上個世紀的70年代末或80年代初改為市，隨後又進而晉升為地級市，並轄縣。升格型的轄縣地級市中，不少實力尚不十分強大。這種類型似乎主要是為了解決機構重疊的問題。這類城市升格轄縣後，一般是擴充了原有的黨政機構。

(三)「市管縣」體制的合理性和有待解決的問題

多數實行「市管縣」的地方，工農業生產發展順利，確實起到了加強城鄉聯繫，促進農、工、商結合的作用，特別是城市支農力度明顯加大，對鄉鎮企業的發展也起了顯著的推動作用。但是，在一些城市經濟原先並不十分發達的地區，比如屬於「升格型」的某些地方，「市管縣」的體制推行後，也遇到了一些問題。例如，工作上彼此不適應；有的轄縣市本身並不發達，出現「市刮縣」等現象。當然，城市經濟發達的市，所屬縣也有依賴城市的思想。

「市管縣」體制取代地區行政公署制，是一個很大的轉折。在改制初期，出現一些不適應之類的問題是正常的。在轉變的過程中，要特別注意處理好以下幾個問題：

第一，要注意城鄉之間的歷史聯繫，並在此基礎上合理確定管縣的數量。中國在自己長期的發展過程中，一定地域內的各個組成部分之間形成了某種傳統性的經濟、政治聯繫。在改制時，如果充分考慮到了這種聯繫，城鄉雙方的適應就可能快一些。

第二，要搞好城鄉協調發展的宏觀控制。地市合併後，工業和農業依然有一分工的問題。工業經濟和農業經濟、管工業的政府部門與管農業的政府部門、管工業的幹部與管農業的幹部，既要相互學習，又要主動揚長避短，再經過長期發展後逐步使城鄉融為一體。

第三，在改制的初期，要承認歷史形成的經濟差別，要尊重各地方，特別是相對發達地區的利益，不能利用權力搞「平」、「調」。這樣，經過一段時間的「磨合」，各方就會形成所謂「本市」觀念和共同的利益關係。

第四，市縣各方的幹部，都要淡化不必要的權力歸屬意識，主要領導更應當以「市域」的觀念代替「市屬」的觀念。

第三節　縣—鄉（鎮）政府過程

縣委和縣政府在縱向上的基本職能，就是對鄉、鎮政權的領導與監督。從法理上講，這個關係並不複雜。但是，從運行上講，這個過程並不簡單。

一、鄉和鎮的建制

鄉、民族鄉和鎮，是縣以下的基層行政區域單位，是國家政權在農村社區中的最低一級，也即常說的基層政權。民族鄉，是農村中少數民族居住比較集中地區的基層行政區。民族鄉不是民族自治機關，但在政權建設中要結合少數民族的特點。

鎮，是農村地區中非農產業占相當比率、集中居住著較多非農業人口的基層行政區。

鄉鎮平級。它們都由縣領導，在總體上都屬於農村地區政治權力結構的組成部分，都主要面向農民。它們之間的區別主要在於居民結構和產業比率的差異。一般來說，一些鄉在向鎮的方向發展，一些鎮在向縣級市方向發展。

新中國建立以後，農村普遍採用了鄉的建制，並由「五四憲法」明確地規定下來，成為政權體系的組成部分。當時，鄉一般比較小，由一個或若干個自然村組成，戶數在一百至五百之間。從1955到1957年，在合作化的過程中，一些小鄉合併為大鄉，使全國鄉的總數由二十餘萬減少到十萬個左右。從1958年開始，推行「人民公社」體制，「政社合一」，鄉政府被公社管理委員會取代。公社的範圍一般大於原來的鄉，生產大隊大致相當於原來的鄉，生產隊大致相當於原來的自然村。「文革」期間，「公社革命委員會」又取代了公社管理委員會。

農村的經濟體制改革和國家的民主化、法制化進程，推動了農村基層政權建設的正規化工作。1983年10月，根據中共中央、國務院「關於實行政社分開，建立鄉政府的通知」，各地陸續恢復了鄉政府。當時，在恢復鄉政府的過程中，大多是以原來的公社為基礎，但有些原來公社管理區域過大的地方，適當劃小了鄉管轄範圍。所以，在1985年的時候，全國曾有建制鄉83182個。在政府機構改革的過程中，為了縮小縣政府的管理幅度，減輕財政負擔，同時也由於城鎮數量的增加，鄉的數目又呈減少的趨勢（參見**表16-1**）。

在舊中國，鎮的建制並不規範。新中國成立後，鎮正式成為農村的一種基層政權組織形式。一般來說，鎮多是縣政府的所在地，或是由縣領導的工商業基地，50年代要求聚居人口兩千人以上。在公社化的過程中，鎮的建制也受到了衝擊，一部分改為人民公社，一部分被撤銷，一部分劃歸人民公社領導。進入20世紀80年代以後，與恢復鄉的建制相一致，鎮的建制也相應恢復，建制鎮的標準於1984年又做了調整，建制鎮的數量不斷增加，並在80年代末期以來形成持續升溫的建設小城鎮的熱潮（參見**表16-1**）。

表16-1 全國鄉鎮統計數 單位：個

年份	鄉	鎮	鄉鎮合計
1986	61776	9755	71521
1990	44446	11392	55838
1995	29854	17282	47136
2000	24043	19692	43735
2002	19243	19811	39054
2004	17781	19171	36952
2006	15316	19369	34685
2008	15067	19234	34301
2010	14571	19410	33981
2013	12812	20117	32929

資料來源：2001至2014年《中國統計年鑑》的1-1欄目。

此外，還有可能發展爲建制鎮的鄉人民政府所在地形成的集鎮，以及非農人口相當集中的國有農林牧漁場部所在地數量也很可觀。以湖南省爲例，常住人口超過一千五百人的集鎮就有3337個❽，所以，鎮的發展餘地是相當大的。需要注意的是，現正在進行新一輪的大規模鄉鎮撤併工作。比如，山東省2001年初就一次撤併鄉鎮六百餘個，占鄉鎮總數的四分之一；調整後，鄉鎮平均規模在五萬人以上、三萬人以下的鄉鎮原則上不再保留，城關鎮和中心鎮可調整到十萬人以上。他們認爲，這樣有利於各種資源的合理配置、小城鎮建設和減輕財政負擔❾。

二、鄉和鎮的政治權力結構

鄉和鎮的政治權力結構，基本上是一樣的，這裡一併側重從鄉的角度進行分析和介紹。

鄉（鎮）黨委對本地方的各項工作實行政治領導。黨委設書記一人，副書記若干人（一般爲二人）；鄉（鎮）長一般兼任副書記；有的較大的鄉（鎮）還設有一位紀檢書記。鄉（鎮）黨委一般設有辦公室，並領導人民武裝部、團委、婦聯等。

鄉（鎮）人民代表大會，是地方國家權力機關。鄉（鎮）人民代表

由直接選舉產生。鄉（鎮）人大一年開會一次，不設常設機關。根據1988年12月修訂的地方人大和地方人民政府組織法的規定，鄉（鎮）人大設立一個主席團，設主席一人，副主席若干人（一般一至二人），秘書一人，作為閉會期間的辦事機構。我們在調查中發現，有的鄉（鎮）模仿縣人大常委會的模式建設鄉（鎮）人大的主席團，提出由主席團在人大閉會期間代行人大的職權。這並不符合現階段農村基層政權建設的實際情況，不符合農村政治發展的實際需要，也不合法。

　　鄉（鎮）政府是基層國家行政機關和本級人大的執行機關。鄉（鎮）設鄉（鎮）長一人，副鄉（鎮）長若干人（現在一般四至五人）。鄉（鎮）政府實行行政首長負責制；副職協助正職進行工作，並分管農業、科技、鄉鎮企業、文教、財政等方面的事務。鄉（鎮）政府定期召開辦公會議。鄉（鎮）政府沒有辦公室，一般不設職能部門，但配備有分工具體負責各項事務的秘書、助理員若干人。現在，在個別非常大的鎮，出現了設立作為鎮政府派出機構的「城區辦事處」和「農村辦事處」的現象，比如擁有十萬城區非農居民的浙江省餘姚市餘姚鎮。這種情況的出現，有其合理性，但是與憲法的規定不一致，需要進一步研究。

　　在鄉鎮政權結構問題上，還要提到這樣一個機構，即所謂「企業委員會」（或稱作「企業經濟委員會」等，甚至稱作「總公司」、「聯合公司」等）。現在，有的地方這一機構的實際地位已經發展到可與鄉（鎮）黨委、人大主席團、政府並稱「四大領導班子」的地步。越是鄉鎮企業發達的地方，設置有這個機構的鄉（鎮）的比例越大，這個機構的實際地位越高。從天津市某縣、江蘇省某縣、河南省某縣調查瞭解到的情況看，這個委員會是一個從政府中分離出來、又執行政府職能的具有很大特殊性的政企合一機構，其職能與政府職能相交叉。這個機構不同於一般的政府部門，多由一位副鄉（鎮）長兼任主任（或總經理），直接領導本鄉（鎮）的各企業，擔負著發展地區經濟的具體任務。比如，天津市某縣一個鎮的企業委員會內設的開發科、企業管理科、統計科這三個職能部門都是綜合性的。顯然，這個機構是農村改革過程中的過渡性組織，應在適當時分離出去或分解掉。有的地方在鄉（鎮）政府設置了一個「鄉鎮企業辦公室」，負責經濟開發的協調和管理工作，是比較適當的。「以企代政」和

「以政代企」這兩種可能的傾向都要加以防止。

一般來說，鄉（鎮）政府的職權劃分和主要特點，與作爲其上級的縣政府和城市的基層政府沒有明顯的差別，當然只是微觀化了。如果說有什麼特殊性的話，那主要體現在這樣兩點：一是由於鄉（鎮）人大不設常設機關，所以在召開人大會議和組織人大代表選舉等事務方面，政府要發揮更多一些的作用；二是，特別強調要負有保障農村集體經濟組織的自主權的責任。

三、縣對鄉（鎮）的領導機制

縣對鄉（鎮）的領導核心機制是縣委對全縣工作的政治領導。縣委全委會、全縣鄉鎮主要領導幹部會議、縣工作會議等，是這種領導的基本途徑。縣長和鄉長、鎮長兼任同級黨委副書記，相當一部分人大幹部和其他政府官員擔任同級黨委的委員等職務，是實現黨對基層政權工作政治領導的重要組織保證。按照幹部管理權限，縣委對鄉（鎮）級負責人的任用負有考察、培養和依法向同級、下一級人大推薦的責任。

縣人大常委會對鄉（鎮）人大一般來說是指導關係，特別是在鄉（鎮）人大不設常設機關的情況下，這種指導關係也不可能是經常性的。縣人大常委會對鄉（鎮）人大一個很重要的影響管道是，從1995年2月起，在鄉（鎮）人大換屆時，鄉、民族鄉、鎮的選舉委員會受縣人大常委會的領導❿。

如果說縣委對所屬鄉、鎮工作的領導，主要是決策性的和「面上」的話，那麼，縣人民政府對所屬鄉、鎮的領導就可以說是全面而具體的了。就一個縣整體工作而言，縣政府和鄉（鎮）政府作爲上下級的政府，首先是領導和被領導的關係。同時，鄉（鎮）政府作爲本級人大執行機關所做的一切工作，也要接受縣政府的監督。

縣政府對於鄉（鎮）政府各項具體工作的領導，主要是透過各政府部門及其設在各鄉（鎮）的辦事機構來推動的。在這一過程中，縣政府的各部門與鄉（鎮）政府之間，即「條條」和「塊塊」之間，形成了較爲複雜的關係，構成了「縣—鄉（鎮）政府過程」的主要內容。

此外，由於有的地方縣所轄的範圍比較大，人口比較多，為便於縣的領導，還設有一級縣人民政府的派出機關——區公所。

關於部門關係和區公所的設置，在下文五及六兩個問題中做專門的分析和介紹。

四、鄉鎮財政困難問題

縣對鄉鎮領導的重要方面是財政關係。現在，恰恰在這個問題上出現了比較大的問題。

鄉鎮財政是中國五級財政中的薄弱環節，不允許有赤字，但實際上有，而且有的還有債務。鄉鎮負債一般包括顯性債務和隱性債務。顯性債務有銀行貸款、農金會或其他基金貸款、統籌中借款和其他；隱性負債一般有欠發工資、欠發公務費、欠付樓堂館所等基建基金、欠付修路橋等公益項目資金、財政擔保和其他方面可能形成的債務❶。

審計署2010年對18個省、16個市和36個縣的調查顯示，截至2009年底這些地方的政府性債務餘額高達2.79萬億元❷。在這樣的縣裡，鄉鎮的情況就可想而知了。鄉鎮財政困難的主要原因有：(1)經濟欠發達，農產品加工業處於初級階段，難以形成高附加價值、高稅利的農產品，使得鄉鎮政府難有充足的財源；(2)「分稅制」實行至今，省以下「分稅」體系並未完全到位，致使許多鄉鎮財政因分配關係不明確而缺乏穩定的收入增長機制；(3)整頓農村收費後，鄉鎮赤字問題大量顯露；(4)鄉鎮政府因包攬過多經濟事務，在鄉鎮企業虧損或破產的情況下背上了「包袱」；(5)大搞「政績工程」、「形象工程」；(6)財政供養人口失控；(7)財務管理混亂，缺乏監督機制，憑白條支付各種費用，招待費用過多，少數幹部腐敗。鄉鎮財政困難影響了基層政權的正常運轉，也增加了整個財政的風險，鉅額赤字和債務成為農民的潛在負擔。

解決鄉鎮財政困難必須逐步將鄉鎮政府轉變為縣級政府的派出機構，在沒有取消之前和確需保留鄉鎮政府的地方，也要盡快合併鄉鎮；要從制度上給予鄉鎮政府較為充裕的財力，比如給予相當程度的稅收分享比率和相對獨立的稅種，給予鄉鎮更規範的轉移支付；要加強監管。另外，

能否考慮鄉鎮一級不設為一級財政。為了解決有關問題，各地做了許多探討。例如，安徽省在部分縣開展「鄉財縣管鄉用」的試點，對鄉鎮財政採取帳戶統設、票據統管、收入上繳、支出下撥的管理方式，等於直接管理鄉鎮的財政收支，同時財政所和農稅所一個機構、兩塊牌子，少數人管理預算和報帳，多數人轉向稅收徵管❸。

五、縣政府部門與鄉（鎮）的「七所八站」

　　就像市政府、縣政府要設置若干工作部門一樣，鄉（鎮）政府也設置有一定數目的工作部門和事業機構。目前，這些部門和機構分為兩大類。

　　一類是鄉（鎮）政府自己的工作部門和一職一人的工作人員。這些部門一般有政府辦公室、民政辦公室、工業辦公室、農業辦公室、教育組、信訪辦公室、計畫生育辦公室、綜合治理辦公室等。如果是一人一職，就叫作某某助理員。根據鄉和鎮的不同、大鄉（鎮）和小鄉（鎮）的不同、地區特點與上級導向的不同，有的地方設這樣的部門，有的地方設那樣的部門，具體稱謂也不局限於本書如上所列，但基本是在上述範圍。這部分機構及其工作人員不多，一般幾十人的規模，由國家幹部和合同制幹部兩部分構成。同等條件下，鎮政府的機構設置和人員編制，要比鄉政府大一些。此外，有的鎮在非農居民聚居區設置若干個街道辦事處。

　　另一類是縣和鄉（鎮）「雙重領導」的機構，基層幹部和農民群眾俗稱其為「七所八站」。實際上，這些機構不局限於總共十五個。各地鄉（鎮）級政府所設此類機構數目、種類和稱謂等不完全一樣。根據我們的調查，情況是這樣的：

　　所謂「所」，一般是政府機構，即工商行政管理所、稅務所、公安派出所、司法所、財政所、土地管理所、糧食管理所、郵電所、農業銀行營業所、信用社、統計科等。

　　所謂「站」，一般是政府所屬的行政性事業機構，有的帶有一定的企業性，任務都是為農民提供社會化服務，即廣播站、農電站、農機站、農技（科）站、林果（業）站、水利站、種子站、文化站、獸醫站、農經

站等。

「七所八站」，名義上是由縣政府的業務主管部門和鄉（鎮）政府「雙重領導」，但在多數地方，實際上其業務工作、人事和工資關係、機構的設置等均由主管部門掌握，鄉（鎮）政府只是代管黨團組織關係和進行工作協調。也即農村基層政府過程呈「部門掌權，政府協調」的格局，「七所八站」所處理的本職業務所必需的各種資源掌握在「條條」手裡。由於鄉（鎮）政府不具備對各項工作的全面、綜合調控權，而各所站「各事其主」，而且毋庸諱言，加之鄉鎮政府的規格相對較低，導致鄉鎮一級的「條塊關係」方面的問題，比它們之上的任何一級政府過程中的「條塊關係」都更加突出，「塊塊」的地位都更加尷尬。

為此，多年來，「下放所站，還權於鄉」的呼聲一直很高。前面已經提到，一些縣在進行綜合改革試點時，已有把「七所八站」全面下放給鄉鎮的較為成功的實踐。很明顯，今後的趨勢是：改變鄉鎮一級政治領導、行政管理、企業和事業活動等相互交織、條塊結合、條條掌權、塊塊協調的現行體制，代之以有重點、分層次逐步把駐鄉（鎮）的條條機構和單位盡可能交給鄉（鎮）政府管理的體制，以便使基層政權可能掌握的人力、物力、財力等集合起來，把基層社區的各項事業辦好。縣級政府原來掌握的機構和單位下放以後，縣本部的機構和單位在全縣進行綜合改革的過程中，政企分開，政事分開，一部分作為政府機關繼續履行政府職能，大部分則建設成為以縣城為基地，直接面向全縣農民的服務性機構。

六、區公所與「鎮管鄉」、「鎮管村」模式

在新中國成立初期，區的設置分為兩種情況：一是在人口較多、面積較大的縣，設立作為一級地方政權的區，並有相應的人民政府等政權機構；另一種是在小縣設置的作為縣政府派出機關的區，設區公所。人民公社化後，區的問題自然就不存在了。在政社分開的過程中，大部分農村不再設區和區公所。2001年，全國僅有區公所二十七個；到2006年，進一步減少到十個；截至2012年底，全國只有兩個區公所。

區公所一般由區長、副區長、秘書和若干助理員組成，也設置有與

鄉鎮大致相類似的「雙重領導」的條條機構。

現在，顯然已經不宜於再在縣、鄉（鎮）之間設置一級政府或政府機構。因此，在機構改革的過程中，區建制是逐步完全消亡的趨勢。所以，本書不做詳述。

區的設置不適宜農村基層政權建設的實際情況，但是，區公所高於鄉和鎮的級別卻被一些地方變通用作進行了一個較大的政治實驗。這就是「區鎮合一」基礎上的「鎮管鄉」。具體做法是，將區和鎮兩套領導班子、兩套機構全部合併——取區公所的級別，使鎮政府升格；取鎮政府的法律地位，放棄區公所體制；原來由區公所管轄的鄉，全部劃歸級別高於一般鎮政府的這個鎮政府來管理。迄今為止，這種做法並沒有法律依據。

「鎮管村」基本是在現有法律的框架內進行的。這一調整的主要做法很簡單，就是將由鄉管轄的村劃歸鎮政府管轄。實際上，這種做法就是擴大了鎮政府的管理範圍和管理內容，力圖在一個較小的範圍內達到類似的「市管縣」的目的。這對於發揮鎮在各方面的優勢和潛力，促進就近的城鄉交流和資訊傳播，提供縣級機構社會化服務的支點，有序吸收農村剩餘勞動力等都有一定的實際價值，可以繼續探討。

第四節　村民委員會

一、村民委員會的組織、任務和性質

1987年年底，全國人大常委會通過了「中華人民共和國村民委員會組織法」，從次年6月起試行。這個組織法規定：「村民委員會是村民自我管理、自我教育、自我服務的基層群眾性自治組織。」這就使中國憲法和中共中央、國務院以前關於這個問題的原則規定，一些地方農村的村委會試驗，第一次具體化、程序化了，從而進入了在全國範圍內普遍操作實施的階段。到1992年，全國村委會的總數為806032個❶；經過不斷調整，2008年減少到60.4萬個❶。

村民委員會是以一個較大的自然村或若干個較小的自然村為單位組

織的。由幾個自然村組織起來的由一個村委會領導的這個「村」，人民習慣上通稱爲「行政村」。

村民委員會由主任、副主任和委員三至七人組成，由村民會議直接選舉產生，每屆任期三年，可連選連任。村委會下設由村委會成員兼任主任的人民調解、治安保衛、公共衛生等委員會，以開展各方面的工作。村民以自然村落爲單位組成村民小組，在村委會之下工作。凡涉及全村利益的重要問題，均須經村民會議討論決定。

除了村民委員會之外，村一級的政治和社會組織，還有村黨支部、團支部、婦聯的基層組織、民兵營（連），有的組織有經濟合作社；在一些經濟發達，同時集體經濟基礎比較好的村，還成立有覆蓋全村的總公司、集團公司之類的經濟組織。

村民委員會的主要任務有：制定和監督執行村規民約；協助黨和政府，特別是協助村黨支部，貫徹落實國家的法律，執行黨和政府的方針、政策；組織村辦經濟，爲戶辦或聯戶辦經濟提供幫助；維護社會治安；發展公共福利，組織照顧優撫對象和有特殊困難的村民；人民調解；保護環境和自然資源；發展鄉村文化事業，提高村民的文化水準；反對封建迷信，移風易俗；教育青少年等等。

二、村民委員會與政府的關係

(一)問題的提出

在人民公社時期，人民公社、生產大隊和生產隊的關係，當然是領導關係。按照憲法和村民委員會組織法的規定，政府對於村委會是指導關係。但是，從總體上說，現在仍然處於從過去的公社體制，到暫時的無序狀態，又到形成與社會主義市場經濟相適應的經濟、政治體制的過渡時期，所以，有些環節線條還不是很清楚。比如，80年代末，民政部部長崔乃夫就講過：「一方面村民委員會和村民小組沒有生產大隊時期所具有的經濟職能，對村民的管理缺乏強有力的措施。另一方面，依照憲法規定，村民委員會是群眾性自治組織，沒有生產大隊和生產隊所具有的行政管理職能。從實際情況看，村民委員會管理社會事務的功能還很弱。」⓰

456

在調查中發現，政府方面往往強調，沒有一定的領導還不行；村委會和村民方面則反映缺少工作獨立性，但大家普遍認為，目前的實際情況在總體上是指導和領導並存，在具體的地區，民主基礎、經濟基礎和民風比較好的地方，可能是以政府指導的成分多一些，在政府的力量相對比較強、民間的情況比較複雜（比如宗族勢力強大）的地方，政府領導的因素就多一些。在如此廣大的農村，在這個問題上一下子要求一致是難以做到的。

法律就是法律。抱怨一部剛剛生效的法律，並不利於問題的解決。農村基層政權建設中，確實有一些亟待研究的課題，但存在著的問題並不是不得了的，關鍵是各方面沒有把線條梳理清楚，也沒有完全適應新的法律和新的社會現實。農村基層政權建設和村民委員會的建設在總體是健康的，發展是正常的，基本上是在「法內自治」、「政治領導」和「行政指導」的框架內運行的。問題要一個一個地分析，一個一個地解決，不能把所有的問題都攪在一起。

(二)法內自治

村民委員會的自治，是一種嚴格的「法內自治」。也就是說，村委會的自治，是一種村落小範圍內的、較低程度的自治，與中國法律賦予香港特別行政區這樣大範圍的、較高程度的自治是不同的，也不同於民族區域自治。這一點，村委會和村民方面應當有一定的理解。

這種「法內自治」主要的內容局限於村民村落事務的自我管理，村民的自我服務和村民自我教育，特別是對農村青少年的教育。超出這個範圍的事務，就沒有自治的問題了。從實際上看，在村落這樣極小的範圍內，也很難實現在一些較大的、較重要的問題上的自治。這種自治的規範性決定，主要是村民大會或村民代表會議透過民主程序產生的決議和在社會主義精神文明範圍內的村規民約。村民對它們的遵守，應當是他們的自覺行為。對村民行為有強制性的只有立法機關制定的法律。

這種「法內自治」包括著的一個重要內容，就是要接受中國共產黨的領導和鄉鎮政府的行政指導。

(三)黨的政治領導和鄉鎮政府的指導

　　大家都在說，現在政府和村民委員會的關係，是既有指導也有領導。如果這裡所說的「政府」是廣義上的政府的話，那麼，這種既有指導又有領導的關係就是正確的。

　　鄉鎮政權對村民委員會的所謂「領導」，應當主要是指縣委、鄉黨委對村黨支部的領導。由於各級黨委和村黨支部都要過問本地區的各方面事務，所以這種領導往往也是多方面的。在黨居於領導地位，特別是「黨政不分」的情況下，這種領導和鄉鎮政府的指導常常交織在一起。現在的任務，既不是完全否定領導關係，也不要簡單講「沒有領導關係還不行」，而是要把黨政的分工搞清楚。該領導的問題，比如貫徹幾項重要的既定國策，比如綜合治理農村的社會秩序等，就是要領導好；該指導的問題，比如發展經濟，比如涉及幾個村莊公益事業的協調等，指導要得力、得當。在這個基礎上鄉鎮黨政領導都要支持、幫助村委會和村民做好自治工作。既不能因為村委會自治，就否定政治領導關係的存在，也不能因為目前農村有些事情無人幹，就否定村委會自治的意義。村委會自治的形式，是符合民主和法制發展前景的。

三、關於村民代表會議制度的探討

　　針對上述問題，河北省趙縣等地進行了一項重要的探討，這就是建立「村民代表會議制度」。這一探討已經引起了有關決策機關和國內外許多學者的注意。

　　針對農村在實行村民委員會自治制度的同時，由於經濟生活的變化，農民的分散性和流動性明顯增強，而對集中管理的依附性明顯減弱的現實，趙縣縣委和縣人大常委會，在楊家郭鄉高莊村進行了建立村民代表會議的試點，並取得了良好的效果。到1992年，這一制度已經推廣到趙縣全縣。到1997年，全國50%左右的村都建立了村民代表會議制度，其中遼寧、吉林、福建、山東、湖北、四川等省建立村民代表會議制度的村達50%以上❶。這一制度的主要內容特點是❶：

　　第一，村民按照自願的原則，並參照居住狀況和作業性質，組成十

至十五戶規模的選區。在不劃框框、不提建議名單的前提下，每個選區產生一名代表，組成村民代表會議。

第二，村民代表會議依法行使五大職權：重大問題的決策權；村政工作的監督權；村委會部分成員的撤換權；對村委會錯誤決定的否決權；村規民約的修改權。這樣，實際上就把村政建設發展規劃、公共建設項目、財務等涉及村民利益的問題，基本上納入了群眾監督和決策的範圍。

第三，對於自治範圍以外涉及黨和國家政策的問題，例如計畫生育，由黨支部把政策交給群眾，由村民代表會議提出實施意見，村委會負責落實，而不再是由村黨支部書記和村委會主要負責人說了算。

第四，村民代表會議聽取村委會的工作會報，評議村委會成員的工作情況。在有些地方，針對最為敏感的財務問題，專門成立了村「理財組」，對村委會的財務收入情況進行審核。

總之，村民代表會議實際上大致相當於村裡的「小議會」，村民委員會大致相當於村裡的「小內閣」，執行的色彩很強。這種制度基本解決了「幹部說了算」的中國農村傳統政治工作方式，也促進了村幹部廉政狀況的好轉，體現了群眾在自治條件下真正當家作主的原則。據反映，由於比較好地做到了集思廣益，避免了許多可能發生的決策失誤，減少了集體經濟開發項目中許多不必要的損失。

但是，採取村民代表會議制度，有一個問題值得警惕。由於傳統的因素，中國農村，特別是在一些邊遠地區，地方觀念和宗族意識還比較強，因此，要防止地方主義和家族觀念對村政工作的影響。各地在貫徹憲法和村委會組織法有關規定的過程中，一定要結合本地方的實際情況。

另外，需要注意的是，近年來，與村民代表會議建設、村黨支部的作用等相聯繫，以「村務公開」為重點的村級民主自治機制建設問題更為突出擺在了人們的面前。這是一個更多地帶有政治發展色彩的重要課題。在這方面，近年來比較典型的探討是河南省鄧州市的「4＋2工作法」。從2005年開始，鄧州市市委市政府規定凡村裡的重大事項決策，先由村黨支部提議，再交村「兩委」商議，然後交村黨員大會審議，最後由村民代表大會或村民大會決議；決議形成後，還要公示徵求意見，公布實施結果。這個「四議兩公開」即「4＋2工作法」❶❾。顯然，這個被稱為是「大合

唱」的工作法，是試圖解決過於突出黨支部的作用和過於強調村民自治的作用，實際效果都不理想的問題，據稱在改進農村工作和防止幹部違法違紀等方面都取得了一定成效。

在村級政治組織作爲政府過程的「末梢」，繼續發揮類似「單位」的作用這一點，不會輕易改變。但是，農民政治參與的要求更爲強烈了。今後，要特別注意把村黨支部的工作和村民委員會的工作區分開來，把鄉鎮政權工作與村民自治工作區分開來，把體制改革與過程改善區分開來，實現農村政治工作和社區管理的規範化。不論下一步農村基層政權建設如何改革，都要肯定只有在加強統籌和保持穩定的前提下，充分發揮在中國歷史上第一次獲得了生產自主權的億萬農民的積極性，才能把農村現代化建設和民主與法制建設推向新的階段。

註釋

❶ 謝慶奎，《當代中國政府》，遼寧人民出版社，1991年，第302-303頁。

❷ 下列資料的出處為《中國統計年鑑（1992）》、《中國統計年鑑（2002）》、《中國統計摘要（2009）》、《中國經濟體制改革年鑑（1993）》（中國改革出版社）等。

❸ 《中國統計年鑑（2013）》，第3頁。

❹ 在我們調查瞭解的五個縣中，設副縣長五至七人，其中包括一位常任或掛職的科技副縣長。

❺ 參見《改革時報》，1992年2月18日。

❻ 中國行政區劃網，http://www.xzqh.org.cn。

❼ 《中國經濟體制改革年鑑（1993）》，改革出版社，第569頁。

❽ 參見陳淦璋等，〈集鎮發展將做減法〉，《湖南日報》，2014年04月29日

❾ 趙秋麗，〈山東撤併600個鄉鎮〉，《光明日報》，2001年4月16日。

❿ 〈全國人大常委會關於修改全國人大和地方各級人大選舉法的決定〉，《中華人民共和國全國人民代表大會常務委員會公報》，1995年，第1期。

⓫ 孫長傑等，〈求解鄉鎮財政困境〉，《中國經濟快訊週刊》，2002年8月8日。

⓬ 《廣州日報》，2010年6月24日。

⓭ 《中國財經報》，2003年7月3日。

⓮ 《中國農村統計年鑑（1993）》，中國統計出版社，第40頁。

⓯ 中華人民共和國民政部網站，http://www.mca.gov.cn/。

⓰ 〈關於鄉鎮政權建設問題的探討〉，《人民日報》，1989年1月2日。

⓱ 參見唐興霖、馬駿，〈中國農村民主政治發展的前景及困難：制度角度的分析〉，《政治學研究》，1999年，第1期。

⓲ 參見郭志等，〈農村民主政治建設的好形式：趙縣建立村民代表會議調查〉，《人民日報》，1992年8月21日；〈「村民自治」制度推及中原大地〉，《人民日報》（海外版），1995年8月28日等資料。

⓳ 曹樹林，〈和諧「大合唱」〉，《人民日報》，2009年12月11日。

第17章

城市政府過程

- 市制的基本狀況和主要特點
- 「市—區」政府過程
- 「區—街」政府過程
- 區街經濟工作
- 居民委員會

城市是一定區域的經濟、政治、文化中心。在傳統上，中國是一個農業國，城市主要是作為國家和區域性的政治中心而存在的，「城」的成分大，「市」的成分小。隨著國家的發展，城市的數量和規模都發生了巨大變化，城市政府運作也有了許多新的特徵，在政治生活中的地位正在提升。

第一節　市制的基本狀況和主要特點

一、市制沿革和城市化進程

中國的城市有幾千年的歷史，但城市化進程是從鴉片戰爭以後開始的。在這幾千年的歷史中，中國的城市是作為國家或區域政治中心出現的，而不是像西方國家那樣，城市首先是一種商業中心。

中國的市確定於20世紀初。1909年，清政府為實行所謂「地方自治」，頒布了「城鎮鄉地方自治章程」，在第一次以法律形式把城鎮區域和農村區域區別開來。1921年7月3日，北洋政府頒布了「市自治制」，一萬以上人口城鎮均可設市，並將市劃分為特別市和普通市兩種。特別市相當於縣，普通市由縣領導。

市制比較正規的時期，是從1928年南京國民政府公布「市組織法」開始的。該法規定，城市分為特別市和市兩種，特別市直屬於中央政府。1930年又改為院（行政院）轄市和省轄市兩種。院轄市為首都和人口百萬以上或有其他特殊情形者；省轄市為省政府所在地和人口三十萬以上或人口二十萬以上工商業較為發達者；1943年後又增加了人口十萬以上，但在政治、經濟、文化等方面地位重要者。1947年共有城市69個，其中院轄市12個。市設市長一人，並必須設秘書處和社會、公安、財政、工務四局，其他機構依照城市的大小等因素而定。市設參議會，審查政府提出的議案，監督市政府的工作。

在改革之前，市制一方面沿襲了舊例，繼續突出城市的人口標準和作為政治治所的條件，一方面開始強調作為工商業條件。1955年，「國務

院關於城鄉劃分標準的規定」和「國務院關於設置市鎮建制的規定」對設市的標準做了具體要求，即十萬人口以上的城鎮可設市；少於十萬人口的城鎮，如是省級國家機關所在地、重要的工礦基地、工商基地或邊遠地區的重要城鎮也可設市；二十萬以上人口的市，可設市轄區；有些工礦基地，規模小，人口也不多，但如果在一個城市的附近，且在經濟建設上與這個城市有一定的聯繫，可以劃分為市轄區。

「五五建制」的歷史貢獻是，確立了城市行政管理體制，形成了直轄市、地級市和縣級市構成的城市體系，使城市的數量和規模都有了一定的發展。但是，在這一時期，由於歷史條件的限制，總的來說是講政治多，講經濟少，講經濟實際上也僅僅是講「建設」，講「上項目」，對區域經濟的概念和服務業的發展缺乏理解，對公共服務問題更是缺乏認識，加之歷史上形成的對城市根深柢固的牴觸情緒，所以偏於強調城市必須是政治治所或是工礦基地，也未能較好地起到透過城市的發展促進整個經濟發展和社會發展進步的作用。到1964年，城市為167個，到1978年也才發展到193個。

隨著經濟的快速發展和社會發展思路的變化，城市化速度明顯加快。1984和1986年，中央兩次降低了設市標準，重新制定了設市的基本依據：聚集七萬以上城鎮人口；是一定地域內的重要工礦基地；是一定地域內的政治、經濟、文化、科學和交通運輸中心，對周圍鄉村有一定的輻射力和吸引力。這一設市標準，沒有過多地強調作為政治治所的要求，而是強調了對農村地區的輻射力，內在地包含了區域經濟的概念，是一大歷史性進步，並在客觀上促進了城市化進程（參見**表17-1**）。

在20世紀的最後二十年，城市化程度進一步加快，尤以縣級市的增加最為明顯。這主要是由於大規模的撤縣改市、地市合併、以市管市造成的，但其根本原因是第二、三產業，特別是鄉鎮企業的大發展。同時，已有城市的規模，也普遍有了較快的發展。北京、天津、上海都已取消了郊區的稱謂。其他城市的城區面積也普遍迅速擴大，為增強城市的綜合功能創造條件。南京市1995年4月一次就將城區面積擴大了一倍❶。在今後相當長的一個時期，伴隨著經濟和社會的不斷進步，城市的數量和規模都還將呈高速增長、提高的態勢。到2012年，城市總數已達657個。

表17-1　全國城市統計數　　　　　　　　　　　　　　　　　　　　　單位：個

年份	總數	直轄市	地級市	縣級市
1986	324	3	166	184
1995	640	3	210	427
2000	663	4	259	400
2002	660	4	275	381
2004	661	4	283	374
2006	656	4	283	369
2008	655	4	283	368
2010	657	4	283	370
2012	657	4	285	368

註：本表的統計數據以統計年鑑爲基礎，並參照新聞報導、網站提供的某些資料；不包括
兩個特別行政區和臺灣地區。

二、城市的政治類型

(一)直轄市

直轄市有四個，即北京、天津、上海和重慶。直轄市是省級地方行政區域，直接隸屬中央政府。直轄市的政治權力結構和機構設置以及與中央的關係，與省沒有太大差別，政府機構數量還比省略多一點。所以，在本章中，不對直轄市做過多的單獨分析。北京、天津和上海設市轄區，並領導若干個縣；重慶，除設市轄區和領導縣以外，還領導部分縣級市。

(二)地級市

地級市，就是在行政規格上相當於省轄地區一級的大中型城市。地級市由省、自治區直接領導，自己也大多領導若干個縣、縣級市和市轄區❷。地級市的情況比較複雜，主要可分爲四種類型：

■副省級市

現在的副省級市是由計畫單列市轉化而來。1983年2月，中共中央和國務院批准重慶實行計畫單列，以後又陸續批准廣州、深圳、瀋陽、南

京、武漢、哈爾濱、長春、西安、大連、青島、廈門、寧波、成都實行計畫單列，共計十四個。它們都是地區經濟和文化中心，人口數百萬，工商業發達。1994年5月，經中央機構編制委員會會議通過，並經中共中央、國務院領導人同意，決定將十四個計畫單列市和杭州、濟南兩市正式確定爲副省級市，同時取消部分城市（比如省會城市）的計畫單列體制。將計畫單列市調整爲副省級市，加強了省級機構統籌規劃和協調的地位和作用，減少了省與計畫單列市之間因許可權劃分不清引起的矛盾。副省級市中仍實行計畫單列的，按照有關規定繼續享受原有管理許可權；不再實行計畫單列的，原來中央賦予的許可權原則上暫不改變。1997年，重慶市升格爲直轄市後，副省級市爲十五個。

■省會和自治區首府

省會和自治區首府，與一般的地級市相比，在法理上的差別就是它擁有一定的地方立法權，即可以制定本地方的行政規章；它在政府過程上的特殊性在於其特殊的政治地位和行政地位，爲此省會城市的市委書記多在省委中兼任一定職務，比如省委常委。

■較大的市

較大的市，是指經國務院批准，可以制定地方性法律與規章的城市。2000年頒布的立法法規定，省、自治區人民政府所在地的市，經濟特區所在地的市和經國務院批准的較大的市，統稱爲「較大的市」。截至目前，國務院先後四次批准十九個城市爲「較大的市」，即1984年第一次批准的唐山、大同、包頭、大連、鞍山、撫順、吉林、齊齊哈爾、青島、無錫、淮南、洛陽、重慶共十三座城市；1988年批准的寧波；1992年批准的淄博、邯鄲、本溪；1993年批准的蘇州、徐州。省會城市、經濟特區、副省級城市無須審批，自動成爲較大的市。也就是說，「較大的市」是個交叉概念。減去交叉計算的，目前較大的市爲十五個。

■普通地級市

既不是省會或自治區首府，又不是副省級市和較大的市的地級市，是地級市中的大多數。自實行「市領導縣」體制以來，即使是一般的地級

市，其在整個地方政府過程中的重要性也空前地提高了。

(三)縣級市

縣級市是行政規格上相當於縣一級的中小型城市，是中國城市體系中的初級城市。縣級市由省政府透過地區行政公署或是地級市來領導，後者形成爲「市領導市」的「二級市」情形。縣級市一般不轄區，直接領導城區的街道辦事處和其所帶的若干鄉（鎭）。近年來，縣級市一般占城市總數的60%左右。它們大多數是改革開放以來，在城市化的過程中，由縣甚至是由鎭發展而來，在經濟上具有一定的發展潛力，但在城市管理上往往還比較稚嫩。

三、城市的政治權力結構

市委是城市政治權力結構的核心，對整個城市工作起政治領導的作用。市委的領導機關和工作機構的設置，它們與政治權力結構其他要素的關係等，均與省委、地委、縣委等沒有什麼差別。

城市的人民代表大會及其常務委員會，是城市的地方國家權力機關。其中，省會市和區府市以及一部分經過授權的較大的市（如深圳市和廈門市），有一定的地方立法權。市人大及其常委會的一般職權和與其他地方國家機關的關係，與省人大和縣人大沒有什麼差別。

城市由於集中較多層次較高的企業事業單位，所以政治協商會議地方委員會的工作和各民主黨派的工作，一般要比縣活躍一些。

市政府是地方國家行政機關，按不同的行政規格分別由國務院、省政府（或省政府通過地區行政公署）、地級市政府領導，同時是本市人大及其常委會的執行機關。市長、副市長由市人大選舉產生，其中副市長已普遍實行差額選舉，市政府秘書長和作爲市政府各局、委、辦的首長等市政府組成人員，由市長提名，由市人大常委會表決決定後任命。

市長一般兼任市委副書記，部分副市長兼爲市委常委。

市政府實行市長負責制。市政府的重要決定要經過市政府全體會議或市政府常務會議集體討論，市政府的日常工作要經過市長辦公會議研究；但是，市長有最後總結和決定的權力，並由市長對市人大負法律責

任，對上級政府負行政責任。按照國家的編制規定，直轄市政府的工作部門一般應爲四十多個，地級市應在三十至四十個之間，縣級市應在二十五個左右，但實際上大多已經超過了這一限制，一般規律是地級市比地區行署的機構要多，縣級市比縣要多。這也是合理的。至於機構的膨脹，是各級各類黨政機關的共性問題。市政府和省政府一樣，也在市委副書記或常委、分管副市長的統籌下，透過特定的中間機構（如市委的工作委員會和市政府的委員會）實行歸口管理。由於城市政府的機構設置彼此差別不大，這裡不做具體介紹。

根據不同的城市行政規格，設置有不同級別的法院和檢察院。直轄市設高級法院和中級法院，與高級法院對應的市檢察院，與中級法院對應的市檢察院分院；地級市設中級法院和檢察院；縣級市設基層法院和檢察院。法院檢察院的組成、職能及其與上級、下級機構的關係，與一般情況相一致。

四、城市政府過程的主要特點

第一，城市，以其在狹小的地域集中衆多人口的基本特點，使其政府過程具有突出的複雜性。這一點在「人多地少」的中國尤爲明顯。

2012年底，在我國城市市轄區中，生活著四億多人口，但其建成區面積僅爲3.6萬平方公里❸。在這樣一點土地上，生活著這樣多的人口，決定了社會生態環境中的各個要素必定是以高度社會化的形式發生著相互聯繫，決定了控制、管理和服務這個社會生態的政府過程要比農村政府過程更爲複雜一些，而且有一些對城市來說是必不可少的控制、管理、服務項目，比如，對新聞事業的管理，水、電、煤氣的供應，公共照明、消防、排汙、垃圾處理、街道衛生等的管理，博物館、體育場館、動物園等文化設施建設、殯葬服務等等，對居住分散的農村來說，起碼在目前的發展水準上，還不占重要地位，或是可交鄉鎮自行處理。這些技術性的問題處理不好，就有可能變爲政治問題。因此，城市政府過程是複雜的，有著很強的專業性，而且這一點會越來越顯著。

第二，從經濟建設的角度看，如果說縣政主要是「農政」的話，那

麼「市政」主要面對的是第二、三產業，而且擔負著「串聯」整個國民經濟的任務。

城市是工業生產的基地，是商品流通的基地，也是提供公共服務和文化事業發展的基地。大型企業都是以城市爲依託的。爲了平衡若干經濟建設和社會發展中的矛盾，曾把一部分大型企業放到了邊遠地區，但是很快這些地區又變成了新的城市。今後，城市政府不再直接管理企業，但城市政府還是有進行工商行政管理等的權力和責任，都有爲工商業「搭台唱戲」和提供社會化服務的任務，有帶動農村發展的任務。需要注意的是，隨著「單位」機制的變化，各企業事業單位的職工，包括他們的退休職工和失業人員，與所在單位之間的關係將簡單化，對這些人員的社會保障將轉爲由地方政府負責組織。

第三，城市的功能具有鮮明的整體性。由於在狹小的地域上居住著大量的人口，就不僅使城市的功能日趨複雜多樣，而且使日益要求這種功能以整體性的方式來實現。在一個縣，它的各種功能，是透過一個個鄉、鎮很具有獨立性的工作來實現的。一個縣，甚至一個鄉，都可以自成體系❹。但是，在城市，除了極少數「飛地區」之類的特例，它的各種功能是不可能一一分解給其各個市轄區來完成的。較大的城市，不可能不分爲若干個區。但是，城市的各項服務系統並不會因此分區而設，諸如供水、供氣、供電，比如公共汽車和地下鐵路，幾乎全部是跨地區的。那麼，市轄區的意義何在呢？這就引出了下一節的問題。

第二節　「市—區」政府過程

一、市轄區的基本狀況和主要特點

(一)市轄區的地位

直轄市和絕大多數地級市都設置若干「區」。憲法中所說的「不設區的市」，主要是指縣級市和極少數不設區的地級市。到2013年底，全國

共有市轄區872個，呈增加的趨勢❺。

　　市轄區，是憲法所規定的城市地方行政建制；1982年頒布的地方組織法規定，市轄區是縣級行政單位。但是，直轄市的市轄區是地區級。市轄區的設置批准權在國務院。市轄區建有比較完整的地方國家政權體系。

(二)市轄區的主要類型

　　第一，設置在城區的市轄區，即「市區」。大多數市轄區都屬於這種類型。市區處於城市的核心位置，是城市不可分割的部分，一個較大的城市往往都有一系列彼此相鄰的市區。它們是城市功能的主要載體。比如天津市南開區，是市中心區之一，面積四十平方公里，人口超過一百萬，轄有十二個街道辦事處，166個社區。

　　第二，設置在城市近鄰農村地區的市轄區，即「郊區」。這些地區是農村，但它們鄰近城區，與城區有著歷史性的聯繫和現實的相互合作關係。隨著城市越來越多地轄縣，也與原在郊區經濟、文化事業的迅速發展有關，部分城市的郊區已經改爲新的城區。

　　第三，設置在城市管轄範圍內的其他城區，而主體城區被農村地區隔開的市轄區，如大連市旅順口區。它們往往是一個港口或是一個大企業及其家屬區，實際上是獨立的中小城市，只是建制上被列爲一個較大的城市的一部分。

　　第四，某些「新區」，比如天津的濱海新區和上海的浦東新區。從法律上講，它們是市轄區，但是由於作爲經濟發展試驗區的特殊戰略地位和人口規模、地域面積較大，新區主要負責人往往由副省級實職幹部兼任。

　　第五，設置在城市管轄範圍之外的城區的市轄區，也即被有的學者稱之爲「飛地區」❻，例如重慶市原來的雙橋區、原來錦州市的葫蘆島區等。它們自身也是一個小城市，但是處於市的地域之外，將它們劃歸一個特定的城市管轄，是由於某些特定的需要。

(三)市轄區的政治權力結構

　　區委對區的各項工作實行政治領導。區委的組織結構與市委沒有差

別，機構基本對口。

市轄區人大及其常委會是地方國家權力機關，行使對地方重要事務的決定權、其他國家機構工作人員的任免權和對其他國家機關工作的監督權。市轄區人大代表由直接選舉產生，有自己的選區，他們與選民的聯繫較之其他層次上的人大代表更直接一些。

市轄區成立有人民政協的地方委員會。

市轄區政府由區人大產生，對區人大和市政府負責。區長和副區長由區人大選舉產生；區政府其他組成人員由區長提名，區人大常委會表決決定。區政府實行區長負責制。

由於前面提到的城市工作整體性很強這一原因，區政府在機構的設置上便產生了一個特點，這就是有一些機構是屬於市政府的分支機構，而不列入區政府的建制，當然也就不被區政府領導。比如，一個縣或縣級市都設有公安局；但市轄區僅設有市公安局的一個分局，並不是區政府的組成部分。

市轄區設置有基層法院和基層檢察院。

二、區政的主要特點與「市—區」關係

(一)區政的主要特點

第一，市轄區的政府工作只具有相當有限的獨立性，但卻接受著來自多方面的制約。

縣和市轄區是同等政治規格的地方行政區，但是兩者在政府工作方面相對於上級黨政機關的獨立性程度差別是很大的。如上提到的城市政府過程突出的整體性和集中性，造成了區政府過程對於這種整體性的高度依存性。特別是在城市管理體制與單位機制相結合的條件下，這種有限的獨立性就更明顯了。首先，這種特點體現在政府機構設置和城市公共服務體系的組織上；其次，體現在城市並不嚴格按照屬地原則管理居民，而是屬地制與單位制並存。在一個區裡，不僅存在著「條條」，而且存在著大量的業務、黨政、人事關係均隸屬於市，甚至隸屬於中央的單位。它們與市轄區的關係僅是「借貴方一塊寶地」。此外，一個人居住在甲區，但是在

乙區就業，配偶在丙區就業，孩子在丁區上學的「市區居民甲乙丙丁現象」很普遍，這都會導致居民對市轄區的從屬意識不強。有意思的是，人大代表選區也是實行按居住地和按單位劃分的「雙軌道」，這都在不同程度上，以不同的方式制約著區政的獨立性，要求市轄區政府去服從和服務於全市政府工作的整體性。

　　為了解決這一問題，各地的市、區政府也做了不少探討。比如，早在1984年，天津市政府就通過了關於市區體制初步改革的十條意見，把部分城市管理權限下放給了九個市區；進入21世紀以後，天津又把一部分規劃權下放給市區。這些探索是積極的，也是有益的。但是，市政和區政的特點決定了任何時候市轄區的獨立性都是有限的。

　　第二，市轄區的政府工作具有突出的直接性。

　　雖然，市轄區和縣是同等規格的地方行政區，但縣政府不是基層政府，它下面還有一級鄉（鎮）政府；市轄區政府則是基層政府，它下面的是獨立性程度更低的其派出機構街道辦事處。市轄區狹小的面積上居住著大量人口，居民的文化素質、民主意識和參與能力也高於農村居民。同時，由於多年來一直實行的是「大政府，小社會」的管理模式，群眾需要政府出面解決的問題也確實比較多。這樣，市區兩級政府，特別是區政府，就必然要與居民經常打交道，直接處理他們提出的問題，加大了政府機關的工作量。

　　第三，市轄區政府工作的主要任務，是在市委、市政府的統籌下，管理城市和為社區提供社會化服務；街道經濟工作要服從這個大局。

　　由於區政的這種受制約性和直接性的特點，就必然要求區政府工作的基本任務，是進行城市行政管理，提供社區服務。現在的一個重要問題是，發展區街經濟，是否應當成為市轄區政府的主要工作？顯然不能這麼看。1990年，天津市市長聶璧初在一個講話中曾這樣概括了市轄區政府工作的基本任務：區政府要「把主要精力放在管理好城市，組織好人民生活，積極開展區域性工作，為群眾主動辦實事、辦好事，替群眾解困分憂」，「相應地發展經濟」，但是要在「服務中發展經濟」❼。這個分析是正確的。雖然，在轉換政府職能的工作尚未徹底完成的情況下，區政府拿出相當的精力管理好原區屬國有企業或「大集體」企業，還是必需的；

在財政狀況窘迫的情況下，新辦、多辦一些更富有靈活性的區街企業也完全可以理解；但是，對於一個基層政府來說，這並不意味著它的基本任務可概括為「區街經濟第一」。也就是說，區街經濟一定要搞好，但是必須服從於市轄區管理城市和服務市民這個基本任務和這個大局。

最後，有必要解釋的一個問題是，儘管我們一再強調城市政府過程的整體性和區政府過程的受制約性，但市轄區的黨委、人大和政府的工作仍然需要有自己的特殊性和主觀能動性。不過，這種特殊性和主觀能動性必須是在城市工作的大局下發揮的，是一種工作特色、工作方法上的特殊性。

(二)市對市轄區的領導

市與市轄區這種在現代城市管理職能分工上的客觀差別，要求市委、市政府加強對全市各區、縣，特別是對各城區的統一領導，以便更好地發揮出城市管理的整體效能。這種領導關係主要體現在：(1)市委對各區工作的政治領導；(2)市政府對各區的行政領導；和(3)市委、市政府各部門對各區各項工作的業務指導三個方面。這裡既有上級領導、指導下級的一般關係，也包括了市與區關係的某些特殊性。關於這幾類領導或指導的理論問題，已經談論比較多了，這裡主要談一下領導或指導的途徑與過程。

■市委對全市各區政治、政府工作的政治領導

市委對各區工作的政治領導的其主要途徑是：(1)「四大會議」，即市委常委會、市委書記辦公會、市委全委會和區縣局黨政主要領導幹部會議。這些會議的主要任務或是研究、決策，或是傳達重要文件，或是布置工作；(2)及時批覆各區黨委、政府上報的關於其重要會議議題，所預定通過的決議、決定草案的請示報告，並提出指導性的意見和建議；(3)按照幹部管理權限，決定區委負責人的人選；向各區人大推薦政府重要幹部；(4)市委領導到各區檢查、指導工作。

■市政府對各區政府工作的行政領導

市政府對各區政府工作進行行政領導的主要途徑有：(1)透過市政府

常務會議、市政府全體會議、市長辦公會議、各區（縣、局）長會議等布置工作，瞭解情況，必要時聽取有關區區長的工作彙報；(2)依法制定、頒布行政命令、規定；(3)向各區（縣、局）政府（部門），甚至負責人本人，下達有關經濟建設、社會發展方面的指標；(4)近年來，不少城市還實行了市長現場辦公等指導下級工作的形式；(5)市委、區委對各區政府負責人人選的考察、任用和推薦，要徵求市長、主管副市長的意見。

■市委、市政府各部門對各區工作的業務指導

市委和市政府的幾十個部門在各區都有其對口指導的下級部門，比如市委宣傳部對各區委的宣傳部；市人事局對各區的人事局（或人事室）。在如上提到的市委、市政府關於全市工作的決定、決策，或對中央精神的傳達、布置的基礎上；市委、市政府各部門也要對各區的相關部門進行具體的部署；市政府的部門還有一些經由國務院主管部門下達的任務和有關分配或提取的指標需要分解。這些都起到了統一全市各區各項工作的作用。

但是，在「歸口管理體制」下，即使是在市主管部門與區屬政府部門之間，也在事實上是領導的成分大於指導的成分。區級政府部門有幾十個，但真正能夠由區裡說了算的，只有那些在市裡排不上位的事情。中國多年的集中領導模式、「歸口管理體制」和城市工作特別明顯的整體性，都決定了市區兩級政府部門之間的這種關係。國民經濟的各種重要指標多數係經由條條下達，重要的或規模較大的企業事業單位多數劃歸條條掌握，重大的建設項目一般係由中央和省市政府組織。這是區一級這樣的「小塊塊」上的各個「小條條」，都要去接受市裡業務主管部門的具體領導的基本原因。區一級的政府部門，一般只能在計畫外、預算外的方面，比如平房改造、住宅小區建設、社區服務、區街企業等項目上發揮自己的優勢和潛力。而且，從實際情況看，市轄區政府的某些「實權」部門為了部門利益不被區裡拿走，而在運行上有意或無意地傾向於「接近」市政府業務主管部門，但卻「游離」於區政府的現象也是存在的。總之「部門掌權，政府協調」是對區一級政府運行一個比較準確的概括。

三、區際關係

市轄區之間的關係，重在相互協調。城市的經濟與社會發展程度越高，我們所說的城市整體性就越強，各城區之間的協調就越重要。在市區內部，已經說不清楚是誰為誰服務。每一個區政府都是在為全市人民服務。特別在一部分城市工作管理權限下放給區一級以後，市政府已經普遍由過去那種一般強調團結合作，轉向了透過制度性的手段來組織區際協調。比如，天津市經常召開「市區區長聯席會議」，由主管區街工作的副市長召集和主持，對一些關係到整個市區工作的區際關係事務，集中研究、協調和處理，收到了較好效果。

城區和郊區（含城市所管轄的縣）的關係，重在相互服務。市區是郊縣發展鄉鎮企業的基地，郊縣是市區的「菜籃子」，是很普遍的常識。但是，隨著我國經濟的發展，這種相互服務已經開始上升到了新的水準。上海郊區的農墾系統僅1990和1991兩年，就在市區開辦商業網點四百多個；1992年他們又提出「三參與」，即參與浦東開發；參與市區舊城改造，發展第三產業；參與跨國經營❽。上海的這一做法，是全國各大城市探索在社會主義市場經濟新體制的基礎上，建立新型市區和郊縣經濟關係和加強地方政府之間政務合作模式的一個縮影。

第三節　「區─街」政府過程

綜上所述，城市地方政權和地方政府過程的基本模式很清晰地表現為「兩級政府，三級管理，一級自治」。「三級管理」中的第一、二級，分別與市和區這「兩級政府」重疊，而第三級就是指街道辦事處；「一級自治」是指在街道辦事處直接指導下的居民委員會。這一結構，已經說明了街道辦事處和「區─街」政府過程在整個中國政府過程中的實際地位。

一、街道和街道辦事處

在這裡，「街道」不是指一般意義上的街道、道路，而是一個專有概念，是指由市轄區政府或不設區市政府的派出機關來管理的街區、社區。目前，一個街道通常有幾平方公里、數萬人口。它們多數是由管界內一條有代表性的街道來命名，或是源於某種歷史、地理沿革，也有的是在本街區某個基本特徵的基礎上另起他名。比如，天津市河西區馬場街，代表性的道路叫「馬場道」，因界內早年英國人曾開辦賽馬場而得名，面積4.45平方公里，居民1.7萬戶，常住人口5.4萬人❾。

街道辦事處，是市轄區政府和不設區市政府設在其管界內的各個街道的派出機關，是城市地區的基層行政組織。2014年，全國共有街道辦事處7696個❿。一個街道辦事處有若干個社區居民委員會。比如上述的馬場街有社區居民委員會十一個。

新中國成立後，「為了把很多不屬於工廠、企業、機關、學校的無組織的街道居民組織起來，為了減輕區政府和公安派出所的負擔，還需要設立城市或區政府的派出機關——街道辦事處」⓫。也就是說，街道辦事處與居民委員會結合在一起，實際上就成為了與「單位體制」並行的另外一條組織化管道存在於城市之中⓬。

1954年12月全國人大常委會通過的「城市街道辦事處組織條例」，規定了街道辦事處的三項任務：(1)辦理市、市轄區政府有關居民工作的交辦事項；(2)指導居民委員會的工作；(3)反映居民群眾的意見和要求。

隨著城市的發展和城市管理工作在實際上的日趨複雜化，特別是改革開放以來我國城市經濟工作的大發展，促使街道辦事處的政務工作和經濟工作日趨複雜，發生了相當大的變化。為了在新的條件下「推進街道工作」，1991年民政部舉辦了全國首屆街道辦事處主任培訓班。到會的中共中央政治局常委宋平在講話中把街道辦事處的任務原則地歸納為三條，即城市的物質文明和精神文明建設；為群眾服務；反映居民群眾的呼聲和要求。他在談到街道辦事處的具體工作時，講了四項，即社會治安、市政管理、社區服務和計畫生育⓭。

二、街道辦事處的組織機構

街道辦事處的機構由「黨群口」和「政口」兩大部分組成。

街黨委（或黨的工作委員會，下同）由黨委書記（或工委書記，下同）、副書記若干人、委員若干人等組成。至於是否設立組織部（科、股）、宣傳部（科、股），另行選舉一個紀律檢查委員會，還是在黨委會中設相應的委員，沒有定式，取決於當地關於機構設置和人員編制的具體規定或黨員總數。人民武裝部和工青婦三大群眾團體自然屬於「黨群口」。

街道辦事處設主任和副主任若干人。街道辦事處的副主任中，一般有一名由區公安分局派往的相當級別的幹部出任分管「綜合治理」工作的副主任。有的街道辦事處還聘任一名科技副主任，協助主任分管街道經濟、科技發展工作。

街道辦事處的行政業務部門，目前一般為十個左右。天津市河西區某街的機構設置是八個，即辦公室、居民科、城市管理科、文教科、經濟科、安監科、計畫生育辦公室、勞動服務中心公司。河南省漯河市源匯區某街道辦事處的主要行政機構為八個，即行政辦公室、綜合治理辦公室、土地辦公室、城市管理辦公室、計畫生育辦公室、生產辦公室、司法所、人事辦公室；此外，民政、信訪等事務也有專人負責。

從上述一個特大型城市和一個鄰近農村的中小型城市街道辦事處機構設置的比較中可以看出，全國的街級機構設置是有一定規律性的，這就是除了處理日常事務的機構以外，綜合治理、計畫生育、城市管理、民政事務和街辦企業管理等五個大的部分是必不可少的；兩者的差別在於：大城市為了協調解決就業問題，普遍設有勞動服務公司、勞動服務中心之類的機構，而漯河的地理位置要求它設置一個「土地辦公室」來解決相關的問題。在現有基層政府職責趨於擴大和街道不能直接興辦企業的情況下，街級機構改革的任務還很艱鉅。

從90年代開始，有些城市在街道設立了區人大常委會工作委員會（簡稱「街人大工委」）。街人大工委可以比以前的街道人大代表組更為

穩定和有力的方式，組織街道範圍的各選區產生的人大代表開展有關政務
活動。街人大工委主任一般由有人大代表身分的街黨工委書記兼任。街人
大工委下設辦公室。

　　此外，還有若干區屬駐街辦事機構或掛靠機構，像糧食所、房管站
等，主要是由其主管部門領導。每個街道，通常設置有一個公安派出所，
有些較大或較複雜的街道，也有的設置了兩個。派出所由區公安分局領
導，但其主要負責人要參加街道黨委和辦事處召集的有關黨政會議。派出
所作為駐街的唯一有一定執法權限的政法機構，在街道事務中具有特殊的
地位。

　　有部分城市，市轄區法院在一些人口較多的街道，設有作為其派出
機構的法庭。

三、區政府對街道辦事處的領導

　　街道黨委（黨工委）和街道辦事處在區委區政府（或不設區的市委
市政府，下同）的直接領導下開展工作。由於沒有同級人大領導、政協監
督的問題，區委和區政府是街道辦事處的唯一上級，所以區街之間的領導
和被領導關係，要比省市之間、市區之間表現得更加突出和直接一些。

　　從黨的領導角度看，街道黨委的組成要得到區委的認可；按照幹部
權限，街道辦事處副主任以上幹部，由區委負責管理，全區統一調配；街
道黨委和街道工作中的重大事項，要向區委請示等。

　　從行政領導的角度看，區政府對街道辦事處的領導當然是直接的和
全面的。街道辦事處主任，直接受區長和分管副區長的領導。在機構設置
上雖然街道辦事處的機構數目少於區政府，但兩級大致對應。區政府的各
業務主管部門本身，它們派駐街道的執法機構和具有行政管理權限的駐街
業務單位，可以說是將街道的各項工作穩定地掌握在區級政府機關的手
中。話如果講重一點，就是「條條專政」。

　　街道黨政組織還有一項重要政務工作，就是參與組織人民代表的選
舉，並以街道為單位組成代表團出席區人民代表大會；街道設立人大工委
或是在區人大閉會期間，街道範圍內的人民代表組成本街代表組，按照區

人大常委會的部署,進行一些日常的觀察、檢查、研討、走訪活動,和參與解決一些群眾集中反映的社區問題。

　　街道辦事處對駐街各企業事業單位是否具有行政監督權,尚未有明確的規定;但事實上這項權力是存在的,也合乎情理。街道辦事處與駐街單位有一定的合作關係。比如,在治安方面,街道辦事處和街派出所,往往要從駐街單位抽調人員參加「協勤」,各單位一般均給予支援。區街遇有重大社會活動,也常常要和駐該街單位共同完成。但是,雙方也存在著一定的矛盾。街道辦事處作為地域性的組織,希望本地域內的單位尊重自己的行政監督地位和「父母官」(不完全意義上的)身分,多出一點人力、物力,駐街單位則一般不願意過多地從事非業務性活動和承擔非業務範圍內的義務。如果街道辦事處的指令與駐街單位上級的指令不一致,當然駐街單位傾向於按其上級的指令辦。這種「塊塊」與「點點」的關係,彼此都不存在全面的約束對方的權力,因此,不論是在一致的問題上還是在矛盾的環節上,合作都是雙方關係的主旋律。

四、城市政府結構的改革問題

　　關於城市結構改革以及與此相關的種種不同意見,主要集中在區街政府機關的設置及其關係的問題上。設有市轄區的城市目前存在的三級管理中,城市政府的地位和作用不會有爭議;在市政中,需要有市轄區和街道這兩級管理,也一般沒有不同意見;也還沒有聽說有人提議在設區城市變三級管理為兩級管理:那麼,剩下的問題只有一個,就是在區和街兩級中,究竟在哪一級組織政府更合適。

　　這個問題的提出有其客觀根據。隨著城市化進程的加快,城市人口迅速膨脹,社會事務日趨複雜,工商業日漸繁榮,市民生活品質普遍提高,這都給市政管理造成新的更大壓力。在這一背景下,久已存在的「條條矛盾」更加突出、更加複雜,也就相應地使處於市政管理「中間層」的市轄區政府的作用更加引人注目。如前所述,城市政府過程的突出特點是其整體性和直接性,整體性主要體現在市政府的活動中,直接性則主要體現在街道辦事處的活動中,區政府則成為一個過渡性的環節。街道辦事處

已在事實上擔負著相當一部分基層政權的管理任務。現在，從一定意義上講，城市基層的實際運行情況是：出現矛盾找基層，解決問題找條條。比如，水、電、氣的供應問題，車和路的管理問題，從提出到解決，區政府往往是一個中轉站。有人認為，區一級政府的職能已經出現了「退化」跡象。對上述問題的程度的估價，可能有一定的分歧，但問題本身無疑是存在的。

　　為了解決這個問題，一些學者和區街工作者提出了幾種設想，比較有代表性的是：(1)維持和完善現有的「市—區—街」格局，同時明確街道辦事處對駐街單位有行政監督權；明確街道辦事處黨委是一級地方黨委等❶；(2)讓街道辦事處「發揮一級政權的作用」❶，但是，從現有資料看，這種意見是否包含著有將街道辦事處改為一級政權的意思還不清楚；(3)在街道建立基層政權，使之將地位、權力和責任統一起來，同時，將市轄區政府轉變為市政府的派出機關，類似省轄地區的行政公署，發揮督導、聯絡、協調等作用。

　　本書的主要看法是：

　　第一，從現實上看，把街道辦事處設置為一級政府，雖有一定的道理，但不具可行性，而且容易引起更多麻煩。如果把街道辦事處改建為一級政權，那整個城市會增加多少位公務員、人大代表和政協委員，多少個法院、檢察院？如果將街道適當合併，那豈不又接近現在的市轄區？街道合併組建基層政權以後，其下面也難免要設一級管理，這樣大中城市豈不成了「兩級政府四級管理」？

　　第二，從前景上看，適當縮小市轄區規模，促進各區均衡發展；強化城市整體功能，在劃小後的市轄區設置市政府派出機構；取消街道辦事處，強化居委會自治職能，符合現代政府管理的一般發展趨勢。現在，一些特大城市的市轄區已近百萬人口，很不利於區域均衡發展。在幾十萬人口的城市設置地域性行政分治機構（比如叫作「區」）是普遍的，但模式多種多樣。在很多國家，市轄區確實帶有市政府派出機構的特徵，類似我國在街道建立政府或設置政府派出機構情況很少。今後，城市政府的主要工作是市政建設、市政管理和公共服務，市長、區長均不「扛」什麼「經濟指標」；通過發育「仲介組織」，解決提供部分公共服務的問題；在社

區一層，要走市民自治的路子，民間組織、慈善組織、大學校區等也要主動承擔一些服務性工作。總之，從趨勢上講，出路在於轉變和規範城市政府職責，增強社團和社區自我服務、自我管理功能，而不是走增設一級政府或一級政府管理的路子。

第三，要不斷創造條件，在更高的角度和更大的範圍內來思考和調整我國城市的結構性矛盾。在新的條件尚未完全具備之前，應著重於努力提高政府運行的效率和服務品質，加強廉政建設和民主法制建設，提高市民和官員兩方面的素質，為在更高的基點上改革和完善我國的城市政府管理水準，全面理順「市—區—街」的結構關係，奠定必要的基礎。在適當的時候和適當的條件下，在這方面改革的重點，應當直接指向久已存在的「條塊矛盾」。中國政治的「條塊矛盾」在城市政府過程中體現得最為突出，徹底解決城市中「兩級政府，三級管理」內含著的深層結構性矛盾，關鍵在於理順「條塊關係」，市轄區政府的尷尬處境很大程度上是由於它對「各路條條」沒有約束力，作為「塊塊」它上不宏觀、下不微觀造成的。從長遠看，必須真正改變過度集中和集權的思路與體制，切實縮小「條條」的權力，尊重居民村民的自治權。

第四節　區街經濟工作

一、區街經濟工作

組織興辦各種街道企業和區農貿市場等，成為街道辦事處一項重要或者說主要的工作，是改革以來基層政權建設中的一大突出變化，衍生了一系列新的政治、經濟問題。

80年代以來，街道辦事處所從事的經濟工作主要是兩大門類：一是組織興辦各種街道企業。「街道企業」和「區街企業」在概念上相差無幾。區政府組織興辦的企業也往往要依託於街道，而原有區屬企業又一般屬於既有的集體所有制企業的範圍。實際上是，區政府給街道辦事處壓了指標，街道企業拿到市裡、區裡，就成為了區街企業。到90年代末，已經

有相當一部分「區街企業」在轉變政府職能的過程中，與街道辦事處「脫鉤」。二是組織興辦、管理各種農貿市場和與地方經濟特色密切相關的各種專業市場（比如五金城、軸承一條街等）。

　　街道企業的起步時間、發展的機遇和管理上的特點，與鄉鎮企業有許多類似之處。街道企業的前身，是新中國初期就已存在的居委會爲家庭婦女和閒散人員組織的各種加工組。「文革」結束後，返城知識青年的大量加入和經濟政策初步開放的結合，促成了街道企業較快的發展，並初步形成了街道企業「船小好調頭」、「點小靈活」、滿足群眾日常需要等優勢和特點。比如，到1989年、天津市就已有區街企業2751個，1985至1989年年均實現利潤1.26億元❻。行政經費的日趨緊張、整個社會大力發展經濟的氛圍、區街幹部和居委會骨幹觀念上趨利態勢，促成了街道企業在90年代以來更大的發展。在連續五年高速增長的基礎上，1995年第一季度，天津市區街集體經濟就實現利潤1.67億元。這一發展，很大程度上是街道辦事處依靠政府行爲推動的結果。

　　街道辦事處和工商行政管理部門聯手興辦各種交易場所的工作，已經由組織綜合性的農貿市場向組織各種專業市場的方向發展，由簡易的攤群市場向有一定檔次和規模的組合市場、室內商場的方向發展，由一般的零售市場向批零結合，提供綜合服務的方向發展。街道辦事處在組織搞好市場服務和市場管理，行使協助稅務部門做好稅收工作，自己依法收取一定的行政管理費用等政府行爲的同時，也透過直接或間接修建、出租市場設施等非政府行爲收取一些費用。

　　在充分肯定街道辦事處的經濟工作，對於經濟發展、緩解失業問題、緩解財政壓力和方便人民生活等方面所做的貢獻同時，我們也從政府過程的角度提出兩個應當加以商榷的問題。

　　第一個問題是，街道經濟與區街政府行爲關係。街道經濟的發展離不開當地基層政府或政府機關的引導和幫助。但是，現代政府職能、政府行爲的一般規範決定了政府不應直接介入微觀經濟活動。一旦政府直接進入企業層次的經濟活動，某些弊端是很難避免的：一是，用指標代替預測，用指標代替指導。這樣的指標雖然沒有客觀依據，往往是橫向攀比的產物。這實際上是把區街企業的發展與區街兩級黨政官員的「政績」結合

了起來；二是，爲了超額完成上級的指標，有些街道領導往往不擇手段，弄虛作假，「聯營」、「倒票」、「買數」等現象隨之而來。爲了完成任務，部分街道辦事處的幹部向區裡多報產值和利潤，而爲了逃避稅收，又向稅務機關少報產值和利潤；三是，產權不清，政企不清。政府部門以一定名義提供啓動資本（實物或貨幣），是算投資，還是算借予？是以政府固定資產的名義取得企業收入，還是應當收取利息？從區街政府的角度看，由於上述問題不清，便利用自己的權力和在先期投入、支援方面的客觀貢獻，不斷向企業攤派，以彌補行政經費的不足或差額；四是，企業的發展，也大多是利用各種縫隙，包括市區政府行爲中的一些矛盾。不少企業就是利用「配套權」，以配套爲籠頭，發展集體經濟。在這種情況下，街道企業儘管有一定的增長速度，但規模普遍較小，淘汰率高，轉產率高，形成行業優勢的不多。這些問題都給本身就很不規範的街道企業增添了不穩定因素，也給少數人搞不正之風提供了機會。

比較令人欣慰的是，到21世紀後，情況已經有了變化。區街經濟工作的基本點轉向了大力發展「區域經濟」，重點是「招商引資」。今後，區政府和街道辦事處要在街道經濟發展中繼續發揮作用是沒有疑問的；問題的關鍵是怎樣規範政府機關在推動街道企業發展過程中的行爲。需要注意的問題應當有四個：一是，應當抓緊界定產權，尤其要注意不能無償使用國有資產，或是將使用國有資產收益歸部門和個人占有；二是，街道辦事處中的經營性機構，如「勞動服務公司」之類，應當抓緊分離出去，實現政企的初步分開；三是，街道辦事處對街道企業主要是創造條件，提供指導，提供社會服務，透過黨的組織關係、行政系統、工會、婦聯、監察等角度進行監督；四是，相應地，區街政府機關在產權明晰的基礎上取得合理的收益，包括必要的管理費用，但不再向街道企業攤派，公務員也不再在企業中任職和獲取報酬。遺憾的是，這幾個問題，在目前的財政條件和社會機制下，解決起來難度很大。這就又引出了第二個要加以研究的問題，即區街財政改革問題。

二、區街財政的有關問題

預算撥款遠遠不能滿足街道辦事處的實際需要，不得不依靠預算外資金來彌補，是客觀現實。有些街道辦事處所使用的非預算內資金已超過資金總數的二分之一，甚至四分之三，這就夠驚人的了。但是，在短時間內看不出緩解跡象的情況下，解決這個問題的出路在哪裡呢？「與財政脫鉤」，就是有些地方採取的一種不是辦法的「辦法」。

所謂「與財政脫鉤」，就是不僅「斷皇糧」，而且「交公糧」，街道辦事處與區財政局簽約，實行「收支包乾，比率增長」的財政管理辦法，與原預算管道脫離，「自謀生存，自我發展」。具體辦法是：按指標完成一定的營業稅、增值稅、所得稅和一些零散的稅收任務，為此有的街設立了財政科（股、所）；街道企業利稅超額部分的分配權下放給街，年終區街按一定的比率、檔次分成；核定基數，短收由街道辦事處自補，超收的財政收入全部或部分留用；街道辦事處對所屬企業和自身的工作人員實行自主分配；街道辦事處實行「自收自支」的財務管理，區財政不再核發「人頭費」；政策一般三至五年不變等。

這種類似「包乾」的做法，在目前的經濟條件下，對於刺激街道經濟增長，改善基層公務員收入狀況，對於街道企業的自我積累和減輕財政負擔有一定作用。但是，這裡有一個原則問題是不能忘記的。這就是，街道辦事處是政府機關，而不是一個可以走「自收自支」道路的事業單位。在這個問題上，有這樣幾點需要明確：首先，政府部門不能「自收自支」；第二，預算外也是預算，也是「皇糧」；第三，讓街道辦事處「與財政脫頭脫鉤」，實際上是把它們壓給了街道企業。這與中央一再強調的轉變政府職能的指導思想是矛盾的；最後，現實的政府行為不等同於規範的政府行為，不能把解決財力不足的一些措施，作為最佳模式來推廣，更不能把一時做不到的規範化政府行為當作「空想」的東西和錯誤的東西來貶低。諸如街道辦事處「靠吃『皇糧』度日的狀況加劇了財政負擔」等提法是不妥當的。隨著財政狀況的逐步好轉和政府行為規範化，政府機關運行的物質基礎終究還是要走以預算撥款為主這一具有普遍性的路子。

第五節　居民委員會

　　居民委員會是城市居民的自治組織，但它作為地方政治體系中的一個環節，實際參與了地方政府過程。所以，本書將居民委員會列入城市地方政府過程的範圍來加以分析和研究。

一、居民委員會和「居民自治」工作的性質和地位

　　居民委員會，是城鎮群眾的基層自治組織，是城鎮基層社會組織形式。1954年一屆人大常委會第四次會議通過了第一部居民委員會的國家級法規——「城市居民委員會組織條例」，明確了居委會作為群眾自治組織的法律地位。條例規定，居委會按居民居住狀況並參照公安戶籍的管理區域設立，一般有一百至七百戶居民，也有超過此數的。居委會設主任、副主任和委員，由居民選舉產生，對居民會議負責並報告工作。居委會下設人民調解等若干工作委員會。居委會下設的若干居民小組，由十五至四十戶組成，設組長一人。此後，居委會一直大致按照這個結構組織和運行。2008年，全國有居民委員會83413個，有居民小組128.7萬個，共有居民委員會成員42.2萬人❶。政府對現職和退休的居委會骨幹給予少量的補貼。

　　1989年12月全國人大常委會又制定了取代上述組織條例的「城市居民委員會組織法」。該法明確規定了居民委員會的任務：(1)宣傳法律、法規和國家政策，維護居民合法權益，教育居民履行依法應盡的義務，愛護公共財產，開展多種形式的精神文明建設活動；(2)辦理本居住地區居民的公共事務和公益事業；(3)調解民間糾紛；(4)協助維護社會治安；(5)協助政府做好與居民利益有關的公共衛生、計畫生育、優撫救濟、青少年教育等項工作；(6)向政府反映居民意見、要求和提出建議；(7)開展社區服務活動，興辦有關的服務事業。

　　居民委員會是城市社會生活的基本細胞之一，是政權體系的一個組成環節。多年來居委會具有類似「單位」職能的作用，和「單位」、村委會等一起屬於地方政府過程的延伸部分，從而成為了中國政府過程區別於

多數西方國家政府過程的一個重要特徵。一些西方學者也注意到了居委會現象的特殊性和特別意義，比如《美聯社》在一篇報導中，就把居委會稱之為「中國社會機器的齒輪」❸。

但是，六十多年來，居民委員會和「居民自治」工作在政府過程中的實際作用，也在不斷變化和調整，主要是：

第一，「文革」之前，居委會在政治生活和為居民群眾服務中所起的作用十分突出，也主要是積極的。這與當時人們的政治熱情普遍較高有關，也與當時家庭婦女和沒有參加工作的中老年人較多、與當時的城市生活模式等因素有著直接的關係。在「文革」期間，居委會的組織和工作有遭到破壞的一面，在一些地方也有被利用於從事一些錯誤活動，聲譽受到影響的一面。

第二，十一屆三中全會以後，居委會的組織結構和工作得到了恢復，在幫助政府安置返城知青和待業青年等方面做了大量工作。為了規範居委會的工作，1980年重新頒布了關於居委會的四個法規；1982年頒布的現行憲法第一次明確了居委會的性質和基本職能❹。從此，居委會進入了規範化發展時期。

第三，21世紀後，與經濟社會生活的重大變化相一致，「居民自治」又開始與設想中的社區建設聯繫在了一起，開始探討各種「居民自治」的新形式。

二、街道辦事處對居民委員會工作的指導

街道辦事處與居委會的關係，不是上下級隸屬關係，而是基層政府機關與基層群眾自治組織的工作關係，不是領導關係，而是指導關係。多年來，居委會實際上是一級準行政組織，分擔了繁重的地方政府職能，有些工作開展較好的居委會實際上成了街道辦事處的「委託辦事處」。1982年現行憲法頒布後，居委會開始進入了向基層群眾自治組織轉化的時期。現在的實際情況是，有些工作環節是指導關係，有些工作環節是領導關係，有些工作環節還保留著1950年代那種委託和交辦事宜的關係。此外，不同的地方街道辦事處和居委會的具體關係也不盡一樣。

居民委員會工作由政府民政部門歸口管理。但是，這種管理是宏觀和法律意義上的，即制定政策，起草有關法律法規，協調有關方面的關係等。從政府運行上講，對居委會的具體領導和工作指導，還是由市轄區黨的街道工作委員會、政府的街道工作辦公室和各個街道辦事處去做。這一意義上的指導或領導在不同的地方表現為這樣幾種類型：(1)在區政府辦公室設街政科，代表區政府既管街道辦事處的工作，也管居委會的工作；(2)區政府設黨的街道工委和街道工作辦公室（一個班子兩塊牌子），統一管理街道辦事處和居委會的工作；(3)區政府街道工作辦公室或區政府辦公室街政科管理街道辦事處的工作；民政局管理居委會的工作；(4)民政局和區政府的街道工作辦公室合一，設街政科管理街道辦事處和居委會；(5)由區政府辦公室區政科和區民政局基層政權建設科共同負責，指導街道辦事處和居委會的工作。但是，以上任何一種模式，有兩點都是相同的：一是，區委一般都要設街道工委，對整個街道辦事處和居委會的工作從政治上進行領導，區政、街政系統的領導、指導側重於法制方面和一些操作性的方面；二是對居委會的具體領導或指導都是透過街道辦事處來實現的。

從微觀上看，街道辦事處對居民委員會的領導和指導的主要途徑有：(1)街黨委與居委會中的黨支部和黨小組，是領導關係，上級黨委和政府關於居民工作的方針、政策和意圖透過黨員的管道灌輸下去；(2)街道辦事處透過召集居委會主任會議，以部署、研討、交流等形式指導居委會工作，有時還組織一些培訓或考察活動；(3)街道辦事處代表政府對居委會的工作給予資助，包括必要的辦公用房和辦公經費等；(4)對有積極性和現實條件的居委會興辦經濟實體的要求，給予一定的支援和幫助等。

三、居民委員會的新任務和新問題

在居民委員會開始規範化發展的過程中，由於經濟體制和政治體制改革的影響，社會成員構成和實際工作情況等在發生巨大變化，開始面臨著一些新問題。

第一，隨著沒有工作的中老年人數量的大量減少，居委會傳統骨幹

急遽減少；退休職工一方面與「單位」保持著實際聯繫，一方面可能去「補差」或是照料家務，從事街道工作的積極性、穩定性與傳統骨幹比有明顯差距。

第二，隨著社會規範的調整，許多帶有傳統政治概念的東西退出了歷史舞台。多年存在的類似「單位」職能的居委會職能，如為沒有工作的居民開具介紹信、提供證明等，現在大多已不需要了；隨著勞動力市場的發展，「找工作」的管道已經多元化，包括街道企業都不一定雇傭本街居民；接待「外調」等活動已經很少了。

第三，隨著人們生活方式的變化，很多維繫居委會聯絡管道的社會要素也發生了變化。比如在「大雜院」和臨街相連的平房被新居民小區所代替的條件下，鄰里之間交流、互助和發生矛盾的機會就都不可避免地大大減少了。

第四，隨著政治文化觀念的微妙變化，居委會的傳統工作方式遇到了挑戰。比如，調解家庭矛盾和鄰里糾紛的問題。隨著隱私權意識的初步形成和法制意識的提高，可調解的範圍大大縮小，而且工作方式也必須有新的發展。

第五，居委會「辦實體」的問題已經不是個別現象。人們普遍反映，「居委會的工作重點變得模糊不清」，「該不該抓錢」成了一個問題❷。「抓錢」對於彌補經費不足自然是有意義的。一段時間部分地方政府本身就主張建設「萬元居」。但是，「走偏」之後，就不僅與居民自治組織的法定職能不符，而且容易引發設在居民區中的居委會辦公室擾民的問題和某些財務問題❷。

1990年1月，城市居民委員會組織法生效後，很多城市的人大常委會又結合本地情況，制定了用於配套的實施辦法、條例等地方性法規。綜合起來，目前對居委會工作任務的基本規定主要有：(1)宣傳法律和政策，維護居民合法權益，教育居民遵紀守法，履行應盡義務，愛護公共財產；(2)開展精神文明建設活動，如創建文明家庭、文明居民區等；(3)辦理公共事務和公益事業；(4)開展社區服務，興辦便民利民的生產、生活服務事業；(5)調解民間糾紛，促進家庭和睦、鄰里團結和社會安定；(6)監督居民公約的執行；(7)協助維護社會治安，參加社會治安的綜合治理；(8)

協助政府做好與居民利益有關的公共衛生、計畫生育、優撫救濟、婚喪習俗改革、青少年教育、維護婦女兒童和老年人合法權益等；(9)向政府反映居民的意見、要求和提出建議。隨著轉變政府職能和區街經濟的轉型，有關問題也趨於好轉。

　　新問題要求居民委員會組織工作的改進。早在1993年，天津市129個街道辦事處的2604個居委會的13000餘名持有「任職證書」的居委會幹部走上了為居民服務的崗位。在這批骨幹中，有一定文化水準、政策水準的退休教師和離退休幹部占61%；中共黨員占26.6%；平均年齡53.9歲，均比以前有了較大改善；市民政部門還組織了對居委會主任、副主任的培訓❷❷。現在，居委會比以前更加強調民主集中制，強調群眾自願和民主議事，強調尊重社區公共利益。進入新世紀以後，人們進一步開始從更高的層次上探討居民自治問題了。在這方面最為典型的是，2009年7、8月間南京市363個社區全部採取「公推直選」的方式順利產生了新一屆領導班子。這一次，將過去「自上而下」的單向提名轉為「自下而上，上下結合」的共同提名，4562名候選人中，黨員個人自薦的1944人，黨員群眾聯名推薦的1139人，給更多符合條件的人以機會，效果很好❷❸。

　　大的背景是，隨著「單位」模式的淡化、住房體制改革的推行等因素，到世紀之交，「社區」的概念開始與「居民自治」的概念結合起來。1999年4月，瀋陽市6400多位經公開競選產生的社區管理委員會幹部取代原有的13000多位居委會幹部。在這個城市，以一千至兩千戶為基本規模劃分社區，成立由居民和轄區單位共同組成的居民（成員）代表會議，決定社區事務；社區管理委員會是代表會議的執行機構。北京、天津（或它們的某些局部）等地採取的是把社區定義為原先的街道範圍，管理中心下移，服務向下延伸的思路❷❹。

　　「社區自治」的問題需要長期的探討。中國城市的生活模式是在長期的歷史過程中形成的，城市街區不同於自然村，「居民自治」和「村民自治」的涵義和特徵差別很大。城市社區，居民之間沒有統一、密切的經濟生活聯繫，工作繁忙，生活節奏快。這都決定了他們中的大多數人不可能像過去關心單位和農民關心村委會那樣關心社區工作。有的專家、官員和居民委員會主任抱怨現在許多居民有「社區冷漠症」❷❺。對此要做具體

的分析，不宜對社區居民對社區的親密程度抱過高的希望。

　　此外，實行「社區自治」是一項總體上的工作，「社區」本身是一個相對概念。「區」就是區，「街道」就是街道，英語中的「街區」大體相當於我國目前居民委員會涵蓋的範圍——它們都是不同層次上的社區。透過政府，把其中的某一個層次固定命名為「社區」是幼稚的。

　　在城市，各種社會組織的功能宜分不宜統——城市的管理一定要在城市的整體性上下功夫、做文章。居民對服務的需求是有選擇的和多元的，在市場逐步完善和仲介組織工作能夠跟上的情況下，許多所謂社區管理方面的東西，居民是不需要的。在單位體制沒有完全也很難完全褪去，而我們的社會生活模式又要求有一定的社會控制和社會管理的條件下，還是採取基本保持和適度改革現行街道和社區管理體制的辦法為好。

📍➤ 註釋

❶《人民日報》（華東新聞版），1995年4月13日。

❷ 在地級市中，只有九個不設市轄區。

❸ 參見《中國城市統計年鑑（2013）》第13頁、83頁數據。

❹ 參見田穗生，〈市、區國家機關的分工〉，載張雲倫編，《中國機構的沿革》，中國經濟出版社，1988年，第220頁。

❺《中國統計年鑑（2014）》，第3頁。

❻ 同❹，第221-222頁。

❼《天津日報》，1990年8月6日。

❽ 參見《現代農村》，載上海市農村黨委書記答記者問，1992年，第3期。

❾ 人口統計截至2014年12月。

❿ 參見民政部發布的〈2014年社會服務發展統計公報〉。

⓫ 彭真，〈關於加強街道辦事處組織、居委會組織和經費問題的報告〉，1953年6月8日。

⓬ 參見周平，〈街道辦事處的定位：城市社區政治的一個根本問題〉，《政治學研究》，2001年，第2期。

⓭ 參見《人民日報》載新華社訊，1991年11月8日。

⓮ 參見胡成利，〈加強城市街道黨組織建設〉，《管理工作研究》（天津），1989年，第3期。

⓯ 參見葉其茂，〈實踐呼喚城市區街理論研究〉，《理論資訊報》，1989年6月29日。

⓰〈市區體制改革五年結出累累碩果〉，《天津日報》，1990年8月10日。

⓱ 民政部網站，http://www.mca.gov.cn/。

⓲《美聯社》北京1987年2月24日電。

⓳ 見「中華人民共和國憲法」第111條。

⓴ 張明，〈新時期居委會如何定位〉，《光明日報》，1997年8月7日。

㉑ 黃勇，〈一個富裕居委會的財務調查〉，《中國青年報》，1999年10月22日。

㉒〈離退休幹部教師唱主角〉，《天津日報》，1993年4月13日。

㉓〈南京社區黨組織換屆全部公推直選〉，《學習時報》，2009年11月23日。

㉔ 崔士鑫，〈社區自治悄然興起〉，《人民日報》，2000年5月29日。

㉕《齊魯晚報》關於「社區國際學術研討會」的報導，2002年5月21日。

參考文獻

中文著作

《毛澤東選集》，第5卷，人民出版社，1977年。

王名等，《中國社團改革：從政府選擇到社會選擇》，社會科學文獻出版社，
　　2001年。

王志剛編，《政府職能轉變與機構改革》，光明日報出版社，1988年。

王穎等，《社會中間層：改革與中國的社團組織》，中國發展出版社，1993年。

王邦佐等編著，《中國政黨制度的社會生態分析》，上海人民出版社，2000年。

王浦劬主編，《政治學基礎》，北京大學出版社，2006年版。

王雪麗，《中國「省直管縣」體制改革研究》，天津人民出版社，2013年。

布賴斯，《現代民治政體（上冊、下冊）》，張慰慈等譯，吉林人民出版社，
　　2001年。

朱光華主編，《政府經濟職能和體制改革》，天津人民出版社，1995年。

朱光磊，《當代中國政府過程》，天津人民出版社，1997、2002、2008年。

朱光磊等，《當代中國社會各階層分析》，天津人民出版社，1998、2007年。

朱光磊編著，《政治學概要》，天津教育出版社，1992年；天津人民出版社，
　　2001、2008年。

朱光磊著，《中國的貧富差距與政府控制》，上海三聯書店，2001年。

朱光磊主編，《現代政府理論》，高等教育出版社，2006年。

朱光磊主編，《中國政府發展研究報告》，2008、2010、2014、2015年，中國人
　　民大學出版社。

朱旭峰著，《中國思想庫》，2009年，清華大學出版社。

艾薩克，《政治學：範圍與方法》，鄭永年等譯，浙江人民出版社，1987年。

宋繼軍等編，《領導決策學》，天津科技翻譯出版公司，1992年。

希斯爾曼，《美國是如何治理的？》，曹大鵬譯，商務印書館，1990年。

李盛平等編，《十年政治大事記（1976-1986年）》，光明日報出版社，1988年。

李景鵬主編，《中國政治發展的理論研究綱要》，黑龍江人民出版社，2000年。

李路曲著，《東亞模式與價值重構：比較政治分析》，人民出版社，2002年。

帕拉格等編，《行政管理學詞典》，陳嘉陵等譯，四川人民出版社，1988年。

拉斯韋爾，《政治學》，楊昌裕譯，商務印書館，1992年。

林尚立，《黨內民主：中國共產黨的理論與實踐》，上海社會科學院出版社，
　　2002年。

林尚立著，《當代中國政治形態分析》，天津人民出版社，2000年。

林尚立等著，《複合民主：人民民主促進民生建設的杭州實踐》，中央編譯出版
　　社，2012年。

林德布洛姆，《決策過程》，竺乾威等譯，上海譯文出版社，1988年。

阿爾蒙德等，《比較政治學：體系、過程和政策》，曹沛霖等譯，上海譯文出版
　　社，1987年。

威爾遜，《國會政體：美國政治研究》，熊希玲譯，商務印書館，1986年。

韋慶遠主編，《中國政治制度史》，中國人民大學出版社，1989年。

孫謙主編，《檢察理論研究綜述》，中國檢察出版社，1990年。

浦興祖主編，《當代中國政治制度》，上海人民出版社，1990年。

袁純清主編，《人民群眾團體論》，教育科學出版社，1992年。

馬懷平等主編，《監督學概論》，中國財政經濟出版社，1990年。

張友漁，《憲政論叢（下冊）》，群眾出版社，1986年。

張雲倫編，《中國機構的沿革》，中國經濟出版社，1988年。

張志紅著，《當代中國政府縱向間關係研究》，天津人民出版社，2005年。

盛斌等編，《中國國情報告》，遼寧人民出版社，1990年。

陸學藝等主編，《中國社會發展報告》，遼寧人民出版社，1991年。

陸學藝主編，《當代中國社會階層研究報告》，社會科學文獻出版社，2002年。

麥履康等，《國家預算》，中央廣播電視出版社，1986年。

凱爾曼，《制定公共政策》，商正譯，商務印書館，1990年。

普拉克等編，《政治學分析詞典》，胡傑譯，中國社會科學出版社，1986年。

湯唯等，《法律監督論綱》，北京大學出版社，2001年。

雲光主編，《社會主義政治學》，人民出版社，1985年。

馮繼軍，《資訊的傳播與應用》，新華出版社，1987年。

黑龍江省人民政府辦公廳資訊處編，《資訊工作手冊》，黑龍江人民出版社，
　　1987年。

奧馬羅夫，《社會管理》，王思斌等譯，浙江人民出版社，1987年。

達爾，《現代政治分析》，王滬寧等譯，上海譯文出版社，1987年。

雍濤等主編，《領導活動的過程，要素與結構》，武漢大學出版社，1987年。

劉仲藜主編，《奠基：新中國經濟五十年》，中國財政經濟出版社，1999年。

劉君德等，《中外行政區劃比較研究》，華中師範大學出版社，2002年。

劉建軍，《單位中國：社會控制體系重構中的個人、組織與國家》，天津人民出版社，2000年。

蔡定劍，《國家監督制度》，中國法制出版社，1991年。

蔡定劍等主編，《人民代表大會二十年發展與改革》，中國檢察出版社，2001年。

程同順著，《當代中國農村政治發展研究》，天津人民出版社，2000年。

《鄧小平文選》，第2卷，人民出版社，1994年，第2版。

《鄧小平文選》，第3卷，人民出版社，1993年。

儲考山等，《中國政治制度史》，上海三聯書店，1993年。

繆勒，《公共選擇》，王誠譯，商務印書館，1992年。

謝慶奎主編，《當代中國政府》，遼寧人民出版社，1991年。

謝慶奎主編，《當代中國政府與政治》，高等教育出版社，2003年。

蕭超然等主編，《當代中國政黨制度論綱》，黑龍江人民出版社，2000年。

薩穆利，《社會主義經濟制度的最初模式》，湖南人民出版社，1984年。

譚融，《美國利益集團政治研究》，中國社會科學出版社，2002年。

暴景升著，《當代中國縣政改革研究》，天津人民出版社，2007年。

徐勇著，《中國農村村民自治》，華中師範大學出版社，1997年。

郭道久著，《「以社會制約權力」：民主的一種解析視角》，天津人民出版社，2005年。

黃恒學著，《我國事業單位管理體制改革研究》，黑龍江人民出版社，2000年。

陳紅太著，《當代中國政府體系與政治研究法》，經濟日報出版社，2002年。

周振超著，《當代中國政府「條塊關係」研究》，天津人民出版社，2009年。

沈榮華編著，《中國地方政府學》，社會科學文獻出版社，2006年。

趙聚軍，《中國行政區劃改革研究》，天津人民出版社，2012年。

英文著作

Bentley, Arthur F. (1908), *The Process of Government: A Study of Social Pressures*, University of Chicago Press.

Blecher, Marc J. (1997), *China Against the Tides: Restructuring Through Revolution, Radicalism and Reform*, London, Pinter / Cassell. （中譯本《反潮流的中國》，中共中央黨校出版社，1999年）

Blecher, Marc J. (1986), *China, Politics Economics and Society: Iconoclasm and Innovation in a Revolutionary Socialist Country*, France Pinter (Publishers) Ltd. (London); Lynne Rienner Publishers, Inc. (Colorado).

Jane Duckett (1998), *The Entrepreneurial State in China: Real Estate and Commerce Departments in Reform era Tianjin*, Routledge (London).

O'Brien, Kevin J. (1990), *Reform without Liberalization: China's National People's Congress and the Politics of Institutional Change*, Cambridge University Press (New York).

Vivienne Shue & Christine Wong (2007), *Paying for Progress in China: Public Finance, Human Welfare and Changing Patterns of Inequality*, Routledge (London).

Truman, David B. (1951), *The Governmental Progress: Political Interests and Public Opinion*, Alfred A. Knoof, Inc. （中譯本《政治過程：政治利益與公共輿論》，陳堯譯，天津人民出版社，2005年）

說明：1.法律文本、工具書等，沒有列入目錄。

2.參考和引用的論文、文章等，可見正文內註釋。